普通高等教育“十一五”国家级规划教材

线性代数简明教程

(第二版)

陈维新 编著

科学出版社
北 京

内 容 简 介

本书采用学生易于接受的方式科学、系统地介绍了线性代数的行列式，线性方程组，矩阵，向量，向量空间，矩阵的特征值和特征向量，二次型等内容. 强调适用性和通用性，兼顾先进性. 本书起点低，坡度适中，简洁明白，适于自习. 全书涵盖了考研的数学考试大纲有关线性代数的所有内容. 习题按小节配置，量大题型多，书后附有答案. 各章末有概要及小结，便于学生深入理解书中内容.

本书读者对象为高等院校理工、经管、医药、农林等专业的大学生和教师，也可作为自学考试、报考硕士研究生的参考用书.

图书在版编目(CIP)数据

线性代数简明教程/陈维新编著. —2 版. —北京：科学出版社，2008

普通高等教育"十一五"国家级规划教材

ISBN 978-7-03-014236-8

Ⅰ. 线… Ⅱ. 陈… Ⅲ. 线性代数-高等院校-教材 Ⅳ. O151.2

中国版本图书馆 CIP 数据核字(2008)第 008359 号

责任编辑：姚莉丽/责任校对：张 琪

责任印制：赵 博/封面设计：耕者设计工作室

科学出版社出版

北京东黄城根北街 16 号

邮政编码：100717

http://www.sciencep.com

三河市骏杰印刷有限公司印刷

科学出版社发行 各地新华书店经销

*

2001 年 8 月第 一 版 开本：720×1000 1/16

2008 年 1 月第 二 版 印张：15

2025 年 7 月第五十二次印刷 字数：278 000

定价：39.00 元

第二版前言

一、缘起

提及缘起，作者要衷心感谢加拿大 Alberta 大学贾荣庆教授. 蒙其厚谊，作者有幸作为访问教授在 Alberta 大学做研究工作. 在此期间(2001 年 5 月至 8 月)，有机会阅读了北美(美国、加拿大)大学 20 世纪 90 年代直至最近通用的一系列线性代数教材，感到国外教材确有特色，颇多启迪，得益匪浅. 回国后又见到国内新出版的一些线性代数教材，也很受启发. 于是萌发对本书的第一版作修订的想法，以面向 21 世纪中国高等教育大众化. 所参考的主要国内外最近教材已列入文献[8]～[13].

二、探索

第二版主要体现在下面两个方面：

1. 加强基本概念和应用的阐述. 对概念引入的背景力求具体、形象，论述力求简明. 对应用给予更多的重视，在第 2 章和第 3 章中增加了许多实例. 希望借此使读者对线性代数的概念(或方法)是怎么来的，有什么用，有更多的了解.

2. 为适应不同要求的读者，第二版编写成模块式. 如第一版的向量空间一章现在就分成两章：第 4 章向量和第 5 章向量空间，这样即使略去第 5 章也不影响本书后两章的学习. 又如将第 4 章的“向量组的极大线性无关组与向量组的秩”分成基本要求和进一步理论阐述两块，前一块即以 4.3 节作为正文，而后一块放在附录四，作为酌情选讲内容. 同时进一步降低起点，以便更好地和中学代数接轨. 在不影响全书最终达到的高度和深度的前提下，删去了一些枝节和理论证明，并删去三个附录(原附录三，六，七). 按此想法第二版的各章与第一版的各章相比都作了增删.

三、使用建议

本书适用于学时数从 34 到 50 的线性代数课程教学.

1. 凡管理类、经济类学生，或是硕士研究生入学考试考数学二，数学三的读者可略去第 5 章. 为了要讲 6.4 节仅需介绍实向量的内积、长度、正交等概念. 再讲一下用施密特正交法把一组线性无关实向量组改造成两两正交的单位向量组即可.

2. 凡理工类学生，或硕士研究生入学考试考数学一的读者需学完全书.

3. 本书正文中凡用仿宋体排印的内容和打 * 号的习题不作基本要求.

4. 凡有志于考研的读者除学习上述基本内容外，建议学习有关正文中用仿宋体排印的内容和附录一至附录四，并做打 * 号的习题.

与本书配套的《线性代数简明教程教师用盘》也制作完成，该光盘内容包括PPT课件、习题全解、考试样卷，为本书的教学提供了有力的支持.

四、鸣谢

浙江大学宁波理工学院院长俞庆森教授及许为民教授十分关心支持作者修订本教材，希望本书能为培养高层次应用型人才服务，因此本书的修订有幸列为浙江大学宁波理工学院首批课程建设项目，得到教改基金资助. 宁波理工学院教务处、基础部等部门诸多领导对本教材的修订、使用各个方面给予帮助和支持. 科学出版社姚莉丽同志大力支持使本书第二版和教师用盘得以面世. 对此作者一并表示衷心的感谢!

本书第二版的初稿于2002年6月完成，并在浙江大学宁波理工学院内部试用，经教学实践，又先后写出第二稿和第三稿，也均在浙江大学宁波理工学院内部试用，并广泛征求同行的意见，而后再进行修订. 李昌兴(西安邮电大学)、李胜宏、陈道琦、陈永华、龚乐春、单鉴华、董烈钊、何延、陈锦辉、涂黎晖、王聚丰、魏麒等提出许多宝贵意见，作者对此深表感谢.

本书虽经多次讲用反复修改，然而限于作者水平，不足之处殷切期望读者不吝赐教.

陈维新
2007年12月
浙江大学求是村
浙江大学宁波理工学院

第一版前言

线性代数是大学理、工、经管、医、农等学科所有专业必修的一门重要数学基础课. 它作为离散性数学在工科数学中的代表，随着计算机科学日新月异的发展，许多非线性问题高精度地线性化与大型线性问题的可计算性正在加快逐步实现，因此无论从理论上还是从应用上看，线性代数的地位更趋重要. 美国数学及其应用联合会(COMAP)从 1991 年起组织有关专家历经五载编著的《数学的原理与实践》一书指出："在现代社会，除了算术以外，线性代数是应用最广泛的数学学科了. "加之线性代数是一门新概念多，又比较抽象的课程，作为基础课，它一般又被安排在第一学年上，因而它还承担着提高学生素质，帮助学生完成从中学到大学跨越的重任. 加之这门课程在许多专业还有后继课程(如离散数学、数值分析、微分方程等)，故在大学人才培养中，线性代数课程有着重要的地位和作用.

本教材是为上述专业的大学生量体裁衣撰写的，强调适用性和通用性，兼顾先进性. 因而在编著中作了以下探索：

(1) 低起点. 起点和中学代数接轨，以中学生熟悉的内容解线性方程组讲起.

(2) 突出主线，删除某些枝节. 突出主线使最基本最重要的内容讲深讲透，而一些枝节的删除将使全书脉络更为清晰，结构更为简洁，有助于学生集中精力掌握最基本最重要的知识.

(3) 坡度适中. 教材章节的编排中尽量使难点分散，由浅入深时注意逐步过渡. 力求使全书步步深入，而每步坡度适中，使一般程度的学生通过努力都能顺利地学会全书. 全书涵盖了教育部制定的全国硕士研究生入学统一考试数学考试大纲中有关线性代数的所有内容，且在核心部分有所展开和加深，因而为学生进一步深造提供良好的线性代数基础.

(4) 注重引入思想，剖析方法，在阐明结果的同时着眼于提高学生的素质.

(5) 尽量以提出问题，讨论问题，解决问题的方式来展开教材，努力使学生也能知其所以然.

(6) 充分考虑到不同学时不同层次教育的需要，教材分主体和选学两部分，通过合理配置可适用于不同学时不同层次的教学.

(7) 教材有较多的典型例题，以期举一反三. 习题按小节配置，注意兼容各种题型，其中有部分为考研题型和考研真题. 习题有难有易，留有充分的选择余地.

(8) 每章末均有"概要及小结"，这不仅是该章的概括提高，还常有加深理解、开拓思维的内容.

(9) 注重应用.线性代数在其他学科的渗透和应用,在篇幅允许时,尽量予以提及.

(10) 行文追求简洁明了,对重点和难点的阐述和剖析务求详尽.对容易误解出错之处,以注记的形式指明,并适度引申,以求触类旁通,提高能力.全书力图使凡大学一年级学生都能看懂,即使自学也能掌握.

本书的主体(不包括打 * 号用仿宋体排印及附录)适用于 50 学时的线性代数课所用,若做适当的增删,则可适用于学时数从 34 到 60 的线性代数课,本书的主体的教学内容完全满足高等工科院校"线性代数教学基本内容"而有余,所以即使删去部分章节也无妨.

本书的附录是主体内容外的选学部分.附录一、附录二是主体内容所需预备知识的补充.附录三,附录七是主体内容的应用.附录四至附录六是主体内容的提高和深化.均供读者酌情选学.

浙江大学城市学院院长鲁世杰教授,之江学院副院长金蒙伟副教授一直十分关心支持帮助作者撰写教材.在本书打印本使用过程中,蒙谢冰璋副教授,张继昌副教授等众多同事的厚爱,提出了许多宝贵意见.对此作者一并表示衷心的感谢.

浙江大学城市学院、之江学院、远程教育学院、数学系、教材服务中心等有关部门对本书的撰写、使用、发行各个方面给予帮助和支持.本书有幸被列为浙江大学课程建设项目,城市学院将此书作为首批教改基金资助的教材建设项目.科学出版社吕虹同志大力支持使本书得以面世.作者一并深表感谢.

作者虽在浙江大学执教代数 20 多年,此书也是多年教学实践中日积月累几经修改而成.然限于水平,撰写中常有绠短汲深之感,殷切希望读者不吝赐教,多多指正.

陈维新

2001 年 3 月于浙江大学求是村

符　号　表

（按书中出现顺序排列）

符　号	意　义	页　码
P	数域	1
$\mathbf{Q}$	有理数域	1
$\mathbf{R}$	实数域	1
$\mathbf{C}$	复数域	1
$\mathbf{Z}$	全体整数	1
$i_1 i_2 \cdots i_n$	n 阶排列	1
$\tau(i_1 i_2 \cdots i_n)$	排列 $i_1 i_2 \cdots i_n$ 的逆序数	2
$\begin{vmatrix} a_{11} & a_{12} & \cdots & a_{1n} \\ a_{21} & a_{22} & \cdots & a_{2n} \\ \vdots & \vdots & & \vdots \\ a_{n1} & a_{n2} & \cdots & a_{nn} \end{vmatrix} = \lvert a_{ij} \rvert_n$	n 阶行列式	8
$\sum\limits_{j_1 j_2 \cdots j_n}$	对所有 n 阶排列 $j_1 j_2 \cdots j_n$ 求和	8
D^{T}	行列式 D 的转置行列式	12
$R_i \pm kR_j$	行列式（矩阵）第 i 行加上（减去）第 j 行 k 倍	16(39)
$C_i \pm kC_j$	行列式（矩阵）第 i 列加上（减去）第 j 列 k 倍	16(39)
$\sum$	连加号	18(199)
M_{ij}	行列式元素 a_{ij} 的余子式	20
A_{ij}	行列式元素 a_{ij} 的代数余子式	20
$D(a_1, a_2, \cdots, a_n)$	n 阶范德蒙德行列式	23
Π	连乘号	24(201)

续表

符　号	意　义	页　码
$\begin{bmatrix} a_{11} & a_{12} & \cdots & a_{1n} \\ a_{21} & a_{22} & \cdots & a_{2n} \\ \vdots & \vdots & & \vdots \\ a_{m1} & a_{m2} & \cdots & a_{mn} \end{bmatrix}=[a_{ij}]_{m\times n}$	$m\times n$ 矩阵	39(64)
$\overline{\boldsymbol{A}}$	($\boldsymbol{A}$ 的)增广矩阵	39
$R_{ij}(C_{ij})$	矩阵第 i 行(列),第 j 行(列)互换	39
$kR_i(kC_i)$	矩阵第 i 行(列)乘 k	39
秩($\boldsymbol{A}$)	矩阵 $\boldsymbol{A}$ 的秩	44
$A\Rightarrow B$	A 成立可推出 B 成立	49
$A\Leftrightarrow B$	A 成立的充要条件为 B 成立	49
$\lvert\boldsymbol{A}\rvert$	方阵 $\boldsymbol{A}$ 的行列式	64
$\boldsymbol{O}(\boldsymbol{O}_{m\times n})$	零矩阵	65
$-\boldsymbol{A}$	矩阵 $\boldsymbol{A}$ 的负矩阵	65
$\boldsymbol{E}(\boldsymbol{E}_n)$	单位矩阵	70
$\lambda\boldsymbol{E}(\lambda\boldsymbol{E}_n)$	数量矩阵	70
$\mathrm{diag}[\lambda_1,\lambda_2,\cdots,\lambda_n]$	对角矩阵	70
$\boldsymbol{A}^k$	方阵 $\boldsymbol{A}$ 的 k 次方幂	70
$f(\boldsymbol{A})$	矩阵多项式	71
$\boldsymbol{A}^{\mathrm{T}}(\boldsymbol{A}')$	$\boldsymbol{A}$ 的转置矩阵	73
$\boldsymbol{E}_{ij}$	矩阵单位	76
$\mathrm{tr}\boldsymbol{A}$	$\boldsymbol{A}$ 的迹	76(159)
$\boldsymbol{A}^{-1}$	$\boldsymbol{A}$ 的逆矩阵	78
$\boldsymbol{A}^*$	$\boldsymbol{A}$ 的伴随矩阵	78
$\begin{bmatrix} \boldsymbol{A}_{11} & \boldsymbol{A}_{12} & \cdots & \boldsymbol{A}_{1q} \\ \boldsymbol{A}_{21} & \boldsymbol{A}_{22} & \cdots & \boldsymbol{A}_{2q} \\ \vdots & \vdots & & \vdots \\ \boldsymbol{A}_{p1} & \boldsymbol{A}_{p2} & \cdots & \boldsymbol{A}_{pq} \end{bmatrix}$	分块矩阵	86
$\boldsymbol{E}(i,j)$	初等矩阵(互换)	92
$\boldsymbol{E}(i(k))$	初等矩阵(倍乘)	92

续表

符　号	意　义	页　码
$\boldsymbol{E}(i+j(k),j)$	初等矩阵(倍加)	92
$\boldsymbol{O}=[0,0,\cdots,0]^{\mathrm{T}}$	零向量	107
$-\boldsymbol{\alpha}$	$\boldsymbol{\alpha}$ 的负向量	107
P^n	n 元向量空间	134
$\mathbf{R}^n$	实向量空间	134
$\dim V$	向量空间 V 的维数	135
$(\boldsymbol{\alpha},\boldsymbol{\beta})$	$\boldsymbol{\alpha},\boldsymbol{\beta}$ 的内积	143
$\Vert\boldsymbol{\alpha}\Vert$	实向量 $\boldsymbol{\alpha}$ 的长度	143
$\boldsymbol{\alpha}\perp\boldsymbol{\beta}$	$\boldsymbol{\alpha}$ 与 $\boldsymbol{\beta}$ 正交	144
W_{λ_0}	属于 λ_0 的特征子空间	152
$f(\lambda)=\vert\lambda\boldsymbol{E}-\boldsymbol{A}\vert$	$\boldsymbol{A}$ 的特征多项式	152
Δ_k	k 阶顺序主子式	188

目　　录

第1章　行　列　式

线性代数是中学代数的继续和提高.第 1 章和第 2 章就是中学代数解一元一次(线性)方程 $ax+b=0$ 的延伸和深化,是研讨多个变量多个线性方程组成的线性方程组的求解问题.为此要引入一些概念,作为预备知识备用.

1.1　数域与排列

本节讨论数域和排列.

1.1.1　数域

在研究某些问题时,常和所研究对象的取值范围有关.如求方程 $x^2+1=0$ 的根,不仅在有理数范围无解,就是在实数范围也无解,而在复数范围有解,解为 $\pm \mathrm{i}$.又如在整数范围内,除法不是普遍可做的,因商不一定是整数,而在有理数范围内,只要除数不为零,除法总是可做的.另一方面,这些范围不同的有理数、实数、复数有着许多共同的性质,特别有着许多共同的运算(指加法、减法、乘法和除法)性质.为了在以后讨论中能把具有这些共同运算性质的数集统一处理,我们引入一个一般的概念.

定义 1.1.1　设 P 是至少有两个不同复数组成的集合,若 P 中任意两个数(这两个数也可以相同)的和、差、积、商(除数不为零)仍为 P 中的数(简称为四则运算**封闭**),则 P 就称为一个**数域**.

从定义 1.1.1 可推知:全体有理数的集合、全体实数的集合、全体复数的集合都是数域.这三个数域分别用字母 $\mathbf{Q},\mathbf{R},\mathbf{C}$ 来表示,且有 $\mathbf{Q}\subset\mathbf{R}\subset\mathbf{C}$.除 $\mathbf{Q},\mathbf{R},\mathbf{C}$ 外还有许多其他数域,有兴趣的读者可参阅文献[3],第 1 页.

例 1.1.1　记全体整数的集合为 $\mathbf{Z}$,则 $\mathbf{Z}$ 不是数域.这是因为 $2,3\in\mathbf{Z}$,且 $3\neq 0$,但 $\frac{2}{3}\notin\mathbf{Z}$,这表明 $\mathbf{Z}$ 对于除法不封闭.

今后我们常在数域 P 上讨论问题,对所涉及的 P 中的数进行四则运算,推导出结果.这样就使得该结果在数域 P 上成立,而数域 P 是泛指的,即可以是 $\mathbf{Q},\mathbf{R},\mathbf{C}$,或其他某个数域,从而使结果有一般性.

为简单计,如把下文中提及的数域当作 $\mathbf{Q},\mathbf{R},\mathbf{C}$ 来考虑,也无妨.

1.1.2　排列

定义 1.1.2　由 $1,2,\cdots,n$ 共 $n(n>1)$ 个数码组成的一个有序数组,称为一个 n

阶**排列**.

例如,15432,65(12)798(11)4(10)312,$n(n-1)\cdots 21$ 依次分别为 5 阶排列,12 阶排列,n 阶排列. 在上述 12 阶排列中我们把数码 12,11,10 用括号括起来是为了区分,类似的做法在 n 阶排列中也采用.

排列是有序数组,所以组成排列数码的顺序不同就是不同的排列,例如 132 和 213 就是不同的 3 阶排列. 不同的 n 阶排列有多少个呢? n 阶排列的一般形式可表为 $i_1 i_2 \cdots i_n$,其中 $i_1, i_2, \cdots, i_n$ 为数 $1,2,\cdots,n$ 中某一个数,且互不相同,这时 $i_k(1\leqslant k\leqslant n)$的下标 k 表示 i_k 排在 n 阶排列从左到右的第 k 个位置上. 这样按 n 阶排列的定义知,i_1 可有 n 种选取(n 个数码中任选一个),i_2 有 $n-1$ 种选取(去掉 i_1,余下 $n-1$ 个数码中任选一个),…,i_{n-1}可有 2 种选取(去掉 $i_1, i_2, \cdots, i_{n-2}$,余下 2 个数码中任选一个),而 i_n 只能取余下的那个数码,故 n 阶排列共有

$$n\times(n-1)\times\cdots\times 2\times 1 = n!$$

个. 例如 3 阶排列共有 $3!=6$ 个,它们是:123, 132, 213, 231, 312, 321.

在 $n!$ 个 n 阶排列中,惟有 $12\cdots(n-1)n$ 是按数码从小到大的自然顺序组成的一个排列(称为**标准排列**). 其余的排列或多或少会出现大的数排在小的数前面的情况,比如在 5 阶排列 15432 中,5 排在 4 前,3 排在 2 前. 这样的排列顺序是与自然顺序相反的,为此引入概念:在排列 $i_1 i_2 \cdots i_j \cdots i_k \cdots i_n$ 中,如果 $j<k$ 而 $i_j>i_k$,则称数对 i_j, i_k 构成一个**逆序**. 一个排列的逆序总数称为排列的**逆序数**,记为$\tau(i_1 i_2 \cdots i_n)$. 逆序数为偶数的称为**偶排列**,逆序数为奇数的称为**奇排列**.

下面寻求计算排列逆序数的方法. 先看一个例子,排列 35412 构成逆序的数对有

31,　32;

54,　51,　52;

41,　42.

因而 35412 的逆序数为

$$\begin{aligned}&2(3\text{ 后面比 }3\text{ 小的数的个数})\\ &+3(5\text{ 后面比 }5\text{ 小的数的个数})\\ &+2(4\text{ 后面比 }4\text{ 小的数的个数})\\ &+0(1\text{ 后面比 }1\text{ 小的数的个数})=7,\end{aligned}$$

所以 35412 为奇排列.

由此得出计算排列的逆序数的一个方法:

$$\begin{aligned}\tau(i_1 i_2 \cdots i_n)=&\tau_1(i_1\text{ 后面比 }i_1\text{ 小的数的个数})\\ &+\tau_2(i_2\text{ 后面比 }i_2\text{ 小的数的个数})\\ &+\cdots\cdots\\ &+\tau_{n-1}(i_{n-1}\text{ 后面比 }i_{n-1}\text{ 小的数的个数}).\end{aligned}$$

据此方法计算得

$$\tau(15432)=0+3+2+1=6,$$

所以 15432 为偶排列.

注意到 $\tau(12\cdots(n-1)n)=0$,故 $12\cdots(n-1)n$ 为偶排列.

将一个排列中某两个数码的位置互换,而其余数码不动,就得到另一个排列,这样的变换称为**对换**. 例如,经过 1,3 两数码对换,偶排列 15432 就变成奇排列 35412. 这表明对换会改变排列的奇偶性. 一般有下列定理.

定理 1.1.1 任一排列经过一次对换后必改变其奇偶性.

证 首先证明对换排列中相邻两个数码的情况,再讨论一般情况,详细推导可参阅文献[3],第 4 页.

习 题 1.1

1. 对一组整数进行四则运算,所得结果是什么数?
2. 写出 4 个数码 1,2,3,4 的所有 4 阶排列.
3. 分别计算下列四个 4 阶排列的逆序数,然后指出奇排列是( ).

(A) 4312; (B) 4132; (C) 1342; (D) 2314.

4. 计算以下各排列的逆序数,并指出它们的奇偶性:

(1) 314265; (2) 314265789; (3) 542391786;

(4) 987654321; (5) 246813579; (6) $n(n-1)\cdots21$.

5. 在由 1,2,3,4,5,6,7,8,9 组成的下述 9 阶排列中,选择 i 与 j 使得

(1) $2147i95j8$ 为偶排列; (2) $1i25j4896$ 为奇排列;

(3) $412i5769j$ 为偶排列; (4) $i3142j786$ 为奇排列.

且均要求说明理由.

6. 写出全体形如 5 * * 2 * 及 2 * 5 * 3 的 5 阶排列. 总结一下,有 k 个位置数码给定的 $n(n>k)$ 阶排列有多少个?
7. 自学附录一:连加号Σ与连乘号Π.

1.2 行列式的定义

由中学数学知

1. 一元一次方程 $ax=b$,当 $a\neq0$ 时,有惟一解:$x=a^{-1}b$.

2. 二元一次方程 $ax+by=c$,当 a,b 不全为零时,有无穷多解. 比如二元一次方程(Ⅰ):$x+y=1$ 的解为

$$\begin{cases}x=1-t,\\ y=t,\end{cases}\quad \text{其中 } t \text{ 为任意常数.}$$

我们将在此基础上继续讨论,为此引进一些概念.

定义 1.2.1　设 $x_1,x_2,\cdots,x_n$ 是变量，n 是一个正整数，形式表达式

$$a_1x_1+a_2x_2+\cdots+a_nx_n=b,$$

其中 $a_1,a_2,\cdots,a_n,b$ 均为数，称为 n 个变量 $x_1,x_2,\cdots,x_n$ 的**线性方程**，线性方程中的变量也称为**未知量**.

据此线性方程是变量均为一次的方程，当 $n=1$ 和 $n=2$ 时就是我们熟悉的一元一次方程和二元一次方程.

定义 1.2.2　线性方程 $a_1x_1+a_2x_2+\cdots+a_nx_n=b$ 的一个**解**是一组有序的数 $k_1,k_2,\cdots,k_n$，当 $x_1=k_1,x_2=k_2,\cdots,x_n=k_n$ 时，有

$$a_1k_1+a_2k_2+\cdots+a_nk_n=b.$$

线性方程解的全体所组成的集合称为**解集合**.

定义 1.2.3　含 n 个未知量 $x_1,x_2,\cdots,x_n$ 的 m 个线性方程组成的方程组

$$\begin{cases}a_{11}x_1+a_{12}x_2+\cdots+a_{1n}x_n=b_1,\\ a_{21}x_1+a_{22}x_2+\cdots+a_{2n}x_n=b_2,\\ \cdots\cdots\cdots\cdots\\ a_{m1}x_1+a_{m2}x_2+\cdots+a_{mn}x_n=b_m\end{cases}$$

称为**线性方程组**. 若一组有序的数 $k_1,k_2,\cdots,k_n$ 是方程组中每一个线性方程的解，则其称为线性方程组的一个**解**. 线性方程组解的全体称为**解集合**.

下面我们来考察由含有 n 个未知量 $x_1,x_2,\cdots,x_n$ 的 n 个线性方程组成的方程组

$$\begin{cases}a_{11}x_1+a_{12}x_2+\cdots+a_{1n}x_n=b_1,\\ a_{21}x_1+a_{22}x_2+\cdots+a_{2n}x_n=b_2,\\ \cdots\cdots\cdots\cdots\\ a_{n1}x_1+a_{n2}x_2+\cdots+a_{nn}x_n=b_n\end{cases}$$

的求解问题.

这类方程组总是可以用消元法来求解的. 消元法对具体的数字方程求解，虽然比较方便，但其解没有一个统一的公式. 而解的公式的重要性只要回想中学代数一元二次方程的公式解的意义就能理解，所以我们有必要寻求含有 n 个未知量的 n 个线性方程组成的方程组的公式解. 首先从 $n=2,n=3$ 做起，再推广到一般.

当 $n=2$ 时，用消元法解含有未知量 x_1,x_2 的线性方程组

$$\begin{cases}a_{11}x_1+a_{12}x_2=b_1,\\ a_{21}x_1+a_{22}x_2=b_2.\end{cases}\tag{1.2.1}$$

即以 a_{22} 乘第一个方程两边，以 a_{12} 乘第二个方程两边. 然后两式相减，消去 x_2 得

$$(a_{11}a_{22}-a_{12}a_{21})x_1=b_1a_{22}-a_{12}b_2.$$

类似消去 x_1 得

$$(a_{11}a_{22}-a_{12}a_{21})x_2=a_{11}b_2-b_1a_{21}.$$

设 $a_{11}a_{22}-a_{12}a_{21}\neq 0$,则

$$x_1=\frac{b_1a_{22}-a_{12}b_2}{a_{11}a_{22}-a_{12}a_{21}},\quad x_2=\frac{a_{11}b_2-b_1a_{21}}{a_{11}a_{22}-a_{12}a_{21}}.$$

这就是二元线性方程组(1.2.1)的解的公式,但此公式不易记忆,为了简洁地表示上述结果,我们引进记号:$D=\begin{vmatrix}a_{11}&a_{12}\\a_{21}&a_{22}\end{vmatrix}$,并规定

$$\begin{vmatrix}a_{11}&a_{12}\\a_{21}&a_{22}\end{vmatrix}=a_{11}a_{22}-a_{12}a_{21}. \tag{1.2.2}$$

称 D 为**二阶行列式**. 横写的称为**行**,从上到下分别称第 1 行,第 2 行. 竖写的称为**列**,从左到右分别称为第 1 列,第 2 列. 行列式中的数,称为行列式的**元素**. 每个元素有两个下标,第一个下标表示它所在的行,称为**行指标**;第二个下标表示它所在的列,称为**列指标**. 如 a_{12} 就是位于 D 的第 1 行,第 2 列上的元素.

从(1.2.2)式可知二阶行列式是两项的代数和. 一项是从左上角到右下角连线(称为行列式的**主对角线**)上两元素的乘积,取正号. 另一项是从右上角到左下角连线(称**副对角线**)上两元素的乘积,取负号.

据此定义,可计算出

$$D_1=\begin{vmatrix}b_1&a_{12}\\b_2&a_{22}\end{vmatrix}=b_1a_{22}-a_{12}b_2,\qquad D_2=\begin{vmatrix}a_{11}&b_1\\a_{21}&b_2\end{vmatrix}=a_{11}b_2-b_1a_{21}.$$

这样当 $D\neq 0$ 时,方程组(1.2.1)解的公式,可简洁明了地表示为

$$x_1=\frac{D_1}{D},\qquad x_2=\frac{D_2}{D}.$$

例 1.2.1 解线性方程组 $\begin{cases}\cos\theta x_1-\sin\theta x_2=a,\\ \sin\theta x_1+\cos\theta x_2=b.\end{cases}$

解 计算二阶行列式 $D=\begin{vmatrix}\cos\theta&-\sin\theta\\\sin\theta&\cos\theta\end{vmatrix}=1\neq 0$. 而

$$D_1=\begin{vmatrix}a&-\sin\theta\\b&\cos\theta\end{vmatrix}=a\cos\theta+b\sin\theta,\quad D_2=\begin{vmatrix}\cos\theta&a\\\sin\theta&b\end{vmatrix}=b\cos\theta-a\sin\theta.$$

所以 $x_1=\dfrac{D_1}{D}=a\cos\theta+b\sin\theta,\quad x_2=\dfrac{D_2}{D}=b\cos\theta-a\sin\theta.$

当 $n=3$ 时,含有未知量 x_1,x_2,x_3 的线性方程组

$$\begin{cases}a_{11}x_1+a_{12}x_2+a_{13}x_3=b_1,\\a_{21}x_1+a_{22}x_2+a_{23}x_3=b_2,\\a_{31}x_1+a_{32}x_2+a_{33}x_3=b_3\end{cases} \tag{1.2.3}$$

可同样逐次消元,消去 x_3,x_2 可得

$$(a_{11}a_{22}a_{33}+a_{12}a_{23}a_{31}+a_{13}a_{21}a_{32}-a_{11}a_{23}a_{32}-a_{12}a_{21}a_{33}-a_{13}a_{22}a_{31})x_1$$

$$= b_1a_{22}a_{33} + a_{12}a_{23}b_3 + a_{13}b_2a_{32} - b_1a_{23}a_{32} - a_{12}b_2a_{33} - a_{13}a_{22}b_3.$$

把 x_1 的系数记为 d，当 $d \neq 0$ 时，得

$$x_1 = \frac{1}{d}(b_1a_{22}a_{33} + a_{12}a_{23}b_3 + a_{13}b_2a_{32} - b_1a_{23}a_{32} - a_{12}b_2a_{33} - a_{13}a_{22}b_3).$$

类似可解得

$$x_2 = \frac{1}{d}(a_{11}b_2a_{33} + b_1a_{23}a_{31} + a_{13}a_{21}b_3 - a_{11}a_{23}b_3 - b_1a_{21}a_{33} - a_{13}b_2a_{31}),$$

$$x_3 = \frac{1}{d}(a_{11}a_{22}b_3 + a_{12}b_2a_{31} + b_1a_{21}a_{32} - a_{11}b_2a_{32} - a_{12}a_{21}b_3 - b_1a_{22}a_{31}).$$

这就是三元线性方程组(1.2.3)的解的公式，此公式更难记忆，为此引进由三行，三列构成的**三阶行列式** $D = \begin{vmatrix} a_{11} & a_{12} & a_{13} \\ a_{21} & a_{22} & a_{23} \\ a_{31} & a_{32} & a_{33} \end{vmatrix}$，并规定

$$\begin{vmatrix} a_{11} & a_{12} & a_{13} \\ a_{21} & a_{22} & a_{23} \\ a_{31} & a_{32} & a_{33} \end{vmatrix} = a_{11}a_{22}a_{33} + a_{12}a_{23}a_{31} + a_{13}a_{21}a_{32} - a_{11}a_{23}a_{32} - a_{12}a_{21}a_{33} - a_{13}a_{22}a_{31}.$$

此规则可按下图来记忆，称为**对角线法则**.

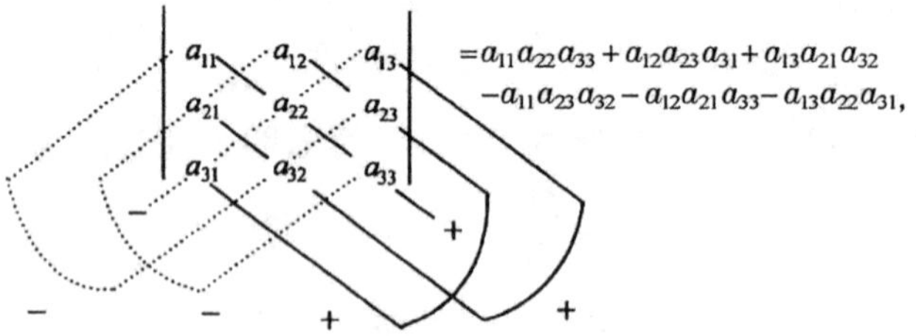

实线上三个数的积取正号：　$+a_{11}a_{22}a_{33}$

$+a_{12}a_{23}a_{31}$

$+a_{13}a_{21}a_{32}$

虚线上三个数的积取负号：　$-a_{11}a_{23}a_{32}$

$-a_{12}a_{21}a_{33}$

$+)\ -a_{13}a_{22}a_{31}$

$$= a_{11}a_{22}a_{33} + a_{12}a_{23}a_{31} + a_{13}a_{21}a_{32} - a_{11}a_{23}a_{32} - a_{12}a_{21}a_{33} - a_{13}a_{22}a_{31}.$$

现将方程组(1.2.3)中常数项 b_1, b_2, b_3 依次替换 D 中第 1 列(x_1 的系数)、第 2 列(x_2 的系数)、第 3 列(x_3 的系数)元素所得行列式分别记为

$$D_1 = \begin{vmatrix} b_1 & a_{12} & a_{13} \\ b_2 & a_{22} & a_{23} \\ b_3 & a_{32} & a_{33} \end{vmatrix}, \quad D_2 = \begin{vmatrix} a_{11} & b_1 & a_{13} \\ a_{21} & b_2 & a_{23} \\ a_{31} & b_3 & a_{33} \end{vmatrix}, \quad D_3 = \begin{vmatrix} a_{11} & a_{12} & b_1 \\ a_{21} & a_{22} & b_2 \\ a_{31} & a_{32} & b_3 \end{vmatrix}.$$

按规定计算 D_1，D_2，D_3，发现三者恰为用消元法解(1.2.3)所得 x_1,x_2,x_3 表达式的分子，而分母 d 均为 D，故当 $D\neq0$ 时，方程组(1.2.3)有简洁的公式解

$$x_1=\frac{D_1}{D},\quad x_2=\frac{D_2}{D},\quad x_3=\frac{D_3}{D}.$$

例 1.2.2 解线性方程组 $\begin{cases}x_1-x_2 &=a,\\ \quad\ x_2-x_3=b,\\ x_1\quad\ +x_3=c.\end{cases}$

解 计算三阶行列式 $D=\begin{vmatrix}1&-1&0\\0&1&-1\\1&0&1\end{vmatrix}=1+1=2\neq0$. 而

$$D_1=\begin{vmatrix}a&-1&0\\b&1&-1\\c&0&1\end{vmatrix}=a+c+b,\qquad D_2=\begin{vmatrix}1&a&0\\0&b&-1\\1&c&1\end{vmatrix}=b-a+c,$$

$$D_3=\begin{vmatrix}1&-1&a\\0&1&b\\1&0&c\end{vmatrix}=c-b-a.$$

所以

$$x_1=\frac{D_1}{D}=\frac{1}{2}(a+b+c),\qquad x_2=\frac{D_2}{D}=\frac{1}{2}(-a+b+c),$$

$$x_3=\frac{D_3}{D}=\frac{1}{2}(-a-b+c).$$

上述讨论过程使我们感到要寻求 n 个未知量 n 个线性方程组成的方程组

$$\begin{cases}a_{11}x_1+a_{12}x_2+\cdots+a_{1n}x_n=b_1,\\ a_{21}x_1+a_{22}x_2+\cdots+a_{2n}x_n=b_2,\\ \cdots\cdots\cdots\cdots\\ a_{n1}x_1+a_{n2}x_2+\cdots+a_{nn}x_n=b_n\end{cases}$$

便于记忆的公式解，在于如何恰当地定义 n 阶行列式

$$D=\begin{vmatrix}a_{11}&a_{12}&\cdots&a_{1n}\\a_{21}&a_{22}&\cdots&a_{2n}\\\vdots&\vdots&&\vdots\\a_{n1}&a_{n2}&\cdots&a_{nn}\end{vmatrix}=?$$

为此剖析二阶、三阶行列式的定义

$$\begin{vmatrix}a_{11}&a_{12}\\a_{21}&a_{22}\end{vmatrix}=a_{11}a_{22}-a_{12}a_{21};$$

$$\begin{vmatrix} a_{11} & a_{12} & a_{13} \\ a_{21} & a_{22} & a_{23} \\ a_{31} & a_{32} & a_{33} \end{vmatrix} = a_{11}a_{22}a_{33} + a_{12}a_{23}a_{31} + a_{13}a_{21}a_{32} - a_{11}a_{23}a_{32} - a_{12}a_{21}a_{33} - a_{13}a_{22}a_{31}.$$

其共同特征可概括如下：

1. 二阶行列式是$2!=2$项的代数和，其中每一项是取自不同行不同列的两个元素的乘积. 三阶行列式是$3!=6$项的代数和，其中每一项是取自不同行不同列的三个元素的乘积，且任意三个不同行不同列的元素的乘积都是展开式中的一项.

2. 代数和中每一项的正负号是这样决定的：当行指标取成标准排列时，由列指标组成排列的奇偶性确定，偶者为正，奇者为负.

据此，我们可将二阶行列式，三阶行列式分别定义为

$$\begin{vmatrix} a_{11} & a_{12} \\ a_{21} & a_{22} \end{vmatrix} = \sum_{j_1j_2} (-1)^{\tau(j_1j_2)} a_{1j_1}a_{2j_2};$$

$$\begin{vmatrix} a_{11} & a_{12} & a_{13} \\ a_{21} & a_{22} & a_{23} \\ a_{31} & a_{32} & a_{33} \end{vmatrix} = \sum_{j_1j_2j_3} (-1)^{\tau(j_1j_2j_3)} a_{1j_1}a_{2j_2}a_{3j_3},$$

这里 $\sum\limits_{j_1j_2}$ 表示对 1，2 这两个数所有排列 j_1j_2（2 项）取和，$\sum\limits_{j_1j_2j_3}$ 表示对 1，2，3 这三个数所有排列 $j_1j_2j_3$（6 项）取和.

推而广之，定义 n 阶行列式.

定义 1.2.4　由 n^2 个元素 $a_{ij}(i,j=1,2,\cdots,n)$ 排成 n 行 n 列，记为

$$\begin{vmatrix} a_{11} & a_{12} & \cdots & a_{1n} \\ a_{21} & a_{22} & \cdots & a_{2n} \\ \vdots & \vdots & & \vdots \\ a_{n1} & a_{n2} & \cdots & a_{nn} \end{vmatrix}, \tag{1.2.4}$$

称为 **n 阶行列式**. 它是取自式(1.2.4)中所有属于不同行不同列的 n 个元素乘积 $a_{1j_1}a_{2j_2}\cdots a_{nj_n}$（称为**通项**）的代数和，其中 $j_1j_2\cdots j_n$ 是某个 n 阶排列，故共有 $n!$ 项求和. 每项前的符号按下述规则选取：当 $\tau(j_1j_2\cdots j_n)$ 是偶数时取正号，当 $\tau(j_1j_2\cdots j_n)$ 为奇数时取负号. 即有

$$\begin{vmatrix} a_{11} & a_{12} & \cdots & a_{1n} \\ a_{21} & a_{22} & \cdots & a_{2n} \\ \vdots & \vdots & & \vdots \\ a_{n1} & a_{n2} & \cdots & a_{nn} \end{vmatrix} = \sum_{j_1j_2\cdots j_n} (-1)^{\tau(j_1j_2\cdots j_n)} a_{1j_1}a_{2j_2}\cdots a_{nj_n}, \tag{1.2.5}$$

这里 $\sum\limits_{j_1j_2\cdots j_n}$ 表示对 $1,2,\cdots,n$ 这 n 个数组成的所有排列 $j_1j_2\cdots j_n$（$n!$ 项）取和.

特别规定**一阶行列式** $|a|=a$，并在 n 阶行列式中沿用二阶行列式所使用的术语，诸如行、列、行指标、列指标、主对角线、副对角线等. 为方便计，n 阶行列式(1.2.4)可简记为 $D=|a_{ij}|_n$. 由式(1.2.5)知，当 a_{ij} 均为数时，行列式 D 为一个数，如 $a_{ij}\in P(i,j=1,2,\cdots,n)$，这里 P 是某个数域，则 $D\in P$. 当 a_{ij} 中含有变量时，行列式 D 为此变量的多项式. 故计算或求行列式就是把这个数或多项式求出来.

例 1.2.3 计算 n 阶行列式

$$D=\begin{vmatrix} a_{11} & a_{12} & a_{13} & \cdots & a_{1n} \\ 0 & a_{22} & a_{23} & \cdots & a_{2n} \\ 0 & 0 & a_{33} & \cdots & a_{3n} \\ \vdots & \vdots & \vdots & & \vdots \\ 0 & 0 & 0 & \cdots & a_{nn} \end{vmatrix}.$$

解 据定义 1.2.4，$D=\sum\limits_{j_1j_2\cdots j_n}(-1)^{\tau(j_1j_2\cdots j_n)}a_{1j_1}a_{2j_2}\cdots a_{nj_n}$. 该展开式通项 $a_{1j_1}a_{2j_2}\cdots a_{nj_n}$ 中 a_{nj_n} 取自 D 的第 n 行，现 D 第 n 行除 a_{nn} 外，其余元素全为零. 故若 $j_n\neq n$，则对应的行列式展开式中那一项一定为零，求和时该项可不计，为此只要考虑 $j_n=n$ 的项. 同样由于 D 的第 $n-1$ 行中除 $a_{n-1,n-1}$ 及 $a_{n-1,n}$ 外，其余元素全为零，且因 j_n 已取 n，从而只能取 $j_{n-1}=n-1$. 依次类推，D 的 $n!$ 项中除了列指标 $j_1j_2\cdots j_n=12\cdots n$ 对应的项外，其余项全为零，又因 $\tau(12\cdots n)=0$，故 $D=a_{11}a_{22}\cdots a_{nn}$.

这类行列式特点是主对角线下方元素全为零，称为**上三角形**，其值为其主对角线上元素的乘积. 类似称主对角线上方元素全为零的行列式为**下三角形**.

例 1.2.4 计算 n 阶行列式

$$D=\begin{vmatrix} 0 & 0 & 0 & \cdots & 0 & a_{1n} \\ 0 & 0 & 0 & \cdots & a_{2,n-1} & a_{2n} \\ \vdots & \vdots & \vdots & & \vdots & \vdots \\ 0 & 0 & a_{n-2,3} & \cdots & a_{n-2,n-1} & a_{n-2,n} \\ 0 & a_{n-1,2} & a_{n-1,3} & \cdots & a_{n-1,n-1} & a_{n-1,n} \\ a_{n1} & a_{n2} & a_{n3} & \cdots & a_{n,n-1} & a_{nn} \end{vmatrix}.$$

解 从通项 $a_{1j_1}a_{2j_2}\cdots a_{nj_n}$ 中 a_{1j_1} 着手，仿照上例从 j_1 开始逐一分析 $j_2,\cdots,j_n$ 的取值，可得 D 展开式的 $n!$ 项中，除去为零的项外，仅剩下一项为

$$a_{1n}a_{2,n-1}\cdots a_{n-1,2}a_{n1}.$$

这项列指标排列的逆序数为 $\tau(n(n-1)\cdots 21)=\dfrac{n(n-1)}{2}$，故

$$D=(-1)^{\frac{n(n-1)}{2}}a_{1n}a_{2,n-1}\cdots a_{n-1,2}a_{n1}.$$

利用例 1.2.3 和例 1.2.4 的结果可以容易地得出

$$\begin{vmatrix} 1 & x & y \\ 0 & 2 & z \\ 0 & 0 & 3 \end{vmatrix} = 1\times 2\times 3 = 6;\qquad \begin{vmatrix} 0 & 0 & 1 \\ 0 & 2 & a \\ 3 & b & c \end{vmatrix} = (-1)^{\frac{3(3-1)}{2}}1\times 2\times 3 = -6.$$

例 1.2.3 和例 1.2.4 的结果下文将经常使用，务请熟记.

在行列式定义展开式(1.2.5)中，每一项相乘的 n 个元素的行指标固定取 n 阶标准排列. 事实上，数的乘法是可交换的，这 n 个元素相乘的次序是可以改变的，故 n 阶行列式中通项一般可写成

$$a_{i_1j_1}a_{i_2j_2}\cdots a_{i_nj_n}, \tag{1.2.6}$$

其中 $i_1i_2\cdots i_n$ 和 $j_1j_2\cdots j_n$ 是两个 n 级排列. 问题是此时该项的符号如何确定?

由于排列 $i_1i_2\cdots i_n$ 可经过若干次数码对换变为标准排列 $12\cdots n$，因此适当交换式(1.2.6)中元素的位置可得到

$$a_{i_1j_1}a_{i_2j_2}\cdots a_{i_nj_n} = a_{1k_1}a_{2k_2}\cdots a_{nk_n}.$$

由于每交换式(1.2.6)中的两个元素，对应的行指标的排列，列指标的排列，均作了一次对换，因而它们逆序之和的奇偶性不变，于是有

$$(-1)^{\tau(i_1i_2\cdots i_n)+\tau(j_1j_2\cdots j_n)} = (-1)^{\tau(12\cdots n)+\tau(k_1k_2\cdots k_n)} = (-1)^{\tau(k_1k_2\cdots k_n)}.$$

而 $(-1)^{\tau(k_1k_2\cdots k_n)}$ 正是行列式展开式中项 $a_{1k_1}a_{2k_2}\cdots a_{nk_n}$ 的符号. 从而有

$$(-1)^{\tau(k_1k_2\cdots k_n)}a_{1k_1}a_{2k_2}\cdots a_{nk_n} = (-1)^{\tau(i_1i_2\cdots i_n)+\tau(j_1j_2\cdots j_n)}a_{i_1j_1}a_{i_2j_2}\cdots a_{i_nj_n}.$$

这表明行列式中项 $a_{i_1j_1}a_{i_2j_2}\cdots a_{i_nj_n}$ 的符号为 $(-1)^{\tau(i_1i_2\cdots i_n)+\tau(j_1j_2\cdots j_n)}$.

据此 n 阶行列式可有下列表达式：

1. 取 $i_1i_2\cdots i_n$ 为 $12\cdots(n-1)n$ 标准排列时，此即为行列式定义中的(1.2.5)式

$$|a_{ij}|_n = \sum_{j_1j_2\cdots j_n}(-1)^{\tau(j_1j_2\cdots j_n)}a_{1j_1}a_{2j_2}\cdots a_{nj_n}.$$

2. 取 $j_1j_2\cdots j_n$ 为 $12\cdots(n-1)n$ 标准排列时，有

$$D = |a_{ij}|_n = \sum_{i_1i_2\cdots i_n}(-1)^{\tau(i_1i_2\cdots i_n)}a_{i_11}a_{i_22}\cdots a_{i_nn}. \tag{1.2.7}$$

这表明了行列式中，行与列地位是平等的.

例 1.2.5　下述四项中是五阶行列式 $|a_{ij}|$ 的项，且带正号的是(　　).

(A) $a_{11}a_{23}a_{14}a_{35}a_{42}$;　　(B) $a_{24}a_{42}a_{33}a_{15}a_{51}$;

(C) $a_{31}a_{42}a_{23}a_{14}a_{55}$;　　(D) $a_{22}a_{31}a_{14}a_{45}a_{53}$.

解　项 $a_{11}a_{23}a_{14}a_{35}a_{42}$ 中含有行列式 $|a_{ij}|$ 第 1 行的两个元素 a_{11} 和 a_{14}，据行列式的定义 1.2.4，$a_{11}a_{23}a_{14}a_{35}a_{42}$ 不是五阶行列式的项. (B)，(C)，(D)都是五阶行列式 $|a_{ij}|$ 的项. 它们所带符号由下面的逆序数确定.

(B) $a_{24}a_{42}a_{33}a_{15}a_{51} = a_{15}a_{24}a_{33}a_{42}a_{51}$，而 $\tau(54321)=4+3+2+1=10$，故该项带正号.

(C) $a_{31}a_{42}a_{23}a_{14}a_{55} = a_{14}a_{23}a_{31}a_{42}a_{55}$，而 $\tau(43125)=3+2+0+0=5$，故该项带

负号.

(D) $a_{22}a_{31}a_{14}a_{45}a_{53}=a_{14}a_{22}a_{31}a_{45}a_{53}$，而 $\tau(42153)=3+1+0+1=5$，故该项带负号.

综上所述，本题应填 B.

注记 (B)的符号也可由逆序数 $\tau(24315)+\tau(42351)$ 确定，读者不妨一试. (C)与(D)也如此.

习 题 1.2

1. 按行列式定义，计算下列行列式(要求写出过程)：

(1) $\begin{vmatrix} a & b \\ a^2 & b^2 \end{vmatrix}$；　(2) $\begin{vmatrix} 1 & \log_b a \\ \log_a b & 1 \end{vmatrix}$；　(3) $\begin{vmatrix} \tan\theta & \sin\theta \\ 1 & \cos\theta \end{vmatrix}$；

(4) $\begin{vmatrix} 0 & a & 0 \\ b & 0 & c \\ 0 & d & 0 \end{vmatrix}$；　(5) $\begin{vmatrix} 1 & -1 & 1 \\ 1 & 1 & -1 \\ -1 & 1 & 1 \end{vmatrix}$；　(6) $\begin{vmatrix} a & 0 & 0 \\ 0 & b & c \\ 0 & d & e \end{vmatrix}$.

2. 在 6 阶行列式 $|a_{ij}|$ 中，下列项应取什么符号？为什么？

(1) $a_{23}a_{31}a_{42}a_{56}a_{14}a_{65}$；　(2) $a_{32}a_{43}a_{54}a_{11}a_{66}a_{25}$；

(3) $a_{21}a_{53}a_{16}a_{42}a_{65}a_{34}$；　(4) $a_{51}a_{13}a_{32}a_{44}a_{26}a_{65}$.

3. 当 $i=$____，$k=$____时 $a_{1i}a_{32}a_{4k}a_{25}a_{53}$ 成为 5 阶行列式 $|a_{ij}|$ 中一个取负号的项，为什么？

4. 若 $(-1)^{\tau(4k1i5)+\tau(12345)}a_{41}a_{k2}a_{13}a_{i4}a_{55}$ 是 5 阶行列式 $|a_{ij}|$ 中的一项，则当 $k=$____，$i=$____时该项的符号为正；当 $k=$____，$i=$____时该项的符号为负，为什么？

5. 写出 4 阶行列式 $|a_{ij}|$ 中包含因子 $a_{42}a_{23}$ 的项，并指出正负号.

6. 写出 4 阶行列式 $|a_{ij}|$ 中所有取负号且包含因子 a_{23} 的项.

7. 按行列式定义，计算下列行列式((4)中 $n>1$，并均要求写出计算过程)：

(1) $\begin{vmatrix} -1 & 0 & 1 \\ a & -2 & 0 \\ 0 & b & -3 \end{vmatrix}$；　(2) $\begin{vmatrix} a & 0 & 0 & 0 \\ 0 & 0 & b & 0 \\ 0 & c & 0 & 0 \\ 0 & 0 & 0 & d \end{vmatrix}$；

(3) $\begin{vmatrix} a_1 & a_2 & a_3 & a_4 & a_5 \\ b_1 & b_2 & b_3 & b_4 & b_5 \\ c_1 & c_2 & 0 & 0 & 0 \\ d_1 & d_2 & 0 & 0 & 0 \\ e_1 & e_2 & 0 & 0 & 0 \end{vmatrix}$；　(4) $\begin{vmatrix} a_{11} & a_{12} & \cdots & a_{1,n-1} & a_{1n} \\ a_{21} & a_{22} & \cdots & a_{2,n-1} & 0 \\ \vdots & \vdots & & \vdots & \vdots \\ a_{n-1,1} & a_{n-1,2} & \cdots & 0 & 0 \\ a_{n1} & 0 & \cdots & 0 & 0 \end{vmatrix}$.

8*. 问

$$\begin{vmatrix} a_{11} & 0 & 0 & a_{14} \\ 0 & a_{22} & a_{23} & 0 \\ 0 & a_{32} & a_{33} & 0 \\ a_{41} & 0 & 0 & a_{44} \end{vmatrix} = a_{11}a_{22}a_{33}a_{44} - a_{14}a_{23}a_{32}a_{41}$$

为什么错？正确答案是什么？

9. 若 n 阶行列式 $D=|a_{ij}|$ 中元素 $a_{ij}(i,j=1,2,\cdots,n)$ 均为整数，则 D 必为整数，这结论对不对？为什么？

10. 计算 $n(n>1)$ 阶行列式 $\begin{vmatrix} 0 & 0 & \cdots & 0 & -1 \\ 0 & 0 & \cdots & -1 & 0 \\ \vdots & \vdots & & \vdots & \vdots \\ 0 & -1 & \cdots & 0 & 0 \\ -1 & 0 & \cdots & 0 & 0 \end{vmatrix}$.

1.3 行列式的性质

计算 n 阶行列式是本章的中心课题之一，然而从定义出发，只有计算某些特殊的行列式才较为可行，比如说上三角形行列式. 对一般的行列式而言，随着行列式阶数 n 的增大，用定义来计算行列式，其计算量增加的比率是极其迅速的. 一个 n 阶行列式按定义展开，要做 $(n-1)\times n!$ 次乘法(请注意 $50!=3.041\times10^{64}$，$60!=8.321\times10^{81}$). 而在天气预测，大地测量等实际问题中所需解的线性方程组，其未知量成百上千. 本节将研究行列式的性质，这些性质不仅能简化行列式的计算，而且在理论上也相当重要.

首先引入转置行列式的概念，设

$$D=\begin{vmatrix} a_{11} & a_{12} & \cdots & a_{1n} \\ a_{21} & a_{22} & \cdots & a_{2n} \\ \vdots & \vdots & & \vdots \\ a_{n1} & a_{n2} & \cdots & a_{nn} \end{vmatrix},$$

记

$$D^{\mathrm{T}}=\begin{vmatrix} a_{11} & a_{21} & \cdots & a_{n1} \\ a_{12} & a_{22} & \cdots & a_{n2} \\ \vdots & \vdots & & \vdots \\ a_{1n} & a_{2n} & \cdots & a_{nn} \end{vmatrix},$$

即 D^{T} 是由 D 的行列位置互换后得到的，称 D^{T} 为 D 的**转置行列式**.

性质 1.3.1 $D=D^{\mathrm{T}}$(行列互换，行列式的值不变).

证 将 D^{T} 记为

$$D^{\mathrm{T}}=\begin{vmatrix} b_{11} & b_{12} & \cdots & b_{1n} \\ b_{21} & b_{22} & \cdots & b_{2n} \\ \vdots & \vdots & & \vdots \\ b_{n1} & b_{n2} & \cdots & b_{nn} \end{vmatrix},$$

即 $b_{ij}=a_{ji}(i,j=1,2,\cdots,n)$. 将 D^{T} 按式(1.2.7)展开,有

$$\begin{aligned}D^{\mathrm{T}} &= \sum_{i_1 i_2\cdots i_n}(-1)^{\tau(i_1 i_2\cdots i_n)} b_{i_1 1} b_{i_2 2}\cdots b_{i_n n}\\ &= \sum_{i_1 i_2\cdots i_n}(-1)^{\tau(i_1 i_2\cdots i_n)} a_{1 i_1} a_{2 i_2}\cdots a_{n i_n} = D.\end{aligned}$$

这再次表明行列式中行与列地位平等. 因而下面对于行成立的性质,对列相应性质也成立. 所以以下性质只对行进行证明是可以的.

注意到例 1.2.5 所说的上三角形行列式转置后为下三角形,所以利用性质 1.3.1 可得下述重要结果

$$\begin{vmatrix} a_{11} & 0 & 0 & \cdots & 0\\ a_{21} & a_{22} & 0 & \cdots & 0\\ a_{31} & a_{32} & a_{33} & \cdots & 0\\ \vdots & \vdots & \vdots & & \vdots\\ a_{n1} & a_{n2} & a_{n3} & \cdots & a_{nn}\end{vmatrix} = a_{11}a_{22}\cdots a_{nn}.$$

即下三角形行列式为主对角线上元素的乘积.

性质 1.3.2 如果行列式中两行(列)互换,行列式的值只改变一个符号,即

$$\begin{array}{r} \\ \\ i\text{ 行}\\ \\ k\text{ 行}\\ \\ \\ \end{array}\begin{vmatrix} a_{11} & a_{12} & \cdots & a_{1n}\\ \vdots & \vdots & & \vdots\\ a_{i1} & a_{i2} & \cdots & a_{in}\\ \vdots & \vdots & & \vdots\\ a_{k1} & a_{k2} & \cdots & a_{kn}\\ \vdots & \vdots & & \vdots\\ a_{n1} & a_{n2} & \cdots & a_{nn}\end{vmatrix} = -\begin{vmatrix} a_{11} & a_{12} & \cdots & a_{1n}\\ \vdots & \vdots & & \vdots\\ a_{k1} & a_{k2} & \cdots & a_{kn}\\ \vdots & \vdots & & \vdots\\ a_{i1} & a_{i2} & \cdots & a_{in}\\ \vdots & \vdots & & \vdots\\ a_{n1} & a_{n2} & \cdots & a_{nn}\end{vmatrix}\begin{array}{l} \\ \\ i\text{ 行}\\ \\ k\text{ 行}\\ \\ \\ \end{array}.$$

证 引入记号 $b_{st}=\begin{cases} a_{st}, & s\neq i,k,\\ a_{kt}, & s=i,\\ a_{it}, & s=k.\end{cases}$ 则

$$\text{右端} = -\begin{vmatrix} a_{11} & a_{12} & \cdots & a_{1n}\\ \vdots & \vdots & & \vdots\\ a_{k1} & a_{k2} & \cdots & a_{kn}\\ \vdots & \vdots & & \vdots\\ a_{i1} & a_{i2} & \cdots & a_{in}\\ \vdots & \vdots & & \vdots\\ a_{n1} & a_{n2} & \cdots & a_{nn}\end{vmatrix} = -\begin{vmatrix} b_{11} & b_{12} & \cdots & b_{1n}\\ \vdots & \vdots & & \vdots\\ b_{i1} & b_{i2} & \cdots & b_{in}\\ \vdots & \vdots & & \vdots\\ b_{k1} & b_{k2} & \cdots & b_{kn}\\ \vdots & \vdots & & \vdots\\ b_{n1} & b_{n2} & \cdots & b_{nn}\end{vmatrix}$$

$$\xlongequal[\text{展开}]{\text{按(1.2.5)}} -\sum_{j_1\cdots j_i\cdots j_k\cdots j_n}(-1)^{\tau(j_1\cdots j_i\cdots j_k\cdots j_n)} b_{1j_1}\cdots b_{ij_i}\cdots b_{kj_k}\cdots b_{nj_n}$$

$$=-\sum_{j_1\cdots j_i\cdots j_k\cdots j_n}(-1)^{\tau(j_1\cdots j_i\cdots j_k\cdots j_n)}a_{1j_1}\cdots a_{kj_i}\cdots a_{ij_k}\cdots a_{nj_n}$$

$$=\sum_{j_1\cdots j_k\cdots j_i\cdots j_n}(-1)^{\tau(j_1\cdots j_k\cdots j_i\cdots j_n)}a_{1j_1}\cdots a_{ij_k}\cdots a_{kj_i}\cdots a_{nj_n}\xlongequal{(1.2.5)}\text{左端}.$$

推论 1 行列式若有两行(列)对应元素全相等,则行列式为零.

证 设行列式 D 的第 i 行与第 k 行相同,若将 D 的第 i 行与第 k 行互换,所得仍为 D. 但由性质 1.3.2 知,两者要反号,即 $D=-D$,故 $D=0$.

性质 1.3.3 以数 k 乘行列式中某一行(列)中所有元素,等于用 k 去乘此行列式. 换言之,行列式某一行(列)所有元素有公因子 k,可将 k 提到行列式记号外相乘,即

$$\begin{vmatrix} a_{11} & a_{12} & \cdots & a_{1n} \\ \vdots & \vdots & & \vdots \\ ka_{i1} & ka_{i2} & \cdots & ka_{in} \\ \vdots & \vdots & & \vdots \\ a_{n1} & a_{n2} & \cdots & a_{nn} \end{vmatrix} = k\begin{vmatrix} a_{11} & a_{12} & \cdots & a_{1n} \\ \vdots & \vdots & & \vdots \\ a_{i1} & a_{i2} & \cdots & a_{in} \\ \vdots & \vdots & & \vdots \\ a_{n1} & a_{n2} & \cdots & a_{nn} \end{vmatrix}.$$

证 左端 $=\sum\limits_{j_1j_2\cdots j_n}(-1)^{\tau(j_1j_2\cdots j_n)}a_{1j_1}a_{2j_2}\cdots(ka_{ij_i})\cdots a_{nj_n}$

$$=k\sum_{j_1j_2\cdots j_n}(-1)^{\tau(j_1j_2\cdots j_n)}a_{1j_1}a_{2j_2}\cdots a_{ij_i}\cdots a_{nj_n}=\text{右端}.$$

推论 2 若行列式中有一行(列)的元素全为零,则行列式为零.

证 此即性质 1.3.3 中 $k=0$ 的情况.

性质 1.3.4 若行列式中有两行(列)元素对应成比例,则行列式为零.

证 设 D 的第 i 行与第 t 行成比例($i\neq t$),不妨设 $i<t$,有

$$a_{tj}=ka_{ij}\quad(j=1,2,\cdots,n).$$

$$D=\begin{vmatrix} a_{11} & a_{12} & \cdots & a_{1n} \\ \vdots & \vdots & & \vdots \\ a_{i1} & a_{i2} & \cdots & a_{in} \\ \vdots & \vdots & & \vdots \\ a_{t1} & a_{t2} & \cdots & a_{tn} \\ \vdots & \vdots & & \vdots \\ a_{n1} & a_{n2} & \cdots & a_{nn} \end{vmatrix}=\begin{vmatrix} a_{11} & a_{12} & \cdots & a_{1n} \\ \vdots & \vdots & & \vdots \\ a_{i1} & a_{i2} & \cdots & a_{in} \\ \vdots & \vdots & & \vdots \\ ka_{i1} & ka_{i2} & \cdots & ka_{in} \\ \vdots & \vdots & & \vdots \\ a_{n1} & a_{n2} & \cdots & a_{nn} \end{vmatrix}$$

$$\xlongequal{\text{性质 1.3.3}}k\begin{vmatrix} a_{11} & a_{12} & \cdots & a_{1n} \\ \vdots & \vdots & & \vdots \\ a_{i1} & a_{i2} & \cdots & a_{in} \\ \vdots & \vdots & & \vdots \\ a_{i1} & a_{i2} & \cdots & a_{in} \\ \vdots & \vdots & & \vdots \\ a_{n1} & a_{n2} & \cdots & a_{nn} \end{vmatrix}\xlongequal{\text{推论 1}}k\cdot 0=0.$$

例 1.3.1 已知 $\begin{vmatrix} a_{11} & a_{12} & a_{13} \\ a_{21} & a_{22} & a_{23} \\ a_{31} & a_{32} & a_{33} \end{vmatrix}=1$，求 $D=\begin{vmatrix} a_{31} & a_{32} & ka_{33} \\ a_{21} & a_{22} & ka_{23} \\ a_{11} & a_{12} & ka_{13} \end{vmatrix}$.

解

$$D \xlongequal{\text{性质 1.3.3}} k\begin{vmatrix} a_{31} & a_{32} & a_{33} \\ a_{21} & a_{22} & a_{23} \\ a_{11} & a_{12} & a_{13} \end{vmatrix} \xlongequal{\text{性质 1.3.2}} -k\begin{vmatrix} a_{11} & a_{12} & a_{13} \\ a_{21} & a_{22} & a_{23} \\ a_{31} & a_{32} & a_{33} \end{vmatrix} = -k.$$

性质 1.3.5 (分行(列)相加性)

$$\begin{vmatrix} a_{11} & a_{12} & \cdots & a_{1n} \\ \vdots & \vdots & & \vdots \\ b_{i1}+c_{i1} & b_{i2}+c_{i2} & \cdots & b_{in}+c_{in} \\ \vdots & \vdots & & \vdots \\ a_{n1} & a_{n2} & \cdots & a_{nn} \end{vmatrix}$$

$$=\begin{vmatrix} a_{11} & a_{12} & \cdots & a_{1n} \\ \vdots & \vdots & & \vdots \\ b_{i1} & b_{i2} & \cdots & b_{in} \\ \vdots & \vdots & & \vdots \\ a_{n1} & a_{n2} & \cdots & a_{nn} \end{vmatrix} + \begin{vmatrix} a_{11} & a_{12} & \cdots & a_{1n} \\ \vdots & \vdots & & \vdots \\ c_{i1} & c_{i2} & \cdots & c_{in} \\ \vdots & \vdots & & \vdots \\ a_{n1} & a_{n2} & \cdots & a_{nn} \end{vmatrix}.$$

证

$$\begin{aligned} \text{左端} &= \sum_{j_1j_2\cdots j_n} (-1)^{\tau(j_1j_2\cdots j_n)} a_{1j_1}a_{2j_2}\cdots(b_{ij_i}+c_{ij_i})\cdots a_{nj_n} \\ &= \sum_{j_1j_2\cdots j_n} (-1)^{\tau(j_1j_2\cdots j_n)} a_{1j_1}a_{2j_2}\cdots b_{ij_i}\cdots a_{nj_n} \\ &\quad + \sum_{j_1j_2\cdots j_n} (-1)^{\tau(j_1j_2\cdots j_n)} a_{1j_1}a_{2j_2}\cdots c_{ij_i}\cdots a_{nj_n} \\ &= \text{右端}. \end{aligned}$$

推论 3

$$\begin{vmatrix} a_{11} & a_{12} & \cdots & a_{1n} \\ \vdots & \vdots & & \vdots \\ b_{i1}+c_{i1}+\cdots+h_{i1} & b_{i2}+c_{i2}+\cdots+h_{i2} & \cdots & b_{in}+c_{in}+\cdots+h_{in} \\ \vdots & \vdots & & \vdots \\ a_{n1} & a_{n2} & \cdots & a_{nn} \end{vmatrix}$$

$$=\begin{vmatrix} a_{11} & a_{12} & \cdots & a_{1n} \\ \vdots & \vdots & & \vdots \\ b_{i1} & b_{i2} & \cdots & b_{in} \\ \vdots & \vdots & & \vdots \\ a_{n1} & a_{n2} & \cdots & a_{nn} \end{vmatrix} + \begin{vmatrix} a_{11} & a_{12} & \cdots & a_{1n} \\ \vdots & \vdots & & \vdots \\ c_{i1} & c_{i2} & \cdots & c_{in} \\ \vdots & \vdots & & \vdots \\ a_{n1} & a_{n2} & \cdots & a_{nn} \end{vmatrix} + \cdots + \begin{vmatrix} a_{11} & a_{12} & \cdots & a_{1n} \\ \vdots & \vdots & & \vdots \\ h_{i1} & h_{i2} & \cdots & h_{in} \\ \vdots & \vdots & & \vdots \\ a_{n1} & a_{n2} & \cdots & a_{nn} \end{vmatrix}.$$

性质 1.3.6 行列式的某一行(列)元素加上另一行(列)对应元素的 k 倍,行列式不变,即 $i\neq j$ 时

$$\begin{vmatrix} a_{11} & a_{12} & \cdots & a_{1n} \\ \vdots & \vdots & & \vdots \\ a_{i1}+ka_{j1} & a_{i2}+ka_{j2} & \cdots & a_{in}+ka_{jn} \\ \vdots & \vdots & & \vdots \\ a_{j1} & a_{j2} & \cdots & a_{jn} \\ \vdots & \vdots & & \vdots \\ a_{n1} & a_{n2} & \cdots & a_{nn} \end{vmatrix} = \begin{vmatrix} a_{11} & a_{12} & \cdots & a_{1n} \\ \vdots & \vdots & & \vdots \\ a_{i1} & a_{i2} & \cdots & a_{in} \\ \vdots & \vdots & & \vdots \\ a_{j1} & a_{j2} & \cdots & a_{jn} \\ \vdots & \vdots & & \vdots \\ a_{n1} & a_{n2} & \cdots & a_{nn} \end{vmatrix}.$$

证 由性质 1.3.5 知

$$\text{左端} = \begin{vmatrix} a_{11} & a_{12} & \cdots & a_{1n} \\ \vdots & \vdots & & \vdots \\ a_{i1} & a_{i2} & \cdots & a_{in} \\ \vdots & \vdots & & \vdots \\ a_{j1} & a_{j2} & \cdots & a_{jn} \\ \vdots & \vdots & & \vdots \\ a_{n1} & a_{n2} & \cdots & a_{nn} \end{vmatrix} + \begin{vmatrix} a_{11} & a_{12} & \cdots & a_{1n} \\ \vdots & \vdots & & \vdots \\ ka_{j1} & ka_{j2} & \cdots & ka_{jn} \\ \vdots & \vdots & & \vdots \\ a_{j1} & a_{j2} & \cdots & a_{jn} \\ \vdots & \vdots & & \vdots \\ a_{n1} & a_{n2} & \cdots & a_{nn} \end{vmatrix}.$$

而据性质 1.3.4,上式第二个行列式为零,即得左端=右端.

在计算行列式时,为了使计算过程醒目,约定如下记号:

用 $R_i \pm kR_j$ 表示在第 i 行元素加上(减去)第 j 行对应元素的 k 倍.

用 $C_i \pm kC_j$ 表示在第 i 列元素加上(减去)第 j 列对应元素的 k 倍.

下面例子表明如何利用行列式的性质来简化计算.

例 1.3.2 计算行列式

$$D = \begin{vmatrix} 1+a_1 & 2+a_1 & 3+a_1 \\ 1+a_2 & 2+a_2 & 3+a_2 \\ 1+a_3 & 2+a_3 & 3+a_3 \end{vmatrix}.$$

解 $D \xlongequal[C_3-C_1]{C_2-C_1} \begin{vmatrix} 1+a_1 & 1 & 2 \\ 1+a_2 & 1 & 2 \\ 1+a_3 & 1 & 2 \end{vmatrix} \xlongequal{\text{性质 1.3.4}} 0.$

思考题 1 计算 n 阶行列式

$$D = \begin{vmatrix} 1+a_1 & 2+a_1 & 3+a_1 & \cdots & n+a_1 \\ 1+a_2 & 2+a_2 & 3+a_2 & \cdots & n+a_2 \\ 1+a_3 & 2+a_3 & 3+a_3 & \cdots & n+a_3 \\ \vdots & \vdots & \vdots & & \vdots \\ 1+a_n & 2+a_n & 3+a_n & \cdots & n+a_n \end{vmatrix}.$$

前文已阐明上(下)三角形行列式可直接写出,为其主对角线上元素的乘积.这样我们常常利用行列式的性质,把一些行列式化为上(下)三角形来进行计算.

例 1.3.3 计算行列式

$$D=\begin{vmatrix}1&-9&13&7\\-2&5&-1&3\\3&-1&5&-5\\2&8&-7&-10\end{vmatrix}.$$

解

$$D\xlongequal[R_4-2R_1]{\substack{R_2+2R_1\\R_3-3R_1}}\begin{vmatrix}1&-9&13&7\\0&-13&25&17\\0&26&-34&-26\\0&26&-33&-24\end{vmatrix}\xlongequal[R_4+2R_2]{R_3-R_4}\begin{vmatrix}1&-9&13&7\\0&-13&25&17\\0&0&-1&-2\\0&0&17&10\end{vmatrix}$$

$$\xlongequal{R_4+17R_3}\begin{vmatrix}1&-9&13&7\\0&-13&25&17\\0&0&-1&-2\\0&0&0&-24\end{vmatrix}=1\times(-13)\times(-1)\times(-24)=-312.$$

例 1.3.4 计算 n 阶行列式

$$D=\begin{vmatrix}a&b&b&\cdots&b\\b&a&b&\cdots&b\\b&b&a&\cdots&b\\\vdots&\vdots&\vdots&&\vdots\\b&b&b&\cdots&a\end{vmatrix}.$$

解法 1 把 D 的第 2 列,第 3 列,…,第 n 列均加到第 1 列上得

$$D=\begin{vmatrix}a+(n-1)b&b&b&\cdots&b\\a+(n-1)b&a&b&\cdots&b\\a+(n-1)b&b&a&\cdots&b\\\vdots&\vdots&\vdots&&\vdots\\a+(n-1)b&b&b&\cdots&a\end{vmatrix}$$

$$=[a+(n-1)b]\begin{vmatrix}1&b&b&\cdots&b\\1&a&b&\cdots&b\\1&b&a&\cdots&b\\\vdots&\vdots&\vdots&&\vdots\\1&b&b&\cdots&a\end{vmatrix}$$

$$\xlongequal[\substack{R_3-R_1\\ \vdots\\ R_n-R_1}]{R_2-R_1}[a+(n-1)b]\begin{vmatrix} 1 & b & b & \cdots & b \\ 0 & a-b & 0 & \cdots & 0 \\ 0 & 0 & a-b & \cdots & 0 \\ \vdots & \vdots & \vdots & & \vdots \\ 0 & 0 & 0 & \cdots & a-b \end{vmatrix}$$

$$=[a+(n-1)b](a-b)^{n-1}.$$

解法 2

$$D\xlongequal[\substack{R_3-R_1\\ \vdots\\ R_n-R_1}]{R_2-R_1}\begin{vmatrix} a & b & b & \cdots & b \\ b-a & a-b & 0 & \cdots & 0 \\ b-a & 0 & a-b & \cdots & 0 \\ \vdots & \vdots & \vdots & & \vdots \\ b-a & 0 & 0 & \cdots & a-b \end{vmatrix}$$

$$\xlongequal{C_1+\sum_{j=2}^{n}C_j}\begin{vmatrix} a+(n-1)b & b & b & \cdots & b \\ 0 & a-b & 0 & \cdots & 0 \\ 0 & 0 & a-b & \cdots & 0 \\ \vdots & \vdots & \vdots & & \vdots \\ 0 & 0 & 0 & \cdots & a-b \end{vmatrix}$$

$$=[a+(n-1)b](a-b)^{n-1}.$$

注记　(1)解法 2 中出现连加号“$\sum$”，有关连加号的概念和一些性质，建议读者参阅附录一.

(2)在本例中如果将 a 改为变量 x，同样可计算得

$$\begin{vmatrix} x & b & b & \cdots & b \\ b & x & b & \cdots & b \\ b & b & x & \cdots & b \\ \vdots & \vdots & \vdots & & \vdots \\ b & b & b & \cdots & x \end{vmatrix}=[x+(n-1)b](x-b)^{n-1},$$

这就是一个 x 的 n 次多项式，它的 n 个根为

$$x_1=(1-n)b,\quad x_i=b\quad (i=2,\cdots,n).$$

有关一元多项式的一些概念和性质，建议读者参阅附录二.

(3)同样的解法还可求出本例的变形

$$\begin{vmatrix} b & b & \cdots & b & a \\ b & b & \cdots & a & b \\ \vdots & \vdots & & \vdots & \vdots \\ b & a & \cdots & b & b \\ a & b & \cdots & b & b \end{vmatrix}=(-1)^{\frac{n(n-1)}{2}}[a+(n-1)b](a-b)^{n-1}.$$

习 题 1.3

1. 设

$$D=\begin{vmatrix} a_{11} & a_{12} & a_{13} \\ a_{21} & a_{22} & a_{23} \\ a_{31} & a_{32} & a_{33} \end{vmatrix}=a\neq 0,$$

据此计算下列行列式(要求写出计算过程)：

(1) $\begin{vmatrix} a_{31} & -3a_{32} & a_{33} \\ 2a_{21} & -6a_{22} & 2a_{23} \\ a_{11} & -3a_{12} & a_{13} \end{vmatrix}$；　(2) $\begin{vmatrix} 2a_{11} & 3a_{13}-5a_{12} & \frac{1}{2}a_{12} \\ 2a_{21} & 3a_{23}-5a_{22} & \frac{1}{2}a_{22} \\ 2a_{31} & 3a_{33}-5a_{32} & \frac{1}{2}a_{32} \end{vmatrix}$.

2. 用行列式性质计算下列行列式(要求写出计算过程)：

(1) $\begin{vmatrix} 1998 & 1999 & 2000 \\ 2001 & 2002 & 2003 \\ 2004 & 2005 & 2006 \end{vmatrix}$；　(2) $\begin{vmatrix} a & b+c & 1 \\ b & c+a & 1 \\ c & a+b & 1 \end{vmatrix}$；　(3) $\begin{vmatrix} x_1y_1 & x_1y_2 & x_1y_3 \\ x_2y_1 & x_2y_2 & x_2y_3 \\ x_3y_1 & x_3y_2 & x_3y_3 \end{vmatrix}$；

(4) $\begin{vmatrix} 1 & 0 & 0 & -1 \\ 0 & 2 & 2 & 0 \\ 0 & -3 & 3 & 0 \\ 4 & 0 & 0 & 4 \end{vmatrix}$；　(5) $\begin{vmatrix} 1 & 1 & 1 & 1 \\ 1 & 2 & 3 & 4 \\ 1 & 3 & 6 & 10 \\ 1 & 4 & 10 & 20 \end{vmatrix}$；　(6) $\begin{vmatrix} 1 & 1 & 1 & 0 \\ 1 & 1 & 0 & 1 \\ 1 & 0 & 1 & 1 \\ 0 & 1 & 1 & 1 \end{vmatrix}$；

(7) $\begin{vmatrix} 2 & 1 & -1 \\ 4 & -1 & 1 \\ 201 & 102 & -99 \end{vmatrix}$；　(8) $\begin{vmatrix} a-b-c & 2a & 2a \\ 2b & b-c-a & 2b \\ 2c & 2c & c-a-b \end{vmatrix}$.

3. 用行列式性质计算下列 $n(n>1)$ 阶行列式(要求写出计算过程)：

(1) $\begin{vmatrix} 1 & a_1 & a_2 & \cdots & a_{n-1} \\ 1 & a_1+b_1 & a_2 & \cdots & a_{n-1} \\ 1 & a_1 & a_2+b_2 & \cdots & a_{n-1} \\ \vdots & \vdots & \vdots & & \vdots \\ 1 & a_1 & a_2 & \cdots & a_{n-1}+b_{n-1} \end{vmatrix}$；　(2) $\begin{vmatrix} -a_1 & a_1 & 0 & \cdots & 0 & 0 \\ 0 & a_2 & a_2 & \cdots & 0 & 0 \\ \vdots & \vdots & \vdots & & \vdots & \vdots \\ 0 & 0 & 0 & \cdots & -a_{n-1} & a_{n-1} \\ 1 & 1 & 1 & \cdots & 1 & 1 \end{vmatrix}$.

4. 证明：$\begin{vmatrix} a^2 & (a+1)^2 & (a+2)^2 & (a+3)^2 \\ b^2 & (b+1)^2 & (b+2)^2 & (b+3)^2 \\ c^2 & (c+1)^2 & (c+2)^2 & (c+3)^2 \\ d^2 & (d+1)^2 & (d+2)^2 & (d+3)^2 \end{vmatrix}=0.$

5. 求下列多项式的根(要求写出计算过程)：

(1) $f(x)=\begin{vmatrix} 1 & 1 & 2 & 3 \\ 1 & 2-x^2 & 2 & 3 \\ 2 & 2 & 6 & 5 \\ 2 & 2 & 6 & 9-x^2 \end{vmatrix}$；(2) $f(x)=\begin{vmatrix} 1 & 1 & 1 & \cdots & 1 & 1 \\ 1 & 1-x & 1 & \cdots & 1 & 1 \\ 1 & 1 & 2-x & \cdots & 1 & 1 \\ \vdots & \vdots & \vdots & & \vdots & \vdots \\ 1 & 1 & 1 & \cdots & 1 & n-1-x \end{vmatrix}$ $(n>1)$.

6*. 由 $n(n>1)$ 阶行列式

$$\begin{vmatrix} 1 & 1 & \cdots & 1 \\ 1 & 1 & \cdots & 1 \\ \vdots & \vdots & & \vdots \\ 1 & 1 & \cdots & 1 \end{vmatrix} = 0$$

来说明 $n!$ 个不同的 n 阶排列中奇排列和偶排列各占一半.

1.4　行列式按行(列)展开

上节介绍了利用行列式的性质来简化行列式的计算,本节将考虑如何把阶数较高行列式归化为阶数较低行列式.由于三阶,二阶行列式可直接写出,故这也是求行列式的有效途径.

定义 1.4.1　在 n 阶行列式 $D=|a_{ij}|_n$ 中划掉元素 a_{ij} 所在的第 i 行和第 j 列后,留下的元素按原来的位置构成的 $n-1$ 阶行列式称为元素 a_{ij} **的余子式**,记为 M_{ij}. 又记 $A_{ij}=(-1)^{i+j}M_{ij}$,称 A_{ij} 为元素 a_{ij} **的代数余子式**.

易见当 $a_{ij}(i,j=1,2,\cdots,n)$ 为数时,M_{ij} 和 A_{ij} 均为数.

例如四阶行列式

$$D=\begin{vmatrix} a_{11} & a_{12} & a_{13} & a_{14} \\ a_{21} & a_{22} & a_{23} & a_{24} \\ a_{31} & a_{32} & a_{33} & a_{34} \\ a_{41} & a_{42} & a_{43} & a_{44} \end{vmatrix}$$

元素 a_{32} 的余子式是

$$M_{32}=\begin{vmatrix} a_{11} & a_{13} & a_{14} \\ a_{21} & a_{23} & a_{24} \\ a_{41} & a_{43} & a_{44} \end{vmatrix}.$$

元素 a_{32} 的代数余子式是 $A_{32}=(-1)^{3+2}M_{32}=-M_{32}$.

定理 1.4.1　n 阶行列式 $D=|a_{ij}|_n$ 等于它的任意一行(列)的各元素与其对应的代数余子式乘积之和,即

$$D=a_{i1}A_{i1}+a_{i2}A_{i2}+\cdots+a_{in}A_{in} \qquad (i=1,2,\cdots,n);$$

$$D=a_{1j}A_{1j}+a_{2j}A_{2j}+\cdots+a_{nj}A_{nj} \qquad (j=1,2,\cdots,n).$$

证　(1) 首先讨论 D 的第一行元素除 a_{11} 外,其余元素均为零的情况,即

$$D=\begin{vmatrix} a_{11} & 0 & 0 & \cdots & 0 \\ a_{21} & a_{22} & a_{23} & \cdots & a_{2n} \\ a_{31} & a_{32} & a_{33} & \cdots & a_{3n} \\ \vdots & \vdots & \vdots & & \vdots \\ a_{n1} & a_{n2} & a_{n3} & \cdots & a_{nn} \end{vmatrix}.$$

如例 1.2.3 讨论知

$$D=\sum_{1j_2\cdots j_n}(-1)^{\tau(1j_2\cdots j_n)}a_{11}a_{2j_2}\cdots a_{nj_n}=a_{11}\sum_{j_2\cdots j_n}(-1)^{\tau(j_2\cdots j_n)}a_{2j_2}\cdots a_{nj_n}$$

$$=a_{11}\begin{vmatrix} a_{22} & a_{23} & \cdots & a_{2n} \\ a_{32} & a_{33} & \cdots & a_{3n} \\ \vdots & \vdots & & \vdots \\ a_{n2} & a_{n3} & \cdots & a_{nn} \end{vmatrix}=a_{11}M_{11}.$$

由 $A_{11}=(-1)^{1+1}M_{11}=M_{11}$，得 $D=a_{11}A_{11}$.

(2) 其次讨论 D 的第 i 行元素除 a_{ij} 外，其余元素均为零的情况，即

$$D=\begin{vmatrix} a_{11} & \cdots & a_{1,j-1} & a_{1j} & a_{1,j+1} & \cdots & a_{1n} \\ \vdots & & \vdots & \vdots & \vdots & & \vdots \\ a_{i-1,1} & \cdots & a_{i-1,j-1} & a_{i-1,j} & a_{i-1,j+1} & \cdots & a_{i-1,n} \\ 0 & \cdots & 0 & a_{ij} & 0 & \cdots & 0 \\ a_{i+1,1} & \cdots & a_{i+1,j-1} & a_{i+1,j} & a_{i+1,j+1} & \cdots & a_{i+1,n} \\ \vdots & & \vdots & \vdots & \vdots & & \vdots \\ a_{n1} & \cdots & a_{n,j-1} & a_{n,j} & a_{n,j+1} & \cdots & a_{nn} \end{vmatrix}.$$

将 D 的第 i 行依次与第 $i-1,\cdots$，第 2，第 1 各行作 $i-1$ 次相邻交换调到第 1 行，再将第 j 列依次与第 $j-1,\cdots$，第 2，第 1 各列作 $j-1$ 次相邻交换，调到第 1 列，这样共经过 $i+j-2$ 次交换得

$$D=(-1)^{i+j-2}\begin{vmatrix} a_{ij} & 0 & \cdots & 0 & 0 & \cdots & 0 \\ a_{1j} & a_{11} & \cdots & a_{1,j-1} & a_{1,j+1} & \cdots & a_{1n} \\ \vdots & \vdots & & \vdots & \vdots & & \vdots \\ a_{i-1,j} & a_{i-1,1} & \cdots & a_{i-1,j-1} & a_{i-1,j+1} & \cdots & a_{i-1,n} \\ a_{i+1,j} & a_{i+1,1} & \cdots & a_{i+1,j-1} & a_{i+1,j+1} & \cdots & a_{i+1,n} \\ \vdots & \vdots & & \vdots & \vdots & & \vdots \\ a_{nj} & a_{n1} & \cdots & a_{n,j-1} & a_{n,j+1} & \cdots & a_{nn} \end{vmatrix}$$

$$\overset{(1)}{=\!=\!=}(-1)^{i+j}a_{ij}M_{ij}=a_{ij}A_{ij}.$$

(3) 最后讨论一般情况

$$D=\begin{vmatrix} a_{11} & a_{12} & \cdots & a_{1n} \\ \vdots & \vdots & & \vdots \\ a_{i1}+0+0+\cdots+0 & 0+a_{i2}+0+\cdots+0 & \cdots & 0+0+\cdots+0+a_{in} \\ \vdots & \vdots & & \vdots \\ a_{n1} & a_{n2} & \cdots & a_{nn} \end{vmatrix}$$

$$\xlongequal{\text{推论 3}} \begin{vmatrix} a_{11} & a_{12} & \cdots & a_{1n} \\ \vdots & \vdots & & \vdots \\ a_{i1} & 0 & \cdots & 0 \\ \vdots & \vdots & & \vdots \\ a_{n1} & a_{n2} & \cdots & a_{nn} \end{vmatrix} + \begin{vmatrix} a_{11} & a_{12} & \cdots & a_{1n} \\ \vdots & \vdots & & \vdots \\ 0 & a_{i2} & \cdots & 0 \\ \vdots & \vdots & & \vdots \\ a_{n1} & a_{n2} & \cdots & a_{nn} \end{vmatrix} + \cdots + \begin{vmatrix} a_{11} & a_{12} & \cdots & a_{1n} \\ \vdots & \vdots & & \vdots \\ 0 & 0 & \cdots & a_{in} \\ \vdots & \vdots & & \vdots \\ a_{n1} & a_{n2} & \cdots & a_{nn} \end{vmatrix}$$

$$\xlongequal{(2)} a_{i1}A_{i1} + a_{i2}A_{i2} + \cdots + a_{in}A_{in}.$$

此即行列式按第 i 行展开公式. 同理可证行列式按第 j 列展开公式.

定理 1.4.2　n 阶行列式 $D=|a_{ij}|_n$ 中某一行(列)的各元素与另一行(列)的对应元素的代数余子式乘积之和等于零,即

$$a_{k1}A_{i1} + a_{k2}A_{i2} + \cdots + a_{kn}A_{in} = 0, \qquad i \neq k;$$
$$a_{1k}A_{1j} + a_{2k}A_{2j} + \cdots + a_{nk}A_{nj} = 0, \qquad j \neq k.$$

证

$$D = \begin{vmatrix} a_{11} & a_{12} & \cdots & a_{1n} \\ \vdots & \vdots & & \vdots \\ a_{k1} & a_{k2} & \cdots & a_{kn} \\ \vdots & \vdots & & \vdots \\ a_{i1} & a_{i2} & \cdots & a_{in} \\ \vdots & \vdots & & \vdots \\ a_{n1} & a_{n2} & \cdots & a_{nn} \end{vmatrix} \xlongequal{R_i + R_k} \begin{vmatrix} a_{11} & a_{12} & \cdots & a_{1n} \\ \vdots & \vdots & & \vdots \\ a_{k1} & a_{k2} & \cdots & a_{kn} \\ \vdots & \vdots & & \vdots \\ a_{i1}+a_{k1} & a_{i2}+a_{k2} & \cdots & a_{in}+a_{kn} \\ \vdots & \vdots & & \vdots \\ a_{n1} & a_{n2} & \cdots & a_{nn} \end{vmatrix}.$$

两边行列式都按第 i 行展开,得 $\sum\limits_{j=1}^{n} a_{ij}A_{ij} = \sum\limits_{j=1}^{n}(a_{ij}+a_{kj})A_{ij}$. 移项化简,得

$$\sum_{j=1}^{n} a_{kj}A_{ij} = 0 \quad (i \neq k).$$

同理可证另一式.

综合定理 1.4.1 和定理 1.4.2,并使用连加号 Σ(可参阅附录一)可得下述重要公式

$$\sum_{j=1}^{n} a_{kj}A_{ij} = \begin{cases} D, & i = k, \\ 0, & i \neq k. \end{cases} \tag{1.4.1}$$

$$\sum_{i=1}^{n} a_{ik}A_{ij} = \begin{cases} D, & j = k, \\ 0, & j \neq k. \end{cases} \tag{1.4.2}$$

例 1.4.1　已知

$$D = \begin{vmatrix} a & b & c & d \\ 0 & a_{11} & a_{12} & a_{13} \\ 0 & a_{21} & a_{22} & a_{23} \\ 0 & a_{31} & a_{32} & a_{33} \end{vmatrix} = 1,$$

求

$$M=\begin{vmatrix} a_{11} & a_{12} & a_{13} \\ a_{21} & a_{22} & a_{23} \\ a_{31} & a_{32} & a_{33} \end{vmatrix}.$$

解 将 D 按第 1 列展开得 $D=aA_{11}+0A_{21}+0A_{31}+0A_{41}=aM$,所以

$$M=\frac{1}{a}.$$

利用行列式按行(列)展开,可将求一个 n 阶行列式归结为求 n 个 $n-1$ 阶行列式. 若选取的行(列)只有个别的数不为零,就可达到降阶化简的效果. 比如例 1.2.3 就可逐次按第 1 列展开得出结果,例 1.2.4 就可逐次按第 1 行展开得出结果. 一般情况下要先利用行列式性质,使之某一行(列)中有较多的零,再按该行(列)展开.

例 1.4.2 计算行列式

$$D=\begin{vmatrix} -1 & 1 & -1 & 2 \\ 1 & 0 & 1 & -1 \\ 2 & 4 & 3 & 1 \\ -1 & 1 & 2 & -2 \end{vmatrix}.$$

解

$$D\xlongequal[C_3+C_4]{C_1+C_4}\begin{vmatrix} 1 & 1 & 1 & 2 \\ 0 & 0 & 0 & -1 \\ 3 & 4 & 4 & 1 \\ -3 & 1 & 0 & -2 \end{vmatrix}=(-1)^{2+4}(-1)\begin{vmatrix} 1 & 1 & 1 \\ 3 & 4 & 4 \\ -3 & 1 & 0 \end{vmatrix}$$

$$\xlongequal{R_2-4R_1}-\begin{vmatrix} 1 & 1 & 1 \\ -1 & 0 & 0 \\ -3 & 1 & 0 \end{vmatrix}=(-1)^{2+1}(-1)(-1)\begin{vmatrix} 1 & 1 \\ 1 & 0 \end{vmatrix}=1.$$

注记 注意符号,特别不要把代数余子式混同于余子式而遗漏了符号.

下面将计算几类重要的行列式.

例 1.4.3 证明 $n(n\geqslant 2)$ 阶行列式

$$D(a_1,a_2,\cdots,a_n)=\begin{vmatrix} 1 & 1 & \cdots & 1 \\ a_1 & a_2 & \cdots & a_n \\ a_1^2 & a_2^2 & \cdots & a_n^2 \\ \vdots & \vdots & & \vdots \\ a_1^{n-1} & a_2^{n-1} & \cdots & a_n^{n-1} \end{vmatrix}$$

$$=(a_2-a_1)(a_3-a_1)\cdots(a_n-a_1)$$

$$\cdot(a_3-a_2)\cdots(a_n-a_2)$$

$$\cdots\cdots\cdots\cdots$$

$$\cdot (a_n - a_{n-1})$$

$$\xlongequal{\text{记为}} \prod_{1 \leqslant i < j \leqslant n} (a_j - a_i).$$

这个行列式称为 n 阶**范德蒙德**(Vandermonde)**行列式**.

证　对 n 用数学归纳法. $n=2$ 时

$$D(a_1, a_2) = \begin{vmatrix} 1 & 1 \\ a_1 & a_2 \end{vmatrix} = a_2 - a_1 = \prod_{1 \leqslant i < j \leqslant 2} (a_j - a_i).$$

所以结论成立. 假设 $n-1$ 时结论成立,即

$$D(a_1, a_2, \cdots, a_{n-1}) = \prod_{1 \leqslant i < j \leqslant n-1} (a_j - a_i).$$

则 n 阶范德蒙德行列式

$$D(a_1, a_2, \cdots, a_{n-1}, a_n)$$

$$\xlongequal[\substack{\vdots \\ R_2 - a_n R_1}]{\substack{R_n - a_n R_{n-1} \\ R_{n-1} - a_n R_{n-2}}} \begin{vmatrix} 1 & 1 & \cdots & 1 & 1 \\ a_1 - a_n & a_2 - a_n & \cdots & a_{n-1} - a_n & 0 \\ a_1^2 - a_1 a_n & a_2^2 - a_2 a_n & \cdots & a_{n-1}^2 - a_{n-1} a_n & 0 \\ \vdots & \vdots & & \vdots & \vdots \\ a_1^{n-1} - a_1^{n-2} a_n & a_2^{n-1} - a_2^{n-2} a_n & \cdots & a_{n-1}^{n-1} - a_{n-1}^{n-2} a_n & 0 \end{vmatrix},$$

按第 n 列展开,再提出各列公因子可得

$$D(a_1, a_2, \cdots, a_{n-1}, a_n)$$

$$= (-1)^{1+n} (a_1 - a_n)(a_2 - a_n) \cdots (a_{n-1} - a_n) \begin{vmatrix} 1 & 1 & \cdots & 1 \\ a_1 & a_2 & \cdots & a_{n-1} \\ a_1^2 & a_2^2 & \cdots & a_{n-1}^2 \\ \vdots & \vdots & & \vdots \\ a_1^{n-2} & a_2^{n-2} & \cdots & a_{n-1}^{n-2} \end{vmatrix}$$

$$= (a_n - a_1)(a_n - a_2) \cdots (a_n - a_{n-1}) D(a_1, a_2, \cdots, a_{n-1})$$

$$\xlongequal{\text{归设}} (a_n - a_1)(a_n - a_2) \cdots (a_n - a_{n-1}) \prod_{1 \leqslant i < j \leqslant n-1} (a_j - a_i)$$

$$= \prod_{1 \leqslant i < j \leqslant n} (a_j - a_i).$$

这表明结论对 n 阶范德蒙德行列式成立,根据归纳法原理,完成了证明.

有关连乘号“Π”的概念和一些性质,建议读者参阅附录一.

据此结论可推得:$D(a_1, a_2, \cdots, a_n) \neq 0$ 的充要条件为:当 $i \neq j$ 时,有

$$a_i \neq a_j (i, j = 1, 2, \cdots, n).$$

例 1.4.4　计算行列式

$$D = \begin{vmatrix} 1 & 1 & 1 & 1 \\ 1 & -1 & 1 & -1 \\ 1 & 3 & 9 & 27 \\ 1 & -2 & 4 & -8 \end{vmatrix}.$$

解 D 是 4 阶范德蒙德行列式 $D(1,-1,3,-2)$ 的转置,所以

$$\begin{aligned}D=D(1,-1,3,-2)&=(-1-1)(3-1)(-2-1)\\&\quad\cdot(3+1)(-2+1)\\&\quad\cdot(-2-3)\\&=12\times(-4)\times(-5)=240.\end{aligned}$$

例 1.4.5 证明 $r+s$ 阶行列式

$$D_{r+s}=\begin{vmatrix}a_{11}&\cdots&a_{1r}&0&\cdots&0\\\vdots&&\vdots&\vdots&&\vdots\\a_{r1}&\cdots&a_{rr}&0&\cdots&0\\c_{11}&\cdots&c_{1r}&b_{11}&\cdots&b_{1s}\\\vdots&&\vdots&\vdots&&\vdots\\c_{s1}&\cdots&c_{sr}&b_{s1}&\cdots&b_{ss}\end{vmatrix}=\begin{vmatrix}a_{11}&\cdots&a_{1r}\\\vdots&&\vdots\\a_{r1}&\cdots&a_{rr}\end{vmatrix}\begin{vmatrix}b_{11}&\cdots&b_{1s}\\\vdots&&\vdots\\b_{s1}&\cdots&b_{ss}\end{vmatrix}.$$

证 可对 D_{r+s} 左上角的 r 用数学归纳法证明,详细推导可参见文献[2],第 81 页.

思考题 2 对例 1.4.5 的行列式作适当的行互换、列互换,证明:

(1) $$\begin{vmatrix}a_{11}&\cdots&a_{1r}&c_{11}&\cdots&c_{1s}\\\vdots&&\vdots&\vdots&&\vdots\\a_{r1}&\cdots&a_{rr}&c_{r1}&\cdots&c_{rs}\\0&\cdots&0&b_{11}&\cdots&b_{1s}\\\vdots&&\vdots&\vdots&&\vdots\\0&\cdots&0&b_{s1}&\cdots&b_{ss}\end{vmatrix}=\begin{vmatrix}a_{11}&\cdots&a_{1r}\\\vdots&&\vdots\\a_{r1}&\cdots&a_{rr}\end{vmatrix}\begin{vmatrix}b_{11}&\cdots&b_{1s}\\\vdots&&\vdots\\b_{s1}&\cdots&b_{ss}\end{vmatrix}.$$

(2) $$\begin{vmatrix}0&\cdots&0&a_{11}&\cdots&a_{1r}\\\vdots&&\vdots&\vdots&&\vdots\\0&\cdots&0&a_{r1}&\cdots&a_{rr}\\b_{11}&\cdots&b_{1s}&c_{11}&\cdots&c_{1r}\\\vdots&&\vdots&\vdots&&\vdots\\b_{s1}&\cdots&b_{ss}&c_{s1}&\cdots&c_{sr}\end{vmatrix}=(-1)^{rs}\begin{vmatrix}a_{11}&\cdots&a_{1r}\\\vdots&&\vdots\\a_{r1}&\cdots&a_{rr}\end{vmatrix}\begin{vmatrix}b_{11}&\cdots&b_{1s}\\\vdots&&\vdots\\b_{s1}&\cdots&b_{ss}\end{vmatrix}.$$

(3) $$\begin{vmatrix}c_{11}&\cdots&c_{1s}&a_{11}&\cdots&a_{1r}\\\vdots&&\vdots&\vdots&&\vdots\\c_{r1}&\cdots&c_{rs}&a_{r1}&\cdots&a_{rr}\\b_{11}&\cdots&b_{1s}&0&\cdots&0\\\vdots&&\vdots&\vdots&&\vdots\\b_{s1}&\cdots&b_{ss}&0&\cdots&0\end{vmatrix}=(-1)^{rs}\begin{vmatrix}a_{11}&\cdots&a_{1r}\\\vdots&&\vdots\\a_{r1}&\cdots&a_{rr}\end{vmatrix}\begin{vmatrix}b_{11}&\cdots&b_{1s}\\\vdots&&\vdots\\b_{s1}&\cdots&b_{ss}\end{vmatrix}.$$

上述(1)、(2)、(3)与例 1.4.5 的 D_{r+s} 统称为**可分块计算行列式**.

例 1.4.6　计算行列式

$$D=\begin{vmatrix}1+a & 1 & 1 & 1\\ 1 & 1-a & 1 & 1\\ 1 & 1 & 1+b & 1\\ 1 & 1 & 1 & 1-b\end{vmatrix}$$

解法 1

$$D\xlongequal[R_3-R_4]{R_1-R_2}\begin{vmatrix}a & a & 0 & 0\\ 1 & 1-a & 1 & 1\\ 0 & 0 & b & b\\ 1 & 1 & 1 & 1-b\end{vmatrix}=ab\begin{vmatrix}1 & 1 & 0 & 0\\ 1 & 1-a & 1 & 1\\ 0 & 0 & 1 & 1\\ 1 & 1 & 1 & 1-b\end{vmatrix}$$

$$\xlongequal[R_4-R_1]{R_2-R_3}ab\begin{vmatrix}1 & 1 & 0 & 0\\ 1 & 1-a & 0 & 0\\ 0 & 0 & 1 & 1\\ 0 & 0 & 1 & 1-b\end{vmatrix}\xlongequal{\text{例 1.4.5}}ab\begin{vmatrix}1 & 1\\ 1 & 1-a\end{vmatrix}\begin{vmatrix}1 & 1\\ 1 & 1-b\end{vmatrix}=a^2b^2.$$

解法 2　若 $b=0$ 易得 $D=0$，下设 $b\neq0$，

$$D\xlongequal[R_4-R_1]{\substack{R_2-R_1\\ R_3-R_1}}\begin{vmatrix}1+a & 1 & 1 & 1\\ -a & -a & 0 & 0\\ -a & 0 & b & 0\\ -a & 0 & 0 & -b\end{vmatrix}\xlongequal{C_1-C_2+\frac{a}{b}C_3-\frac{a}{b}C_4}\begin{vmatrix}a & 1 & 1 & 1\\ 0 & -a & 0 & 0\\ 0 & 0 & b & 0\\ 0 & 0 & 0 & -b\end{vmatrix}$$

$$=a^2b^2.$$

而 $D=a^2b^2$ 也包含 $b=0$ 时的结果，所以 $D=a^2b^2$.

注记　凡涉及用$\dfrac{1}{b}$去乘某列(行)，必须要有 $b\neq0$ 的前提，而 $b=0$ 的情况要另行处理，这一点务请注意.

习　题　1.4

1. 计算下列行列式(要求写出计算过程)：

(1) $\begin{vmatrix}x & a & b & 0 & c\\ 0 & y & 0 & 0 & d\\ 0 & e & z & 0 & f\\ g & h & k & u & l\\ 0 & 0 & 0 & 0 & v\end{vmatrix}$；　(2) $\begin{vmatrix}1 & 1 & 1 & 1\\ 2 & 3 & 4 & 1\\ 3 & 4 & 1 & 2\\ 4 & 1 & 2 & 3\end{vmatrix}$；　(3) $\begin{vmatrix}a & b & c & d & e\\ 0 & 1 & 0 & 0 & 0\\ 0 & 0 & 1 & 0 & 0\\ 0 & 0 & 0 & 1 & 0\\ e & d & c & b & a\end{vmatrix}$；

(4) $\begin{vmatrix}a_1 & 0 & 0 & \cdots & 0 & 1\\ 0 & a_2 & 0 & \cdots & 0 & 0\\ 0 & 0 & a_3 & \cdots & 0 & 0\\ \vdots & \vdots & \vdots & & \vdots & \vdots\\ 0 & 0 & 0 & \cdots & a_{n-1} & 0\\ 1 & 0 & 0 & \cdots & 0 & a_n\end{vmatrix}$；　(5) $\begin{vmatrix}1 & 1 & 0 & 0 & 0 & 1\\ x_1 & x_2 & 0 & 0 & 0 & x_3\\ a_1 & b_1 & 1 & 1 & 1 & c_1\\ a_2 & b_2 & x_1 & x_2 & x_3 & c_2\\ x_1^2 & x_2^2 & 0 & 0 & 0 & x_3^2\\ a_3 & b_3 & x_1^2 & x_2^2 & x_3^2 & c_3\end{vmatrix}$；

(6) $\begin{vmatrix} 1 & 1 & 1 & 1 \\ 1 & 2 & -2 & x \\ 1 & 4 & 4 & x^2 \\ 1 & 8 & -8 & x^3 \end{vmatrix}$； (7)* $\begin{vmatrix} a & b & c \\ a^2 & b^2 & c^2 \\ b+c & c+a & a+b \end{vmatrix}$.

2. 计算下列 $n(n>1)$阶行列式(要求写出计算过程)：

(1) $\begin{vmatrix} x & y & 0 & \cdots & 0 & 0 \\ 0 & x & y & \cdots & 0 & 0 \\ 0 & 0 & x & \cdots & 0 & 0 \\ \vdots & \vdots & \vdots & & \vdots & \vdots \\ 0 & 0 & 0 & \cdots & x & y \\ y & 0 & 0 & \cdots & 0 & x \end{vmatrix}$； (2) $\begin{vmatrix} 1+x_1y_1 & 1+x_1y_2 & \cdots & 1+x_1y_n \\ 1+x_2y_1 & 1+x_2y_2 & \cdots & 1+x_2y_n \\ \vdots & \vdots & & \vdots \\ 1+x_ny_1 & 1+x_ny_2 & \cdots & 1+x_ny_n \end{vmatrix}$.

3. 求下列多项式的根(要求写出计算过程).

(1) $f(x)=\begin{vmatrix} x-5 & 1 & -3 \\ 1 & x-5 & 3 \\ -3 & 3 & x-3 \end{vmatrix}$； (2) $f(x)=\begin{vmatrix} x-1 & -2 & -2 \\ -2 & x-1 & -2 \\ -2 & -2 & x-1 \end{vmatrix}$.

4. 计算下列行列式(要求写出计算过程)：

(1) $\begin{vmatrix} 7 & 6 & 5 & 4 & 3 & 2 \\ 9 & 7 & 8 & 9 & 4 & 3 \\ 7 & 4 & 9 & 7 & 0 & 0 \\ 5 & 3 & 6 & 1 & 0 & 0 \\ 0 & 0 & 5 & 6 & 0 & 0 \\ 0 & 0 & 6 & 8 & 0 & 0 \end{vmatrix}$； (2) $\begin{vmatrix} 1 & 2 & 2 & 1 \\ 0 & 1 & 0 & 2 \\ 2 & 0 & 1 & 1 \\ 0 & 2 & 0 & 1 \end{vmatrix}$； (3) $\begin{vmatrix} a & 0 & 0 & 1 \\ 0 & b & 2 & 0 \\ 0 & 3 & c & 0 \\ 4 & 0 & 0 & d \end{vmatrix}$.

1.5 克拉默法则

现在我们可以解答 1.2 节所提出的问题：借助 n 阶行列式来给出含有 n 个未知量的 n 个线性方程组成的方程组的公式解.

设含有 n 个未知量的 n 个线性方程的方程组为

$$\begin{cases} a_{11}x_1+a_{12}x_2+\cdots+a_{1n}x_n=b_1, \\ a_{21}x_1+a_{22}x_2+\cdots+a_{2n}x_n=b_2, \\ \cdots\cdots\cdots\cdots \\ a_{n1}x_1+a_{n2}x_2+\cdots+a_{nn}x_n=b_n. \end{cases} \qquad (\mathrm{I})$$

由未知量系数组成的 n 阶行列式

$$D=\begin{vmatrix} a_{11} & a_{12} & \cdots & a_{1n} \\ a_{21} & a_{22} & \cdots & a_{2n} \\ \vdots & \vdots & & \vdots \\ a_{n1} & a_{n2} & \cdots & a_{nn} \end{vmatrix}$$

称为(I)的**系数行列式**.

定理 1.5.1（克拉默(Cramer)法则）　设线性方程组(I)的系数行列式 $D\neq 0$，则(I)有惟一解，且解可用行列式表示为

$$x_1=\frac{D_1}{D},x_2=\frac{D_2}{D},\cdots,x_n=\frac{D_n}{D}, \tag{1.5.1}$$

其中 $D_j(j=1,2,\cdots,n)$ 是把系数行列式 D 中第 j 列元素用方程组(I)右端相应的常数项代替而得到的 n 阶行列式，即

$$D_j=\begin{vmatrix} a_{11} & \cdots & a_{1,j-1} & b_1 & a_{1,j+1} & \cdots & a_{1n} \\ a_{21} & \cdots & a_{2,j-1} & b_2 & a_{2,j+1} & \cdots & a_{2n} \\ \vdots & & \vdots & \vdots & \vdots & & \vdots \\ a_{n1} & \cdots & a_{n,j-1} & b_n & a_{n,j+1} & \cdots & a_{nn} \end{vmatrix}.$$

从而若 $a_{ij}\in P,b_k\in P(i,j,k=1,2,\cdots,n)$，$P$ 为某个数域，则解 $x_1,x_2,\cdots,x_n$ 均属于 P.

因这定理在第3章中利用逆矩阵的性质可简洁地推得，故此处叙而不证. 若希望知道仅用本章知识如何证明克拉默法则，可参阅文献[3]，第34页.

例 1.5.1　求解线性方程组

$$\begin{cases} x_1+x_2+2x_3+3x_4=1, \\ 3x_1-x_2-x_3-2x_4=-4, \\ 2x_1+3x_2-x_3-x_4=-6, \\ x_1+2x_2+3x_3-x_4=-4. \end{cases}$$

解　计算系数行列式

$$D=\begin{vmatrix} 1 & 1 & 2 & 3 \\ 3 & -1 & -1 & -2 \\ 2 & 3 & -1 & -1 \\ 1 & 2 & 3 & -1 \end{vmatrix}=-153\neq 0,$$

及

$$D_1=\begin{vmatrix} 1 & 1 & 2 & 3 \\ -4 & -1 & -1 & -2 \\ -6 & 3 & -1 & -1 \\ -4 & 2 & 3 & -1 \end{vmatrix}=153,\quad D_2=\begin{vmatrix} 1 & 1 & 2 & 3 \\ 3 & -4 & -1 & -2 \\ 2 & -6 & -1 & -1 \\ 1 & -4 & 3 & -1 \end{vmatrix}=153,$$

$$D_3=\begin{vmatrix} 1 & 1 & 1 & 3 \\ 3 & -1 & -4 & -2 \\ 2 & 3 & -6 & -1 \\ 1 & 2 & -4 & -1 \end{vmatrix}=0,\quad D_4=\begin{vmatrix} 1 & 1 & 2 & 1 \\ 3 & -1 & -1 & -4 \\ 2 & 3 & -1 & -6 \\ 1 & 2 & 3 & -4 \end{vmatrix}=-153.$$

由克拉默法则,得方程组惟一解为

$$x_1=\frac{D_1}{D}=-1,\quad x_2=\frac{D_2}{D}=-1,\quad x_3=\frac{D_3}{D}=0,\quad x_4=\frac{D_4}{D}=1.$$

此例用克拉默法则来解不见得比消元法求解方便(在第3章中将介绍较为简单的计算方法),然下例表明克拉默法则确有方便之时.

例 1.5.2 设 $a_i\neq a_j(i\neq j,i,j=1,2,\cdots,n)$求解方程组

$$\begin{cases}x_1+a_1x_2+a_1^2x_3+\cdots+a_1^{n-1}x_n=1,\\x_1+a_2x_2+a_2^2x_3+\cdots+a_2^{n-1}x_n=1,\\x_1+a_3x_2+a_3^2x_3+\cdots+a_3^{n-1}x_n=1,\\\cdots\cdots\cdots\cdots\\x_1+a_nx_2+a_n^2x_3+\cdots+a_n^{n-1}x_n=1.\end{cases}$$

解 该方程的系数行列式

$$D=\begin{vmatrix}1&a_1&a_1^2&\cdots&a_1^{n-1}\\1&a_2&a_2^2&\cdots&a_2^{n-1}\\1&a_3&a_3^2&\cdots&a_3^{n-1}\\\vdots&\vdots&\vdots&&\vdots\\1&a_n&a_n^2&\cdots&a_n^{n-1}\end{vmatrix}$$

为 n 阶范德蒙德行列式 $D(a_1,a_2,\cdots,a_n)$的转置,故 $D=\prod\limits_{1\leqslant i<j\leqslant n}(a_j-a_i)\neq0$.

由克拉默法则知有惟一解. 计算得 $D_1=D$,当 $j\geqslant2$ 时

$$D_j=\begin{vmatrix}1&\cdots&\overset{j}{1}&\cdots\\1&\cdots&1&\cdots\\\vdots&&\vdots&\\1&\cdots&1&\cdots\end{vmatrix}=0,$$

故方程组惟一解为 $x_1=1,x_2=\cdots=x_n=0$.

克拉默法则的重要性可由下述性质略见一斑.

性质 1.5.1 若线性方程组

$$\begin{cases}a_{11}x_1+a_{12}x_2+\cdots+a_{1n}x_n=0,\\a_{21}x_1+a_{22}x_2+\cdots+a_{2n}x_n=0,\\\cdots\cdots\cdots\cdots\\a_{n1}x_1+a_{n2}x_2+\cdots+a_{nn}x_n=0\end{cases}\qquad(\mathrm{II})$$

的系数行列式 $D=|a_{ij}|_n\neq0$,则(Ⅱ)只有零解,即 $x_1=0,x_2=0,\cdots,x_n=0$.

证 由 $D\neq0$ 知,(Ⅱ)有惟一解. 而 D_j 的第 j 列全为零,所以

$$D_j = 0 \quad (j = 1,2,\cdots,n),$$

由克拉默法则知,惟一解为 $x_j = \dfrac{D_j}{D} = 0\ (j = 1,2,\cdots,n)$, 故(Ⅱ)只有零解.

例 1.5.3　问 λ 取何值时,线性方程组

$$\begin{cases} x_1 + x_2 + \lambda x_3 = 0, \\ x_1 + \lambda x_2 + x_3 = 0, \\ \lambda x_1 + x_2 + x_3 = 0 \end{cases}$$

一定只有零解?

解　该方程组的系数行列式

$$D = \begin{vmatrix} 1 & 1 & \lambda \\ 1 & \lambda & 1 \\ \lambda & 1 & 1 \end{vmatrix} \xlongequal[R_3 - R_1]{R_2 - R_1} \begin{vmatrix} 1 & 1 & \lambda \\ 0 & \lambda - 1 & 1 - \lambda \\ \lambda - 1 & 0 & 1 - \lambda \end{vmatrix}$$

$$\xlongequal{C_3 + (C_2 + C_1)} \begin{vmatrix} 1 & 1 & \lambda + 2 \\ 0 & \lambda - 1 & 0 \\ \lambda - 1 & 0 & 0 \end{vmatrix} = -(\lambda - 1)^2(\lambda + 2).$$

由性质 1.5.1 知,当 $D \neq 0$,即 $\lambda \neq 1$,且 $\lambda \neq -2$ 时该方程组只有零解.

习　题　1.5

1. 试用克拉默法则解下列方程组:

(1) $\begin{cases} x_1 + x_2 - 2x_3 = -3, \\ 5x_1 - 2x_2 + 7x_3 = 22, \\ 2x_1 - 5x_2 + 4x_3 = 4; \end{cases}$

(2) $\begin{cases} bx_1 - ax_2 = -2ab, \\ -2cx_2 + 3bx_3 = bc, \\ cx_1 + ax_3 = 0, \end{cases}$ 其中 $abc \neq 0$;

(3) $\begin{cases} 2x_1 - x_2 + 3x_3 + 2x_4 = 6, \\ 3x_1 - 3x_2 + 3x_3 + 2x_4 = 5, \\ 3x_1 - x_2 - x_3 + 2x_4 = 3, \\ 3x_1 - x_2 + 3x_3 - x_4 = 4; \end{cases}$

(4) $\begin{cases} x_1 - 3x_3 - 6x_4 = 9, \\ 2x_1 - 5x_2 + x_3 + x_4 = 8, \\ -x_2 + 2x_3 + 2x_4 = -5, \\ x_1 - 7x_2 + 4x_3 + 6x_4 = 0; \end{cases}$

(5) $\begin{cases} x + y + z = 1, \\ x + \varepsilon y + \varepsilon^2 z = \varepsilon, \\ x + \varepsilon^2 y + \varepsilon z = \varepsilon^2, \end{cases}$ 其中 ε 为三次原根,即 $\varepsilon \neq 1$,且 $\varepsilon^3 = 1$ 的复数.

2. 当 λ 取何值时,线性方程组

$$\begin{cases} x_1 \qquad + \lambda x_3 \qquad = 0, \\ 2x_1 \qquad\qquad - x_4 = 0, \\ \lambda x_1 + x_2 \qquad\qquad = 0, \\ \qquad\qquad x_3 + 2x_4 = 0 \end{cases}$$

一定只有零解,为什么?

3. 证明:对任意实数 k,线性方程组 $\begin{cases}(k-1)x_1+kx_2=0,\\ -2x_1+(k-1)x_2=0\end{cases}$ 只有零解.

1.6 概要及小结

据我看来,要真正打好基础,有两个必经的过程,即"由薄到厚"和"由厚到薄"的过程."由薄到厚"是学习、接受的过程,"由厚到薄"是消化、提炼的过程.……经过"由薄到厚"和"由厚到薄"的过程,对所学的东西做到懂,彻底懂,经过消化的懂,我们的基础就算是真正的打好了.

华罗庚·《学与识》

概要:一个概念(n 阶行列式);九类可直接求出的行列式;二种计算行列式的方法.

1.6.1 n 阶行列式

设 $D=|a_{ij}|_n$ 是由 a_{ij} 组成的 n 阶行列式,则

$$D=\sum_{j_1j_2\cdots j_n}(-1)^{\tau(j_1j_2\cdots j_n)}a_{1j_1}a_{2j_2}\cdots a_{nj_n}.$$

若 $a_{ij}\in P(i,j=1,2,\cdots,n)$,则 $D\in P$,此处 P 为某个数域. 若 a_{ij} 中含有变量,则 D 是一个该变量的多项式. 因而计算行列式,或求行列式就是要把这个数(或多项式)计算出来.

1.6.2 行列式的计算方法

1. 用行列式定义或性质,可直接求出的行列式

$$\begin{vmatrix} a_{11} & & & O \\ & a_{22} & & \\ & & \ddots & \\ * & & & a_{nn}\end{vmatrix}=a_{11}a_{22}\cdots a_{nn}=\begin{vmatrix} a_{11} & & & * \\ & a_{22} & & \\ & & \ddots & \\ O & & & a_{nn}\end{vmatrix};$$

$$\begin{vmatrix} O & & & a_{1n} \\ & & a_{2,n-1} & \\ & \iddots & & \\ & a_{n-1,2} & & * \\ a_{n1} & & & \end{vmatrix}=\begin{vmatrix} * & & & a_{1n} \\ & & a_{2,n-1} & \\ & \iddots & & \\ & a_{n-1,2} & & O \\ a_{n1} & & & \end{vmatrix}$$

$$=(-1)^{\frac{n(n-1)}{2}}a_{n1}a_{n-1,2}\cdots a_{2,n-1}a_{1n};$$

$$\begin{vmatrix} \begin{matrix} a_{11}\cdots a_{1r} \\ \vdots \quad \vdots \\ a_{r1}\cdots a_{rr} \end{matrix} & O \\ * & \begin{matrix} b_{11}\cdots b_{1s} \\ \vdots \quad \vdots \\ b_{s1}\cdots b_{ss} \end{matrix} \end{vmatrix} = \begin{vmatrix} a_{11} & \cdots & a_{1r} \\ \vdots & & \vdots \\ a_{r1} & \cdots & a_{rr} \end{vmatrix} \begin{vmatrix} b_{11} & \cdots & b_{1s} \\ \vdots & & \vdots \\ b_{s1} & \cdots & b_{ss} \end{vmatrix} = \begin{vmatrix} \begin{matrix} a_{11}\cdots a_{1r} \\ \vdots \quad \vdots \\ a_{r1}\cdots a_{rr} \end{matrix} & * \\ O & \begin{matrix} b_{11}\cdots b_{1s} \\ \vdots \quad \vdots \\ b_{s1}\cdots b_{ss} \end{matrix} \end{vmatrix};$$

$$\begin{vmatrix} O & \begin{matrix} a_{11}\cdots a_{1r} \\ \vdots \quad \vdots \\ a_{r1}\cdots a_{rr} \end{matrix} \\ \begin{matrix} b_{11}\cdots b_{1s} \\ \vdots \quad \vdots \\ b_{s1}\cdots b_{ss} \end{matrix} & * \end{vmatrix} = (-1)^{rs} \begin{vmatrix} a_{11} & \cdots & a_{1r} \\ \vdots & & \vdots \\ a_{r1} & \cdots & a_{rr} \end{vmatrix} \begin{vmatrix} b_{11} & \cdots & b_{1s} \\ \vdots & & \vdots \\ b_{s1} & \cdots & b_{ss} \end{vmatrix}$$

$$= \begin{vmatrix} * & \begin{matrix} a_{11}\cdots a_{1r} \\ \vdots \quad \vdots \\ a_{r1}\cdots a_{rr} \end{matrix} \\ \begin{matrix} b_{11}\cdots b_{1s} \\ \vdots \quad \vdots \\ b_{s1}\cdots b_{ss} \end{matrix} & O \end{vmatrix}.$$

以上八类行列式称为**基本形**. 另一类已计算出的行列式是范德蒙德行列式:

$$D=(a_1,a_2,\cdots,a_n)=\begin{vmatrix} 1 & 1 & \cdots & 1 \\ a_1 & a_2 & \cdots & a_n \\ a_1^2 & a_2^2 & \cdots & a_n^2 \\ \vdots & \vdots & & \vdots \\ a_1^{n-1} & a_2^{n-1} & \cdots & a_n^{n-1} \end{vmatrix}$$

$$= \prod_{1\leqslant i<j\leqslant n}(a_j-a_i).$$

2. 化简

上述方法局限于九类行列式，一般行列式的计算还是要利用行列式性质，包括展开定理来简化. 基本思路有二:

(1) 将行列式**归结化简为上述九类行列式的表达式**，利用九类行列式的结果求得. 特别如例 1.3.4 将行列式化为上三角形的方法，对全由数字组成的行列式具有普遍意义. 对于一个 n 较大的 n 阶行列式用计算机计算时，方法之一就是将该行列式化为上三角形来计算的(具体做法可参见定理 2.1.2 的证明). 当 n 较小时，即使用手算，该方法也不困难，所以是一个普遍适用的方法.

(2) **降阶**　利用行列式性质将阶数较高的行列式的某一行(列)化为有尽可能多的零，然后按该行(列)展开，逐次降阶，而三阶、二阶行列式有简单的计算公式,从而推导出高阶行列式的计算式. 例 1.4.1、例 1.4.2 和例 1.4.3 都是用降阶法来求解的.

这些转化过程是要根据不同题型的不同特点,采用不同的技巧,这里难以(其实也不可能)一一罗列,仅举一例,管中窥豹,略见一斑.

例 1.6.1 求多项式 $f(x)$ 的全部根,其中

$$f(x)=\begin{vmatrix} x & a_1 & a_2 & \cdots & a_{n-1} & 1 \\ a_1 & x & a_2 & \cdots & a_{n-1} & 1 \\ a_1 & a_2 & x & \cdots & a_{n-1} & 1 \\ \vdots & \vdots & \vdots & & \vdots & \vdots \\ a_1 & a_2 & a_3 & \cdots & x & 1 \\ a_1 & a_2 & a_3 & \cdots & a_n & 1 \end{vmatrix}_{n+1}.$$

解法 1

$$f(x)\xlongequal[\substack{\vdots \\ R_n-R_{n+1}}]{\substack{R_1-R_2 \\ R_2-R_3}}\begin{vmatrix} x-a_1 & a_1-x & 0 & \cdots & 0 & 0 \\ 0 & x-a_2 & a_2-x & \cdots & 0 & 0 \\ 0 & 0 & x-a_3 & \cdots & 0 & 0 \\ \vdots & \vdots & \vdots & & \vdots & \vdots \\ 0 & 0 & 0 & \cdots & x-a_n & 0 \\ a_1 & a_2 & a_3 & \cdots & a_n & 1 \end{vmatrix}$$

$$\xlongequal{\text{按第 } n+1 \text{ 列展开}}\begin{vmatrix} x-a_1 & a_1-x & 0 & \cdots & 0 \\ 0 & x-a_2 & a_2-x & \cdots & 0 \\ 0 & 0 & x-a_3 & \cdots & 0 \\ \vdots & \vdots & \vdots & & \vdots \\ 0 & 0 & 0 & \cdots & x-a_n \end{vmatrix}$$

$$=(x-a_1)(x-a_2)\cdots(x-a_n).$$

所以 $f(x)$ 的全部根为 $a_1,a_2,\cdots,a_n$.

解法 2* 降阶(递推)法 从例 1.4.3 知,数学归纳法证明的关键在于寻求 D_n 与 D_{n-1}(或 $D_k,k<n$)之间的关系. 而 D_{n-1} 是指它的特征和 D_n 完全相同,仅仅是 $n-1$ 阶而已. 在这个意义上,可以说 D_{n-1} 是 $n-1$ 阶的 D_n. 故从 D_n 中分离出 D_{n-1} 来是证明的核心. 为此考虑如下解法:

$$f(x) \xlongequal{\text{记为}} D_{n+1} = \begin{vmatrix} a_1+(x-a_1) & a_1 & a_2 & \cdots & a_{n-1} & 1 \\ a_1+0 & x & a_2 & \cdots & a_{n-1} & 1 \\ a_1+0 & a_2 & x & \cdots & a_{n-1} & 1 \\ \vdots & \vdots & \vdots & & \vdots & \vdots \\ a_1+0 & a_2 & a_3 & \cdots & x & 1 \\ a_1+0 & a_2 & a_3 & \cdots & a_n & 1 \end{vmatrix}$$

$$= \begin{vmatrix} a_1 & a_1 & a_2 & \cdots & a_{n-1} & 1 \\ a_1 & x & a_2 & \cdots & a_{n-1} & 1 \\ a_1 & a_2 & x & \cdots & a_{n-1} & 1 \\ \vdots & \vdots & \vdots & & \vdots & \vdots \\ a_1 & a_2 & a_3 & \cdots & x & 1 \\ a_1 & a_2 & a_3 & \cdots & a_n & 1 \end{vmatrix} + \begin{vmatrix} x-a_1 & a_1 & a_2 & \cdots & a_{n-1} & 1 \\ 0 & x & a_2 & \cdots & a_{n-1} & 1 \\ 0 & a_2 & x & \cdots & a_{n-1} & 1 \\ \vdots & \vdots & \vdots & & \vdots & \vdots \\ 0 & a_2 & a_3 & \cdots & x & 1 \\ 0 & a_2 & a_3 & \cdots & a_n & 1 \end{vmatrix}$$

$$= 0 + (x-a_1)\begin{vmatrix} x & a_2 & \cdots & a_{n-1} & 1 \\ a_2 & x & \cdots & a_{n-1} & 1 \\ \vdots & \vdots & & \vdots & \vdots \\ a_2 & a_3 & \cdots & x & 1 \\ a_2 & a_3 & \cdots & a_n & 1 \end{vmatrix} = (x-a_1)D_n.$$

得 $D_{n+1}=(x-a_1)D_n$，这式子对任意的 n 都成立，即

$$D_n = (x-a_2)D_{n-1},\quad D_{n-1} = (x-a_3)D_{n-2},\cdots,D_3 = (x-a_{n-1})D_2.$$

所以

$$\begin{aligned} D_{n+1} &= (x-a_1)D_n = (x-a_1)(x-a_2)D_{n-1} = \cdots \\ &= (x-a_1)(x-a_2)\cdots(x-a_{n-1})\begin{vmatrix} x & 1 \\ a_n & 1 \end{vmatrix} \\ &= (x-a_1)(x-a_2)\cdots(x-a_{n-1})(x-a_n) \end{aligned}$$

所以 $f(x)$ 的全部根为 $a_1,a_2,\cdots,a_n$.

解法 3　(当 $a_1,a_2,\cdots,a_n$ 两两互异时适用) $f(x)$ 是一个 x 的 n 次多项式，取 $x=a_1$，则行列式的第 1、第 2 行相同，推得 $f(a_1)=0$，从而 a_1 是 $f(x)$ 的一个根. 同样取 $x=a_2$，则行列式第 2、第 3 行相同，可推出 a_2 也为 $f(x)$ 的一个根. 类似可推得 $a_3,\cdots,a_n$ 均为 $f(x)$ 的根. 现 $f(x)$ 是一个 x 的 n 次多项式，所以 $a_1,a_2,\cdots,a_n$ 为 $f(x)$ 的全部根.

习　题　1.6

1. 计算下列行列式(要求写出计算过程)：

(1) $\begin{vmatrix} 1 & 0 & a & 1 \\ 0 & -1 & b & -1 \\ -1 & -1 & c & -1 \\ -1 & 1 & d & 0 \end{vmatrix}$；　　(2) $\begin{vmatrix} x+3 & 1 & 2 \\ x & x-1 & 1 \\ 3(x+1) & x & x+3 \end{vmatrix}$.

2. 试用多种方法证明：当 $a_i \neq 0(i=1,2,\cdots,n)$时，

$$D_n = \begin{vmatrix} 1+a_1 & 1 & 1 & \cdots & 1 \\ 1 & 1+a_2 & 1 & \cdots & 1 \\ 1 & 1 & 1+a_3 & \cdots & 1 \\ \vdots & \vdots & \vdots & & \vdots \\ 1 & 1 & 1 & \cdots & 1+a_n \end{vmatrix} = a_1 a_2 \cdots a_n \left(1 + \sum_{i=1}^{n} \frac{1}{a_i}\right).$$

3. 计算 $D_5 = \begin{vmatrix} 1 & 2 & 3 & 4 & 5 \\ 5 & 1 & 2 & 3 & 4 \\ 4 & 5 & 1 & 2 & 3 \\ 3 & 4 & 5 & 1 & 2 \\ 2 & 3 & 4 & 5 & 1 \end{vmatrix}$.

第 2 章　线性方程组

2.1　消　元　法

上一章导出的克拉默法则在理论上是一个非常完美的结果. 它不仅判定此时解存在且惟一,而且还用公式把解用系数及常数项通过四则运算表示出来(对照中学代数中的一元二次方程的求根公式). 然而克拉默法则只对方程个数与未知量个数相等的且系数行列式不为零的线性方程组有效,所以应用范围有局限性. 鉴于此,这一章我们要讨论如何解一般线性方程组,所谓**一般线性方程组**是指形式为

$$\begin{cases} a_{11}x_1 + a_{12}x_2 + \cdots + a_{1n}x_n = b_1, \\ a_{21}x_1 + a_{22}x_2 + \cdots + a_{2n}x_n = b_2, \\ \cdots\cdots\cdots\cdots \\ a_{m1}x_1 + a_{m2}x_2 + \cdots + a_{mn}x_n = b_m \end{cases} \tag{2.1.1}$$

的方程组,其中 $x_1, x_2, \cdots, x_n$ 表示未知量,m 是方程的个数. 所以(2.1.1)是由 m 个含有 n 个未知量的线性方程组成的线性方程组,其中 a_{ij} $(i=1,2,\cdots,m; j=1,2,\cdots,n)$ 称为方程组的**系数**,b_j $(j=1,2,\cdots,m)$ 称为**常数项**. 方程组中未知量的个数 n 与方程的个数 m 不一定相等. 系数 a_{ij} 的下标的第一个指标 i 表示它在第 i 个方程,第二个指标 j 表示它是 x_j 的系数.

解线性方程组(2.1.1),实际上先要判别它是否有解. 在有解的前提下,就需要求出它的全部解. 线性方程组(2.1.1)的全部解称为它的**解集合**. 如果两个线性方程组的解集合相同,就称它们为**同解**的.

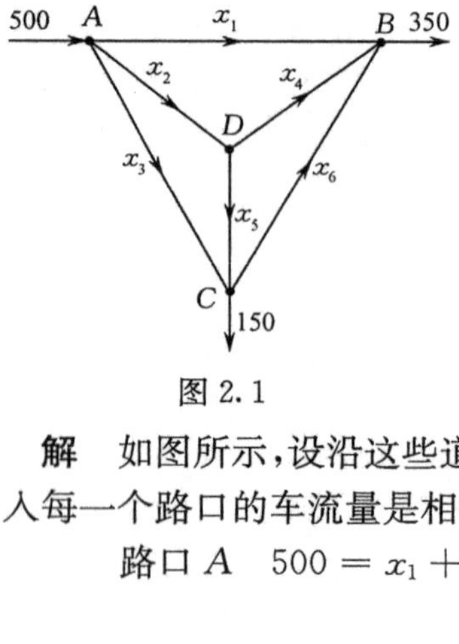

图 2.1

求解线性方程组有着广泛的实际应用,科学技术、经济管理、生产建设、日常生活中许多问题,往往可以归结为求解线性方程组.

例 2.1.1　图2.1是某城市某区域单行道路网. 据统计进入交叉路口 A 每小时车流量为 500 辆,而从路口 B 和 C 出来的车流量分别为每小时 350 辆和 150 辆. 求出沿每一个道路每小时的车流量.

解　如图所示,设沿这些道路每小时车流量分别为 $x_1, x_2, x_3, x_4, x_5, x_6$. 鉴于出入每一个路口的车流量是相等的,于是有

路口 A　$500 = x_1 + x_2 + x_3$,　路口 B　$x_1 + x_4 + x_6 = 350$,

路口 C $x_3+x_5=x_6+150$， 路口 D $x_2=x_4+x_5$.

这就给出 6 个未知量 4 个方程组成的线性方程组

$$\begin{cases}x_1+x_2+x_3 & =500,\\ x_1 \quad +x_4 \quad +x_6 & =350,\\ x_3 \quad +x_5-x_6 & =150,\\ x_2 \quad -x_4-x_5 & =0.\end{cases}$$

所提的问题就归结为求解上述线性方程组.

注记 本例有代表性，如图示为灌溉网，电力网，物流网均可类示解答. 概言之讨论一个可控制的网状系统，在给出若干运行条件，如网流的流向、流量后，要求计算出该系统的每一段运行情况，可归结为求解线性方程组.

解线性方程组，基本的也较方便的方法还是我们中学就熟悉的**消元法**.

例 2.1.2 解线性方程组

$$(\mathrm{I})\quad\begin{cases}2x_1-3x_2+x_3=-5, & ①\\ x_1-2x_2-x_3=-2, & ②\\ 4x_1-2x_2+7x_3=-7, & ③\\ x_1-x_2+2x_3=-3. & ④\end{cases}$$

解 首先消去①，③，④中的 x_1. 为此②×(−2)加到①上得⑤，②×(−4)加到③上得⑥，②×(−1)加到④上得⑦，并交换②，⑤位置，这样由(I)得到与其同解的方程组

$$(\mathrm{II})\quad\begin{cases}x_1-2x_2-x_3=-2, & ②\\ x_2+3x_3=-1, & ⑤\\ 6x_2+11x_3=1, & ⑥\\ x_2+3x_3=-1. & ⑦\end{cases}$$

继续消去⑥，⑦中的 x_2. 为此⑤×(−6)加到⑥上得到⑧，⑤×(−1)加到⑦上得到⑨，即得与(II)同解的方程组

$$(\mathrm{III})\quad\begin{cases}x_1-2x_2-x_3=-2, & ②\\ x_2+3x_3=-1, & ⑤\\ -7x_3=7, & ⑧\\ 0x_3=0. & ⑨\end{cases}$$

(III)就容易求解. 因⑨是一个恒等式，故求解方程组时可不考虑. 由⑧得 $x_3=-1$，将 $x_3=-1$ 代入⑤可得 $x_2=2$. 再将 $x_3=-1$，$x_2=2$ 代入②可得 $x_1=1$. 由此(I)的解为 $x_1=1$，$x_2=2$，$x_3=-1$. 然而这种代入求解仍可用消元来做.

⑧×$\frac{3}{7}$加到⑤上得⑩(相当于将 $x_3=-1$ 代入⑤)，⑧×$\left(\frac{-1}{7}\right)$得⑪，即得与(III)同解的

$$
\text{(IV)}\quad \begin{cases} x_1 - 2x_2 - x_3 = -2, & ② \\ x_2 = 2, & ⑩ \\ x_3 = -1, & ⑪ \\ 0x_3 = 0. & ⑨ \end{cases}
$$

将⑩×2与⑪一起加到②上(相当于将 $x_2=2, x_3=-1$ 代入②)，得与(IV)同解的

$$
\text{(V)}\quad \begin{cases} x_1 = 1, \\ x_2 = 2, \\ x_3 = -1, \\ 0x_3 = 0. \end{cases}
$$

并由前述知，(V)的解即(I)的解. 从而得出(I)的解为

$$
x_1 = 1, \quad x_2 = 2, \quad x_3 = -1.
$$

分析上例，我们对方程组施行了三种变换：

1. 交换两个方程的位置；

2. 用一个不等于零的数乘某一个方程；

3. 用一个数乘某个方程后加到另一个方程上.

称这三种变换为线性方程组的**初等变换**.

一般地由初等代数知识可推知以下定理成立.

定理 2.1.1　线性方程组的初等变换把一个线性方程组变为一个与它同解的线性方程组.

这样消元法的实质是利用初等变换化简线性方程组，最终得到容易求出解的线性方程组，而该线性方程组的解即为原线性方程组的解. 据此我们来研究初等变换能把一般线性方程组(2.1.1)化简到何种形式，进而解决(2.1.1)的求解问题.

线性方程组(2.1.1)有没有解及有些什么样的解，完全决定于它的系数和常数项. 因此在讨论线性方程组，如消元时主要研究它的系数和常数项的变化.

用线性方程组(2.1.1)的系数可排成如下一个表

$$
\begin{bmatrix} a_{11} & a_{12} & \cdots & a_{1n} \\ a_{21} & a_{22} & \cdots & a_{2n} \\ \vdots & \vdots & & \vdots \\ a_{m1} & a_{m2} & \cdots & a_{mn} \end{bmatrix}, \tag{2.1.2}
$$

用(2.1.1)的系数和常数项可以排成

$$
\left[\begin{array}{cccc:c} a_{11} & a_{12} & \cdots & a_{1n} & b_1 \\ a_{21} & a_{22} & \cdots & a_{2n} & b_2 \\ \vdots & \vdots & & \vdots & \vdots \\ a_{m1} & a_{m2} & \cdots & a_{mn} & b_m \end{array}\right], \tag{2.1.3}
$$

为了区分系数和常数项,两者之间用虚线分隔.

定义 2.1.1 由 st 个数 $c_{ij}(i=1,2,\cdots,s;j=1,2,\cdots,t)$ 排成一个 s 行 t 列的矩形数表

$$\begin{bmatrix} c_{11} & c_{12} & \cdots & c_{1t} \\ c_{21} & c_{22} & \cdots & c_{2t} \\ \vdots & \vdots & & \vdots \\ c_{s1} & c_{s2} & \cdots & c_{st} \end{bmatrix},$$

称为一个 s 行 t 列(或 $s\times t$)**矩阵**,简记为$[c_{ij}]_{s\times t}$. 横写的称为**行**,从上到下分别称为第 1,第 2,…,第 s 行. 竖写的称为**列**,从左到右分别称为第 1,第 2,…,第 t 列. c_{ij} 是位于第 i 行第 j 列的**元素**,i 称为**行指标**,j 称为**列指标**.

$s\times t$ 矩阵是由 st 个数组成的一个整体概念,所以行数与列数不一样的矩阵是不能相等的,而两个 $s\times t$ 矩阵 $[b_{ij}]_{s\times t}$ 和 $[c_{ij}]_{s\times t}$ **相等**当且仅当 $b_{ij}=c_{ij}(i=1,2,\cdots,s;j=1,2,\cdots,t)$,此时记为$[b_{ij}]_{s\times t}=[c_{ij}]_{s\times t}$.

于是可将矩阵(2.1.2)称为**线性方程组(2.1.1)的系数矩阵**,记为 $\boldsymbol{A}=[a_{ij}]_{m\times n}$. 将矩阵(2.1.3)称为**线性方程组(2.1.1)的增广矩阵**,记为 $\overline{\boldsymbol{A}}$. 线性方程组的增广矩阵显然完全能够代表这个方程组.

对照线性方程组的初等变换引入下面的定义.

定义 2.1.2 矩阵的**初等行(列)变换**是对一个矩阵施行下列变换:

1. 交换矩阵的两行(列),如第 i,第 j 行(列)的位置. 记为 $R_{ij}(C_{ij})$,简称为**互换**;

2. 用一个不等于零的数 k 乘矩阵的某一行(列),如第 i 行(列),即用 k 乘矩阵第 i 行(列)的每一个元素. 记为 $kR_i(kC_i)$,简称为**倍乘**;

3. 用某一个数 k 乘矩阵的某一行(列),如第 j 行(列)后加到另一行(列),如第 i 行(列)上,即用 k 乘矩阵的第 j 行(列)的每一个元素后加到第 i 行(列)的对应元素上. 记为 $R_i+kR_j(C_i+kC_j)$,简称为**倍加**.

注记 据前述知两个行数与列数相同的矩阵要相等必须两者对应的数完全相同,据此一个矩阵施行初等行(列)变换后所得的矩阵一般不相等,所以不能用等号来连接,而是用箭头来连接.

显然对一个线性方程组施行一个初等变换,相当于对它的增广矩阵施行一个对应的初等行变换. 而化简线性方程组相当于用初等行变换化简它的增广矩阵. 按此观点可把例 2.1.2 用消元法解线性方程组(I)的过程(左边)翻译成对(I)的增广矩阵施行初等行变换(右边)如下:

$$
(\mathrm{I})\begin{cases}2x_1-3x_2+x_3=-5, & ①\\ x_1-2x_2-x_3=-2, & ②\\ 4x_1-2x_2+7x_3=-7, & ③\\ x_1-x_2+2x_3=-3. & ④\end{cases}
\qquad
\left[\begin{array}{ccc:c}2&-3&1&-5\\1&-2&-1&-2\\4&-2&7&-7\\1&-1&2&-3\end{array}\right]
$$

②×(−2)加到①上得⑤，
②×(−4)加到③上得⑥，
②×(−1)加到④上得⑦，
交换②，⑤得与(Ⅰ)同解的

$$\Big\downarrow \begin{matrix}R_1-2R_2\\ R_3-4R_2\\ R_4-R_2\\ R_{12}\end{matrix}$$

$$
(\mathrm{II})\begin{cases}x_1-2x_2-x_3=-2, & ②\\ x_2+3x_3=-1, & ⑤\\ 6x_2+11x_3=1, & ⑥\\ x_2+3x_3=-1. & ⑦\end{cases}
\qquad
\left[\begin{array}{ccc:c}1&-2&-1&-2\\0&1&3&-1\\0&6&11&1\\0&1&3&-1\end{array}\right]
$$

⑤×(−6)加到⑥上得⑧，
⑤×(−1)加到⑦上得⑨，
即得与(Ⅰ)同解的

$$\Big\downarrow \begin{matrix}R_3-6R_2\\ R_4-R_2\end{matrix}$$

$$
(\mathrm{III})\begin{cases}x_1-2x_2-x_3=-2, & ②\\ x_2+3x_3=-1, & ⑤\\ -7x_3=7, & ⑧\\ 0x_3=0. & ⑨\end{cases}
\qquad
\left[\begin{array}{ccc:c}1&-2&-1&-2\\0&1&3&-1\\0&0&-7&7\\0&0&0&0\end{array}\right]
$$

⑧×$\frac{3}{7}$加到⑤上得⑩，

⑧×$-\frac{1}{7}$得⑪，

即得与(Ⅰ)同解的

$$\Big\downarrow \begin{matrix}R_2+\frac{3}{7}R_3\\ -\frac{1}{7}R_3\end{matrix}$$

$$
(\mathrm{IV})\begin{cases}x_1-2x_2-x_3=-2, & ②\\ x_2=2, & ⑩\\ x_3=-1, & ⑪\\ 0x_3=0. & ⑨\end{cases}
\qquad
\left[\begin{array}{ccc:c}1&-2&-1&-2\\0&1&0&2\\0&0&1&-1\\0&0&0&0\end{array}\right] \tag{2.1.4}
$$

⑩×②与⑪一起加到②上
得与(Ⅰ)同解的

$$\Big\downarrow R_1+2R_2+R_3$$

$$
(\text{V})\begin{cases} x_1 \qquad = 1, \\ \quad x_2 \quad = 2, \\ \qquad x_3 = -1, \\ \quad 0x_3 = 0. \end{cases}
$$

(V) 是易求解的，从而得出(I)的解为

$$x_1=1, x_2=2, x_3=-1.$$

$$
\left[\begin{array}{ccc:c} 1 & 0 & 0 & 1 \\ 0 & 1 & 0 & 2 \\ 0 & 0 & 1 & -1 \\ 0 & 0 & 0 & 0 \end{array}\right]. \qquad (2.1.5)
$$

矩阵(2.1.5)所代表的线性方程组是(V)，解(V)可得出(I)的解为

$$x_1=1, x_2=2, x_3=-1.$$

左边(消元法)和右边(增广矩阵施行初等行变换)两种方法所得结果是一致的，因而我们将用对线性方程组的增广矩阵施行初等行变换的方法来讨论该线性方程组解的问题.

为了描述上述矩阵(2.1.4)与(2.1.5)引入如下概念.

定义 2.1.3 设 $m\times n$ 矩阵 $\boldsymbol{A}=[a_{ij}]$ 的前 $r(r\leqslant m)$ 行均不全为零，其余行全为零. $\boldsymbol{A}$ 的第 k 行第 1 个非零元素为 $a_{kj_k}(k=1,2,\cdots,r)$ 满足

$$j_1<j_2<\cdots<j_r,$$

则称 $\boldsymbol{A}$ 为**阶梯形矩阵**，且称 a_{kj_k} 为**阶梯头**.

按此定义上述矩阵(2.1.4)与(2.1.5)均为阶梯形矩阵.

为了细分，我们再引入概念.

定义 2.1.4 若阶梯形矩阵 $\boldsymbol{A}$ 的每一个阶梯头均为 1，且阶梯头所在的列其他元素均为零，则称 $\boldsymbol{A}$ 为**约化阶梯形矩阵**(也称为**行最简形**).

据此约化阶梯形矩阵是一类特殊的阶梯形矩阵，上述(2.1.4)就不是约化阶梯形矩阵，(2.1.5)是约化阶梯形矩阵.

定理 2.1.2 设 $\boldsymbol{A}=[a_{ij}]_{m\times n}$，且 $a_{ij}(i=1,2,\cdots,m;j=1,2,\cdots,n)$ 不全为零. 通过初等行变换和列互换能把 $\boldsymbol{A}$ 化为约化阶梯形

$$
\boldsymbol{B}=\begin{bmatrix} 1 & 0 & 0 & \cdots & 0 & c_{1,r+1} & \cdots & c_{1n} \\ 0 & 1 & 0 & \cdots & 0 & c_{2,r+1} & \cdots & c_{2n} \\ \vdots & \vdots & \vdots & & \vdots & \vdots & & \vdots \\ 0 & 0 & 0 & \cdots & 1 & c_{r,r+1} & \cdots & c_{rn} \\ 0 & 0 & 0 & \cdots & 0 & 0 & \cdots & 0 \\ \vdots & \vdots & \vdots & & \vdots & \vdots & & \vdots \\ 0 & 0 & 0 & \cdots & 0 & 0 & \cdots & 0 \end{bmatrix}. \qquad (2.1.6)
$$

证 若 $a_{11}\neq 0$，则可开始讨论，否则因 a_{ij} 不全为零，故必有某个 $a_{kl}\neq 0$. 通过适当的行互换、列互换可使这个非零元素位于矩阵左上角. 用 a_{kl}^{-1} 乘第 1 行，然后将

第 i 行($i=2,\cdots,m$)加上第 1 行的适当倍数,矩阵 **A** 化为

$$\left[\begin{array}{c:cccc} 1 & a'_{12} & a'_{13} & \cdots & a'_{1n} \\ \hdashline 0 & & & & \\ 0 & & & & \\ \vdots & & \boldsymbol{A}_1 & & \\ 0 & & & & \end{array}\right],$$

此处 $\boldsymbol{A}_1$ 是一个$(m-1)\times(n-1)$矩阵.

若 $\boldsymbol{A}_1$ 的元素全为零,则定理得证. 此时 $r=1$. 否则对 $\boldsymbol{A}_1$ 重复对 **A** 的讨论. 如此继续,**A** 可化为

$$\begin{bmatrix} 1 & a''_{12} & a''_{13} & \cdots & a''_{1r} & a''_{1,r+1} & \cdots & a''_{1n} \\ 0 & 1 & a'_{23} & \cdots & a'_{2r} & a'_{2,r+1} & \cdots & a'_{2n} \\ \vdots & \vdots & \vdots & & \vdots & \vdots & & \vdots \\ 0 & 0 & 0 & \cdots & 1 & a'_{r,r+1} & \cdots & a'_{m} \\ 0 & 0 & 0 & \cdots & 0 & 0 & \cdots & 0 \\ \vdots & \vdots & \vdots & & \vdots & \vdots & & \vdots \\ 0 & 0 & 0 & \cdots & 0 & 0 & \cdots & 0 \end{bmatrix}. \tag{2.1.7}$$

再将矩阵(2.1.7)的第 1,第 2,$\cdots$,第 $r-1$ 行分别减去第 r 行的 a''_{1r} 倍,a'_{2r} 倍,$\cdots$,$a'_{r-1,r}$倍;将第 1,第 2,$\cdots$,第 $r-2$ 行分别减去第 $r-1$ 行的 $a''_{1,r-1}$倍,$a'_{2,r-1}$倍,$\cdots$,$a'_{r-2,r-1}$倍,如此等等,即可把矩阵(2.1.7)化为(2.1.6)的矩阵 $\boldsymbol{B}$. 定理得证.

从解线性方程组的角度看,定理 2.1.2 是说 m 个线性方程,可化简(归结)为 r 个线性方程来求解. 至此就会产生这样一个问题:r 这个数是由原线性方程组所惟一确定,还是随着不同的初等行(列)变换过程而变化的? 为此我们将在下一节引入一个概念来解决此问题.

习 题 2.1

1. 写出下列线性方程组的系数矩阵 **A** 和增广矩阵 $\overline{\boldsymbol{A}}$.

(1) $\begin{cases} x_1-x_2=1, \\ x_2-x_3=1, \\ x_3-x_4=1, \\ -x_1+x_4=-1; \end{cases}$ (2) $\begin{cases} x_4+2x_5-1=0, \\ x_1-3x_4-2=0, \\ x_1+2x_2+3x_3-2=0, \\ -2x_2+4x_3-3x_4+x_5-1=0. \end{cases}$

2. 类似例 2.1.1,图 2.2 中(1),(2)分别为某些地区的管道网,并已标明流量和流向,请列出确定各段流量 $x_1,x_2,\cdots,x_k$ 的线性方程组.

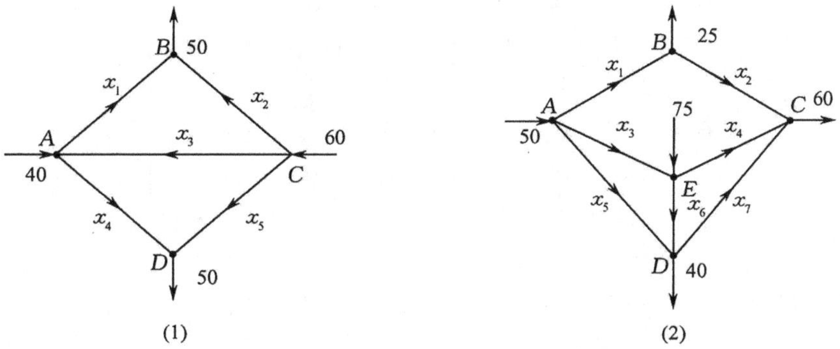

图 2.2

3. 只用初等行变换将下列矩阵化为约化阶梯形：

(1) $\begin{bmatrix} 1 & 7 & 2 & 8 \\ 0 & -5 & 3 & 6 \\ -1 & -7 & 3 & 7 \end{bmatrix}$； (2) $\begin{bmatrix} 1 & 3 & 12 \\ 4 & 7 & 7 \\ 3 & 6 & 9 \\ 2 & -3 & 3 \end{bmatrix}$； (3) $\begin{bmatrix} 1 & -1 & 3 & -1 \\ 2 & -1 & -1 & 4 \\ 3 & -2 & 2 & 3 \\ 1 & 0 & -4 & 5 \end{bmatrix}$.

4. 证明互换可通过连续施行若干次倍乘，倍加而实现.

5*. 设 n 阶行列式

$$\begin{vmatrix} a_{11} & a_{12} & \cdots & a_{1n} \\ a_{21} & a_{22} & \cdots & a_{2n} \\ \vdots & \vdots & & \vdots \\ a_{n1} & a_{n2} & \cdots & a_{nn} \end{vmatrix} \neq 0.$$

证明：用初等行变换能把 n 行 n 列矩阵

$$\boldsymbol{A}=\begin{bmatrix} a_{11} & a_{12} & \cdots & a_{1n} \\ a_{21} & a_{22} & \cdots & a_{2n} \\ \vdots & \vdots & & \vdots \\ a_{n1} & a_{n2} & \cdots & a_{nn} \end{bmatrix} \quad \text{化为} \quad \begin{bmatrix} 1 & 0 & \cdots & 0 \\ 0 & 1 & \cdots & 0 \\ \vdots & \vdots & & \vdots \\ 0 & 0 & \cdots & 1 \end{bmatrix}.$$

2.2 矩阵的秩

定义 2.2.1 在一个 $m\times n$ 矩阵中，任取 k 行 k 列($k\leqslant m, k\leqslant n$)，位于这些行列交叉处的元素按原来位置构成的 k 阶行列式称为这个矩阵的一个 **k 阶子式**.

易知 $m\times n$ 矩阵 $\boldsymbol{A}=[a_{ij}]$ 的 k 阶子式有 $C_m^k C_n^k$ 个. 元素 $a_{ij}(i=1,2,\cdots,m;j=1,2,\cdots,n)$ 均为 $\boldsymbol{A}$ 的一阶子式.

在 2.1 节的约化阶梯形矩阵(2.1.6)

$$B=\begin{bmatrix}1&0&0&\cdots&0&c_{1,r+1}&\cdots&c_{1n}\\0&1&0&\cdots&0&c_{2,r+1}&\cdots&c_{2n}\\\vdots&\vdots&\vdots&&\vdots&\vdots&&\vdots\\0&0&0&\cdots&1&c_{r,r+1}&\cdots&c_{rn}\\0&0&0&\cdots&0&0&\cdots&0\\\vdots&\vdots&\vdots&&\vdots&\vdots&&\vdots\\0&0&0&\cdots&0&0&\cdots&0\end{bmatrix}$$

中，由第 1，第 2，…，第 r 行；第 1，第 2，…，第 r 列组成的 r 阶子式为

$$\begin{vmatrix}1&0&\cdots&0\\0&1&\cdots&0\\\vdots&\vdots&&\vdots\\0&0&\cdots&1\end{vmatrix}=1\neq 0.$$

但矩阵 $\boldsymbol{B}$ 不含阶数高于 r 的非零子式. 这是因为当 $r=m$，或 $r=n$ 时，矩阵 $\boldsymbol{B}$ 根本不含阶数高于 r 的子式；而当 $r<m$，且 $r<n$ 时，矩阵 $\boldsymbol{B}$ 的任何一个阶数高于 r 的子式都至少有一行元素全为零，因而该子式必为零. 这样 r 为矩阵 $\boldsymbol{B}$ 中不为零的子式的最大阶数.

同样道理可以证明：前 r 行均不全为零，其余行全为零的阶梯形矩阵不为零的子式的最大阶数也为 r.

定义 2.2.2　一个矩阵 $\boldsymbol{A}=[a_{ij}]_{m\times n}$ 中不为零的子式的最大阶数称为这个矩阵的**秩**，记为秩($\boldsymbol{A}$). 若一个矩阵没有不等于零的子式（相当于该矩阵的元素全为零），就认为这个矩阵的**秩为零**.

按此定义秩($\boldsymbol{B}$)$=r$，即阶梯形矩阵的秩为其不全为零的行的行数.

在确定矩阵秩时，用下面的结果是简便的.

性质 2.2.1　设 $\boldsymbol{A}$ 是 $m\times n$ 矩阵.

(1) 若 $\boldsymbol{A}$ 有 r 阶子式不为零，则秩($\boldsymbol{A}$)$\geqslant r$.

(2) 若 $\boldsymbol{A}$ 的所有 $r+1$ 阶子式全为零，则秩($\boldsymbol{A}$)$\leqslant r$.

证　(1) 是显然的.

(2) 因 $\boldsymbol{A}$ 的任意一个 $r+2$ 阶子式（如果有），可按定理 1.4.1 展开为 $r+2$ 个 $r+1$ 阶子式与一些数相乘后的代数和，从而必为零. 据此可推出 $\boldsymbol{A}$ 的任意一个阶数大于 r 的子式（如果有）必为零. 所以 $\boldsymbol{A}$ 的不为零的子式的阶数 $\leqslant r$，即秩($\boldsymbol{A}$)$\leqslant r$.

由性质 2.2.1 可得出矩阵 $\boldsymbol{A}$ 的秩为 r 的一个等价描述.

定理 2.2.1　秩($\boldsymbol{A}$)$=r$ 的充要条件为 $\boldsymbol{A}$ 有 r 阶子式不为零，而所有的 $r+1$ 阶子式（如果有）全为零.

前已阐明秩($\boldsymbol{B}$)$=r$. 下面将证明 r 也是线性方程组(2.1.1)的系数矩阵 $\boldsymbol{A}=$

$[a_{ij}]_{m\times n}$的秩.为此只需证明下述定理.

定理 2.2.2 初等行(列)变换不改变矩阵的秩.

证 见文献[3],第 60 页.

现在我们解答了 2.1 节所提出的问题:将一个线性方程组的增广矩阵经过一系列初等行变换和列互换,最后得到的阶梯形矩阵中不全为零行的行数 r 即为增广矩阵的秩,从而 r 是由线性方程组惟一确定的.

接下来讨论矩阵秩的一些简单性质和求一个矩阵秩的方法.

对 $m\times n$ 矩阵而言,它的子式的阶数 k 有 $k\leqslant m$,且 $k\leqslant n$,所以有如下性质.

性质 2.2.2 设 $\boldsymbol{A}$ 是 $m\times n$ 矩阵,则秩$(\boldsymbol{A})\leqslant m$,秩$(\boldsymbol{A})\leqslant n$,从而

$$\text{秩}(\boldsymbol{A})\leqslant\min\{m,n\}.$$

对 $n\times n$ 矩阵 $\boldsymbol{A}=[a_{ij}]$ 而言,它的 n 阶子式只有一个,就是 $|a_{ij}|_n$,且 $\boldsymbol{A}$ 不存在 $n+1$ 阶子式,所以有如下性质.

性质 2.2.3 设 $\boldsymbol{A}=[a_{ij}]$ 是 $n\times n$ 矩阵,则

秩$(\boldsymbol{A})=n$ 的充要条件为 $|a_{ij}|_n\neq0$;秩$(\boldsymbol{A})<n$ 的充要条件为 $|a_{ij}|_n=0$.

称秩$(\boldsymbol{A})=n$ 的 $n\times n$ 矩阵 $\boldsymbol{A}$ 为**满秩矩阵**.

定理 2.2.2 给出了求矩阵秩的一个常用方法:将矩阵通过初等行(列)变换化为阶梯形,阶梯形矩阵的秩为其不全为零的行的个数,而阶梯形矩阵的秩即为原矩阵的秩.

例 2.2.1 设 $\boldsymbol{A}=\begin{bmatrix}1&1&1&-1&2\\2&2&2&2&0\\-1&-1&-1&1&1\\1&1&1&0&1\end{bmatrix}$,求秩$(\boldsymbol{A})$.

解 用初等行变换将 $\boldsymbol{A}$ 化为阶梯形矩阵.

$$\boldsymbol{A}\xrightarrow[R_4-R_1]{\substack{R_2-2R_1\\R_3+R_1}}\begin{bmatrix}1&1&1&-1&2\\0&0&0&4&-4\\0&0&0&0&3\\0&0&0&1&-1\end{bmatrix}\xrightarrow[R_{24}]{R_2-4R_4}\begin{bmatrix}1&1&1&-1&2\\0&0&0&1&-1\\0&0&0&0&3\\0&0&0&0&0\end{bmatrix}.$$

所以秩$(\boldsymbol{A})=3$.

例 2.2.2* 求 $n\times n(n>1)$ 矩阵 $\boldsymbol{A}=\begin{bmatrix}a&b&b&\cdots&b\\b&a&b&\cdots&b\\\vdots&\vdots&\vdots&&\vdots\\b&b&b&\cdots&a\end{bmatrix}$ 的秩.

解

$$\boldsymbol{A}\xrightarrow{\substack{R_2-R_1\\R_3-R_1\\\vdots\\R_n-R_1}}\begin{bmatrix}a&b&b&\cdots&b\\b-a&a-b&0&\cdots&0\\b-a&0&a-b&\cdots&0\\\vdots&\vdots&\vdots&&\vdots\\b-a&0&0&\cdots&a-b\end{bmatrix}$$

$$\xrightarrow{C_1+\sum_{j=2}^{n}C_j}\begin{bmatrix} a+(n-1)b & b & b & \cdots & b \\ 0 & a-b & 0 & \cdots & 0 \\ 0 & 0 & a-b & \cdots & 0 \\ \vdots & \vdots & \vdots & & \vdots \\ 0 & 0 & 0 & \cdots & a-b \end{bmatrix}.$$

1. $a=b$ 时：若 $a=b=0$，则秩$(\boldsymbol{A})=0$；若 $a=b\neq 0$，则秩$(\boldsymbol{A})=1$.

2. $a\neq b$ 时：若 $a+(n-1)b=0$，则秩$(\boldsymbol{A})=n-1$；若 $a+(n-1)b\neq 0$，则秩$(\boldsymbol{A})=n$.

注记　例 1.3.4 计算行列式 $D=\begin{vmatrix} a & b & b & \cdots & b \\ b & a & b & \cdots & b \\ \vdots & \vdots & \vdots & & \vdots \\ b & b & b & \cdots & a \end{vmatrix}$ 解法 2 中的化简和这里对矩阵 $\boldsymbol{A}$ 所施行的变换非常类似，但前者化简过程可用等号连结，这里只能用箭头表示，因前者是用行列式性质化简，前后可用等式表示；而后者是矩阵施行初等变换，变换前后的矩阵一般不相等.

习　题　2.2

1. 设 $m\times n$ 矩阵 $\boldsymbol{A}$ 的秩为 $r(r>1$，且 $r<m,r<n)$，问 $\boldsymbol{A}$ 中是否一定存在不为零的 $r-1$ 阶子式？是否存在为零的 r 阶子式？是否存在不为零的 $r+1$ 阶子式？为什么？

2. 求下列矩阵的秩：

(1) $\begin{bmatrix} 2 & 0 & 3 & 1 & 4 \\ 3 & -5 & 4 & 2 & 7 \\ 1 & 5 & 2 & 0 & 1 \end{bmatrix}$；　(2) $\begin{bmatrix} 0 & 1 & 1 & -1 & 2 \\ 0 & 2 & -2 & -2 & 0 \\ 0 & -1 & -1 & 1 & 1 \\ 1 & 1 & 0 & 1 & -1 \end{bmatrix}$；

(3) $\begin{bmatrix} 1 & 0 & 1 & 0 & 0 \\ 1 & 1 & 0 & 0 & 0 \\ 0 & 1 & 1 & 0 & 0 \\ 0 & 0 & 1 & 1 & 0 \\ 0 & 1 & 0 & 1 & 1 \end{bmatrix}$；　(4) $\begin{bmatrix} 1 & -1 & 2 & 1 & 0 \\ 2 & -2 & 4 & -1 & 0 \\ 3 & 0 & 6 & -2 & 1 \\ 0 & 3 & 0 & 0 & 1 \end{bmatrix}$.

3. 设矩阵 $\boldsymbol{A}$ 经过一系列初等行变换和初等列变换化为

$$\begin{bmatrix} 2 & 0 & 5 & 6 & -1 & 8 \\ 0 & 0 & -1 & -2 & 3 & 4 \\ 0 & 0 & 0 & 0 & 0 & 0 \\ 0 & 0 & 0 & 0 & 1 & 0 \end{bmatrix},$$

则秩$(\boldsymbol{A})=$______.

4. 设

$$A=\begin{bmatrix}1&1&1&1\\1&1&1&1\\1&1&1&1\end{bmatrix},\quad B=\begin{bmatrix}1&2&1&1\\1&1&1&1\\1&1&1&1\end{bmatrix},\quad C=\begin{bmatrix}1&1&1&1\\1&2&1&1\\0&0&0&0\end{bmatrix},\quad D=\begin{bmatrix}1&2&3\\0&0&0\\0&0&0\end{bmatrix},$$

则与矩阵 A 秩相等的矩阵是______,且说明理由.

5. 设 $a_i(i=1,2,\cdots,m)$不全为零,$b_j(j=1,2,\cdots,n)$不全为零,且

$$A_{m\times n}=\begin{bmatrix}a_1b_1&a_1b_2&\cdots&a_1b_n\\a_2b_1&a_2b_2&\cdots&a_2b_n\\\vdots&\vdots&&\vdots\\a_mb_1&a_mb_2&\cdots&a_mb_n\end{bmatrix},$$

求矩阵 $A_{m\times n}$ 的秩.

6*. 设 $A=\begin{bmatrix}k&1&1&1\\1&k&1&1\\1&1&k&1\\1&1&1&k\end{bmatrix}$,计算 A 的秩.

2.3 解线性方程组

有了前两节的准备,现在就可以来解一般线性方程组

$$\begin{cases}a_{11}x_1+a_{12}x_2+\cdots+a_{1n}x_n=b_1,\\a_{21}x_1+a_{22}x_2+\cdots+a_{2n}x_n=b_2,\\\cdots\cdots\cdots\cdots\\a_{m1}x_1+a_{m2}x_2+\cdots+a_{mn}x_n=b_m.\end{cases}\tag{I}$$

记(I)的系数矩阵为 $A=[a_{ij}]_{m\times n}$,增广矩阵为 $\bar{A}$. 设秩$(A)=r>0$. 综合定理 2.1.2 和定理 2.2.2 知,可通过初等行变换和列互换把 A 化为

$$r\left\{\begin{bmatrix}1&0&0&\cdots&0&c_{1,r+1}&\cdots&c_{1n}\\0&1&0&\cdots&0&c_{2,r+1}&\cdots&c_{2n}\\\vdots&\vdots&\vdots&&\vdots&\vdots&&\vdots\\0&0&0&\cdots&1&c_{r,r+1}&\cdots&c_{rn}\\0&0&0&\cdots&0&0&\cdots&0\\\vdots&\vdots&\vdots&&\vdots&\vdots&&\vdots\\0&0&0&\cdots&0&0&\cdots&0\end{bmatrix}\right..$$

同样的这些变换把 $\bar{A}$ 化为

$$r\left\{\begin{bmatrix} 1 & 0 & 0 & \cdots & 0 & c_{1,r+1} & \cdots & c_{1n} & \vdots & d_1 \\ 0 & 1 & 0 & \cdots & 0 & c_{2,r+1} & \cdots & c_{2n} & \vdots & d_2 \\ \vdots & \vdots & \vdots & & \vdots & \vdots & & \vdots & & \vdots \\ 0 & 0 & 0 & \cdots & 1 & c_{r,r+1} & \cdots & c_{rn} & \vdots & d_r \\ 0 & 0 & 0 & \cdots & 0 & 0 & \cdots & 0 & \vdots & d_{r+1} \\ \vdots & \vdots & \vdots & & \vdots & \vdots & & \vdots & & \vdots \\ 0 & 0 & 0 & \cdots & 0 & 0 & \cdots & 0 & \vdots & d_m \end{bmatrix}\right..$$

这表明(Ⅰ)与下列线性方程组(Ⅱ)同解(最多只有未知量编号次序上的差别):

$$\begin{cases} x_1 \qquad\qquad + c_{1,r+1}x_{r+1} + \cdots + c_{1n}x_n = d_1, \\ \quad x_2 \qquad\quad + c_{2,r+1}x_{r+1} + \cdots + c_{2n}x_n = d_2, \\ \cdots\cdots\cdots\cdots \\ \qquad\qquad x_r + c_{r,r+1}x_{r+1} + \cdots + c_{rn}x_n = d_r, \\ 0x_1 + 0x_2 + \cdots + 0x_n = d_{r+1}, \\ \cdots\cdots\cdots\cdots \\ 0x_1 + 0x_2 + \cdots + 0x_n = d_m. \end{cases} \tag{Ⅱ}$$

易见(Ⅱ)有解的充分必要条件为 $d_{r+1}=\cdots=d_m=0$. 这相当于说秩$(\bar{\mathbf{A}})=r$. 从而可得(Ⅰ)有解的充分必要条件为:秩$(\bar{\mathbf{A}})=r=$秩$(\mathbf{A})$.

在有解条件下,进而讨论如何确定解.

1. 若 $r=n$　方程组中如有恒等式就去掉,则(Ⅱ)成为

$$\begin{cases} x_1 = d_1, \\ x_2 = d_2, \\ \cdots\cdots\cdots\cdots \\ x_n = d_n. \end{cases}$$

这表明(Ⅱ)有惟一解,从而(Ⅰ)有惟一解:$x_i=d_i(i=1,2,\cdots,n)$.

2. 若 $r<n$　方程组中如有恒等式就去掉,则(Ⅱ)成为

$$\begin{cases} x_1 + c_{1,r+1}x_{r+1} + \cdots + c_{1n}x_n = d_1, \\ x_2 + c_{2,r+1}x_{r+1} + \cdots + c_{2n}x_n = d_2, \\ \cdots\cdots\cdots\cdots \\ x_r + c_{r,r+1}x_{r+1} + \cdots + c_{rn}x_n = d_r. \end{cases}$$

移项得

$$\begin{cases} x_1 = d_1 - c_{1,r+1}x_{r+1} - \cdots - c_{1n}x_n, \\ x_2 = d_2 - c_{2,r+1}x_{r+1} - \cdots - c_{2n}x_n, \\ \cdots\cdots\cdots\cdots \\ x_r = d_r - c_{r,r+1}x_{r+1} - \cdots - c_{rn}x_n. \end{cases} \tag{2.3.1}$$

这表明 $x_{r+1},\cdots,x_n$ 可作为**自由未知量**. 将自由未知量任意给定的一组数 $x_{r+1}=t_1$, $\cdots$, $x_n=t_{n-r}$代入(2.3.1),即可求得 $x_1,x_2,\cdots,x_r$ 相应的值,把这两组数合并起来

就得到(Ⅱ)的一组解.因此这时(Ⅱ),从而也就是(Ⅰ)有无穷多个解.这些解的全体,即**通解**可表示为

$$\begin{cases} x_1 = d_1 - c_{1,r+1}t_1 - \cdots - c_{1n}t_{n-r}, \\ x_2 = d_2 - c_{2,r+1}t_1 - \cdots - c_{2n}t_{n-r}, \\ \cdots\cdots\cdots\cdots \\ x_r = d_r - c_{r,r+1}t_1 - \cdots - c_{rn}t_{n-r}, \\ x_{r+1} = t_1, \\ \cdots\cdots\cdots\cdots \\ x_n = t_{n-r}, \end{cases}$$

其中 $t_1,\cdots,t_{n-r}$为任意常数(常限定在某个数域中,下文不再说明).

引入记号

"$A \Rightarrow B$"意指 A 成立可推出 B 成立;

"$A \Leftrightarrow B$"意指 A 成立的充分必要条件为 B 成立.

于是我们可有下列定理.

定理 2.3.1 线性方程组(Ⅰ)有解 $\Leftrightarrow$ 秩($\bar{\mathbf{A}}$)$=r=$秩($\mathbf{A}$).

在有解条件下

(1)(Ⅰ)有惟一解 $\Leftrightarrow$ 秩($\bar{\mathbf{A}}$)$=$秩($\mathbf{A}$)$=r=n$(未知量个数).

(2)(Ⅰ)有无穷多个解 $\Leftrightarrow$ 秩($\bar{\mathbf{A}}$)$=$秩($\mathbf{A}$)$=r<n$(未知量个数),此时(Ⅰ)的解中有$n-r$个自由未知量.

(3) 若 $a_{ij}\in P, b_k\in P(i,k=1,2,\cdots,m;j=1,2,\cdots,n)$,$P$ 为某个数域,且自由未知量(如果有)均在数域 P 中取值,则所有的解中的数均属数域 P.

证 从上面推导知仅需证明(1),(2)的必要性及(3)即可.

现用反证法证(1)的必要性:若(Ⅰ)有惟一解,但秩($\mathbf{A}$)$=r\neq n$,则秩($\mathbf{A}$)$<n$. 据(2)的充分性知(Ⅰ)有无穷多个解,此为矛盾.故(Ⅰ)的必要性成立.

同理可证(2)的必要性成立.

现证(3).当(Ⅰ)有解时,据前论述知解中的数是由 a_{ij},b_k 经过加、减、乘、除四则运算得到的.故当 a_{ij},b_k 均属 P,且自由未知量(如果有)取 P 中数时,所有的解中的数均属 P.

回顾本节开头的论述,其实是证明了:或秩($\bar{\mathbf{A}}$)$=$秩($\mathbf{A}$),或秩($\bar{\mathbf{A}}$)$=$秩($\mathbf{A}$)$+$1.这结果可一般化为下列性质.

性质 2.3.1 矩阵添加一列,则其秩或不变,或增加 1.

这结果在下文常会引用.

定理 2.3.1 表明:线性方程组(Ⅰ)的解是由它的增广矩阵 $\bar{\mathbf{A}}$ 的秩和系数矩阵 $\mathbf{A}$ 的秩决定的.为了求出秩($\bar{\mathbf{A}}$)和秩($\mathbf{A}$),通常是对 $\bar{\mathbf{A}}$ 施行初等行变换化为阶梯形矩阵.

例 2.3.1　(1) 求解例 2.1.1 的道路车流量问题.

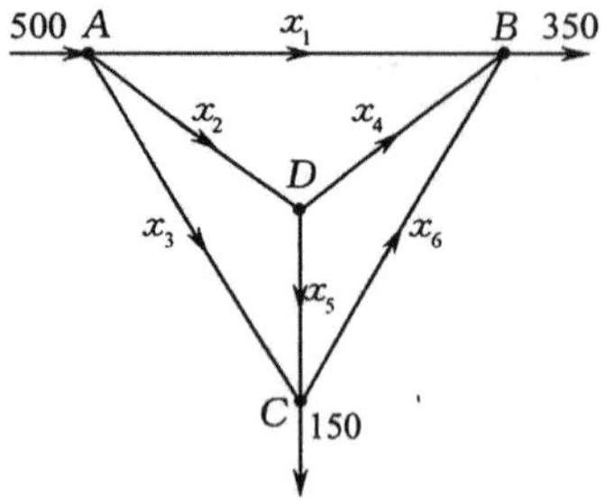

图 2.3

(2) 若 BC 段因故封闭，求此时各路段的车流量.

(3) 若路口 C 出来的车流量为每小时 200 辆，求此时各道路的车流量.

解　(1)(如图 2.3)前文已指出该问题可归结为解线性方程组

$$\begin{cases} x_1 + x_2 + x_3 = 500, \\ x_1 + x_4 + x_6 = 350, \\ x_3 + x_5 - x_6 = 150, \\ x_2 - x_4 - x_5 = 0. \end{cases} \tag{I}$$

现在我们来解此方程组：

$$\overline{A} = \left[\begin{array}{cccccc|c} 1 & 1 & 1 & 0 & 0 & 0 & 500 \\ 1 & 0 & 0 & 1 & 0 & 1 & 350 \\ 0 & 0 & 1 & 0 & 1 & -1 & 150 \\ 0 & 1 & 0 & -1 & -1 & 0 & 0 \end{array}\right]$$

$$\xrightarrow{R_2 - R_1} \left[\begin{array}{cccccc|c} 1 & 1 & 1 & 0 & 0 & 0 & 500 \\ 0 & -1 & -1 & 1 & 0 & 1 & -150 \\ 0 & 0 & 1 & 0 & 1 & -1 & 150 \\ 0 & 1 & 0 & -1 & -1 & 0 & 0 \end{array}\right]$$

$$\xrightarrow[R_{24}]{R_2 + (R_3 + R_4)} \left[\begin{array}{cccccc|c} 1 & 1 & 1 & 0 & 0 & 0 & 500 \\ 0 & 1 & 0 & -1 & -1 & 0 & 0 \\ 0 & 0 & 1 & 0 & 1 & -1 & 150 \\ 0 & 0 & 0 & 0 & 0 & 0 & 0 \end{array}\right]$$

$$\xrightarrow{R_1 - R_2 - R_3} \left[\begin{array}{cccccc|c} 1 & 0 & 0 & 1 & 0 & 1 & 350 \\ 0 & 1 & 0 & -1 & -1 & 0 & 0 \\ 0 & 0 & 1 & 0 & 1 & -1 & 150 \\ 0 & 0 & 0 & 0 & 0 & 0 & 0 \end{array}\right] \xlongequal{\text{记为}} \boldsymbol{B}.$$

这表明秩$(\overline{\boldsymbol{A}})$=秩$(\boldsymbol{A})=3$，未知量个数$=6$，所以方程组有无穷多个解，且有 $6-3=3$ 个自由未知量. 求解约化阶梯形矩阵 $\boldsymbol{B}$ 所对应的线性方程组

$$\begin{cases} x_1 + x_4 + x_6 = 350, \\ x_2 - x_4 - x_5 = 0, \\ x_3 + x_5 - x_6 = 150. \end{cases}$$

取 x_4, x_5, x_6 为自由未知量，并分别记为 t_1, t_2, t_3，解得

$$\begin{cases} x_1=350-t_1-t_3, \\ x_2=t_1+t_2 \\ x_3=150-t_2+t_3, \\ x_4=t_1, \\ x_5=t_2, \\ x_6=t_3, \end{cases} \quad \text{其中 } t_1,t_2,t_3 \text{ 为非负整数，且要适合} \begin{cases} t_1+t_3\leqslant 350, \\ t_2-t_3\leqslant 150. \end{cases}$$

(2)BC 段封闭导致 $x_6=t_3=0$，所以此时

$$\begin{cases} x_1 = 350-t_1, \\ x_2 = t_1+t_2, \\ x_3 = 150-t_2, \\ x_4 = t_1, \\ x_5 = t_2, \\ x_6 = 0, \end{cases} \quad \text{其中 } t_1,t_2 \text{ 为非负整数，且要适合} \begin{cases} t_1\leqslant 350, \\ t_2\leqslant 150. \end{cases}$$

(3)此时问题可归结为解线性方程组

$$\begin{cases} x_1+x_2+x_3 & & & & & = 500, \\ x_1 & & +x_4 & & +x_6 & = 350, \\ & x_3 & & +x_5 & -x_6 & = 200, \\ & x_2 & -x_4 & -x_5 & & = 0. \end{cases} \tag{Ⅱ}$$

记(Ⅱ)的系数矩阵为 $\boldsymbol{B}$，增广矩阵 $\overline{\boldsymbol{B}}$，如第(1)小题用初等行变换将 $\overline{\boldsymbol{B}}$ 化为阶梯形矩阵.

$$\left[\begin{array}{cccccc:c} 1 & 1 & 1 & 0 & 0 & 0 & 500 \\ 1 & 0 & 0 & 1 & 0 & 1 & 350 \\ 0 & 0 & 1 & 0 & 1 & -1 & 200 \\ 0 & 1 & 0 & -1 & -1 & 0 & 0 \end{array}\right] \xrightarrow[\text{变换}]{\text{初等行}} \left[\begin{array}{cccccc:c} 1 & 1 & 1 & 0 & 0 & 0 & 500 \\ 0 & 1 & 0 & -1 & -1 & 0 & 0 \\ 0 & 0 & 1 & 0 & 1 & -1 & 200 \\ 0 & 0 & 0 & 0 & 0 & 0 & 50 \end{array}\right].$$

这表明秩$(\boldsymbol{B})=3$，秩$(\overline{\boldsymbol{B}})=4$. 由秩$(\boldsymbol{B})\neq$秩$(\overline{\boldsymbol{B}})$知，(Ⅱ)无解.

注记 说出(Ⅱ)无解的实际背景.

下面考察当 $m=n$ 时，方程组(Ⅰ)解的情况. 此时系数矩阵 $\boldsymbol{A}=[a_{ij}]$是$n\times n$矩阵，若$|a_{ij}|\neq 0$，则秩$(\boldsymbol{A})=n$，此时增广矩阵 $\overline{\boldsymbol{A}}$ 为 $n\times(n+1)$矩阵，所以秩$(\overline{\boldsymbol{A}})\leqslant n$. 另一方面秩$(\overline{\boldsymbol{A}})\geqslant$秩$(\boldsymbol{A})=n$，从而秩$(\overline{\boldsymbol{A}})=n=$秩$(\boldsymbol{A})$. 这表明此时(Ⅰ)有解，且解惟一. 反之，若(Ⅰ)有惟一解，首先要有秩$(\overline{\boldsymbol{A}})=$秩$(\boldsymbol{A})$，进而要有秩$(\boldsymbol{A})=n$，即$|a_{ij}|_n\neq 0$. 这样得到定理 2.3.1 一个重要推论：

推论　当 $m=n$ 时，线性方程组(Ⅰ)有惟一解 $\Leftrightarrow$ $|a_{ij}|_n\neq 0$.

这推论是第 1 章克拉默法则的加强.

例 2.3.2　设线性方程组

$$\begin{cases} a_{11}x_1 + a_{12}x_2 + \cdots + a_{1n}x_n = b_1, \\ a_{21}x_1 + a_{22}x_2 + \cdots + a_{2n}x_n = b_2, \\ \cdots\cdots\cdots\cdots \\ a_{n1}x_1 + a_{n2}x_2 + \cdots + a_{nn}x_n = b_n. \end{cases} \tag{Ⅰ}$$

则下述命题正确的是(　　).

(A) 若(Ⅰ)无解,则必有系数行列式 $|a_{ij}|_n=0$.

(B) 若(Ⅰ)有解,则必有 $|a_{ij}|_n \neq 0$.

(C) 若 $|a_{ij}|_n=0$,则(Ⅰ)必无解.

(D) 若 $|a_{ij}|_n=0$,则(Ⅰ)或无解,或有无穷多解.

解　命题(A)是成立的. 这可用反证法证明如下:若 $|a_{ij}| \neq 0$,则据克拉默法则(Ⅰ)有惟一解,此为矛盾.

为了判断命题(B),(C)(注意(B),(C)互为逆否命题),考虑下例

$$\begin{cases} x + y = 1, \\ 2x + 2y = 2. \end{cases} \tag{Ⅱ}$$

易见(Ⅱ)有解,且有无穷多解. 但系数行列式为零,所以命题(B),(C)均不成立.

命题(D)是成立的,也可用反证法证明如下:若不然,则(Ⅰ)有惟一解,据重要推论 $|a_{ij}|_n \neq 0$,此为矛盾.

综上所述,本例应填 A,D.

在线性方程组(Ⅰ)中若常数项 $b_1=b_2=\cdots=b_m=0$,则称其为**齐次线性方程组**(否则称其为**非齐次线性方程组**). 齐次线性方程组是一类特殊的线性方程组,所以可直接应用定理 2.3.1 来讨论它的解. 首先齐次线性方程组是一定有解的,因为 $x_1=0$, $x_2=0$, $\cdots$, $x_n=0$ 是它的一组解,这个解称为**零解**. 如果齐次线性方程组还有其他解,则称为**非零解**. 这也表明齐次线性方程组解惟一相当于它只有零解. 从而当齐次线性方程组有非零解时,它的解就不惟一,据定理 2.3.1 它就有无穷多解. 故可有下列定理.

定理 2.3.2　齐次线性方程组

$$\begin{cases} a_{11}x_1 + a_{12}x_2 + \cdots + a_{1n}x_n = 0, \\ a_{21}x_1 + a_{22}x_2 + \cdots + a_{2n}x_n = 0, \\ \cdots\cdots\cdots\cdots \\ a_{m1}x_1 + a_{m2}x_2 + \cdots + a_{mn}x_n = 0 \end{cases} \tag{Ⅲ}$$

解的情况如下:

(1) (Ⅲ)只有零解 $\Leftrightarrow$ 秩($\boldsymbol{A}$)$=r=n$(未知量个数).

(2) (Ⅲ)有非零解 $\Leftrightarrow$ 秩($\boldsymbol{A}$)$=r<n$(未知量个数),此时解中有 $n-r$ 个自由未知量.

(3) 若 $a_{ij}\in P(i=1,2,\cdots,m;j=1,2,\cdots,n)$，$P$ 为某个数域，且自由未知量(如果有)均在数域 P 中取值，则所有的解中的数均属 P.

此定理表明：齐次线性方程组的解是由它的系数矩阵 $\mathbf{A}$ 的秩决定的. 所以解齐次线性方程组通常是对 $\mathbf{A}$ 施行初等行变换化阶梯形.

下面来讨论 $m=n$ 的情况，此时系数矩阵 $\mathbf{A}=[a_{ij}]$ 是 $n\times n$ 矩阵. 由性质 2.2.3 知，秩$(\mathbf{A})=n \Leftrightarrow |a_{ij}|_n\neq 0$；秩$(\mathbf{A})<n \Leftrightarrow |a_{ij}|_n=0$. 把这些结论用于关于齐次线性方程组的定理 2.3.2 就有下述重要推论.

推论 **当 $m=n$ 时，齐次线性方程组(Ⅲ)只有零解** $\Leftrightarrow |a_{ij}|_n\neq 0$；

齐次线性方程组(Ⅲ)有非零解 $\Leftrightarrow |a_{ij}|_n=0$.

这推论是性质 1.5.1 的加强.

例 2.3.3 齐次线性方程组

$$(\text{I})\quad \begin{cases} x_1+x_2+\lambda x_3=0,\\ x_1+\lambda x_2+x_3=0,\\ \lambda x_1+x_2+x_3=0 \end{cases}$$

有非零解的充分必要条件是 λ 的取值为____.

解 据定理 2.3.2 的重要推论知，(Ⅰ)有非零解的充要条件是(Ⅰ)的系数行列式为零. 据例 1.5.3 知，$D=-(\lambda-1)^2(\lambda+2)$，所以应填 $\lambda=1$，或 $\lambda=-2$.

注记 对照例 1.5.3.

例 2.3.4 解线性方程组

$$\begin{cases} x_1 \qquad\quad +x_3-x_4-3x_5=-2,\\ x_1+2x_2-x_3 \qquad\ \ -x_5=1,\\ 4x_1+6x_2-2x_3-4x_4+3x_5=7,\\ 2x_1-2x_2+4x_3-7x_4+4x_5=1. \end{cases}$$

解 对增广矩阵 $\overline{\mathbf{A}}$ 施行初等行变换化为阶梯形.

$$\overline{\mathbf{A}}=\left[\begin{array}{ccccc:c} 1 & 0 & 1 & -1 & -3 & -2\\ 1 & 2 & -1 & 0 & -1 & 1\\ 4 & 6 & -2 & -4 & 3 & 7\\ 2 & -2 & 4 & -7 & 4 & 1 \end{array}\right] \xrightarrow[R_4-2R_1]{\substack{R_2-R_1\\ R_3-4R_1}} \left[\begin{array}{ccccc:c} 1 & 0 & 1 & -1 & -3 & -2\\ 0 & 2 & -2 & 1 & 2 & 3\\ 0 & 6 & -6 & 0 & 15 & 15\\ 0 & -2 & 2 & -5 & 10 & 5 \end{array}\right]$$

$$\xrightarrow[R_4+R_2]{R_3-3R_2} \left[\begin{array}{ccccc:c} 1 & 0 & 1 & -1 & -3 & -2\\ 0 & 2 & -2 & 1 & 2 & 3\\ 0 & 0 & 0 & -3 & 9 & 6\\ 0 & 0 & 0 & -4 & 12 & 8 \end{array}\right]$$

$$\xrightarrow[-\frac{1}{3}R_3]{R_4-\frac{4}{3}R_3}\left[\begin{array}{ccccc:c}1&0&1&-1&-3&-2\\0&2&-2&1&2&3\\0&0&0&1&-3&-2\\0&0&0&0&0&0\end{array}\right]\xlongequal{\text{记为}}\boldsymbol{B}.$$

这表明秩($\bar{\boldsymbol{A}}$)=3,秩($\boldsymbol{A}$)=3,未知量个数=5. 故秩($\bar{\boldsymbol{A}}$)=秩($\boldsymbol{A}$)<未知量个数. 所以此方程组有无穷多解,且有 5−3=2 个自由未知量.

同时上式也表明虽然秩($\bar{\boldsymbol{A}}$)=3,但 $\bar{\boldsymbol{A}}$ 的左上角的 3 阶子式为零. 为此按定理 2.3.1 论述中要将 x_3 和 x_4 编号互换(即将 $\bar{\boldsymbol{A}}$ 的第 3 和第 4 列互换),再继续化下去,得出结果后再将 x_3 和 x_4 的编号换回来. 这样做既麻烦又易混淆,在实际解题中不采用,而是只用初等行变换化 $\bar{\boldsymbol{A}}$ 为约化阶梯形矩阵. 由于矩阵 $\boldsymbol{B}$ 的第 1,第 2,第 3 行;第 1,第 2,第 4 列组成的 3 阶子式不为零,我们就对 $\boldsymbol{B}$ 再施行初等行变换化简第 2 列,第 4 列,使 $\boldsymbol{B}$ 化为约化阶梯形.

$$\boldsymbol{B}\xrightarrow[R_2-R_3]{R_1+R_3}\left[\begin{array}{ccccc:c}1&0&1&0&-6&-4\\0&2&-2&0&5&5\\0&0&0&1&-3&-2\\0&0&0&0&0&0\end{array}\right]\xrightarrow{\frac{1}{2}R_2}\left[\begin{array}{ccccc:c}1&0&1&0&-6&-4\\0&1&-1&0&\frac{5}{2}&\frac{5}{2}\\0&0&0&1&-3&-2\\0&0&0&0&0&0\end{array}\right].$$

该矩阵所对应的线性方程组为

$$\begin{cases}x_1\quad+x_3\quad-6x_5=-4,\\ \quad x_2-x_3\quad+\frac{5}{2}x_5=\frac{5}{2},\\ \qquad\qquad x_4-3x_5=-2.\end{cases}$$

可将 x_3,x_5 作为自由未知量,移项得

$$\begin{cases}x_1=-4-x_3+6x_5,\\ x_2=\frac{5}{2}+x_3-\frac{5}{2}x_5,\\ x_4=-2+3x_5.\end{cases}$$

所以通解可表示为

$$\begin{cases}x_1=-4-t_1+6t_2,\\ x_2=\frac{5}{2}+t_1-\frac{5}{2}t_2,\\ x_3=t_1,\\ x_4=-2+3t_2,\\ x_5=t_2,\end{cases}\qquad \text{其中 } t_1,t_2 \text{ 为任意常数.}$$

特别要指出的是若当秩($\bar{\boldsymbol{A}}$)=秩($\boldsymbol{A}$)=$r<n$ 时,$\boldsymbol{A}$ 中不为零的 r 阶子式未必惟一,如例 2.3.4 中由 $\boldsymbol{B}$ 的第 1,第 2,第 3 行;第 1,第 3,第 4 列构成的 3 阶子式也不

为零. 也可以对它再进行化简,同样可得到方程组的通解,此时无非自由未知量是 x_2, x_5 而已. 虽然这两个通解表达形式不一样,但两者所表示的解集合是相同的(解集合是相同的理由将在第 4 章进一步阐明),所以都可作为原线性方程组的通解.

例 2.3.5 解齐次线性方程组

$$\begin{cases} x_1 + x_3 - x_4 - 3x_5 = 0, \\ x_1 + 2x_2 - x_3 - x_5 = 0, \\ 4x_1 + 6x_2 - 2x_3 - 4x_4 + 3x_5 = 0, \\ 2x_1 - 2x_2 + 4x_3 - 7x_4 + 4x_5 = 0. \end{cases}$$

解 此即例 2.3.4 中所有常数项为零的线性方程组,故对其系数矩阵施行初等行变换最后可得

$$\begin{bmatrix} 1 & 0 & 1 & 0 & -6 \\ 0 & 1 & -1 & 0 & \frac{5}{2} \\ 0 & 0 & 0 & 1 & -3 \\ 0 & 0 & 0 & 0 & 0 \end{bmatrix}.$$

所以通解为

$$\begin{cases} x_1 = -t_1 + 6t_2, \\ x_2 = t_1 - \frac{5}{2}t_2, \\ x_3 = t_1, \\ x_4 = 3t_2, \\ x_5 = t_2, \end{cases}$$ 其中 t_1, t_2 为任意常数.

本节所阐明的线性方程组理论可用来解答平面直线间相互位置,空间平面间相互位置关系,有兴趣的读者可参阅文献[3],第 278 页.

习 题 2.3

1. 解下列线性方程组:

(1) $\begin{cases} x_1 - x_2 + x_3 + 2x_4 = 1, \\ -2x_1 + 2x_2 - 3x_3 + 3x_4 = 2, \\ x_1 - x_2 + 2x_3 + 5x_4 = -1, \\ -x_1 + x_2 - 3x_3 + 2x_4 = 4; \end{cases}$

(2) $\begin{cases} x_1 - 2x_2 + 3x_3 - 4x_4 = 4, \\ x_2 - x_3 + x_4 = -3, \\ x_1 + 3x_2 + x_4 = 1, \\ -7x_2 + 3x_3 + x_4 = -3; \end{cases}$

(3) $\begin{cases} x_1 - 2x_2 + x_3 + x_4 = 1, \\ x_1 - 2x_2 + x_3 - x_4 = -1, \\ x_1 - 2x_2 + x_3 + 5x_4 = 5; \end{cases}$

(4) $\begin{cases} x_1 + x_2 - x_3 - x_4 = 1, \\ 2x_1 + x_2 + x_3 + x_4 = 4, \\ 4x_1 + 3x_2 - x_3 - x_4 = 6, \\ x_1 + 2x_2 - 4x_3 - 4x_4 = -1; \end{cases}$

(5) $\begin{cases} x_1-2x_2+3x_3-4x_4=0, \\ x_2-x_3+x_4=0, \\ x_1+3x_2-3x_4=0, \\ x_1-4x_2+3x_3-2x_4=0; \end{cases}$　　(6) $\begin{cases} x_1-x_3+x_5=0, \\ x_2-x_4+x_6=0, \\ x_1-x_2+x_5-x_6=0, \\ x_2-x_3+x_6=0, \\ x_1-x_4+x_5=0. \end{cases}$

2. 方程个数小于未知量个数的齐次线性方程组必有无穷多个解，对不对？为什么？据此判断下列方程组解的情况.

(1) $\begin{cases} 2x_1+3x_2-4x_4=0, \\ x_1+2x_2+3x_3=0, \\ 3x_2-7x_3+8x_4=0; \end{cases}$　　(2) $\begin{cases} 2x_1-2x_2+5x_3=x_1, \\ 2x_1-3x_2+6x_3=x_2, \\ -x_1+2x_2-5x_3=x_4. \end{cases}$

3. λ 为何值时，齐次线性方程组 $\begin{cases} \lambda x_1+x_2+x_3=0, \\ x_1+\lambda x_2-x_3=0, \\ 2x_1-x_2+x_3=0 \end{cases}$ 只有零解.

4. 若齐次线性方程组 $\begin{cases} \lambda x_1 + x_4=0, \\ x_1+2x_2 - x_4=0, \\ (\lambda+2)x_1-x_2+4x_4=0, \\ 2x_1+x_2+3x_3+\lambda x_4=0 \end{cases}$ 有非零解，则 $\lambda=$______.

5. 解习题 2.1 第 2 题所列出的线性方程组.

2.4　概要及小结

概要：解线性方程组的方法(消元法)；线性方程组理论(秩).

2.4.1　方法

解一般线性方程组所用方法就是中学所讲消元法. 其原理是将线性方程组通过消元简化为容易求解的同解方程组，解同解方程组即可确定原方程组是无解还是有解，在有解情况下可求得其全部解. 在线性代数中将上述消元过程转化为矩阵(线性方程组的增广矩阵)的初等行变换. 这不仅使消元过程书写简便明了，更重要的是证明了消元法最后所得的独立方程的个数就是增广矩阵的秩，因而由原方程组惟一确定，不受消元过程的影响. 我们在第 4 章中还将对此内涵作进一步的阐明.

2.4.2　理论

1. 一般线性方程组

$$\begin{cases} a_{11}x_1+a_{12}x_2+\cdots+a_{1n}x_n=b_1, \\ a_{21}x_1+a_{22}x_2+\cdots+a_{2n}x_n=b_2, \\ \cdots\cdots\cdots\cdots \\ a_{m1}x_1+a_{m2}x_2+\cdots+a_{mn}x_n=b_m. \end{cases} \tag{I}$$

解的情况如下：

(Ⅰ) 有解 $\Leftrightarrow$ 秩$(\bar{\boldsymbol{A}})$=秩$(\boldsymbol{A})$，其中

$$\boldsymbol{A}=\begin{bmatrix} a_{11} & a_{12} & \cdots & a_{1n} \\ a_{21} & a_{22} & \cdots & a_{2n} \\ \vdots & \vdots & & \vdots \\ a_{m1} & a_{m2} & \cdots & a_{mn} \end{bmatrix}, \quad \bar{\boldsymbol{A}}=\left[\begin{array}{cccc:c} a_{11} & a_{12} & \cdots & a_{1n} & b_1 \\ a_{21} & a_{22} & \cdots & a_{2n} & b_2 \\ \vdots & \vdots & & \vdots & \vdots \\ a_{m1} & a_{m2} & \cdots & a_{mn} & b_m \end{array}\right].$$

在有解条件下

(Ⅰ) 有惟一解 $\Leftrightarrow$ 秩$(\bar{\boldsymbol{A}})$=秩$(\boldsymbol{A})=r=n$(未知量个数).

(Ⅰ) 有无穷多个解 $\Leftrightarrow$ 秩$(\bar{\boldsymbol{A}})$=秩$(\boldsymbol{A})=r<n$(未知量个数)，此时有 $n-r$ 个自由未知量.

特别地当 $m=n$(即方程个数与未知量个数相等)时有 (Ⅰ) 有惟一解 $\Leftrightarrow$ $|a_{ij}|_n \neq 0$(克拉默法则包含其中).

2. 齐次线性方程组

$$\begin{cases} a_{11}x_1+a_{12}x_2+\cdots+a_{1n}x_n=0, \\ a_{21}x_1+a_{22}x_2+\cdots+a_{2n}x_n=0, \\ \cdots\cdots\cdots\cdots \\ a_{m1}x_1+a_{m2}x_2+\cdots+a_{mn}x_n=0. \end{cases} \qquad (Ⅱ)$$

(Ⅱ)是(Ⅰ)中 $b_1=b_2=\cdots=b_m=0$ 的特例，故可直接利用(Ⅰ)的结论. 注意到(Ⅱ)一定有解，零解就是其中之一，故有

(Ⅱ)只有零解(等价于有惟一解) $\Leftrightarrow$ 秩$(\boldsymbol{A})=r=n$(未知量个数).

(Ⅱ)有非零解(等价于有无穷多解) $\Leftrightarrow$ 秩$(\boldsymbol{A})=r<n$(未知量个数)，此时有$n-r$个自由未知量.

特别地当 $m=n$(即方程个数与未知量个数相等)时有

(Ⅱ) 只有零解 $\Leftrightarrow$ $|a_{ij}|_n \neq 0$. (Ⅱ) 有非零解 $\Leftrightarrow$ $|a_{ij}|_n = 0$.

综合上述我们可将解线性方程组的过程用图 2.4 表示.

作为本章知识的综合运用，我们来解未知量系数或常数项含有参数的线性方程组. 这种方程组不是一个而是一类方程组，所以它的解和参数有关，需要讨论. 然而含有参数的线性方程组无论怎样总归是线性方程组，所以还是用定理 2.3.1 和定理 2.3.2 的方法来解.

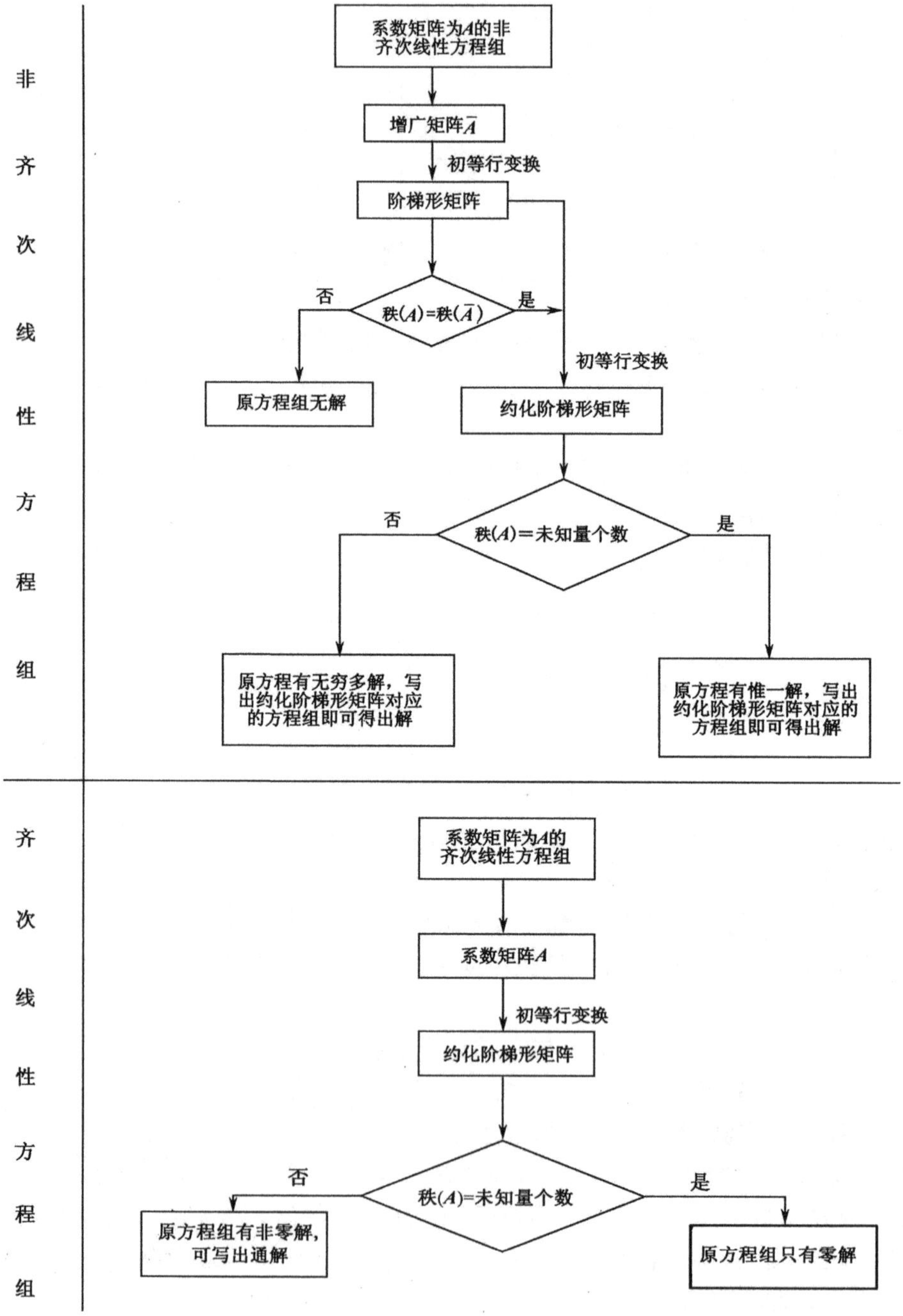
非齐次线性方程组
系数矩阵为A的非齐次线性方程组
增广矩阵$\bar{A}$
初等行变换
阶梯形矩阵
秩(A)=秩($\bar{A}$)
否
是
原方程组无解
初等行变换
约化阶梯形矩阵
秩(A)=未知量个数
否
是
原方程有无穷多解，写出约化阶梯形矩阵对应的方程组即可得出解
原方程有惟一解，写出约化阶梯形矩阵对应的方程组即可得出解
齐次线性方程组
系数矩阵为A的齐次线性方程组
系数矩阵A
初等行变换
约化阶梯形矩阵
秩(A)=未知量个数
否
是
原方程组有非零解，可写出通解
原方程组只有零解

图 2.4

例 2.4.1 λ 取何值时,线性方程组

$$\begin{cases}-x_1+\lambda x_2+2x_3=1,\\ x_1-x_2+\lambda x_3=2,\\ -5x_1+5x_2+4x_3=-1\end{cases}$$

无解,有惟一解,或有无穷多个解?并在有无穷多个解时,写出通解.

解法1 对线性方程组的增广矩阵 $\overline{\boldsymbol{A}}$ 施行初等行变换.

$$\left[\begin{array}{ccc:c}-1&\lambda&2&1\\1&-1&\lambda&2\\-5&5&4&-1\end{array}\right]\xrightarrow[R_3-5R_1]{R_2+R_1}\left[\begin{array}{ccc:c}-1&\lambda&2&1\\0&\lambda-1&\lambda+2&3\\0&-5\lambda+5&-6&-6\end{array}\right]$$

$$\xrightarrow{R_3+5R_2}\left[\begin{array}{ccc:c}-1&\lambda&2&1\\0&\lambda-1&\lambda+2&3\\0&0&5\lambda+4&9\end{array}\right]\xlongequal{\text{记为}}\boldsymbol{B}.$$

(1) 当 $\lambda=-\dfrac{4}{5}$ 时,秩$(\boldsymbol{A})=2$,秩$(\overline{\boldsymbol{A}})=3$. 由秩$(\boldsymbol{A})\neq$秩$(\overline{\boldsymbol{A}})$知,方程组无解.

(2) 当 $\lambda\neq-\dfrac{4}{5}$,且 $\lambda\neq1$ 时,秩$(\boldsymbol{A})=$秩$(\overline{\boldsymbol{A}})=3=$未知量个数,所以此时方程组有惟一解.

(3) 当 $\lambda=1$ 时,秩$(\boldsymbol{A})=$秩$(\overline{\boldsymbol{A}})=2<$未知量个数,所以此时方程组有无穷多个解. 再将 $\boldsymbol{B}$ 化为约化阶梯形,原方程同解于

$$\begin{cases}-x_1+x_2=-1,\\ x_3=1.\end{cases}$$

故方程解为

$$\begin{cases}x_1=1+t,\\ x_2=t,\\ x_3=1,\end{cases}\quad \text{其中 } t \text{ 为任意常数.}$$

解法2 因方程个数与未知量个数相等,故可用克拉默法则. 首先计算系数行列式

$$D=\begin{vmatrix}-1&\lambda&2\\1&-1&\lambda\\-5&5&4\end{vmatrix}=-(\lambda-1)(5\lambda+4).$$

(1) 当 $\lambda\neq1$,且 $\lambda\neq-\dfrac{4}{5}$ 时,$D\neq0$,由克拉默法则知,方程组有惟一解.

(2) 当 $\lambda=1$ 时,原方程组为

$$\begin{cases}-x_1+x_2+2x_3=1,\\ x_1-x_2+x_3=2,\\ -5x_1+5x_2+4x_3=-1.\end{cases}$$

对其增广矩阵 $\overline{\boldsymbol{A}}$ 作初等行变换.

$$\begin{bmatrix}-1 & 1 & 2 & \vdots & 1\\ 1 & -1 & 1 & \vdots & 2\\ -5 & 5 & 4 & \vdots & -1\end{bmatrix}\xrightarrow[R_3-5R_1]{R_2+R_1}\begin{bmatrix}-1 & 1 & 2 & \vdots & 1\\ 0 & 0 & 3 & \vdots & 3\\ 0 & 0 & -6 & \vdots & -6\end{bmatrix}$$

$$\xrightarrow[\frac{1}{3}R_2]{R_3+2R_2}\begin{bmatrix}-1 & 1 & 2 & \vdots & 1\\ 0 & 0 & 1 & \vdots & 1\\ 0 & 0 & 0 & \vdots & 0\end{bmatrix}\xrightarrow{R_1-2R_2}\begin{bmatrix}-1 & 1 & 0 & \vdots & -1\\ 0 & 0 & 1 & \vdots & 1\\ 0 & 0 & 0 & \vdots & 0\end{bmatrix}.$$

由此知,秩($\boldsymbol{A}$)=秩($\overline{\boldsymbol{A}}$)=2<未知量个数,所以此时方程组有无穷多个解.原方程同解于 $\begin{cases}-x_1+x_2=-1,\\ \qquad\quad x_3=1.\end{cases}$ 故方程组解为 $\begin{cases}x_1=1+t,\\ x_2=t,\\ x_3=1,\end{cases}$ 其中 t 为任意常数.

(3) $\lambda=-\dfrac{4}{5}$时,对第 1,第 2 方程分别乘 5 和−5,原方程同解于

$$\begin{cases}-5x_1-4x_2+10x_3=5,\\ -5x_1+5x_2+4x_3=-10,\\ -5x_1+5x_2+4x_3=-1.\end{cases}$$

对其增广矩阵 $\overline{\boldsymbol{A}}$ 施行初等行变换.

$$\begin{bmatrix}5 & -4 & 10 & \vdots & 5\\ -5 & 5 & 4 & \vdots & -10\\ -5 & 5 & 4 & \vdots & -1\end{bmatrix}\xrightarrow[R_2+R_1]{R_3-R_2}\begin{bmatrix}5 & -4 & 10 & \vdots & 5\\ 0 & 1 & 14 & \vdots & -5\\ 0 & 0 & 0 & \vdots & 9\end{bmatrix}.$$

故秩($\boldsymbol{A}$)=2,秩($\overline{\boldsymbol{A}}$)=3.由秩($\boldsymbol{A}$)≠秩($\overline{\boldsymbol{A}}$)知,方程组无解.

此例表明解含参数的线性方程组当增广矩阵能用初等行变换化为阶梯形矩阵时,用解法 1 判断解较为方便.对增广矩阵用初等行变换化阶梯形有困难,若此时方程个数与未知量个数相等,则可考虑用解法 2.因求系数矩阵行列式的方法远比矩阵的初等行变换多,而一旦该行列式求出,就能除个别 λ 的特殊值外,都能判断(有惟一解).而对那几个 λ 的特殊值无非是几个具体数字组成的线性方程组,我们用定理 2.3.1 就能判断.从而可得出问题的完全解答.

为了进一步表明线性方程组有广泛的应用,我们在下面习题 2.4 中收录了一些有实际背景的练习,建议有兴趣的读者动手一做,其中 8,9 题是同一类型的题,任选做一个即可.

习　题　2.4

1. 若一个非齐次线性方程组的增广矩阵经一系列初等行变换化为

$$\begin{bmatrix}1 & -1 & 3 & 7 & 0 & \vdots & 6 \\ 0 & 0 & 2 & 0 & \lambda & \vdots & 2 \\ 0 & 0 & 0 & 3 & 0 & \vdots & \lambda-2 \\ 0 & 0 & 0 & 0 & \lambda-1 & \vdots & \lambda+1\end{bmatrix},$$

则当$\lambda=$____时，方程组无解；当λ为____时，方程组有无穷多个解，且含有____个自由未知量.

2. 讨论下列线性方程组，当λ取何值时方程组无解，有惟一解，有无穷多个解？在有无穷多个解时写出其通解：

(1) $\begin{cases}x_1+x_2+\lambda x_3=2, \\ 3x_1+4x_2+2x_3=\lambda, \\ 2x_1+3x_2-x_3=1;\end{cases}$　　(2) $\begin{cases}(\lambda+3)x_1+x_2+2x_3=\lambda, \\ \lambda x_1+(\lambda-1)x_2+x_3=\lambda, \\ 3(\lambda+1)x_1+\lambda x_2+(\lambda+3)x_3=3;\end{cases}$

(3)* $\begin{cases}\lambda x_1+x_2+x_3=1, \\ x_1+\lambda x_2+x_3=\lambda, \\ x_1+x_2+\lambda x_3=\lambda^2.\end{cases}$

3. 问a,b取何值时线性方程组

$$\begin{cases}x_1+x_2+x_3+x_4+x_5=1, \\ 3x_1+2x_2+x_3+x_4-3x_5=a, \\ x_2+2x_3+2x_4+6x_5=3, \\ 5x_1+4x_2+3x_3+3x_4-x_5=b\end{cases}$$

有解？有解时，写出通解.

4. 判别齐次线性方程组($n>1$)

$$\begin{cases}x_2+x_3+\cdots+x_{n-1}+x_n=0, \\ x_1+x_3+\cdots+x_{n-1}+x_n=0, \\ x_1+x_2+\cdots+x_{n-1}+x_n=0, \\ \cdots\cdots\cdots\cdots \\ x_1+x_2+x_3+\cdots+x_{n-1}=0\end{cases}$$

是否有非零解.

5. 设线性方程组

$$\begin{cases}a_{11}x_1+a_{12}x_2+\cdots+a_{1n}x_n=b_1, \\ a_{21}x_1+a_{22}x_2+\cdots+a_{2n}x_n=b_2, \\ \cdots\cdots\cdots\cdots \\ a_{n1}x_1+a_{n2}x_2+\cdots+a_{nn}x_n=b_n\end{cases} \qquad (\mathrm{I})$$

的系数矩阵$\boldsymbol{A}$的秩等于矩阵$\boldsymbol{B}$的秩，其中

$$\boldsymbol{B}=\begin{bmatrix}a_{11} & a_{12} & \cdots & a_{1n} & b_1 \\ a_{21} & a_{22} & \cdots & a_{2n} & b_2 \\ \vdots & \vdots & & \vdots & \vdots \\ a_{n1} & a_{n2} & \cdots & a_{nn} & b_n \\ b_1 & b_2 & \cdots & b_n & 0\end{bmatrix}.$$

试证：(I)有解.

6. 写出线性方程组

$$\begin{cases} x_1 - x_2 = b_1, \\ x_2 - x_3 = b_2, \\ x_3 - x_4 = b_3, \\ \cdots\cdots\cdots\cdots \\ x_{n-1} - x_n = b_{n-1}, \\ -x_1 + x_n = b_n \end{cases}$$

有解的充要条件. 在有解情况下,写出通解.

7. 已知 n 阶行列式 $D=|a_{ij}|_n \neq 0$,证明:线性方程组

$$\begin{cases} a_{11}x_1 + a_{12}x_2 + \cdots + a_{1,n-1}x_{n-1} = a_{1n}, \\ a_{21}x_1 + a_{22}x_2 + \cdots + a_{2,n-1}x_{n-1} = a_{2n}, \\ \cdots\cdots\cdots\cdots \\ a_{n1}x_1 + a_{n2}x_2 + \cdots + a_{n,n-1}x_{n-1} = a_{nn} \end{cases}$$

无解.

8. 图 2.6 所示是某地区的交通网,车流量及流向已在图上标明.

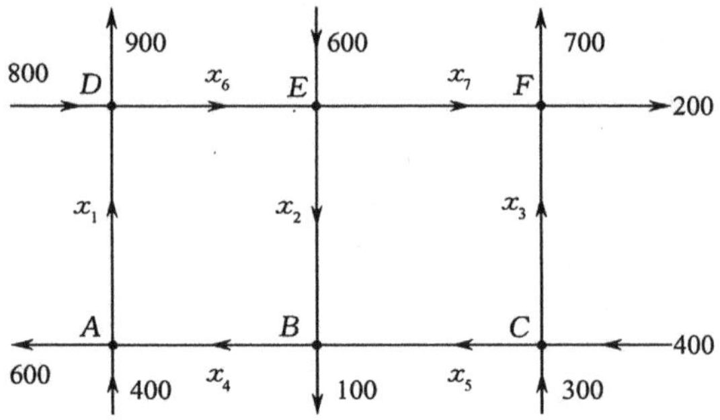

图 2.6

(1) 求出各街道的车流量 $x_1, x_2, \cdots, x_7$. 此时,EF 街道车流量应控制在什么范围内才能使所有街道车流量不超过 500?

(2) 若 DE 街道关闭,求出此时各街道的车流量.

9. 一家服装厂共有 3 个加工车间,第一车间用一匹布能生产衬衣 4 件,长裤 15 条和 3 件外衣;第二车间用一匹布能生产衬衣 4 件,长裤 5 条和 9 件外衣;第三车间用一匹布能生产衬衣 8 件,长裤 10 条和 3 件外衣,现该厂接到一张定单,要求供应 2000 件衬衣,3500 条长裤和 2400 件外衣. 问该厂应如何向 3 个车间安排加工任务,以完成该定单?

(提示:设安排第一车间 x_1 匹布,第二车间 x_2 匹布,第三车间 x_3 匹布.)

10. 某食品厂准备用原料 A_1, A_2, A_3, A_4, A_5 开发一种含脂肪 3%,碳水化合物 12.5%,蛋白质 15%的新产品 2000 公斤,已知原料含脂肪,碳水化合物,蛋白质的百分比如下表:

成份＼原料	A_1	A_2	A_3	A_4	A_5
脂肪(%)	2	2	4	6	8
碳水化合物(%)	10	15	5	25	5
蛋白质(%)	20	10	30	5	15

问开发这种新产品有否可能？如果可以，那么有多少种配方可供选择？并写出这些配方.

第 3 章　矩　　阵

我们在上一章已经看到矩阵在解一般线性方程组时所起的作用. 然而矩阵的应用不仅限于线性方程组而是多方面的，在后几章的讨论中，矩阵更是担任了重要角色. 更进一步说，矩阵的理论和方法在许多科技领域中都有重要应用.

矩阵之所以如此重要是由于我们在矩阵中引入运算，使之反映了某些数学研究对象的客观规律. 矩阵的运算是矩阵理论的基石，我们从矩阵的运算开始研究矩阵理论.

3.1　矩阵的运算

我们将在某个数域上来讨论矩阵. 设 P 为数域，用 P 中数 a_{ij} 构成一个 m 行 n 列的矩形数阵

$$\mathbf{A}=\begin{bmatrix}a_{11} & a_{12} & \cdots & a_{1n}\\ a_{21} & a_{22} & \cdots & a_{2n}\\ \vdots & \vdots & & \vdots\\ a_{m1} & a_{m2} & \cdots & a_{mn}\end{bmatrix},$$

$\mathbf{A}$ 就称为 P 上的一个 $m\times n$ 矩阵. 当 $P=\mathbf{R}$ 时，称其为**实矩阵**；当 $P=\mathbf{C}$ 时，称其为**复矩阵**. 如前所述它可简记为 $\mathbf{A}=[a_{ij}]_{m\times n}$，如仅需表明矩阵的行数和列数，则可简记为 $\mathbf{A}_{m\times n}$. 特别地当 $m=n$ 时，$\mathbf{A}=[a_{ij}]_{n\times n}\xlongequal{\text{记为}}\mathbf{A}_n$ 称为 **n 阶方阵**，或 **n 阶矩阵**. 对 n 阶方阵 $\mathbf{A}$ 而言，可联系一个 n 阶行列式

$$\begin{vmatrix}a_{11} & a_{12} & \cdots & a_{1n}\\ a_{21} & a_{22} & \cdots & a_{2n}\\ \vdots & \vdots & & \vdots\\ a_{n1} & a_{n2} & \cdots & a_{nn}\end{vmatrix},$$

记为 $|\mathbf{A}|$，称为**方阵 $\mathbf{A}$ 的行列式**.

矩阵的元素、行、列、行指标、列指标等概念在定义 2.1.1 处已阐明，不再赘述.

方阵 $\mathbf{A}$ 和它的行列式 $|\mathbf{A}|$ 虽然符号上有些类似，但当 $n>1$ 时两者是截然不同的概念. $|\mathbf{A}|$ 是 P 中的一个数，而 $\mathbf{A}$ 是 n^2 个数按一定顺序构成的数阵，视作为一个整体，当作一个"量"来进行运算. 当然两者有一定的联系，如后面我们将看到 $|\mathbf{A}|$ 是否为零，能反映方阵 $\mathbf{A}$ 的某种特性.

P 上的两个矩阵只有在它们有相同的行数和列数,且对应位置上的元素都相等时,才认为是**相等**的. 即若 $\boldsymbol{A}=[a_{ij}]_{m\times n}$, $\boldsymbol{B}=[b_{ij}]_{s\times t}$, 则 $\boldsymbol{A}=\boldsymbol{B}\Leftrightarrow m=s,n=t$, 且 $a_{ij}=b_{ij}(i=1,2,\cdots,m;j=1,2,\cdots,n)$.

例 3.1.1 设

$$\boldsymbol{A}=\begin{bmatrix}1&a&b\\0&2&c\\0&0&3\end{bmatrix},\quad \boldsymbol{B}=\begin{bmatrix}1&0&0\\x&3&0\\y&z&2\end{bmatrix},\quad \boldsymbol{C}=\begin{bmatrix}6&0&0&0\\0&1&0&0\\0&0&1&0\\0&0&0&1\end{bmatrix}.$$

则 $|\boldsymbol{A}|=6$, $|\boldsymbol{B}|=6$, $|\boldsymbol{C}|=6$. 从而 $|\boldsymbol{A}|=|\boldsymbol{B}|=|\boldsymbol{C}|$. 但显然有

$$\boldsymbol{A}\neq\boldsymbol{B};\quad \boldsymbol{A}\neq\boldsymbol{C};\quad \boldsymbol{B}\neq\boldsymbol{C}.$$

这例也表明矩阵和行列式概念上的差别.

我们将引入矩阵的三种运算:矩阵的加法,数与矩阵的乘法及矩阵的乘法.

定义 3.1.1 设 $\boldsymbol{A}=[a_{ij}]_{m\times n}$, $\boldsymbol{B}=[b_{ij}]_{m\times n}$ 均为数域 P 上 $m\times n$ 矩阵,它们的**和**指的是矩阵 $[a_{ij}+b_{ij}]_{m\times n}$,记为 $\boldsymbol{A}+\boldsymbol{B}=[a_{ij}+b_{ij}]_{m\times n}$. 求两个矩阵和的运算称为矩阵的**加法**.

从定义可以看出:两个矩阵只有在行数与列数分别相同的条件下才能相加.

例 3.1.2

$$\begin{bmatrix}1&5&-2&3\\8&-6&7&2\\4&-3&6&9\end{bmatrix}+\begin{bmatrix}3&-2&6&4\\-3&5&7&-2\\2&3&-6&-1\end{bmatrix}$$

$$=\begin{bmatrix}1+3&5+(-2)&(-2)+6&3+4\\8+(-3)&(-6)+5&7+7&2+(-2)\\4+2&(-3)+3&6+(-6)&9+(-1)\end{bmatrix}=\begin{bmatrix}4&3&4&7\\5&-1&14&0\\6&0&0&8\end{bmatrix}.$$

由于矩阵的加法就是把矩阵对应的数分别相加,而数的加法适合交换律和结合律,因此矩阵加法满足

$$\begin{aligned}&\text{交换律}\quad \boldsymbol{A}+\boldsymbol{B}=\boldsymbol{B}+\boldsymbol{A}.\\&\text{结合律}\quad (\boldsymbol{A}+\boldsymbol{B})+\boldsymbol{C}=\boldsymbol{A}+(\boldsymbol{B}+\boldsymbol{C}).\end{aligned}\tag{3.1.1}$$

我们将元素全为零的矩阵称为**零矩阵**,记为 $\boldsymbol{O}$(有时为标明行数与列数记为 $\boldsymbol{O}_{m\times n}$). 若矩阵 $\boldsymbol{A}=[a_{ij}]_{m\times n}$,则称 $[-a_{ij}]_{m\times n}$ 为 $\boldsymbol{A}$ 的**负矩阵**,记为 $-\boldsymbol{A}$. 容易得出对任意 $m\times n$ 矩阵 $\boldsymbol{A}$ 有

$$\boldsymbol{A}+\boldsymbol{O}_{m\times n}=\boldsymbol{A},\quad \boldsymbol{A}+(-\boldsymbol{A})=\boldsymbol{O}_{m\times n}.\tag{3.1.2}$$

利用负矩阵我们可以借助加法派生出减法,即规定 $\boldsymbol{A}-\boldsymbol{B}=\boldsymbol{A}+(-\boldsymbol{B})$, 并称 $\boldsymbol{A}-\boldsymbol{B}$ 为 $\boldsymbol{A}$ 与 $\boldsymbol{B}$ 的**差**. 据此若有 $\boldsymbol{A}+\boldsymbol{B}=\boldsymbol{C}$,等式两边同时加 $-\boldsymbol{B}$ 就有

$$\boldsymbol{A}+\boldsymbol{B}=\boldsymbol{C}\ \Rightarrow\ \boldsymbol{A}=\boldsymbol{C}-\boldsymbol{B}.$$

这就是我们熟悉的移项规则.

定义 3.1.2　k 是数域 P 上的数，$\boldsymbol{A}=[a_{ij}]_{m\times n}$ 是 P 上的 $m\times n$ 矩阵，k 与 $\boldsymbol{A}$ 的乘积指的是矩阵 $[ka_{ij}]_{m\times n}$，记为 $k\boldsymbol{A}=[ka_{ij}]_{m\times n}$，称为矩阵的**数量乘积**，简称为**数乘**.

这表明用数 k 乘矩阵 $\boldsymbol{A}$，就是把 $\boldsymbol{A}$ 的每个元素都乘上 k，据此可以直接验证数量乘积满足下列规律

$$\begin{array}{ll}(k+t)\boldsymbol{A}=k\boldsymbol{A}+t\boldsymbol{A}; & k(\boldsymbol{A}+\boldsymbol{B})=k\boldsymbol{A}+k\boldsymbol{B};\\ k(t\boldsymbol{A})=(kt)\boldsymbol{A}; & 1\boldsymbol{A}=\boldsymbol{A}.\end{array}\qquad(3.1.3)$$

将上述矩阵加法和数乘的一些性质(3.1.1)，(3.1.2)和(3.1.3)归并起来有下列定理.

定理 3.1.1　设 $k,t\in P$，$\boldsymbol{A},\boldsymbol{B},\boldsymbol{C}$ 均为 $m\times n$ 矩阵，则有

(1) 加法交换律　$\boldsymbol{A}+\boldsymbol{B}=\boldsymbol{B}+\boldsymbol{A}$；

(2) 加法结合律　$(\boldsymbol{A}+\boldsymbol{B})+\boldsymbol{C}=\boldsymbol{A}+(\boldsymbol{B}+\boldsymbol{C})$；

(3) $\boldsymbol{O}+\boldsymbol{A}=\boldsymbol{A}+\boldsymbol{O}=\boldsymbol{A}$；

(4) $\boldsymbol{A}+(-\boldsymbol{A})=(-\boldsymbol{A})+\boldsymbol{A}=\boldsymbol{O}$；

(5) $k(\boldsymbol{A}+\boldsymbol{B})=k\boldsymbol{A}+k\boldsymbol{B}$；

(6) $(k+t)\boldsymbol{A}=k\boldsymbol{A}+t\boldsymbol{A}$；

(7) $(kt)\boldsymbol{A}=k(t\boldsymbol{A})$；

(8) $1\boldsymbol{A}=\boldsymbol{A}$.

特别地，这 8 条运算性质对 $n\times 1$ 矩阵均成立. 这一点在第 5 章向量空间中将要用到.

例 3.1.3　求矩阵 $\boldsymbol{X}$，使

$$\begin{bmatrix}1&-1&0&3\\2&1&-1&0\\3&2&1&1\end{bmatrix}+2\boldsymbol{X}=3\begin{bmatrix}5&3&2&-1\\4&1&-1&2\\1&2&1&-1\end{bmatrix}.$$

解

$$\begin{aligned}2\boldsymbol{X}&=3\begin{bmatrix}5&3&2&-1\\4&1&-1&2\\1&2&1&-1\end{bmatrix}-\begin{bmatrix}1&-1&0&3\\2&1&-1&0\\3&2&1&1\end{bmatrix}\\&=\begin{bmatrix}15&9&6&-3\\12&3&-3&6\\3&6&3&-3\end{bmatrix}-\begin{bmatrix}1&-1&0&3\\2&1&-1&0\\3&2&1&1\end{bmatrix}\\&=\begin{bmatrix}14&10&6&-6\\10&2&-2&6\\0&4&2&-4\end{bmatrix},\end{aligned}$$

所以

$$X=\begin{bmatrix}7&5&3&-3\\5&1&-1&3\\0&2&1&-2\end{bmatrix}.$$

矩阵的数乘和加法的定义比较自然，它们的运算规律和数的运算规律也较类似，因而容易接受. 下面将引入矩阵的乘法，这种乘法初一看会显得有些不自然，不易接受. 但细加体会不难看出这种定义的由来(背景)，它正是某些数学研究对象规律的反映.

例 3.1.4 某家电公司两个分厂 2000 年第一季度空调，电视机，冰箱的产量为

	空调	电视机	冰箱
一厂	a_{11}	a_{12}	a_{13}
二厂	a_{21}	a_{22}	a_{23}

可表示为矩阵 $\boldsymbol{A}=\begin{bmatrix}a_{11}&a_{12}&a_{13}\\a_{21}&a_{22}&a_{23}\end{bmatrix}$.

现设空调，电视机，冰箱每台的销售价分别为 d_{11},d_{21},d_{31}；每台的利润分别为 d_{12},d_{22},d_{32}. 若记单价和单位利润的矩阵为 $\boldsymbol{B}$，则 $\boldsymbol{B}=\begin{bmatrix}d_{11}&d_{12}\\d_{21}&d_{22}\\d_{31}&d_{32}\end{bmatrix}$.

如设两厂的该季度的总销售价分别为 m_{11},m_{21}；总利润分别为 m_{12},m_{22}. 若记总销售价和总利润的矩阵为 $\boldsymbol{M}$，则 $\boldsymbol{M}=\begin{bmatrix}m_{11}&m_{12}\\m_{21}&m_{22}\end{bmatrix}$，其中

$$m_{11}=a_{11}d_{11}+a_{12}d_{21}+a_{13}d_{31};\qquad m_{21}=a_{21}d_{11}+a_{22}d_{21}+a_{23}d_{31};$$
$$m_{12}=a_{11}d_{12}+a_{12}d_{22}+a_{13}d_{32};\qquad m_{22}=a_{21}d_{12}+a_{22}d_{22}+a_{23}d_{32}.$$

按产量，单价，总价间的关系. 称 $\boldsymbol{M}$ 为 $\boldsymbol{A},\boldsymbol{B}$ 的乘积也是自然的.

定义 3.1.3 数域 P 上 $m\times n$ 矩阵 $\boldsymbol{A}=[a_{ij}]_{m\times n}$ 与 $n\times t$ 矩阵 $\boldsymbol{B}=[b_{ij}]_{n\times t}$ 的**乘积** $\boldsymbol{AB}$，是指这样一个 $m\times t$ 矩阵 $\boldsymbol{C}=[c_{ij}]_{m\times t}$，它的第 i 行第 j 列的元素 c_{ij} 等于 $\boldsymbol{A}$ 的第 i 行元素与 $\boldsymbol{B}$ 的第 j 列对应元素乘积之和，即 $c_{ij}=a_{i1}b_{1j}+a_{i2}b_{2j}+\cdots+a_{in}b_{nj}$，其中 $i=1,2,\cdots,m;j=1,2,\cdots,t$. 记为 $\boldsymbol{AB}=\boldsymbol{C}$，求两个矩阵乘积的运算称为矩阵的**乘法**.

矩阵的乘法规则可表示如下：

$$\begin{bmatrix}a_{11}&a_{12}&\cdots&a_{1n}\\\vdots&\vdots&&\vdots\\\boxed{a_{i1}\quad a_{i2}\quad\cdots\quad a_{in}}\\\vdots&\vdots&&\vdots\\a_{m1}&a_{m2}&\cdots&a_{mn}\end{bmatrix}\begin{bmatrix}b_{11}&\cdots&\boxed{b_{1j}}&\cdots&b_{1t}\\b_{21}&\cdots&b_{2j}&\cdots&b_{2t}\\\vdots&&\vdots&&\vdots\\b_{n1}&\cdots&b_{nj}&\cdots&b_{nt}\end{bmatrix}=\begin{bmatrix}c_{11}&\cdots&c_{1j}&\cdots&c_{1t}\\\vdots&&\vdots&&\vdots\\c_{i1}&\cdots&\boxed{c_{ij}}&\cdots&c_{it}\\\vdots&&\vdots&&\vdots\\c_{m1}&\cdots&c_{mj}&\cdots&c_{mt}\end{bmatrix}.$$

注记 只有当第一个矩阵 $\boldsymbol{A}$ 的列数等于第二个矩阵 $\boldsymbol{B}$ 的行数时，$\boldsymbol{A}$ 与 $\boldsymbol{B}$ 才能

相乘,乘积 $\boldsymbol{AB}$ 的行数为 $\boldsymbol{A}$ 的行数,$\boldsymbol{AB}$ 的列数为 $\boldsymbol{B}$ 的列数.

例 3.1.5　设 $\boldsymbol{A}=\begin{bmatrix}a_1\\a_2\\\vdots\\a_n\end{bmatrix}_{n\times1}$, $\boldsymbol{B}=[b_1\quad b_2\quad\cdots\quad b_n]_{1\times n}$, 求 $\boldsymbol{AB}$, $\boldsymbol{BA}$.

解

$$\boldsymbol{AB}=\begin{bmatrix}a_1b_1 & a_1b_2 & \cdots & a_1b_n\\a_2b_1 & a_2b_2 & \cdots & a_2b_n\\\vdots & \vdots & & \vdots\\a_nb_1 & a_nb_2 & \cdots & a_nb_n\end{bmatrix}_{n\times n};\quad \boldsymbol{BA}=[b_1a_1+b_2a_2+\cdots+b_na_n]_{1\times1}.$$

例 3.1.6　设 $\boldsymbol{A}=\begin{bmatrix}1&-1&0\\2&1&-1\\-1&0&1\end{bmatrix}$, $\boldsymbol{B}=\begin{bmatrix}0&1\\-1&2\\1&0\end{bmatrix}$. 求 $\boldsymbol{AB}$.

解

$$\boldsymbol{AB}=\begin{bmatrix}1\times0+(-1)\times(-1)+0\times1 & 1\times1+(-1)\times2+0\times0\\2\times0+1\times(-1)+(-1)\times1 & 2\times1+1\times2+(-1)\times0\\(-1)\times0+0\times(-1)+1\times1 & (-1)\times1+0\times2+1\times0\end{bmatrix}$$

$$=\begin{bmatrix}1&-1\\-2&4\\1&-1\end{bmatrix}.$$

注记　$\boldsymbol{B}$ 为 3×2 矩阵,$\boldsymbol{A}$ 为 3×3 矩阵. $\boldsymbol{B}$ 的列数不等于 $\boldsymbol{A}$ 的行数,所以 $\boldsymbol{B}$ 与 $\boldsymbol{A}$ 不能相乘,即 $\boldsymbol{BA}$ 无意义.

例 3.1.7　设

$$\boldsymbol{A}=\begin{bmatrix}1&-1\\-1&1\end{bmatrix},\quad \boldsymbol{B}=\begin{bmatrix}1&1\\-1&-1\end{bmatrix},\quad \boldsymbol{C}=\begin{bmatrix}2&0\\0&-2\end{bmatrix},$$

求 $\boldsymbol{AB}$, $\boldsymbol{AC}$ 及 $\boldsymbol{BA}$.

解

$$\boldsymbol{AB}=\begin{bmatrix}1&-1\\-1&1\end{bmatrix}\begin{bmatrix}1&1\\-1&-1\end{bmatrix}=\begin{bmatrix}2&2\\-2&-2\end{bmatrix};$$

$$\boldsymbol{AC}=\begin{bmatrix}1&-1\\-1&1\end{bmatrix}\begin{bmatrix}2&0\\0&-2\end{bmatrix}=\begin{bmatrix}2&2\\-2&-2\end{bmatrix};$$

$$\boldsymbol{BA}=\begin{bmatrix}1&1\\-1&-1\end{bmatrix}\begin{bmatrix}1&-1\\-1&1\end{bmatrix}=\begin{bmatrix}0&0\\0&0\end{bmatrix}.$$

从上面的例题中可以看出矩阵乘法和我们熟悉的数的乘法运算规律有许多不同之处:

1. 矩阵乘法交换律不成立. 即不是对所有的矩阵 $\boldsymbol{A}$, $\boldsymbol{B}$ 都有 $\boldsymbol{AB}=\boldsymbol{BA}$. 首先当 $t\neq m$ 时, $\boldsymbol{A}_{m\times n}\boldsymbol{B}_{n\times t}$ 有意义,而 $\boldsymbol{B}_{n\times t}\boldsymbol{A}_{m\times n}$ 无意义(如例 3.1.6),无法讨论是否相等. 其

次虽然 $\boldsymbol{A}_{m\times n}\boldsymbol{B}_{n\times m}$ 和 $\boldsymbol{B}_{n\times m}\boldsymbol{A}_{m\times n}$ 都有意义，但当 $m\neq n$ 时，第一个乘积为 $m\times m$ 矩阵，而第二个乘积为 $n\times n$ 矩阵（如例 3.1.5），它们不能相等. 最后即使 $\boldsymbol{A}_{n\times n}\boldsymbol{B}_{n\times n}$ 和 $\boldsymbol{B}_{n\times n}\boldsymbol{A}_{n\times n}$ 都有意义，且都是 $n\times n$ 矩阵，但两者亦未必相等（如例 3.1.7）.

2. 矩阵中存在 $\boldsymbol{A}\neq\boldsymbol{O},\boldsymbol{B}\neq\boldsymbol{O}$ 有 $\boldsymbol{BA}=\boldsymbol{O}$（如例 3.1.7）. 这表明在矩阵论中不能说：若 $\boldsymbol{BA}=\boldsymbol{O}$，必有 $\boldsymbol{A}=\boldsymbol{O}$ 或 $\boldsymbol{B}=\boldsymbol{O}$.

3. 矩阵乘法消去律不成立，即若 $\boldsymbol{AB}=\boldsymbol{AC}$，且 $\boldsymbol{A}\neq\boldsymbol{O}$，不能导出必有 $\boldsymbol{B}=\boldsymbol{C}$（如例 3.1.7）.

例 3.1.8 设 $\boldsymbol{A}=\begin{bmatrix}1 & 0\\ -1 & 0\end{bmatrix}$，试确定所有与 $\boldsymbol{A}$ 乘法可换的矩阵. 即求满足条件 $\boldsymbol{AX}=\boldsymbol{XA}$ 的矩阵 $\boldsymbol{X}$.

解 由题设 $\boldsymbol{AX},\boldsymbol{XA}$ 均有意义，故 $\boldsymbol{X}$ 应是 2×2 矩阵. 设

$$\boldsymbol{X}=\begin{bmatrix}x_{11} & x_{12}\\ x_{21} & x_{22}\end{bmatrix},$$

则由 $\boldsymbol{AX}=\boldsymbol{XA}$ 得

$$\begin{bmatrix}1 & 0\\ -1 & 0\end{bmatrix}\begin{bmatrix}x_{11} & x_{12}\\ x_{21} & x_{22}\end{bmatrix}=\begin{bmatrix}x_{11} & x_{12}\\ x_{21} & x_{22}\end{bmatrix}\begin{bmatrix}1 & 0\\ -1 & 0\end{bmatrix}$$

$$\begin{bmatrix}x_{11} & x_{12}\\ -x_{11} & -x_{12}\end{bmatrix}=\begin{bmatrix}x_{11}-x_{12} & 0\\ x_{21}-x_{22} & 0\end{bmatrix}.$$

由矩阵相等定义知

$$\begin{cases}x_{11}=x_{11}-x_{12},\\ x_{12}=0,\\ -x_{11}=x_{21}-x_{22}.\end{cases}\qquad \text{解得}\qquad \begin{cases}x_{12}=0,\\ x_{11}=x_{22}-x_{21}.\end{cases}$$

令 $x_{21}=t_1,x_{22}=t_2$，于是所有与 $\boldsymbol{A}$ 乘法可换的矩阵为

$$\begin{bmatrix}t_2-t_1 & 0\\ t_1 & t_2\end{bmatrix},\quad \text{其中 } t_1,t_2 \text{ 为任意常数.}$$

矩阵乘法也有和数相似的运算规律.

定理 3.1.2 设 $k\in P$，$\boldsymbol{A},\boldsymbol{B},\boldsymbol{C}$ 是矩阵，它们的行数和列数使下列各式有意义，则成立

（1）乘法结合律 $(\boldsymbol{AB})\boldsymbol{C}=\boldsymbol{A}(\boldsymbol{BC})$；

（2）乘法对加法分配律 $\boldsymbol{A}(\boldsymbol{B}+\boldsymbol{C})=\boldsymbol{AB}+\boldsymbol{AC}$，$(\boldsymbol{B}+\boldsymbol{C})\boldsymbol{A}=\boldsymbol{BA}+\boldsymbol{CA}$；

（3）$k(\boldsymbol{AB})=(k\boldsymbol{A})\boldsymbol{B}=\boldsymbol{A}(k\boldsymbol{B})$.

这些性质的证明繁而不难，故不列出，有兴趣的读者请参见文献[3]，第 92 页.

在数的运算中，数 1 乘任何数 a 仍为 a，在矩阵乘法中存在着类似数 1 性质的矩阵，它就是主对角线上元素都是 1，其余位置元素均为零的 n 阶方阵

$$\begin{bmatrix} 1 & 0 & \cdots & 0 \\ 0 & 1 & \cdots & 0 \\ \vdots & \vdots & & \vdots \\ 0 & 0 & \cdots & 1 \end{bmatrix},$$

称为 n 阶**单位矩阵**，记为 $\boldsymbol{E}_n$（简记为 $\boldsymbol{E}$）.

可直接计算知 $\boldsymbol{E}_n$ 有如下性质：

$$\boldsymbol{A}_{m\times n}\boldsymbol{E}_n = \boldsymbol{A}_{m\times n}, \quad \boldsymbol{E}_m\boldsymbol{A}_{m\times n} = \boldsymbol{A}_{m\times n}.$$

特别当 $m=n$ 时有 $\boldsymbol{E}_n\boldsymbol{A}_{n\times n} = \boldsymbol{A}_{n\times n} = \boldsymbol{A}_{n\times n}\boldsymbol{E}_n$.

称矩阵 $\lambda\boldsymbol{E}_n = \begin{bmatrix} \lambda & 0 & \cdots & 0 \\ 0 & \lambda & \cdots & 0 \\ \vdots & \vdots & & \vdots \\ 0 & 0 & \cdots & \lambda \end{bmatrix}_{n\times n}$ 为**数量矩阵**. 易知

$$(\lambda\boldsymbol{E}_n)\boldsymbol{A}_{n\times n} = \lambda(\boldsymbol{E}_n\boldsymbol{A}_{n\times n}) = \lambda\boldsymbol{A}_{n\times n}.$$

$$\boldsymbol{A}_{n\times n}(\lambda\boldsymbol{E}_n) = \lambda(\boldsymbol{A}_{n\times n}\boldsymbol{E}_n) = \lambda\boldsymbol{A}_{n\times n}.$$

从上两式得到：数量矩阵 $\lambda\boldsymbol{E}_n$ 左乘或右乘矩阵 $\boldsymbol{A}_{n\times n}$ 均为 $\lambda\boldsymbol{A}_{n\times n}$. 这首先表明数量矩阵 $\lambda\boldsymbol{E}$ 乘矩阵 $\boldsymbol{A}$ 相当于数 λ 和矩阵 $\boldsymbol{A}$ 作数量乘积，这也是 $\lambda\boldsymbol{E}$ 之所以称为数量矩阵的由来. 其次表明数量矩阵和同阶方阵乘法可换. 即 $(\lambda\boldsymbol{E}_n)\boldsymbol{A}_{n\times n} = \boldsymbol{A}_{n\times n}(\lambda\boldsymbol{E}_n)$. 特别地 $n\times 1$ 矩阵 $\boldsymbol{A}$ 与一阶数量矩阵 $[\lambda]$ 相乘有 $\boldsymbol{A}_{n\times 1}[\lambda] = \lambda\boldsymbol{A}_{n\times 1}$. 这一结论我们在后面经常用到.

称矩阵 $\begin{bmatrix} \lambda_1 & 0 & \cdots & 0 \\ 0 & \lambda_2 & \cdots & 0 \\ \vdots & \vdots & & \vdots \\ 0 & 0 & \cdots & \lambda_n \end{bmatrix}_{n\times n}$ 为 n 阶**对角矩阵**，简记为 $\mathrm{diag}[\lambda_1, \lambda_2, \cdots, \lambda_n]$.

注记　注意上述几类特殊矩阵的内涵：单位矩阵 $\boldsymbol{E}$ 是数量矩阵 $\lambda\boldsymbol{E}(\lambda=1)$，数量矩阵是对角矩阵，而反之则未必然. 当然零矩阵 $\boldsymbol{O}_{n\times n}$ 也是数量矩阵 $\lambda\boldsymbol{E}(\lambda=0)$.

对角矩阵之间的运算特别简单，从运算的定义容易推得

$$\mathrm{diag}[a_1, a_2, \cdots, a_n] + \mathrm{diag}[b_1, b_2, \cdots, b_n] = \mathrm{diag}[a_1+b_1, a_2+b_2, \cdots, a_n+b_n].$$

$$\lambda\mathrm{diag}[a_1, a_2, \cdots, a_n] = \mathrm{diag}[\lambda a_1, \lambda a_2, \cdots, \lambda a_n].$$

$$\mathrm{diag}[a_1, a_2, \cdots, a_n]\mathrm{diag}[b_1, b_2, \cdots, b_n] = \mathrm{diag}[a_1b_1, a_2b_2, \cdots, a_nb_n].$$

对于 n 阶方阵 $\boldsymbol{A}$ 而言，自乘 $\boldsymbol{AA}$ 有意义，故可导入方阵 $\boldsymbol{A}$ 的 $\boldsymbol{k}$（k 为正整数）**次幂**的概念. 规定 $\boldsymbol{A}^k = \overbrace{\boldsymbol{AA}\cdots\boldsymbol{A}}^{k}$. 约定 $\boldsymbol{A}^0 = \boldsymbol{E}$.

设 $f(x) = a_mx^m + a_{m-1}x^{m-1} + \cdots + a_1x + a_0$，系数 $a_0, a_1, \cdots, a_m$ 均为数域 P 中的数，$\boldsymbol{A}$ 为 P 上一个 n 阶方阵，那么 $a_m\boldsymbol{A}^m + a_{m-1}\boldsymbol{A}^{m-1} + \cdots + a_1\boldsymbol{A} + a_0\boldsymbol{E}$ 有意义，它

仍为 P 上一个 n 阶方阵，记为 $f(\boldsymbol{A})$. 即

$$f(\boldsymbol{A}) = a_m\boldsymbol{A}^m + a_{m-1}\boldsymbol{A}^{m-1} + \cdots + a_1\boldsymbol{A} + a_0\boldsymbol{E},$$

称为 $\boldsymbol{A}$ 的**矩阵多项式**.

例 3.1.9 设 $f(x)=x^2-2x-3$，$\boldsymbol{A}=\begin{bmatrix}-1 & 0\\ 4 & 3\end{bmatrix}$，求 $f(\boldsymbol{A})$.

解

$$\boldsymbol{A}^2=\begin{bmatrix}-1 & 0\\ 4 & 3\end{bmatrix}\begin{bmatrix}-1 & 0\\ 4 & 3\end{bmatrix}=\begin{bmatrix}1 & 0\\ 8 & 9\end{bmatrix}.$$

$$\begin{aligned} f(\boldsymbol{A}) &= \boldsymbol{A}^2-2\boldsymbol{A}-3\boldsymbol{E}\\ &=\begin{bmatrix}1 & 0\\ 8 & 9\end{bmatrix}-2\begin{bmatrix}-1 & 0\\ 4 & 3\end{bmatrix}-3\begin{bmatrix}1 & 0\\ 0 & 1\end{bmatrix}=\begin{bmatrix}0 & 0\\ 0 & 0\end{bmatrix}.\end{aligned}$$

由于矩阵乘法的运算规律和数的运算规律不完全相同，故由数的运算规律导出的一些公式未必完全适合矩阵. 例如在数中有

$$(a+b)(a-b)=a^2-b^2;\qquad (a+b)^2=a^2+2ab+b^2.$$

但类似公式

$$(\boldsymbol{A}+\boldsymbol{B})(\boldsymbol{A}-\boldsymbol{B})=\boldsymbol{A}^2-\boldsymbol{B}^2;\qquad (\boldsymbol{A}+\boldsymbol{B})^2=\boldsymbol{A}^2+2\boldsymbol{AB}+\boldsymbol{B}^2$$

在矩阵中未必成立(为什么？见习题 3.1 第 10 题). 这是在矩阵运算中需要特别注意的.

前面已引入了 n 阶方阵 $\boldsymbol{A}$ 联系着一个 n 阶行列式 $|\boldsymbol{A}|$，在矩阵运算中这种联系是否保持?

定理 3.1.3 两个 n 阶方阵乘积的行列式等于行列式的乘积. 即若 $\boldsymbol{A},\boldsymbol{B}$ 为 n 阶方阵，则 $|\boldsymbol{AB}|=|\boldsymbol{A}||\boldsymbol{B}|$.

证 设 $\boldsymbol{A}=[a_{ij}]_{n\times n}$，$\boldsymbol{B}=[b_{ij}]_{n\times n}$，$\boldsymbol{AB}=\boldsymbol{C}=[c_{ij}]_{n\times n}$，其中

$$c_{ij}=\sum_{k=1}^{n}a_{ik}b_{kj}\quad (i,j=1,2,\cdots,n).$$

考虑 $2n$ 阶行列式

$$D=\begin{vmatrix} a_{11} & a_{12} & \cdots & a_{1n} & 0 & 0 & \cdots & 0\\ a_{21} & a_{22} & \cdots & a_{2n} & 0 & 0 & \cdots & 0\\ \vdots & \vdots & & \vdots & \vdots & \vdots & & \vdots\\ a_{n1} & a_{n2} & \cdots & a_{nn} & 0 & 0 & \cdots & 0\\ -1 & 0 & \cdots & 0 & b_{11} & b_{12} & \cdots & b_{1n}\\ 0 & -1 & \cdots & 0 & b_{21} & b_{22} & \cdots & b_{2n}\\ \vdots & \vdots & & \vdots & \vdots & \vdots & & \vdots\\ 0 & 0 & \cdots & -1 & b_{n1} & b_{n2} & \cdots & b_{nn} \end{vmatrix}.$$

据 1.6 节行列式的基本形知，$D=|\boldsymbol{A}||\boldsymbol{B}|$. 另一方面

$$D\xlongequal[j=1,2,\cdots,n]{C_{n+j}+\sum_{i=1}^{n}b_{ij}C_i}\begin{vmatrix} a_{11} & a_{12} & \cdots & a_{1n} & c_{11} & c_{12} & \cdots & c_{1n} \\ a_{21} & a_{22} & \cdots & a_{2n} & c_{21} & c_{22} & \cdots & c_{2n} \\ \vdots & \vdots & & \vdots & \vdots & \vdots & & \vdots \\ a_{n1} & a_{n2} & \cdots & a_{nn} & c_{n1} & c_{n2} & \cdots & c_{nn} \\ -1 & 0 & \cdots & 0 & 0 & 0 & \cdots & 0 \\ 0 & -1 & \cdots & 0 & 0 & 0 & \cdots & 0 \\ \vdots & \vdots & & \vdots & \vdots & \vdots & & \vdots \\ 0 & 0 & \cdots & -1 & 0 & 0 & \cdots & 0 \end{vmatrix}$$

$$=(-1)^{n^2}\begin{vmatrix} c_{11} & c_{12} & \cdots & c_{1n} \\ c_{21} & c_{22} & \cdots & c_{2n} \\ \vdots & \vdots & & \vdots \\ c_{n1} & c_{n2} & \cdots & c_{nn} \end{vmatrix}\begin{vmatrix} -1 & 0 & \cdots & 0 \\ 0 & -1 & \cdots & 0 \\ \vdots & \vdots & & \vdots \\ 0 & 0 & \cdots & -1 \end{vmatrix}$$

$$=(-1)^{n^2+n}|\boldsymbol{AB}|=|\boldsymbol{AB}|.$$

综上即得$|\boldsymbol{AB}|=|\boldsymbol{A}||\boldsymbol{B}|$.

利用数学归纳法可得下述推论.

推论 设$\boldsymbol{A}_1,\boldsymbol{A}_2,\cdots,\boldsymbol{A}_m$都是$n$阶方阵,则

$$|\boldsymbol{A}_1\boldsymbol{A}_2\cdots\boldsymbol{A}_m|=|\boldsymbol{A}_1||\boldsymbol{A}_2|\cdots|\boldsymbol{A}_m|.$$

定理 3.1.4 设$\boldsymbol{A}$为n阶方阵,则$|k\boldsymbol{A}|=k^n|\boldsymbol{A}|$.

证 设$\boldsymbol{A}=[a_{ij}]_{n\times n}$,则

$$|k\boldsymbol{A}|=\begin{vmatrix} ka_{11} & ka_{12} & \cdots & ka_{1n} \\ ka_{21} & ka_{22} & \cdots & ka_{2n} \\ \vdots & \vdots & & \vdots \\ ka_{n1} & ka_{n2} & \cdots & ka_{nn} \end{vmatrix}=k^n\begin{vmatrix} a_{11} & a_{12} & \cdots & a_{1n} \\ a_{21} & a_{22} & \cdots & a_{2n} \\ \vdots & \vdots & & \vdots \\ a_{n1} & a_{n2} & \cdots & a_{nn} \end{vmatrix}=k^n|\boldsymbol{A}|.$$

据此定理知:$|k\boldsymbol{E}_n|=k^n$, $|-\boldsymbol{E}_n|=(-1)^n$.

一般说来$|\boldsymbol{A}+\boldsymbol{B}|\neq|\boldsymbol{A}|+|\boldsymbol{B}|$,如$\boldsymbol{A}=\boldsymbol{E}_2,\boldsymbol{B}=-\boldsymbol{E}_2$,则$|\boldsymbol{A}+\boldsymbol{B}|=|\boldsymbol{O}|=0$, $|\boldsymbol{A}|+|\boldsymbol{B}|=2$.

例 3.1.10 设$\boldsymbol{A},\boldsymbol{B}$均为$n(n>1)$阶方阵,且$|\boldsymbol{A}|=a\neq 0$.若$\boldsymbol{AB}+2\boldsymbol{E}=\boldsymbol{O}$,求$|\boldsymbol{B}|$.

解 将题设条件$\boldsymbol{AB}+2\boldsymbol{E}=\boldsymbol{O}$移项得$\boldsymbol{AB}=-2\boldsymbol{E}$,上式两边取行列式得

$$|\boldsymbol{AB}|=|-2\boldsymbol{E}|=(-2)^n.$$

因$|\boldsymbol{AB}|=|\boldsymbol{A}||\boldsymbol{B}|=a|\boldsymbol{B}|$,所以$a|\boldsymbol{B}|=(-2)^n$.故所求$|\boldsymbol{B}|=(-2)^n a^{-1}$.

定义3.1.4 设$m\times n$矩阵

$$\boldsymbol{A}=\begin{bmatrix} a_{11} & a_{12} & \cdots & a_{1n} \\ a_{21} & a_{22} & \cdots & a_{2n} \\ \vdots & \vdots & & \vdots \\ a_{m1} & a_{m2} & \cdots & a_{mn} \end{bmatrix},$$

将$\boldsymbol{A}$的行与列依次互换位置,得到$n\times m$矩阵

$$\begin{bmatrix} a_{11} & a_{21} & \cdots & a_{m1} \\ a_{12} & a_{22} & \cdots & a_{m2} \\ \vdots & \vdots & & \vdots \\ a_{1n} & a_{2n} & \cdots & a_{mn} \end{bmatrix},$$

这个矩阵称为 $\boldsymbol{A}$ 的**转置矩阵**，记为 $\boldsymbol{A}^{\mathrm{T}}$（或 $\boldsymbol{A}'$）.

例如，矩阵 $\boldsymbol{A}=\begin{bmatrix} 1 & -1 & 5 \\ 6 & 7 & 8 \end{bmatrix}$ 的转置矩阵 $\boldsymbol{A}^{\mathrm{T}}=\begin{bmatrix} 1 & 6 \\ -1 & 7 \\ 5 & 8 \end{bmatrix}$.

$1\times n$ 矩阵（行向量）$\boldsymbol{A}=[a_1 \quad \cdots \quad a_j \quad \cdots \quad a_n]$ 的转置矩阵为 $n\times 1$ 矩阵（列向量）

$$\boldsymbol{A}^{\mathrm{T}} = \begin{bmatrix} a_1 \\ \vdots \\ a_j \\ \vdots \\ a_n \end{bmatrix}.$$

这表明 $\boldsymbol{A}$ 的第 1 行第 j 列元素是 $\boldsymbol{A}^{\mathrm{T}}$ 的第 j 行第 1 列元素，一般地矩阵 $\boldsymbol{A}$ 的第 i 行第 j 列元素是 $\boldsymbol{A}^{\mathrm{T}}$ 的第 j 行第 i 列元素.

矩阵的转置也可以看作矩阵的一种运算（一元运算），这种运算具有以下性质.

定理 3.1.5 设 $k\in P$，$\boldsymbol{A}$，$\boldsymbol{B}$ 是矩阵，它们的行数和列数使下列各式有意义，则有

(1) $(\boldsymbol{A}^{\mathrm{T}})^{\mathrm{T}}=\boldsymbol{A}$；

(2) $(\boldsymbol{A}+\boldsymbol{B})^{\mathrm{T}}=\boldsymbol{A}^{\mathrm{T}}+\boldsymbol{B}^{\mathrm{T}}$；

(3) $(k\boldsymbol{A})^{\mathrm{T}}=k\boldsymbol{A}^{\mathrm{T}}$；

(4) $|\boldsymbol{A}|=|\boldsymbol{A}^{\mathrm{T}}|$；

(5) $(\boldsymbol{AB})^{\mathrm{T}}=\boldsymbol{B}^{\mathrm{T}}\boldsymbol{A}^{\mathrm{T}}$.

证 性质(1)～(4)均可由定义直接导出. 性质(5)的证明参见文献[3]，第 81 页.

利用性质(5)，用数学归纳法容易得到

推论 $(\boldsymbol{A}_1\boldsymbol{A}_2\cdots\boldsymbol{A}_k)^{\mathrm{T}}=\boldsymbol{A}_k^{\mathrm{T}}\cdots\boldsymbol{A}_2^{\mathrm{T}}\boldsymbol{A}_1^{\mathrm{T}}$.

例 3.1.11 设 $\boldsymbol{A}=\begin{bmatrix} 1 & -1 & 0 \\ -1 & 0 & 2 \\ 1 & 2 & -1 \end{bmatrix}$，$\boldsymbol{B}=\begin{bmatrix} 1 & 1 \\ 2 & -1 \\ 1 & 0 \end{bmatrix}$，则

$$\boldsymbol{AB}=\begin{bmatrix} -1 & 2 \\ 1 & -1 \\ 4 & -1 \end{bmatrix},\quad \boldsymbol{A}^{\mathrm{T}}=\begin{bmatrix} 1 & -1 & 1 \\ -1 & 0 & 2 \\ 0 & 2 & -1 \end{bmatrix},\quad \boldsymbol{B}^{\mathrm{T}}=\begin{bmatrix} 1 & 2 & 1 \\ 1 & -1 & 0 \end{bmatrix}.$$

所以

$$(\boldsymbol{AB})^{\mathrm{T}}=\begin{bmatrix} -1 & 1 & 4 \\ 2 & -1 & -1 \end{bmatrix},$$

$$B^{\mathrm{T}}A^{\mathrm{T}}=\begin{bmatrix}1&2&1\\1&-1&0\end{bmatrix}\begin{bmatrix}1&-1&1\\-1&0&2\\0&2&-1\end{bmatrix}=\begin{bmatrix}-1&1&4\\2&-1&-1\end{bmatrix}=(AB)^{\mathrm{T}}.$$

注记　A^{T} 与 B^{T} 不能相乘.

定义 3.1.5　设 A 是 n 阶方阵，若 $A^{\mathrm{T}}=A$，则称 A 为一个 n 阶**对称矩阵**；若 $A^{\mathrm{T}}=-A$，则称 A 是一个 n 阶**反对称矩阵**.

我们称对称矩阵 A 的行列式 $|A|$ 为**对称行列式**，反对称矩阵的行列式为**反对称行列式**.

设 $A=[a_{ij}]_{n\times n}$，则有

A 为对称矩阵 $\Leftrightarrow a_{ij}=a_{ji}\quad(i,j=1,2,\cdots,n)$，

A 为反对称矩阵 $\Leftrightarrow a_{ij}=-a_{ji}\quad(i,j=1,2,\cdots,n)$，

A 既是对称矩阵，又是反对称矩阵 $\Leftrightarrow A=O_{n\times n}$，

若 A 是反对称矩阵，则 $a_{ii}=0\quad(i=1,2,\cdots,n)$.

例 3.1.12　设 A 是 $m\times n$ 矩阵，则 $A^{\mathrm{T}}A$ 和 AA^{T} 都是对称矩阵.

证　$A^{\mathrm{T}}A$ 是 n 阶方阵，且 $(A^{\mathrm{T}}A)^{\mathrm{T}}=A^{\mathrm{T}}(A^{\mathrm{T}})^{\mathrm{T}}=A^{\mathrm{T}}A$. 故 $A^{\mathrm{T}}A$ 是 n 阶对称矩阵. 同理可证：AA^{T} 是 m 阶对称矩阵.

由定义可直接推得下列定理.

定理 3.1.6　(1) 同阶(反)对称矩阵的和仍为(反)对称矩阵；

(2) 一个数乘(反)对称矩阵仍为(反)对称矩阵；

(3) 对称矩阵的方幂仍为对称矩阵，若 A 为反对称矩阵，则当 k 为奇数时，A^k 为反对称矩阵；k 为偶数时，A^k 为对称矩阵.

注记　两个对称矩阵的乘积未必是对称矩阵. 例如：

$A=\begin{bmatrix}0&1\\1&0\end{bmatrix}$，$B=\begin{bmatrix}1&0\\0&2\end{bmatrix}$ 均为对称矩阵，但 $AB=\begin{bmatrix}0&2\\1&0\end{bmatrix}$ 就不是对称矩阵.

在以上矩阵运算讨论中，我们看到一阶方阵 $[a]$ 和数 a 的运算规律相同：

$[a]+[b]=[a+b]$　(类似于数 $a+b$)；

$[a]-[b]=[a-b]$　(类似于数 $a-b$)；

$[a][b]=[ab]$　(类似于数 ab).

因此有时我们把一阶方阵 $[a]$ 视作为数 a 较为方便. 比如说运算结果为一阶矩阵时，可把它与数等同看待，矩阵符号也常省去. 但在运算过程中，还是要按矩阵对待.

例 3.1.13　线性方程 $a_1x_1+a_2x_2+\cdots+a_nx_n=b_1$ 可表示为

$$\begin{bmatrix}a_1&a_2&\cdots&a_n\end{bmatrix}\begin{bmatrix}x_1\\x_2\\\vdots\\x_n\end{bmatrix}=[b_1].$$

二次曲线 $ax^2+by^2+2cxy=1$ 可表示为

$$\begin{bmatrix} x & y \end{bmatrix}\begin{bmatrix} a & c \\ c & b \end{bmatrix}\begin{bmatrix} x \\ y \end{bmatrix}=[1].$$

习 题 3.1

1. 设 $\boldsymbol{A},\boldsymbol{B}$ 均为 n 阶方阵,则下述命题正确的是( ),并请说明理由.

(A) 若 $|\boldsymbol{A}|=|\boldsymbol{B}|$,则必有 $\boldsymbol{A}=\boldsymbol{B}$. (B) 若 $|\boldsymbol{A}|=0$,则必有 $\boldsymbol{A}=\boldsymbol{O}$.

(C) 若 $\boldsymbol{A}\neq\boldsymbol{B}$,则必有 $|\boldsymbol{A}|=|\boldsymbol{B}|$. (D) 若 $\boldsymbol{A}=\boldsymbol{B}$,则必有 $|\boldsymbol{A}|=|\boldsymbol{B}|$.

2. 设 $\boldsymbol{A}=\begin{bmatrix} 1 & -1 & 2 \\ 3 & 0 & 2 \end{bmatrix}$, $\boldsymbol{B}=\begin{bmatrix} 4 & 3 & 0 \\ 2 & -1 & 1 \end{bmatrix}$, $\boldsymbol{C}=\begin{bmatrix} -1 & 2 & -1 \\ 0 & -5 & 1 \end{bmatrix}$,求

$$\boldsymbol{A}-2\boldsymbol{B}+3\boldsymbol{C};\ 3\boldsymbol{A}-2\boldsymbol{B}.$$

3. 若矩阵 $\boldsymbol{X}$ 适合 $\begin{bmatrix} 3 & -6 & 2 & 0 \\ 1 & 5 & -1 & 8 \\ 4 & 3 & 1 & 7 \end{bmatrix}+2\boldsymbol{X}=\begin{bmatrix} 5 & 4 & -4 & 2 \\ -7 & 1 & 9 & 4 \\ 6 & -1 & 3 & 9 \end{bmatrix}$,求 $\boldsymbol{X}$.

4. 设 $\boldsymbol{A}=\begin{bmatrix} 1 \\ 2 \\ 3 \end{bmatrix}$, $\boldsymbol{B}=\begin{bmatrix} 1 & -2 & 1 \end{bmatrix}$, $\boldsymbol{C}=\begin{bmatrix} -1 & 0 & 0 \\ 1 & -1 & 0 \\ 0 & 1 & -1 \end{bmatrix}$,求 $\boldsymbol{AB}$; $\boldsymbol{BA}$; $\boldsymbol{CA}$; $\boldsymbol{BCA}$.

5. 设

$$\boldsymbol{D}=\begin{bmatrix} \lambda_1 & 0 & 0 & \cdots & 0 \\ 0 & \lambda_2 & 0 & \cdots & 0 \\ 0 & 0 & \lambda_3 & \cdots & 0 \\ \vdots & \vdots & \vdots & & \vdots \\ 0 & 0 & 0 & \cdots & \lambda_n \end{bmatrix}_{n\times n},\ \boldsymbol{A}=\begin{bmatrix} a_{11} & a_{12} & \cdots & a_{1n} \\ a_{21} & a_{22} & \cdots & a_{2n} \\ \vdots & \vdots & & \vdots \\ a_{n1} & a_{n2} & \cdots & a_{nn} \end{bmatrix}.$$

(1) 求 $\boldsymbol{DA}=$____, $\boldsymbol{AD}=$____;

(2) 若 $\lambda_i\neq\lambda_j\ (i\neq j)$,证明:与 $\boldsymbol{D}$ 乘法可换的矩阵必为对角矩阵.

6. 用数学归纳法证明:

(1) $\begin{bmatrix} 1 & 1 & 0 \\ 0 & 1 & 1 \\ 0 & 0 & 1 \end{bmatrix}^n=\begin{bmatrix} 1 & n & \mathrm{C}_n^2 \\ 0 & 1 & n \\ 0 & 0 & 1 \end{bmatrix}$, 其中 C_n^2 为 n 中取 2 的组合数;

(2) 设 $\boldsymbol{B}=\begin{bmatrix} 1 & 4 & 2 \\ 0 & -3 & -2 \\ 0 & 4 & 3 \end{bmatrix}$,则 $\boldsymbol{B}^n=\begin{cases} \boldsymbol{E}, & n\text{ 为偶数}; \\ \boldsymbol{B}, & n\text{ 为奇数}; \end{cases}$

(3) $\begin{bmatrix} \cos\varphi & -\sin\varphi \\ \sin\varphi & \cos\varphi \end{bmatrix}^n=\begin{bmatrix} \cos n\varphi & -\sin n\varphi \\ \sin n\varphi & \cos n\varphi \end{bmatrix}$;

(4) $\begin{bmatrix} a & 0 & 0 \\ 0 & b & 0 \\ 0 & 0 & c \end{bmatrix}^n=\begin{bmatrix} a^n & 0 & 0 \\ 0 & b^n & 0 \\ 0 & 0 & c^n \end{bmatrix}$.

7. 计算下列矩阵：

(1) $\begin{bmatrix}0&0&1\\0&1&0\\1&0&0\end{bmatrix}^2$；　　(2) $\begin{bmatrix}x&y&1\end{bmatrix}\begin{bmatrix}a_{11}&a_{12}&b_1\\a_{12}&a_{22}&b_2\\b_1&b_2&c\end{bmatrix}\begin{bmatrix}x\\y\\1\end{bmatrix}$；

(3) $\begin{bmatrix}1&-1&-1&-1\\-1&1&-1&-1\\-1&-1&1&-1\\-1&-1&-1&1\end{bmatrix}^2$；　　(4) $\begin{bmatrix}\frac{1}{2}&-\frac{1}{2}\\-\frac{1}{2}&\frac{1}{2}\end{bmatrix}^2$.

8. 设 $\boldsymbol{E}_{ij}$ 为 n 阶方阵，它的第 i 行第 j 列元素为 1，其余元素均为零（称为**矩阵单位**）. $\boldsymbol{A}=[a_{ij}]_{n\times n}$，计算 $\boldsymbol{AE}_{ij}$，$\boldsymbol{E}_{ij}\boldsymbol{A}$，$\boldsymbol{E}_{ik}\boldsymbol{E}_{kj}$.

9. 设 $\boldsymbol{A}$ 为 n 阶方阵，若 $\boldsymbol{A}$ 与所有 n 阶方阵乘法可换，则 $\boldsymbol{A}$ 一定是数量矩阵.

10. 设 $\boldsymbol{A}$，$\boldsymbol{B}$ 均为 n 阶方阵，证明：

$$(\boldsymbol{A}+\boldsymbol{B})(\boldsymbol{A}-\boldsymbol{B})=\boldsymbol{A}^2-\boldsymbol{B}^2 \quad \Leftrightarrow \boldsymbol{AB}=\boldsymbol{BA};$$
$$(\boldsymbol{A}+\boldsymbol{B})^2=\boldsymbol{A}^2+2\boldsymbol{AB}+\boldsymbol{B}^2 \quad \Leftrightarrow \boldsymbol{AB}=\boldsymbol{BA}.$$

11. n 阶方阵 $\boldsymbol{A}=[a_{ij}]_{n\times n}$ 主对角线上元素之和称为矩阵 $\boldsymbol{A}$ 的**迹**，且记为 $\mathrm{tr}\boldsymbol{A}=\sum_{i=1}^{n}a_{ii}$. 设 $\boldsymbol{A}$，$\boldsymbol{B}$ 分别为 $m\times n$ 及 $n\times m$ 矩阵，证明：$\mathrm{tr}(\boldsymbol{AB})=\mathrm{tr}(\boldsymbol{BA})$.

12. * 试证不存在 n 阶方阵 $\boldsymbol{A}$，$\boldsymbol{B}$ 满足 $\boldsymbol{AB}-\boldsymbol{BA}=\boldsymbol{E}$.

提示：利用第 11 题结果，用反证法证.

13. 设 $f(x)=3x^2-2x+5$，　$\boldsymbol{A}=\begin{bmatrix}1&-2&3\\2&-4&1\\3&-5&2\end{bmatrix}$，　求 $f(\boldsymbol{A})$.

14. 设 $\boldsymbol{A}=[a_{ij}]_{m\times n}$，$\boldsymbol{\alpha}=[1\quad 1\quad \cdots\quad 1]^{\mathrm{T}}$，且 $\boldsymbol{A}$ 的各行元素之和均为 k. 求 $\boldsymbol{A\alpha}_{n\times 1}$.

15. 设 $\boldsymbol{A}=[a_1\quad a_2\quad \cdots\quad a_n]$，则 $\boldsymbol{AA}^{\mathrm{T}}=$____，　$\boldsymbol{A}^{\mathrm{T}}\boldsymbol{A}=$____.

16. 设 $\boldsymbol{A}$，$\boldsymbol{B}$ 都是对称矩阵，证明：$\boldsymbol{AB}$ 为对称矩阵 $\Leftrightarrow \boldsymbol{AB}=\boldsymbol{BA}$.

17. * 设 $\boldsymbol{A}$ 是实数域上的矩阵，证明：若 $\boldsymbol{A}^{\mathrm{T}}\boldsymbol{A}=\boldsymbol{O}$，则 $\boldsymbol{A}=\boldsymbol{O}$.

提示：考虑 $\boldsymbol{A}^{\mathrm{T}}\boldsymbol{A}$ 主对角线上元素.

18. 已知 $\boldsymbol{\alpha}=[1\quad 2\quad 3]_{1\times 3}$，$\boldsymbol{\beta}=\left[1\quad \frac{1}{2}\quad \frac{1}{3}\right]_{1\times 3}$，设 $\boldsymbol{A}=\boldsymbol{\alpha}^{\mathrm{T}}\boldsymbol{\beta}$，求 $\boldsymbol{A}^n(n>1)$.

19. 证明奇数阶反对称行列式为零. 利用此结论计算下列行列式：

(1) $\begin{vmatrix}0&a&b&c&d\\-a&0&e&f&g\\-b&-e&0&h&i\\-c&-f&-h&0&j\\-d&-g&-i&-j&0\end{vmatrix}$；　(2) $\begin{vmatrix}0&1&2&3&-4\\-2&0&-2&4&6\\-6&3&0&-3&-6\\-12&-8&4&0&4\\20&-15&10&-5&0\end{vmatrix}$.

20. 甲、乙、丙、丁四人语文、数学、外语的期中、期末、平时考试成绩如下表所示

期中考试

	语文	数学	外语
甲	94	90	97
乙	85	85	76
丙	98	95	97
丁	60	70	72

期末考试

	语文	数学	外语
甲	90	86	95
乙	78	80	70
丙	92	93	96
丁	66	74	75

平时

	语文	数学	外语
甲	94	80	90
乙	80	80	70
丙	90	90	100
丁	70	80	80

(1) 分别写出表示甲、乙、丙、丁四人的期中、期末、平时成绩的矩阵 $\boldsymbol{A},\boldsymbol{B},\boldsymbol{C}$.

(2) 学校规定学期成绩计算方法是期中考试成绩占 20%，期末考试成绩占 70%，平时成绩占 10%，若把甲、乙、丙、丁四人学期成绩的矩阵记为 $\boldsymbol{D}$，写出 $\boldsymbol{A},\boldsymbol{B},\boldsymbol{C},\boldsymbol{D}$ 之间的关系，并由此计算出 $\boldsymbol{D}$(最后数字用四舍五入表示).

21. 某港口在某月份运到Ⅰ，Ⅱ，Ⅲ三地的甲，乙两种货物的数量以及两种货物一个单位的价格，重量，体积如下表所示

出口量 地区 货物	Ⅰ	Ⅱ	Ⅲ	单位价格（万元）	单位重量（吨）	单位体积（米^3）
甲	2000	1200	800	0.2	0.02	0.12
乙	1200	1400	600	0.35	0.05	0.5

(1) 分别写出表示运到三地货物数量的矩阵 $\boldsymbol{A}$，以及表示货物单位价格，单位重量，单位体积的矩阵 $\boldsymbol{B}$.

(2) 设表示运到三地的货物总价值，总重量，总体积的矩阵为 $\boldsymbol{C}$，写出矩阵 $\boldsymbol{A},\boldsymbol{B},\boldsymbol{C}$ 的关系，并由此计算出 $\boldsymbol{C}$.

3.2 可逆矩阵

在上节矩阵运算中，没有论及除法，矩阵能否有除法呢？数、多项式的除法可以列竖式计算(参见附录二)，很难设想矩阵的除法亦能如法炮制. 然而数的除法可刻画成乘法的逆运算，即 $a\neq0$ 时，$d\div a=d\cdot\frac{1}{a}$. 若记$b=\frac{1}{a}$($a$ 的倒数)，则 b 可由下式惟一确定：$ab=1=ba$. 这种想法可延拓到矩阵中来，注意到矩阵 $\boldsymbol{E}$ 在矩阵乘法中起的作用与数 1 在数的乘法中起的作用类似，于是我们有下列定义.

定义 3.2.1 设 $\boldsymbol{A}$ 是 n 阶方阵，若存在 n 阶方阵 $\boldsymbol{B}$，使得 $\boldsymbol{AB}=\boldsymbol{E}=\boldsymbol{BA}$，则称 $\boldsymbol{A}$ 为**可逆矩阵**，$\boldsymbol{B}$ 为 $\boldsymbol{A}$ 的一个**逆矩阵**.

若 $\boldsymbol{A}$ 是可逆矩阵，则 $\boldsymbol{A}$ 的逆矩阵是惟一的. 这是因为若 $\boldsymbol{B},\boldsymbol{C}$ 均为 $\boldsymbol{A}$ 的逆矩阵，则有

$$\boldsymbol{AB}=\boldsymbol{E}=\boldsymbol{BA},\qquad \boldsymbol{AC}=\boldsymbol{E}=\boldsymbol{CA}.$$

从而

$$B = BE = B(AC) = (BA)C = EC = C.$$

由此可将 $\boldsymbol{A}$ 的惟一逆矩阵记为 $\boldsymbol{A}^{-1}$.

定理 3.2.1 n 阶方阵 $\boldsymbol{A}=[a_{ij}]_{n\times n}$ 可逆 $\Leftrightarrow$ $|\boldsymbol{A}|\neq 0$.

证 当 $n=1$ 时,易知定理成立,下证 $n>1$.

必要性. 因 $\boldsymbol{A}$ 可逆,故存在 n 阶方阵 $\boldsymbol{B}$ 使得 $\boldsymbol{AB}=\boldsymbol{E}$. 两边取行列式得

$$|\boldsymbol{A}||\boldsymbol{B}| = |\boldsymbol{E}| = 1 \neq 0,$$

从而 $|\boldsymbol{A}|\neq 0$.

充分性. 为证明 $|\boldsymbol{A}|\neq 0$ 时 $\boldsymbol{A}$ 可逆,按定义 3.2.1 必须找到一个 n 阶方阵 $\boldsymbol{B}$ 使得 $\boldsymbol{AB}=\boldsymbol{E}=\boldsymbol{BA}$. 回忆 1.4 节中行列式按行展开的重要公式(1.4.1):

$$a_{k1}A_{i1} + a_{k2}A_{i2} + \cdots + a_{kn}A_{in} = \begin{cases} |\boldsymbol{A}|, & i = k, \\ 0, & i \neq k. \end{cases}$$

这就启发我们去构作一个 n 阶方阵

$$\boldsymbol{A}^* = \begin{bmatrix} A_{11} & A_{21} & \cdots & A_{n1} \\ A_{12} & A_{22} & \cdots & A_{n2} \\ \vdots & \vdots & & \vdots \\ A_{1n} & A_{2n} & \cdots & A_{nn} \end{bmatrix},$$

其中 A_{ij} 是 $\boldsymbol{A}$ 的行列式 $|a_{ij}|_n$ 中元素 a_{ij} 的代数余子式 $(i,j=1,2,\cdots,n)$. 我们称 $\boldsymbol{A}^*$ 为 $\boldsymbol{A}$ 的**伴随矩阵**.

利用矩阵乘法及行列式按一行展开(1.4.1)式有

$$\boldsymbol{AA}^* = \begin{bmatrix} a_{11} & a_{12} & \cdots & a_{1n} \\ a_{21} & a_{22} & \cdots & a_{2n} \\ \vdots & \vdots & & \vdots \\ a_{n1} & a_{n2} & \cdots & a_{nn} \end{bmatrix} \begin{bmatrix} A_{11} & A_{21} & \cdots & A_{n1} \\ A_{12} & A_{22} & \cdots & A_{n2} \\ \vdots & \vdots & & \vdots \\ A_{1n} & A_{2n} & \cdots & A_{nn} \end{bmatrix}$$

$$= \begin{bmatrix} |\boldsymbol{A}| & 0 & \cdots & 0 \\ 0 & |\boldsymbol{A}| & \cdots & 0 \\ \vdots & \vdots & & \vdots \\ 0 & 0 & \cdots & |\boldsymbol{A}| \end{bmatrix} = |\boldsymbol{A}|\boldsymbol{E}.$$

现 $|\boldsymbol{A}|\neq 0$,故 $\boldsymbol{A}\left(\dfrac{1}{|\boldsymbol{A}|}\boldsymbol{A}^*\right)=\boldsymbol{E}$. 同样计算知,$\left(\dfrac{1}{|\boldsymbol{A}|}\boldsymbol{A}^*\right)\boldsymbol{A}=\boldsymbol{E}$. 按定义 3.2.1 知,$\boldsymbol{A}$ 可逆,其逆为 $\dfrac{1}{|\boldsymbol{A}|}\boldsymbol{A}^*$.

推论 若 $\boldsymbol{A}_n$ 为可逆矩阵,则 $n=1$ 时,$\boldsymbol{A}^{-1}=[a_{11}^{-1}]$;当 $n>1$ 时,$\boldsymbol{A}^{-1}=\dfrac{1}{|\boldsymbol{A}|}\boldsymbol{A}^*$,其中 $\boldsymbol{A}^*$ 为 $\boldsymbol{A}$ 的伴随矩阵.

注记 只有当 $n>1$ 时，$\boldsymbol{A}_n$ 才有伴随矩阵 $\boldsymbol{A}^*$.

回忆性质 2.2.3，我们阐明了：

$$n\text{ 阶方阵 }\boldsymbol{A}\text{ 是满秩的} \Leftrightarrow \text{秩}(\boldsymbol{A})=n \Leftrightarrow |\boldsymbol{A}|\neq 0.$$

这样可逆矩阵与满秩矩阵两个概念是一致的，n 阶可逆矩阵 $\boldsymbol{A}$ 的秩为 n.

按定理 3.2.1 对一个给定数域 P 上的 n 阶方阵 $\boldsymbol{A}$，判断其是否可逆，只要计算 $|\boldsymbol{A}|$ 即可. 当 $\boldsymbol{A}$ 可逆时，用该定理可求出 $\boldsymbol{A}^{-1}=\frac{1}{|\boldsymbol{A}|}\boldsymbol{A}^*$，所以从理论上讲任意一个可逆矩阵的逆矩阵都可据此求得，只是当 n 增大时，由 $\boldsymbol{A}=[a_{ij}]_{n\times n}$ 求 $\boldsymbol{A}^*=[A_{ji}]_{n\times n}$ 的计算量迅速增加，所以 n 较大时一般就不采用这方法去求逆矩阵，但当 $n=2$ 时用此方法计算逆矩阵是简单的.

例 3.2.1 设 $\boldsymbol{A}=\begin{bmatrix} a & b \\ c & d \end{bmatrix}$，则 $|\boldsymbol{A}|=ad-bc$. 当 $ad-bc\neq 0$ 时 $\boldsymbol{A}$ 为可逆矩阵，且

$$\boldsymbol{A}^{-1}=\frac{1}{|\boldsymbol{A}|}\begin{bmatrix} A_{11} & A_{21} \\ A_{12} & A_{22} \end{bmatrix}=\frac{1}{ad-bc}\begin{bmatrix} d & -b \\ -c & a \end{bmatrix}.$$

当 $n=3$ 时，构成 $\boldsymbol{A}^*$ 的 A_{ij} 均为 2 阶行列式，所以计算量也不十分大.

例 3.2.2 设 $\boldsymbol{A}=\begin{bmatrix} 1 & 3 & 0 \\ 2 & 6 & 1 \\ 0 & 1 & 1 \end{bmatrix}$，求证：$\boldsymbol{A}$ 为可逆矩阵，且求出 $\boldsymbol{A}^{-1}$.

解

$$|\boldsymbol{A}|=\begin{vmatrix} 1 & 3 & 0 \\ 2 & 6 & 1 \\ 0 & 1 & 1 \end{vmatrix}\xlongequal{R_2-2R_1}\begin{vmatrix} 1 & 3 & 0 \\ 0 & 0 & 1 \\ 0 & 1 & 1 \end{vmatrix}=(-1)^{2+3}\begin{vmatrix} 1 & 3 \\ 0 & 1 \end{vmatrix}=-1\neq 0,$$

所以 $\boldsymbol{A}$ 可逆. 且 $\boldsymbol{A}^{-1}=\frac{1}{|\boldsymbol{A}|}\boldsymbol{A}^*=-\boldsymbol{A}^*=-\begin{bmatrix} A_{11} & A_{21} & A_{31} \\ A_{12} & A_{22} & A_{32} \\ A_{13} & A_{23} & A_{33} \end{bmatrix}$，其中

$$A_{11}=\begin{vmatrix} 6 & 1 \\ 1 & 1 \end{vmatrix}=5,\quad A_{21}=-\begin{vmatrix} 3 & 0 \\ 1 & 1 \end{vmatrix}=-3,\quad A_{31}=\begin{vmatrix} 3 & 0 \\ 6 & 1 \end{vmatrix}=3,$$

$$A_{12}=-\begin{vmatrix} 2 & 1 \\ 0 & 1 \end{vmatrix}=-2,\quad A_{22}=\begin{vmatrix} 1 & 0 \\ 0 & 1 \end{vmatrix}=1,\quad A_{32}=-\begin{vmatrix} 1 & 0 \\ 2 & 1 \end{vmatrix}=-1,$$

$$A_{13}=\begin{vmatrix} 2 & 6 \\ 0 & 1 \end{vmatrix}=2,\quad A_{23}=-\begin{vmatrix} 1 & 3 \\ 0 & 1 \end{vmatrix}=-1,\quad A_{33}=\begin{vmatrix} 1 & 3 \\ 2 & 6 \end{vmatrix}=0.$$

所以

$$\boldsymbol{A}^{-1}=\begin{bmatrix} -5 & 3 & -3 \\ 2 & -1 & 1 \\ -2 & 1 & 0 \end{bmatrix}.$$

利用定理 3.2.1,可简洁地证明第 1 章的克拉默法则. 首先利用矩阵运算规律,可将线性方程组

$$\begin{cases} a_{11}x_1 + a_{12}x_2 + \cdots + a_{1n}x_n = b_1, \\ a_{21}x_1 + a_{22}x_2 + \cdots + a_{2n}x_n = b_2, \\ \cdots\cdots\cdots\cdots \\ a_{n1}x_1 + a_{n2}x_2 + \cdots + a_{nn}x_n = b_n \end{cases}$$

改写为

$$AX = b, \tag{3.2.1}$$

其中$A = [a_{ij}]_{n\times n}$为系数矩阵, $X = [x_1 \quad x_2 \quad \cdots \quad x_n]^T$ 为未知量矩阵,$b=[b_1 \quad b_2 \quad \cdots \quad b_n]^T$ 为常数项矩阵.

克拉默法则的条件是$|A|=D\neq 0$,这相当于说 A 可逆. 故 A^{-1}存在,在(3.2.1)式两边左乘 A^{-1}得 $X=A^{-1}b=\frac{1}{|A|}A^* b$. 即

$$\begin{bmatrix} x_1 \\ x_2 \\ \vdots \\ x_n \end{bmatrix} = \frac{1}{D}\begin{bmatrix} A_{11} & A_{21} & \cdots & A_{n1} \\ A_{12} & A_{22} & \cdots & A_{n2} \\ \vdots & \vdots & & \vdots \\ A_{1n} & A_{2n} & \cdots & A_{nn} \end{bmatrix}\begin{bmatrix} b_1 \\ b_2 \\ \vdots \\ b_n \end{bmatrix}.$$

从而

$$x_i = \frac{1}{D}(b_1A_{1i} + b_2A_{2i} + \cdots + b_nA_{ni}) = \frac{D_i}{D}.$$

最后一个等式是将 D_i 按第 i 列展开得到的.

解的惟一性也是清楚的. 若 X_1,X_2 均为(3.2.1)的解,则 $AX_1=b$,$AX_2=b$,从而 $AX_1=AX_2$. 两边同时左乘 A^{-1}即得 $X_1=X_2$. 至此克拉默法则证毕.

将克拉默法则推而广之可考虑矩阵方程 $A_{n\times n}X_{n\times t}=C_{n\times t}$,同样可得到

性质 3.2.1　若 A 为可逆矩阵,则矩阵方程 $AX=C$ 有惟一解 $X=A^{-1}C$;矩阵方程 $XA=C$ 有惟一解 $X=CA^{-1}$. 若 A,B 均可逆,则矩阵方程 $AXB=C$ 有惟一解 $X=A^{-1}CB^{-1}$.

注记　上述当$|A|\neq 0$ 时解矩阵方程 $AX=C$($XA=C$)和中学当 $a\neq 0$ 时解线性方程 $ax=c$ 思路是相似的,数字方程是两边乘 a^{-1},矩阵方程是两边左(或右)乘 A^{-1}. 只是因矩阵乘法交换律不成立,所以乘 A^{-1} 时要分左乘和右乘,这一点务必注意.

例 3.2.3　已知 $AX=B$,其中 $A=\begin{bmatrix} 1 & 2 \\ 3 & 5 \end{bmatrix}$,　$B=\begin{bmatrix} 1 & 2 & 0 \\ 0 & 1 & 3 \end{bmatrix}$,求$X$.

解　因$|A|=-1\neq 0$,所以 A 可逆. 据性质 3.2.1 知,$X=A^{-1}B$.

由 $A=\begin{bmatrix} 1 & 2 \\ 3 & 5 \end{bmatrix}$可推得 $A^*=\begin{bmatrix} 5 & -2 \\ -3 & 1 \end{bmatrix}$. 从而

$$A^{-1}=\frac{1}{|A|}A^{*}=-A^{*}=\begin{bmatrix}-5 & 2\\ 3 & -1\end{bmatrix}.$$

所以

$$X=A^{-1}B=\begin{bmatrix}-5 & 2\\ 3 & -1\end{bmatrix}\begin{bmatrix}1 & 2 & 0\\ 0 & 1 & 3\end{bmatrix}=\begin{bmatrix}-5 & -8 & 6\\ 3 & 5 & -3\end{bmatrix}.$$

例 3.2.4 已知 $XA=B$,其中 $A=\begin{bmatrix}1 & 3 & 0\\ 2 & 6 & 1\\ 0 & 1 & 1\end{bmatrix}$, $B=\begin{bmatrix}1 & 2 & 0\\ 0 & 1 & 3\end{bmatrix}$, 求 X.

解 由例 3.2.2 知 A 为可逆阵,A^{-1}也已求得. 据性质 3.2.1 有

$$X=BA^{-1}=\begin{bmatrix}1 & 2 & 0\\ 0 & 1 & 3\end{bmatrix}\begin{bmatrix}-5 & 3 & -3\\ 2 & -1 & 1\\ -2 & 1 & 0\end{bmatrix}=\begin{bmatrix}-1 & 1 & -1\\ -4 & 2 & 1\end{bmatrix}.$$

例 3.2.5 已知 $AX+4E_3=A^2-2X$,其中 $A=\begin{bmatrix}2 & -1 & 0\\ -1 & 2 & 0\\ 5 & -3 & 2\end{bmatrix}$, 求 X.

解 由题设 $AX+4E_3=A^2-2X$ 移项得:$AX+2X=A^2-4E_3$,两边化简得

$$(A+2E)X=(A+2E)(A-2E). \tag{3.2.2}$$

因

$$|A+2E|=\begin{vmatrix}4 & -1 & 0\\ -1 & 4 & 0\\ 5 & -3 & 4\end{vmatrix}=60\neq 0,$$

所以 $A+2E$ 可逆. 在等式(3.2.2)两边同时左乘$(A+2E)^{-1}$得

$$X=A-2E=\begin{bmatrix}2 & -1 & 0\\ -1 & 2 & 0\\ 5 & -3 & 2\end{bmatrix}-\begin{bmatrix}2 & 0 & 0\\ 0 & 2 & 0\\ 0 & 0 & 2\end{bmatrix}=\begin{bmatrix}0 & -1 & 0\\ -1 & 0 & 0\\ 5 & -3 & 0\end{bmatrix}.$$

注记 本例所用的方法可概括为:**先化简,再代入计算**. 这种方法在解项数多于 2 的矩阵方程时经常用到.

定理 3.2.1 有一个重要推论.

重要推论 设 A,B 均为 n 阶方阵. 若 $AB=E$,则 A,B 均可逆,且

$$A^{-1}=B,\quad B^{-1}=A.$$

证 由 $AB=E$,两边取行列式得$|A||B|=1$. 故$|A|\neq 0$, $|B|\neq 0$. 据定理 3.2.1 知,A,B 均可逆,从而 A^{-1},B^{-1}存在. 在等式 $AB=E$ 两边左乘 A^{-1}得:$A^{-1}(AB)=A^{-1}E$,即 $B=A^{-1}$. 同理在等式 $AB=E$ 两边右乘 B^{-1}可得 $A=B^{-1}$.

这重要推论表明若要证明"A 可逆,且其逆为 B"这样的命题,只要验算一下 $AB=E$ 即可. 于是下述性质为显然.

性质 3.2.2　1. 设 $\boldsymbol{A}$ 为可逆矩阵，则有如下性质：

(1) $\boldsymbol{A}^{-1}$可逆，且$(\boldsymbol{A}^{-1})^{-1}=\boldsymbol{A}$；

(2) $k\neq 0$ 时，$k\boldsymbol{A}$ 可逆，且$(k\boldsymbol{A})^{-1}=\frac{1}{k}\boldsymbol{A}^{-1}$；

(3) $\boldsymbol{A}^{\mathrm{T}}$ 可逆，且$(\boldsymbol{A}^{\mathrm{T}})^{-1}=(\boldsymbol{A}^{-1})^{\mathrm{T}}$；

(4) $|\boldsymbol{A}^{-1}|=|\boldsymbol{A}|^{-1}$；

(5) 若 $\boldsymbol{AB}=\boldsymbol{O}$，则 $\boldsymbol{B}=\boldsymbol{O}$；

(6) 若 $\boldsymbol{AB}=\boldsymbol{AC}$，则 $\boldsymbol{B}=\boldsymbol{C}$.

2. 若 $\boldsymbol{A},\boldsymbol{B}$ 都是 n 阶可逆矩阵，则 $\boldsymbol{AB}$ 可逆，且$(\boldsymbol{AB})^{-1}=\boldsymbol{B}^{-1}\boldsymbol{A}^{-1}$.

3. 若 $\boldsymbol{A}_1,\boldsymbol{A}_2,\cdots,\boldsymbol{A}_k$ 都是 n 阶可逆矩阵，则 $\boldsymbol{A}_1\boldsymbol{A}_2\cdots\boldsymbol{A}_k$ 可逆，且

$$(\boldsymbol{A}_1\boldsymbol{A}_2\cdots\boldsymbol{A}_k)^{-1}=\boldsymbol{A}_k^{-1}\cdots\boldsymbol{A}_2^{-1}\boldsymbol{A}_1^{-1}.$$

4. 对角矩阵 $\boldsymbol{A}=\mathrm{diag}[\lambda_1,\lambda_2,\cdots,\lambda_n]$可逆 $\Leftrightarrow \lambda_1\lambda_2\cdots\lambda_n\neq 0$

$\Leftrightarrow \lambda_i(i=1,2,\cdots,n)$均不为零.

$\boldsymbol{A}$ 可逆时，$\boldsymbol{A}^{-1}=\mathrm{diag}[\lambda_1^{-1},\lambda_2^{-1},\cdots,\lambda_n^{-1}]$.

此处 1 之(6)说对可逆矩阵而言，矩阵乘法消去律成立(相当于在做除法).

值得一提的是：若 $\boldsymbol{A},\boldsymbol{B}$ 为同阶可逆矩阵，则 $\boldsymbol{A}+\boldsymbol{B}$ 未必可逆，如 $\boldsymbol{E}_n$ 和 $-\boldsymbol{E}_n$ 均为可逆矩阵，但 $\boldsymbol{E}_n+(-\boldsymbol{E}_n)=\boldsymbol{O}_n$ 就不是可逆矩阵.

例 3.2.6　设 n 阶方阵 $\boldsymbol{A}$ 满足 $\boldsymbol{A}^2-2\boldsymbol{A}-3\boldsymbol{E}=\boldsymbol{O}$.

(1) 证明 $\boldsymbol{A}$ 为可逆矩阵，且求出 $\boldsymbol{A}^{-1}$；

(2) 证明 $\boldsymbol{A}+2\boldsymbol{E}$ 为可逆矩阵，且求出$(\boldsymbol{A}+2\boldsymbol{E})^{-1}$.

解　(1) 由题设条件移项得，

$$\boldsymbol{A}^2-2\boldsymbol{A}=3\boldsymbol{E}, \tag{$*$}$$

等式左边提出公因子 $\boldsymbol{A}$ 得 $\boldsymbol{A}(\boldsymbol{A}-2\boldsymbol{E})=3\boldsymbol{E}$，等式两边同时用$\frac{1}{3}$作数乘得

$$\boldsymbol{A}\left(\frac{1}{3}\boldsymbol{A}-\frac{2}{3}\boldsymbol{E}\right)=\boldsymbol{E}.$$

据重要推论知，$\boldsymbol{A}$ 为可逆矩阵，且 $\boldsymbol{A}^{-1}=\frac{1}{3}\boldsymbol{A}-\frac{2}{3}\boldsymbol{E}$.

(2) 将第(1)小题的等式($*$)作恒等变形

$$\boldsymbol{A}(\boldsymbol{A}+2\boldsymbol{E}-4\boldsymbol{E})=3\boldsymbol{E},\quad \boldsymbol{A}(\boldsymbol{A}+2\boldsymbol{E})-4\boldsymbol{A}-8\boldsymbol{E}=-5\boldsymbol{E},$$

$$\boldsymbol{A}(\boldsymbol{A}+2\boldsymbol{E})-4(\boldsymbol{A}+2\boldsymbol{E})=-5\boldsymbol{E},\quad -\frac{1}{5}(\boldsymbol{A}-4\boldsymbol{E})(\boldsymbol{A}+2\boldsymbol{E})=\boldsymbol{E}.$$

据重要推论知，$\boldsymbol{A}+2\boldsymbol{E}$ 为可逆矩阵，且$(\boldsymbol{A}+2\boldsymbol{E})^{-1}=-\frac{1}{5}(\boldsymbol{A}-4\boldsymbol{E})$.

例 3.2.7 设 $\boldsymbol{A}$ 为 n 阶方阵,求证 $\boldsymbol{A}$ 可逆 $\Leftrightarrow \boldsymbol{A}^*$ 可逆.

证 必要性. 因 $\boldsymbol{A}$ 可逆,故 $|\boldsymbol{A}|\neq 0$.

证法 1 据 $\boldsymbol{AA}^*=|\boldsymbol{A}|\boldsymbol{E}$ 知,$\dfrac{1}{|\boldsymbol{A}|}\boldsymbol{AA}^*=\boldsymbol{E}$. 由重要推论知,$\boldsymbol{A}^*$ 可逆,其逆为 $\dfrac{1}{|\boldsymbol{A}|}\boldsymbol{A}$.

证法 2 对等式 $\boldsymbol{AA}^*=|\boldsymbol{A}|\boldsymbol{E}$ 两边取行列式得:$|\boldsymbol{AA}^*|=||\boldsymbol{A}|\boldsymbol{E}|$,即 $|\boldsymbol{A}||\boldsymbol{A}^*|=|\boldsymbol{A}|^n$,由 $|\boldsymbol{A}|\neq 0$ 得:$|\boldsymbol{A}^*|=|\boldsymbol{A}|^{n-1}\neq 0$,所以 $\boldsymbol{A}^*$ 可逆.

充分性.(反证)若 $\boldsymbol{A}$ 不可逆,则 $|\boldsymbol{A}|=0$,从而 $\boldsymbol{AA}^*=|\boldsymbol{A}|\boldsymbol{E}=\boldsymbol{O}$. 现 $\boldsymbol{A}^*$ 可逆,故 $(\boldsymbol{A}^*)^{-1}$ 存在. 在等式 $\boldsymbol{AA}^*=\boldsymbol{O}$ 两边右乘 $(\boldsymbol{A}^*)^{-1}$ 推得 $\boldsymbol{A}=\boldsymbol{O}$. 这表明 $\boldsymbol{A}$ 的行列式 $|\boldsymbol{A}|$ 中元素 a_{ij} 的代数余子式 A_{ij} 全为 0,导致 $\boldsymbol{A}^*=\boldsymbol{O}$,这与 $\boldsymbol{A}^*$ 可逆矛盾,充分性得证.

注记 必要性的证法 2 中得出一个重要结论:"若 $\boldsymbol{A}_n(n>1)$ 是可逆矩阵,则 $|\boldsymbol{A}^*|=|\boldsymbol{A}|^{n-1}$". 若 $\boldsymbol{A}$ 不是可逆矩阵,则本例表明:$|\boldsymbol{A}|=0\Leftrightarrow|\boldsymbol{A}^*|=0$.

最后要指出的是:不是方阵就不论及可逆的概念,即使是在方阵中,也不是所有的方阵都是可逆矩阵. 可逆矩阵是方阵中那些行列式不为零的矩阵.

习　题　3.2

1. 下列矩阵中可逆矩阵是(　　),并说明理由.

(A) $\begin{bmatrix}1&2&3\\2&4&6\\1&1&1\end{bmatrix}$. (B) $\begin{bmatrix}1&2&3&4\\0&1&2&3\\0&0&1&2\end{bmatrix}$. (C) $\begin{bmatrix}1&2&0\\2&4&0\\0&0&1\end{bmatrix}$. (D) $\begin{bmatrix}1&2&0\\2&5&0\\0&0&1\end{bmatrix}$.

2. 下列命题正确的是(　　),并说明理由.

(A) 若 $\boldsymbol{A}$ 是 n 阶方阵,且 $\boldsymbol{A}\neq\boldsymbol{O}$,则 $\boldsymbol{A}$ 可逆.

(B) 若 $\boldsymbol{A},\boldsymbol{B}$ 都是 n 阶可逆方阵,则 $\boldsymbol{A}+\boldsymbol{B}$ 也可逆.

(C) 若 $\boldsymbol{AB}=\boldsymbol{O}$,且 $\boldsymbol{A}\neq\boldsymbol{O}$,则必有 $\boldsymbol{B}=\boldsymbol{O}$.

(D) 设 $\boldsymbol{A}$ 是 n 阶方阵,则 $\boldsymbol{A}$ 可逆 $\Leftrightarrow \boldsymbol{A}^{\mathrm{T}}$ 可逆.

3. 已知 $\boldsymbol{A}^{-1}=\begin{bmatrix}3&5\\-2&-4\end{bmatrix}$,则 $\boldsymbol{A}=$____.

4. 求下列矩阵的逆矩阵:

(1) $\begin{bmatrix}1&2&-3\\0&1&2\\0&0&1\end{bmatrix}$;　　(2) $\begin{bmatrix}1&2&2\\2&1&-2\\2&-2&1\end{bmatrix}$.

5. 解下列矩阵方程:

(1) $\begin{bmatrix}1&2\\3&4\end{bmatrix}\boldsymbol{X}=\begin{bmatrix}3&5\\5&9\end{bmatrix}$;　　(2) $\begin{bmatrix}1&1&1\\0&1&1\\0&0&1\end{bmatrix}\boldsymbol{X}=\begin{bmatrix}5&6\\3&4\\1&2\end{bmatrix}$;

(3) $\begin{bmatrix}1 & 4\\-1 & 2\end{bmatrix}\boldsymbol{X}\begin{bmatrix}2 & 0\\-1 & 1\end{bmatrix}=\begin{bmatrix}3 & 1\\0 & -1\end{bmatrix}$.

6. 解出满足下述条件的矩阵 $\boldsymbol{X}$:

(1) $(\boldsymbol{A}+2\boldsymbol{E})\boldsymbol{X}=\boldsymbol{C}$,其中 $\boldsymbol{A}=\begin{bmatrix}1 & 1\\1 & 2\end{bmatrix}$,$\boldsymbol{C}=\begin{bmatrix}1 & 1\\0 & 1\end{bmatrix}$;

(2) $\boldsymbol{A}^{-1}\boldsymbol{X}\boldsymbol{A}=6\boldsymbol{A}+\boldsymbol{X}\boldsymbol{A}$,其中 $\boldsymbol{A}=\begin{bmatrix}\frac{1}{3} & 0 & 0\\0 & \frac{1}{4} & 0\\0 & 0 & \frac{1}{7}\end{bmatrix}$;

(3) $\boldsymbol{A}^2+\boldsymbol{A}\boldsymbol{X}-\boldsymbol{X}=\boldsymbol{E}$,其中 $\boldsymbol{A}=\begin{bmatrix}1 & 0 & 2\\0 & -3 & 0\\1 & 0 & 0\end{bmatrix}$.

7. 设 $\boldsymbol{A}$ 为 n 阶方阵,存在某个正整数 $k>1$,使 $\boldsymbol{A}^k=\boldsymbol{O}$($\boldsymbol{A}$ 称为**幂零矩阵**),证明:$\boldsymbol{E}-\boldsymbol{A}$ 可逆,且其逆为 $\boldsymbol{E}+\boldsymbol{A}+\boldsymbol{A}^2+\cdots+\boldsymbol{A}^{k-1}$.

8. 设 $\boldsymbol{J}_n$ 为所有元素全为 1 的 $n(n>1)$阶方阵,证明 $\boldsymbol{E}-\boldsymbol{J}_n$ 可逆,且其逆为

$$\boldsymbol{E}-\frac{1}{n-1}\boldsymbol{J}_n.$$

9. 设 $\boldsymbol{A}$ 为 n 阶方阵,适合 $a_m\boldsymbol{A}^m+a_{m-1}\boldsymbol{A}^{m-1}+\cdots+a_1\boldsymbol{A}+a_0\boldsymbol{E}=\boldsymbol{O}$,其中 $a_0\neq 0$,求证:$\boldsymbol{A}$ 可逆,且求出其逆.

10. 已知 $\boldsymbol{A}$ 为 3 阶方阵,且 $|\boldsymbol{A}|=3$,求

(1) $|\boldsymbol{A}^{-1}|$; (2) $|\boldsymbol{A}^*|$; (3) $|-2\boldsymbol{A}|$; (4) $|(3\boldsymbol{A})^{-1}|$;

(5) $\left|\frac{1}{3}\boldsymbol{A}^*-4\boldsymbol{A}^{-1}\right|$; (6) $(\boldsymbol{A}^*)^{-1}$.

11. *设 $\boldsymbol{A},\boldsymbol{B}$ 均为 n 阶可逆矩阵,$\boldsymbol{A}^*,\boldsymbol{B}^*$ 为其伴随矩阵,证明:$(\boldsymbol{A}\boldsymbol{B})^*=\boldsymbol{B}^*\boldsymbol{A}^*$.

12. 设 $\boldsymbol{A}$ 是 n 阶方阵,若 $\boldsymbol{A}^2=\boldsymbol{A}$,且 $\boldsymbol{A}\neq\boldsymbol{E}$,则 $\boldsymbol{A}$ 不是可逆矩阵.

13. 设 $\boldsymbol{A}$ 是 n 阶方阵,如有非零的 $n\times t$ 矩阵 $\boldsymbol{B}$ 使 $\boldsymbol{A}\boldsymbol{B}=\boldsymbol{O}$,则 $|\boldsymbol{A}|=0$.

14. 设 n 阶方阵 $\boldsymbol{A}$ 满足 $\boldsymbol{A}^2+\boldsymbol{A}-4\boldsymbol{E}=\boldsymbol{O}$,证明:$\boldsymbol{A}$ 及 $\boldsymbol{A}-\boldsymbol{E}$ 都是可逆矩阵,且写出 $\boldsymbol{A}^{-1}$ 及$(\boldsymbol{A}-\boldsymbol{E})^{-1}$.

3.3 矩阵的分块

本节将介绍一种在处理行数和列数较大矩阵的运算(特别是乘法)时常用的方法:矩阵分块.

设 $\boldsymbol{A}$ 是一个矩阵,我们在它的行或列之间加上纵、横贯串整个矩阵的虚线,把这个矩阵分成若干小块,如 $\boldsymbol{A}=[a_{ij}]_{4\times 3}$ 可以分成

$$A=\left[\begin{array}{cc:c} a_{11} & a_{12} & a_{13} \\ a_{21} & a_{22} & a_{23} \\ \hdashline a_{31} & a_{32} & a_{33} \\ a_{41} & a_{42} & a_{43} \end{array}\right].$$

被这种方法分成若干小块的矩阵称为一个**分块矩阵**.

在一个分块矩阵里,每一小块也可以看成一个矩阵(称为**子矩阵**). 如上例中,若记

$$A_{11}=\begin{bmatrix} a_{11} & a_{12} \\ a_{21} & a_{22} \end{bmatrix},\quad A_{12}=\begin{bmatrix} a_{13} \\ a_{23} \end{bmatrix},\quad A_{21}=\begin{bmatrix} a_{31} & a_{32} \\ a_{41} & a_{42} \end{bmatrix},\quad A_{22}=\begin{bmatrix} a_{33} \\ a_{43} \end{bmatrix},$$

则有

$$A=\begin{bmatrix} A_{11} & A_{12} \\ A_{21} & A_{22} \end{bmatrix}.$$

给了一个矩阵可以有多种不同的分块方法,如上例矩阵 A 也可分成

$$A=\left[\begin{array}{cc:c} a_{11} & a_{12} & a_{13} \\ \hdashline a_{21} & a_{22} & a_{23} \\ a_{31} & a_{32} & a_{33} \\ \hdashline a_{41} & a_{42} & a_{43} \end{array}\right],\quad A=\left[\begin{array}{ccc} a_{11} & a_{12} & a_{13} \\ a_{21} & a_{22} & a_{23} \\ \hdashline a_{31} & a_{32} & a_{33} \\ a_{41} & a_{42} & a_{43} \end{array}\right]$$

等等. 为了需要,可将 A 自己视为 1 个子块(如例 3.3.2),也可将 A 的每个元素视为 1 个子块(即把 A 划分为 12 个小块). 以下两种分块方式是常用的

1. 按列分块,即

$$A=\left[\begin{array}{c:c:c} a_{11} & a_{12} & a_{13} \\ a_{21} & a_{22} & a_{23} \\ a_{31} & a_{32} & a_{33} \\ a_{41} & a_{42} & a_{43} \end{array}\right] \xlongequal{\text{记为}} [\boldsymbol{\alpha}_1 \quad \boldsymbol{\alpha}_2 \quad \boldsymbol{\alpha}_3],$$
$$\quad\boldsymbol{\alpha}_1 \quad\ \boldsymbol{\alpha}_2 \quad\ \boldsymbol{\alpha}_3$$

其中 $\boldsymbol{\alpha}_i=[a_{1i} \quad a_{2i} \quad a_{3i} \quad a_{4i}]^{\mathrm{T}}, i=1,2,3$.

2. 按行分块,即

$$A=\left[\begin{array}{ccc} a_{11} & a_{12} & a_{13} \\ \hdashline a_{21} & a_{22} & a_{23} \\ \hdashline a_{31} & a_{32} & a_{33} \\ \hdashline a_{41} & a_{42} & a_{43} \end{array}\right]\begin{array}{c} \boldsymbol{\beta}_1 \\ \boldsymbol{\beta}_2 \\ \boldsymbol{\beta}_3 \\ \boldsymbol{\beta}_4 \end{array} \xlongequal{\text{记为}} \begin{bmatrix} \boldsymbol{\beta}_1 \\ \boldsymbol{\beta}_2 \\ \boldsymbol{\beta}_3 \\ \boldsymbol{\beta}_4 \end{bmatrix},$$

其中 $\boldsymbol{\beta}_j=[a_{j1} \quad a_{j2} \quad a_{j3}], j=1,2,3,4$.

矩阵按何种方法分块有两个原则:第一是要求作适当分块后,在矩阵运算中,可把子矩阵当作"数",像普通的数为元素的矩阵一样运算. 第二是尽量使运算能简单方便. 因此矩阵分块时必须注意到矩阵的运算规则,对于不同的运算,矩阵分块

的原则也不相同.

1. 加法

设 $\boldsymbol{A},\boldsymbol{B}$ 都是 $m\times n$ 矩阵. 将 $\boldsymbol{A},\boldsymbol{B}$ 按同样的方法进行适当分块

$$\boldsymbol{A}=\begin{bmatrix}\boldsymbol{A}_{11} & \boldsymbol{A}_{12} & \cdots & \boldsymbol{A}_{1q}\\ \boldsymbol{A}_{21} & \boldsymbol{A}_{22} & \cdots & \boldsymbol{A}_{2q}\\ \vdots & \vdots & & \vdots\\ \boldsymbol{A}_{p1} & \boldsymbol{A}_{p2} & \cdots & \boldsymbol{A}_{pq}\end{bmatrix},\quad \boldsymbol{B}=\begin{bmatrix}\boldsymbol{B}_{11} & \boldsymbol{B}_{12} & \cdots & \boldsymbol{B}_{1q}\\ \boldsymbol{B}_{21} & \boldsymbol{B}_{22} & \cdots & \boldsymbol{B}_{2q}\\ \vdots & \vdots & & \vdots\\ \boldsymbol{B}_{p1} & \boldsymbol{B}_{p2} & \cdots & \boldsymbol{B}_{pq}\end{bmatrix},$$

其中 $\boldsymbol{A}_{ij},\boldsymbol{B}_{ij}$ 都是 $m_i\times n_j$ 矩阵($i=1,2,\cdots,p;j=1,2,\cdots,q$)适合 $\sum_{i=1}^{p}m_i=m,\sum_{j=1}^{q}n_j=n$.

容易直接验证

$$\boldsymbol{A}+\boldsymbol{B}=\begin{bmatrix}\boldsymbol{A}_{11}+\boldsymbol{B}_{11} & \boldsymbol{A}_{12}+\boldsymbol{B}_{12} & \cdots & \boldsymbol{A}_{1q}+\boldsymbol{B}_{1q}\\ \boldsymbol{A}_{21}+\boldsymbol{B}_{21} & \boldsymbol{A}_{22}+\boldsymbol{B}_{22} & \cdots & \boldsymbol{A}_{2q}+\boldsymbol{B}_{2q}\\ \vdots & \vdots & & \vdots\\ \boldsymbol{A}_{p1}+\boldsymbol{B}_{p1} & \boldsymbol{A}_{p2}+\boldsymbol{B}_{p2} & \cdots & \boldsymbol{A}_{pq}+\boldsymbol{B}_{pq}\end{bmatrix}.$$

2. 数乘

$k\in P$,$\boldsymbol{A}$ 为 $m\times n$ 矩阵,$\boldsymbol{A}$ 的分法如上. 容易直接验证

$$k\boldsymbol{A}=\begin{bmatrix}k\boldsymbol{A}_{11} & k\boldsymbol{A}_{12} & \cdots & k\boldsymbol{A}_{1q}\\ k\boldsymbol{A}_{21} & k\boldsymbol{A}_{22} & \cdots & k\boldsymbol{A}_{2q}\\ \vdots & \vdots & & \vdots\\ k\boldsymbol{A}_{p1} & k\boldsymbol{A}_{p2} & \cdots & k\boldsymbol{A}_{pq}\end{bmatrix}.$$

由于矩阵的加法和数乘比较简单,一般不需分块计算. 而矩阵乘法比较繁复,所以分块计算有较大的实际意义. 下面就来阐明矩阵分块乘法的原则.

3. 乘法

设 $\boldsymbol{A}=[a_{ij}]_{m\times s}$,$\boldsymbol{B}=[b_{ij}]_{s\times n}$. 若对矩阵 $\boldsymbol{A}$ 的列的划分方法与对矩阵 $\boldsymbol{B}$ 的行的划分方法一致. 即

$$\boldsymbol{A}=\begin{array}{c} \begin{matrix} s_1 & s_2 & \cdots & s_t \end{matrix} \\ \begin{bmatrix}\boldsymbol{A}_{11} & \boldsymbol{A}_{12} & \cdots & \boldsymbol{A}_{1t}\\ \boldsymbol{A}_{21} & \boldsymbol{A}_{22} & \cdots & \boldsymbol{A}_{2t}\\ \vdots & \vdots & & \vdots\\ \boldsymbol{A}_{p1} & \boldsymbol{A}_{p2} & \cdots & \boldsymbol{A}_{pt}\end{bmatrix}\end{array}\begin{matrix} m_1\\ m_2\\ \vdots\\ m_p\end{matrix},\quad \boldsymbol{B}=\begin{array}{c} \begin{matrix} n_1 & n_2 & \cdots & n_q \end{matrix} \\ \begin{bmatrix}\boldsymbol{B}_{11} & \boldsymbol{B}_{12} & \cdots & \boldsymbol{B}_{1q}\\ \boldsymbol{B}_{21} & \boldsymbol{B}_{22} & \cdots & \boldsymbol{B}_{2q}\\ \vdots & \vdots & & \vdots\\ \boldsymbol{B}_{t1} & \boldsymbol{B}_{t2} & \cdots & \boldsymbol{B}_{tq}\end{bmatrix}\end{array}\begin{matrix} s_1\\ s_2\\ \vdots\\ s_t\end{matrix},$$

其中 $\sum_{i=1}^{p}m_i=m,\sum_{i=1}^{t}s_i=s,\sum_{i=1}^{q}n_i=n$. $\boldsymbol{A}_{ik}$ 是 $m_i\times s_k$ 子矩阵,$\boldsymbol{B}_{kj}$ 是 $s_k\times n_j$ 子矩阵($i=1,2,\cdots,p;k=1,2,\cdots,t;j=1,2,\cdots,q$). 则可以证明(为篇幅计略去证明,有兴趣者可参见文献[1],第 210 页):

$$AB=\begin{bmatrix}C_{11} & C_{12} & \cdots & C_{1q}\\ C_{21} & C_{22} & \cdots & C_{2q}\\ \vdots & \vdots & & \vdots\\ C_{p1} & C_{p2} & \cdots & C_{pq}\end{bmatrix},$$

其中 $C_{ij}=A_{i1}B_{1j}+A_{i2}B_{2j}+\cdots+A_{it}B_{tj}=\sum\limits_{k=1}^{t}A_{ik}B_{kj}\,(i=1,2,\cdots,p;j=1,2,\cdots,q)$.

这表明此时分块矩阵 A,B 之间乘法的规则如把子矩阵看成“数”与数为元素的 $p\times t$ 矩阵乘 $t\times q$ 矩阵规则相同.

例 3.3.1 设

$$A=\begin{bmatrix}-1 & 2 & 1 & 0 & 0\\ 4 & 1 & 0 & 1 & 0\\ 0 & 5 & 0 & 0 & 1\\ 3 & 0 & 0 & 0 & 0\\ 0 & 3 & 0 & 0 & 0\end{bmatrix},\quad B=\begin{bmatrix}0 & 0 & 0 & 2\\ 0 & 0 & 0 & 3\\ 2 & 1 & -3 & 0\\ 1 & -2 & 1 & 0\\ 0 & 1 & 4 & 0\end{bmatrix}.$$

对 A,B 做适当的分块,计算 AB.

解 将矩阵 A,B 分块(比如先确定 A 的分法,然后据此确定 B 的分法,因 B 的行的分法必须和 A 的列的分法一致).

$$A=\left[\begin{array}{cc|ccc}-1 & 2 & 1 & 0 & 0\\ 4 & 1 & 0 & 1 & 0\\ 0 & 5 & 0 & 0 & 1\\ \hline 3 & 0 & 0 & 0 & 0\\ 0 & 3 & 0 & 0 & 0\end{array}\right]\xlongequal{\text{记为}}\begin{bmatrix}A_{11} & E_3\\ 3E_2 & O_{2\times 3}\end{bmatrix},$$

$$B=\left[\begin{array}{ccc|c}0 & 0 & 0 & 2\\ 0 & 0 & 0 & 3\\ \hline 2 & 1 & -3 & 0\\ 1 & -2 & 1 & 0\\ 0 & 1 & 4 & 0\end{array}\right]\xlongequal{\text{记为}}\begin{bmatrix}O_{2\times 3} & B_{12}\\ B_{21} & O_{3\times 1}\end{bmatrix}.$$

有

$$AB=\begin{bmatrix}A_{11} & E_3\\ 3E_2 & O_{2\times 3}\end{bmatrix}\begin{bmatrix}O_{2\times 3} & B_{12}\\ B_{21} & O_{3\times 1}\end{bmatrix}=\begin{bmatrix}B_{21} & A_{11}B_{12}\\ O_{2\times 3} & 3B_{12}\end{bmatrix}.$$

这样 B_{21},$3B_{12}$ 可直接写出,仅需计算

$$A_{11}B_{12}=\begin{bmatrix}-1 & 2\\ 4 & 1\\ 0 & 5\end{bmatrix}\begin{bmatrix}2\\ 3\end{bmatrix}=\begin{bmatrix}4\\ 11\\ 15\end{bmatrix}.$$

故

$$AB=\begin{bmatrix}2&1&-3&4\\1&-2&1&11\\0&1&4&15\\0&0&0&6\\0&0&0&9\end{bmatrix}.$$

例 3.3.2　设 $\boldsymbol{A}$ 为 $m\times n$ 矩阵，$\boldsymbol{B}$ 为 $n\times t$ 矩阵. 若将 $\boldsymbol{B}$ 按列分块，记作为 $\boldsymbol{B}=[\boldsymbol{\alpha}_1\quad\boldsymbol{\alpha}_2\quad\cdots\quad\boldsymbol{\alpha}_t]$，则

$$\boldsymbol{AB}=\boldsymbol{A}[\boldsymbol{\alpha}_1\quad\boldsymbol{\alpha}_2\quad\cdots\quad\boldsymbol{\alpha}_t]=[\boldsymbol{A\alpha}_1\quad\boldsymbol{A\alpha}_2\quad\cdots\quad\boldsymbol{A\alpha}_t].$$

从而有 $\boldsymbol{AB}=\boldsymbol{O}\Leftrightarrow\boldsymbol{A\alpha}_i=\boldsymbol{O},\quad i=1,2,\cdots,t$. 这表明 $\boldsymbol{AB}=\boldsymbol{O}$ 的充要条件为 $\boldsymbol{B}$ 的每一列 $\boldsymbol{\alpha}_i(i=1,2,\cdots,t)$ 均为齐次线性方程 $\boldsymbol{AX}=\boldsymbol{O}$ 的解.

以上例题均表明矩阵分块相乘必须先遵循分块原则，这样才能使分块后的矩阵可把子矩阵当作数一样进行矩阵乘法. 在此前提下，才能考虑如何分块使运算简便. 因而如何分块是一种技巧，需要在使用中不断地磨炼.

4. 转置　设分块矩阵

$$\boldsymbol{A}=\begin{bmatrix}\boldsymbol{A}_{11}&\boldsymbol{A}_{12}&\cdots&\boldsymbol{A}_{1q}\\\boldsymbol{A}_{21}&\boldsymbol{A}_{22}&\cdots&\boldsymbol{A}_{2q}\\\vdots&\vdots&&\vdots\\\boldsymbol{A}_{p1}&\boldsymbol{A}_{p2}&\cdots&\boldsymbol{A}_{pq}\end{bmatrix},$$

容易直接验证分块矩阵 $\boldsymbol{A}$ 的转置矩阵为

$$\boldsymbol{A}^{\mathrm{T}}=\begin{bmatrix}\boldsymbol{A}_{11}^{\mathrm{T}}&\boldsymbol{A}_{21}^{\mathrm{T}}&\cdots&\boldsymbol{A}_{p1}^{\mathrm{T}}\\\boldsymbol{A}_{12}^{\mathrm{T}}&\boldsymbol{A}_{22}^{\mathrm{T}}&\cdots&\boldsymbol{A}_{p2}^{\mathrm{T}}\\\vdots&\vdots&&\vdots\\\boldsymbol{A}_{1q}^{\mathrm{T}}&\boldsymbol{A}_{2q}^{\mathrm{T}}&\cdots&\boldsymbol{A}_{pq}^{\mathrm{T}}\end{bmatrix}.$$

这表明分块矩阵转置时，不但要将行列互换，而且行列互换后的各子矩阵都应转置.

例 3.3.3　将 $m\times n$ 矩阵 $\boldsymbol{A}$ 按列分块 $\boldsymbol{A}=[\boldsymbol{\alpha}_1\quad\boldsymbol{\alpha}_2\quad\cdots\quad\boldsymbol{\alpha}_n]$，由此计算 $\boldsymbol{AA}^{\mathrm{T}}$，$\boldsymbol{A}^{\mathrm{T}}\boldsymbol{A}$.

解　$$\boldsymbol{AA}^{\mathrm{T}}=[\boldsymbol{\alpha}_1\quad\boldsymbol{\alpha}_2\quad\cdots\quad\boldsymbol{\alpha}_n]\begin{bmatrix}\boldsymbol{\alpha}_1^{\mathrm{T}}\\\boldsymbol{\alpha}_2^{\mathrm{T}}\\\vdots\\\boldsymbol{\alpha}_n^{\mathrm{T}}\end{bmatrix}=[\boldsymbol{\alpha}_1\boldsymbol{\alpha}_1^{\mathrm{T}}+\boldsymbol{\alpha}_2\boldsymbol{\alpha}_2^{\mathrm{T}}+\cdots+\boldsymbol{\alpha}_n\boldsymbol{\alpha}_n^{\mathrm{T}}];$$

$$\boldsymbol{A}^{\mathrm{T}}\boldsymbol{A}=\begin{bmatrix}\boldsymbol{\alpha}_1^{\mathrm{T}}\\\boldsymbol{\alpha}_2^{\mathrm{T}}\\\vdots\\\boldsymbol{\alpha}_n^{\mathrm{T}}\end{bmatrix}[\boldsymbol{\alpha}_1\quad\boldsymbol{\alpha}_2\quad\cdots\quad\boldsymbol{\alpha}_n]=\begin{bmatrix}\boldsymbol{\alpha}_1^{\mathrm{T}}\boldsymbol{\alpha}_1&\boldsymbol{\alpha}_1^{\mathrm{T}}\boldsymbol{\alpha}_2&\cdots&\boldsymbol{\alpha}_1^{\mathrm{T}}\boldsymbol{\alpha}_n\\\boldsymbol{\alpha}_2^{\mathrm{T}}\boldsymbol{\alpha}_1&\boldsymbol{\alpha}_2^{\mathrm{T}}\boldsymbol{\alpha}_2&\cdots&\boldsymbol{\alpha}_2^{\mathrm{T}}\boldsymbol{\alpha}_n\\\vdots&\vdots&&\vdots\\\boldsymbol{\alpha}_n^{\mathrm{T}}\boldsymbol{\alpha}_1&\boldsymbol{\alpha}_n^{\mathrm{T}}\boldsymbol{\alpha}_2&\cdots&\boldsymbol{\alpha}_n^{\mathrm{T}}\boldsymbol{\alpha}_n\end{bmatrix}.$$

可将此例与例 3.1.5 比较. 然要注意到 $\boldsymbol{\alpha}_i$ 为 $m\times 1$ 矩阵，故 $\boldsymbol{\alpha}_i\boldsymbol{\alpha}_i^{\mathrm{T}}$ 为 $m\times m$ 矩阵，$\boldsymbol{\alpha}_i^{\mathrm{T}}\boldsymbol{\alpha}_j$ 为 1×1 矩阵(数)$(i,j=1,2,\cdots,n)$.

5. 求逆 对某一类矩阵作适当分块，可将阶数较高矩阵求逆归结为阶数较低矩阵求逆，从而简化计算.

例 3.3.4 设分块矩阵 $\boldsymbol{P}=\begin{bmatrix}\boldsymbol{A} & \boldsymbol{O}\\ \boldsymbol{C} & \boldsymbol{B}\end{bmatrix}_{r+s}$，其中 $\boldsymbol{A},\boldsymbol{B}$ 分别为 r 阶，s 阶可逆方阵. 求证：$\boldsymbol{P}$ 可逆，并求出 $\boldsymbol{P}^{-1}$.

解 由 1.6 节行列式基本形知，$|\boldsymbol{P}|=|\boldsymbol{A}||\boldsymbol{B}|\neq 0$，故 $\boldsymbol{P}$ 可逆. 从而 $\boldsymbol{P}^{-1}$ 存在，将 $\boldsymbol{P}^{-1}$ 按与 $\boldsymbol{P}$ 相同的分法分块. 可设 $\boldsymbol{P}^{-1}=\begin{bmatrix}\boldsymbol{X}_{11} & \boldsymbol{X}_{12}\\ \boldsymbol{X}_{21} & \boldsymbol{X}_{22}\end{bmatrix}$，其中 $\boldsymbol{X}_{11},\boldsymbol{X}_{22}$ 分别为 r 阶，s 阶方阵. 由 $\boldsymbol{P}\boldsymbol{P}^{-1}=\boldsymbol{E}$ 得

$$\begin{bmatrix}\boldsymbol{A} & \boldsymbol{O}\\ \boldsymbol{C} & \boldsymbol{B}\end{bmatrix}\begin{bmatrix}\boldsymbol{X}_{11} & \boldsymbol{X}_{12}\\ \boldsymbol{X}_{21} & \boldsymbol{X}_{22}\end{bmatrix}=\begin{bmatrix}\boldsymbol{E}_r & \boldsymbol{O}\\ \boldsymbol{O} & \boldsymbol{E}_s\end{bmatrix},$$

$$\begin{bmatrix}\boldsymbol{A}\boldsymbol{X}_{11} & \boldsymbol{A}\boldsymbol{X}_{12}\\ \boldsymbol{C}\boldsymbol{X}_{11}+\boldsymbol{B}\boldsymbol{X}_{21} & \boldsymbol{C}\boldsymbol{X}_{12}+\boldsymbol{B}\boldsymbol{X}_{22}\end{bmatrix}=\begin{bmatrix}\boldsymbol{E}_r & \boldsymbol{O}\\ \boldsymbol{O} & \boldsymbol{E}_s\end{bmatrix}.$$

由矩阵相等定义知

$$\begin{cases}\boldsymbol{A}\boldsymbol{X}_{11}=\boldsymbol{E}_r, & ①\\ \boldsymbol{A}\boldsymbol{X}_{12}=\boldsymbol{O}, & ②\\ \boldsymbol{C}\boldsymbol{X}_{11}+\boldsymbol{B}\boldsymbol{X}_{21}=\boldsymbol{O}, & ③\\ \boldsymbol{C}\boldsymbol{X}_{12}+\boldsymbol{B}\boldsymbol{X}_{22}=\boldsymbol{E}_s. & ④\end{cases}$$

因 $\boldsymbol{A}$ 可逆，故从①，②可导出：$\boldsymbol{X}_{11}=\boldsymbol{A}^{-1}$，$\boldsymbol{X}_{12}=\boldsymbol{O}$ 代入③，④得

$$\begin{cases}\boldsymbol{C}\boldsymbol{A}^{-1}+\boldsymbol{B}\boldsymbol{X}_{21}=\boldsymbol{O};\\ \boldsymbol{B}\boldsymbol{X}_{22}=\boldsymbol{E}_s.\end{cases}$$

解得 $\boldsymbol{X}_{21}=-\boldsymbol{B}^{-1}\boldsymbol{C}\boldsymbol{A}^{-1}$，$\boldsymbol{X}_{22}=\boldsymbol{B}^{-1}$. 所以

$$\boldsymbol{P}^{-1}=\begin{bmatrix}\boldsymbol{A}^{-1} & \boldsymbol{O}\\ -\boldsymbol{B}^{-1}\boldsymbol{C}\boldsymbol{A}^{-1} & \boldsymbol{B}^{-1}\end{bmatrix}.$$

特别地当 $\boldsymbol{C}=\boldsymbol{O}$ 时有 $\begin{bmatrix}\boldsymbol{A} & \boldsymbol{O}\\ \boldsymbol{O} & \boldsymbol{B}\end{bmatrix}^{-1}=\begin{bmatrix}\boldsymbol{A}^{-1} & \boldsymbol{O}\\ \boldsymbol{O} & \boldsymbol{B}^{-1}\end{bmatrix}$.

综上所述矩阵分块是矩阵运算中的一个很有效的方法，它不仅能使运算简明，而且在理论的推导中也起着重要作用. 在下面有关章节中会经常采用矩阵分块这一方法.

习　题　3.3

1. 将矩阵适当分块后计算：

(1) $\begin{bmatrix}-1&2&0&0\\3&1&0&0\\0&0&1&2\\0&0&-2&1\end{bmatrix}\begin{bmatrix}1&3&0&0\\4&-1&0&0\\0&0&2&1\\0&0&3&4\end{bmatrix}$；　　(2) $\begin{bmatrix}2&0&0&1&0\\0&2&0&0&1\\0&0&2&2&-1\\0&0&0&1&4\\0&0&0&0&1\end{bmatrix}\begin{bmatrix}1&1&1\\1&1&1\\1&1&1\\0&1&0\\0&0&1\end{bmatrix}$.

2. 设 $\boldsymbol{A}$ 为 n 阶可逆矩阵，计算：

(1) $\boldsymbol{A}^{-1}[\boldsymbol{A}\quad \boldsymbol{E}_n]$；　　(2) $\begin{bmatrix}\boldsymbol{A}\\ \boldsymbol{E}_n\end{bmatrix}\boldsymbol{A}^{-1}$；　　(3) $[\boldsymbol{A}\quad \boldsymbol{E}_n]^{\mathrm{T}}[\boldsymbol{A}\quad \boldsymbol{E}_n]$；

(4) $[\boldsymbol{A}\quad \boldsymbol{E}_n][\boldsymbol{A}\quad \boldsymbol{E}_n]^{\mathrm{T}}$；　　(5) $\begin{bmatrix}\boldsymbol{A}^{-1}\\ \boldsymbol{E}_n\end{bmatrix}[\boldsymbol{A}\quad \boldsymbol{E}_n]$.

3. 设 $\boldsymbol{M}=\begin{bmatrix}\boldsymbol{A}&\boldsymbol{B}\\ \boldsymbol{C}&\boldsymbol{D}\end{bmatrix}$，其中 $\boldsymbol{A},\boldsymbol{B},\boldsymbol{C},\boldsymbol{D}$ 均为 $n(n>1)$ 阶方阵，则 $\boldsymbol{M}^{\mathrm{T}}=($　　$)$.

(A) $\begin{bmatrix}\boldsymbol{A}&\boldsymbol{C}\\ \boldsymbol{B}&\boldsymbol{D}\end{bmatrix}$.　　(B) $\begin{bmatrix}\boldsymbol{A}&\boldsymbol{C}^{\mathrm{T}}\\ \boldsymbol{B}^{\mathrm{T}}&\boldsymbol{D}\end{bmatrix}$.

(C) $\begin{bmatrix}\boldsymbol{A}^{\mathrm{T}}&\boldsymbol{C}^{\mathrm{T}}\\ \boldsymbol{B}^{\mathrm{T}}&\boldsymbol{D}^{\mathrm{T}}\end{bmatrix}$.　　(D) $\begin{bmatrix}\boldsymbol{A}^{\mathrm{T}}&\boldsymbol{B}^{\mathrm{T}}\\ \boldsymbol{C}^{\mathrm{T}}&\boldsymbol{D}^{\mathrm{T}}\end{bmatrix}$.

4. 设 $\boldsymbol{A},\boldsymbol{B}$ 分别为 r,t 阶方阵，令 $\boldsymbol{Q}=\begin{bmatrix}\boldsymbol{O}&\boldsymbol{A}\\ \boldsymbol{B}&\boldsymbol{O}\end{bmatrix}$.

(1) 证明：$\boldsymbol{Q}$ 可逆 $\Leftrightarrow$ $\boldsymbol{A},\boldsymbol{B}$ 均可逆；

(2) 当 $\boldsymbol{Q}$ 可逆时，求出 $\boldsymbol{Q}^{-1}$.

5. 利用矩阵分块求下列矩阵的逆：

(1) $\begin{bmatrix}2&1&0&0\\1&1&0&0\\0&0&2&7\\0&0&1&3\end{bmatrix}$；　　(2) $\begin{bmatrix}0&0&3&-2\\0&0&5&-3\\3&4&0&0\\1&1&0&0\end{bmatrix}$；

(3) $\begin{bmatrix}0&0&0&1&2\\0&0&0&2&3\\1&1&0&0&0\\0&1&1&0&0\\0&0&1&0&0\end{bmatrix}$；　　(4)* $\begin{bmatrix}0&a_1&0&\cdots&0&0\\0&0&a_2&\cdots&0&0\\ \vdots&\vdots&\vdots&&\vdots&\vdots\\0&0&0&\cdots&0&a_{n-1}\\a_n&0&0&\cdots&0&0\end{bmatrix}_{n\times n}$，

其中 $a_i\neq 0(i=1,2,\cdots,n)$.

6*. 考虑例 3.3.5 的一些变形. 仍设 $\boldsymbol{A},\boldsymbol{B}$ 分别为 r 阶，s 阶方阵，令

$$\boldsymbol{M}_1=\begin{bmatrix}\boldsymbol{A}&\boldsymbol{C}\\ \boldsymbol{O}&\boldsymbol{B}\end{bmatrix},\quad \boldsymbol{M}_2=\begin{bmatrix}\boldsymbol{C}&\boldsymbol{A}\\ \boldsymbol{B}&\boldsymbol{O}\end{bmatrix},\quad \boldsymbol{M}_3=\begin{bmatrix}\boldsymbol{O}&\boldsymbol{A}\\ \boldsymbol{B}&\boldsymbol{C}\end{bmatrix}.$$

分别写出 $\boldsymbol{M}_1,\boldsymbol{M}_2,\boldsymbol{M}_3$ 可逆的充要条件，并加以证明. 且在可逆时求出其逆.

3.4　矩阵的初等变换与初等矩阵

前文定理 2.1.2 表明秩为 r 的矩阵 $\boldsymbol{A}_{m\times n}$ 通过初等行变换和列互换可化为约化阶梯形矩阵

$$\boldsymbol{B}=\begin{bmatrix} 1 & 0 & 0 & \cdots & 0 & c_{1,r+1} & \cdots & c_{1n} \\ 0 & 1 & 0 & \cdots & 0 & c_{2,r+1} & \cdots & c_{2n} \\ \vdots & \vdots & \vdots & & \vdots & \vdots & & \\ 0 & 0 & 0 & \cdots & 1 & c_{r,r+1} & \cdots & c_{rn} \\ 0 & 0 & 0 & \cdots & 0 & 0 & \cdots & 0 \\ \vdots & \vdots & \vdots & & \vdots & \vdots & & \vdots \\ 0 & 0 & 0 & \cdots & 0 & 0 & \cdots & 0 \end{bmatrix}.$$

如还允许做列的倍加，则可将 $\boldsymbol{B}$ 的前 r 列的适当倍数加到第 $r+1,\cdots$，第 n 列上，$\boldsymbol{B}$ 可进一步化简为

$$\begin{bmatrix} 1 & 0 & 0 & \cdots & 0 & 0 & \cdots & 0 \\ 0 & 1 & 0 & \cdots & 0 & 0 & \cdots & 0 \\ \vdots & \vdots & \vdots & & \vdots & \vdots & & \vdots \\ 0 & 0 & 0 & \cdots & 1 & 0 & \cdots & 0 \\ 0 & 0 & 0 & \cdots & 0 & 0 & \cdots & 0 \\ \vdots & \vdots & \vdots & & \vdots & \vdots & & \vdots \\ 0 & 0 & 0 & \cdots & 0 & 0 & \cdots & 0 \end{bmatrix}=\begin{bmatrix} \boldsymbol{E}_r & \boldsymbol{O} \\ \boldsymbol{O} & \boldsymbol{O} \end{bmatrix}.$$

这表明任意一个秩为 r 的矩阵 $\boldsymbol{A}_{m\times n}$ 通过初等行变换，初等列变换可化为

$$\begin{bmatrix} \boldsymbol{E}_r & \boldsymbol{O} \\ \boldsymbol{O} & \boldsymbol{O} \end{bmatrix}_{m\times n}.$$

本节将指出初等行(列)变换可通过左(右)乘相应的矩阵而实现.

定义 3.4.1　对单位矩阵 $\boldsymbol{E}_n$ 施行一次初等变换后所得到的矩阵称为**初等矩阵**.

据此对单位矩阵 $\boldsymbol{E}_n$ 施行三种初等变换所对应的初等矩阵分别为：

1. 互换

$$
\boldsymbol{E}_n \xrightarrow[(\text{或 } C_{ij})]{R_{ij}}
\begin{array}{c}
\begin{array}{ccccccccccc} & & & i & & & & j & & & \end{array}\\
\left[\begin{array}{ccccccccccc}
1 & & & & & & & & & & \\
 & \ddots & & & & & & & & & \\
 & & 1 & & & & & & & & \\
 & & & 0 & \cdots & \cdots & \cdots & 1 & & & \\
 & & & \vdots & 1 & & & \vdots & & & \\
 & & & \vdots & & \ddots & & \vdots & & & \\
 & & & \vdots & & & 1 & \vdots & & & \\
 & & & 1 & \cdots & \cdots & \cdots & 0 & & & \\
 & & & & & & & & 1 & & \\
 & & & & & & & & & \ddots & \\
 & & & & & & & & & & 1
\end{array}\right]
\end{array}
\begin{array}{l} \\ \\ \\ \\ i \\ \\ \\ \\ j \\ \\ \\ \\ \end{array}
\xlongequal{\text{记为}} \boldsymbol{E}(i,j)
$$

(未标明处为零,下同).

2. 倍乘

$$
\boldsymbol{E}_n \xrightarrow[(\text{或 } kC_i)]{kR_i}
\begin{array}{c}
\begin{array}{ccccccc} & & & i & & & \end{array}\\
\left[\begin{array}{ccccccc}
1 & & & & & & \\
 & \ddots & & & & & \\
 & & 1 & & & & \\
 & & & k & & & \\
 & & & & 1 & & \\
 & & & & & \ddots & \\
 & & & & & & 1
\end{array}\right]
\end{array}
\begin{array}{l} \\ \\ \\ \\ i \\ \\ \\ \\ \end{array}
\xlongequal{\text{记为}} \boldsymbol{E}(i(k)), \quad k \neq 0;
$$

3. 倍加

(1) $i<j$ 时

$$
\boldsymbol{E}_n \xrightarrow[(\text{或 } C_j + kC_i)]{R_i + kR_j}
\begin{array}{c}
\begin{array}{cccccc} & & i & & j & \end{array}\\
\left[\begin{array}{cccccc}
1 & & & & & \\
 & \ddots & & & & \\
 & & 1 & \cdots & k & \\
 & & & \ddots & \vdots & \\
 & & & & 1 & \\
 & & & & & \ddots \\
 & & & & & & 1
\end{array}\right]
\end{array}
\begin{array}{l} \\ \\ \\ i \\ \\ j \\ \\ \\ \end{array}
\xlongequal{\text{记为}} \boldsymbol{E}(i+j(k),j),
$$

(2) $i>j$ 时

$$E_n \xrightarrow[(\text{或 } C_j+kC_i)]{R_i+kR_j} \begin{bmatrix} 1 & & & & & \\ & \ddots & & & & \\ & & 1 & & & \\ & & \vdots & \ddots & & \\ & & k & \cdots & 1 & \\ & & & & & \ddots & \\ & & & & & & 1 \end{bmatrix} \begin{matrix} \\ \\ j \\ \\ i \\ \\ \\ \end{matrix} \xlongequal{\text{记为}} E(j,i+j(k)).$$

利用定理 3.2.1 的重要推论,可直接验证下列性质.

性质 3.4.1 初等矩阵为可逆矩阵,且它们的逆矩阵仍为初等矩阵. 具体地说:

$$E(i,j) \text{ 可逆,其逆 } E(i,j)^{-1}=E(i,j);$$

$$E(i(k)) \text{ 可逆,其逆 } E(i(k))^{-1}=E\left(i\left(\frac{1}{k}\right)\right);$$

$$E(i+j(k),j) \text{ 可逆,其逆 } E(i+j(k),j)^{-1}=E(i+j(-k),j).$$

定理 3.4.1 对矩阵 $A_{m\times n}$施行一次初等行变换相当于在 $A_{m\times n}$的左边乘一个相应的 m 阶初等矩阵;对 $A_{m\times n}$施行一次初等列变换相当于在 $A_{m\times n}$的右边乘一个相应的 n 阶初等矩阵.

证 将矩阵 $A_{m\times n}$按行分块,且记 A 的第 i 行为 $\beta_i(i=1,2,\cdots,m)$,则

$$A=\begin{bmatrix}\beta_1\\ \beta_2\\ \vdots\\ \beta_m\end{bmatrix}.$$

1. 矩阵 $A_{m\times n}$左边乘一个 m 阶初等矩阵 $E(i,j)$得

$$E(i,j)\,A=\begin{matrix} \\ \\ \\ i \\ \\ \\ \\ j \\ \\ \\ \end{matrix}\begin{bmatrix} 1 & & & & & & & & \\ & \ddots & & & & & & & \\ & & 1 & & & & & & \\ & & & 0 & \cdots & \cdots & \cdots & 1 & & & \\ & & & \vdots & 1 & & & \vdots & & & \\ & & & \vdots & & \ddots & & \vdots & & & \\ & & & \vdots & & & 1 & \vdots & & & \\ & & & 1 & \cdots & \cdots & \cdots & 0 & & & \\ & & & & & & & & 1 & & \\ & & & & & & & & & \ddots & \\ & & & & & & & & & & 1 \end{bmatrix}\begin{bmatrix}\beta_1\\ \vdots\\ \beta_i\\ \vdots\\ \beta_j\\ \vdots\\ \beta_m\end{bmatrix}=\begin{bmatrix}\beta_1\\ \vdots\\ \beta_j\\ \vdots\\ \beta_i\\ \vdots\\ \beta_m\end{bmatrix}.$$

(上方列标: i 列, j 列)

这相当于对矩阵 $\boldsymbol{A}$ 施行初等行变换 R_{ij}(互换).

2. 矩阵 $\boldsymbol{A}_{m\times n}$ 左乘一个 m 阶初等矩阵 $\boldsymbol{E}(i(k)),k\neq 0$ 得

$$\boldsymbol{E}(i(k))\boldsymbol{A}=\begin{matrix} \\ \\ \\ i \\ \\ \\ \\ \end{matrix}\begin{bmatrix} 1 & & & & & & \\ & \ddots & & & & & \\ & & 1 & & & & \\ & & & k & & & \\ & & & & 1 & & \\ & & & & & \ddots & \\ & & & & & & 1 \end{bmatrix}\begin{bmatrix}\boldsymbol{\beta}_1\\ \vdots\\ \boldsymbol{\beta}_i\\ \vdots\\ \boldsymbol{\beta}_m\end{bmatrix}=\begin{bmatrix}\boldsymbol{\beta}_1\\ \vdots\\ k\boldsymbol{\beta}_i\\ \vdots\\ \boldsymbol{\beta}_m\end{bmatrix}.$$

这相当于对矩阵 $\boldsymbol{A}$ 施行初等行变换 kR_i(倍乘).

3. 当 $i<j$ 时,矩阵 $\boldsymbol{A}_{m\times n}$ 左乘一个 m 阶初等矩阵 $\boldsymbol{E}(i+j(k),j)$ 得

$$\boldsymbol{E}(i+j(k),j)\boldsymbol{A}=\begin{matrix} \\ \\ i \\ \\ j \\ \\ \end{matrix}\begin{bmatrix} 1 & & & & & \\ & \ddots & & & & \\ & & 1 & \cdots & k & \\ & & & \ddots & \vdots & \\ & & & & 1 & \\ & & & & & \ddots \\ & & & & & & 1 \end{bmatrix}\begin{bmatrix}\boldsymbol{\beta}_1\\ \vdots\\ \boldsymbol{\beta}_i\\ \vdots\\ \boldsymbol{\beta}_j\\ \vdots\\ \boldsymbol{\beta}_m\end{bmatrix}=\begin{bmatrix}\boldsymbol{\beta}_1\\ \vdots\\ \boldsymbol{\beta}_i+k\boldsymbol{\beta}_j\\ \vdots\\ \boldsymbol{\beta}_j\\ \vdots\\ \boldsymbol{\beta}_m\end{bmatrix}.$$

这相当于对矩阵 $\boldsymbol{A}$ 施行初等行变换 R_i+kR_j(倍加).

当 $i>j$ 时可类似验证.

至此有关初等行变换结论已证得.

若将矩阵 $\boldsymbol{A}_{m\times n}$ 按列分块,类似讨论可证得有关初等列变换的结论,这样就证明了:初等行(列)变换可通过左(右)乘相应的初等矩阵而实现. 从而前述"秩为 r 的矩阵,可通过一系列初等行变换,初等列变换化为 $\begin{bmatrix}\boldsymbol{E}_r & \boldsymbol{O}\\ \boldsymbol{O} & \boldsymbol{O}\end{bmatrix}$"的结论,现可表述为推论 1.

推论 1　设 $\boldsymbol{A}_{m\times n}$ 是秩为 r 矩阵,则存在 m 阶初等矩阵 $\boldsymbol{P}_1,\boldsymbol{P}_2,\cdots,\boldsymbol{P}_s$;$n$ 阶初等矩阵 $\boldsymbol{Q}_1,\boldsymbol{Q}_2,\cdots,\boldsymbol{Q}_t$ 使得

$$\boldsymbol{P}_s\cdots\boldsymbol{P}_2\boldsymbol{P}_1\boldsymbol{A}\boldsymbol{Q}_1\boldsymbol{Q}_2\cdots\boldsymbol{Q}_t=\begin{bmatrix}\boldsymbol{E}_r & \boldsymbol{O}\\ \boldsymbol{O} & \boldsymbol{O}\end{bmatrix}.$$

若记 $\boldsymbol{P}_s\cdots\boldsymbol{P}_2\boldsymbol{P}_1=\boldsymbol{P},\boldsymbol{Q}_1\boldsymbol{Q}_2\cdots\boldsymbol{Q}_t=\boldsymbol{Q}$. 据性质 3.2.2 之 3 知,$\boldsymbol{P}$ 和 $\boldsymbol{Q}$ 均为可逆矩阵. 从而推论 1 可表述为推论 2.

推论 2 设 $A_{m\times n}$ 是秩为 r 的矩阵，则存在 m 阶可逆阵 P，n 阶可逆阵 Q，使得

$$PAQ=\begin{bmatrix}E_r & O\\ O & O\end{bmatrix}.$$

例 3.4.1 设

$$A=\begin{bmatrix}1 & 0 & -1 & 0\\ -2 & 4 & 2 & -8\\ 3 & -6 & -3 & 12\end{bmatrix},$$

对 A 施行初等行变换，初等列变换可化为

$$A\xrightarrow[R_2+2R_1]{R_3+\frac{3}{2}R_2}\begin{bmatrix}1 & 0 & -1 & 0\\ 0 & 4 & 0 & -8\\ 0 & 0 & 0 & 0\end{bmatrix}\xrightarrow{\frac{1}{4}R_2}\begin{bmatrix}1 & 0 & -1 & 0\\ 0 & 1 & 0 & -2\\ 0 & 0 & 0 & 0\end{bmatrix}$$

$$\xrightarrow[C_4+2C_2]{C_3+C_1}\begin{bmatrix}1 & 0 & 0 & 0\\ 0 & 1 & 0 & 0\\ 0 & 0 & 0 & 0\end{bmatrix}=\begin{bmatrix}E_2 & O\\ O & O\end{bmatrix}.$$

这些初等行变换，初等列变换所对应的初等矩阵为

$$E_3=\begin{bmatrix}1 & 0 & 0\\ 0 & 1 & 0\\ 0 & 0 & 1\end{bmatrix}\xrightarrow{R_3+\frac{3}{2}R_2}\begin{bmatrix}1 & 0 & 0\\ 0 & 1 & 0\\ 0 & \frac{3}{2} & 1\end{bmatrix}\overset{\text{记为}}{=\!=}P_1;$$

$$E_3=\begin{bmatrix}1 & 0 & 0\\ 0 & 1 & 0\\ 0 & 0 & 1\end{bmatrix}\xrightarrow{R_2+2R_1}\begin{bmatrix}1 & 0 & 0\\ 2 & 1 & 0\\ 0 & 0 & 1\end{bmatrix}\overset{\text{记为}}{=\!=}P_2;$$

$$E_3=\begin{bmatrix}1 & 0 & 0\\ 0 & 1 & 0\\ 0 & 0 & 1\end{bmatrix}\xrightarrow{\frac{1}{4}R_2}\begin{bmatrix}1 & 0 & 0\\ 0 & \frac{1}{4} & 0\\ 0 & 0 & 1\end{bmatrix}\overset{\text{记为}}{=\!=}P_3;$$

$$E_4=\begin{bmatrix}1 & 0 & 0 & 0\\ 0 & 1 & 0 & 0\\ 0 & 0 & 1 & 0\\ 0 & 0 & 0 & 1\end{bmatrix}\xrightarrow{C_3+C_1}\begin{bmatrix}1 & 0 & 1 & 0\\ 0 & 1 & 0 & 0\\ 0 & 0 & 1 & 0\\ 0 & 0 & 0 & 1\end{bmatrix}\overset{\text{记为}}{=\!=}Q_1;$$

$$E_4=\begin{bmatrix}1 & 0 & 0 & 0\\ 0 & 1 & 0 & 0\\ 0 & 0 & 1 & 0\\ 0 & 0 & 0 & 1\end{bmatrix}\xrightarrow{C_4+2C_2}\begin{bmatrix}1 & 0 & 0 & 0\\ 0 & 1 & 0 & 2\\ 0 & 0 & 1 & 0\\ 0 & 0 & 0 & 1\end{bmatrix}\overset{\text{记为}}{=\!=}Q_2.$$

利用定理 3.4.1，前述的初等变换的过程现在可用左(右)乘对应的初等矩阵而表

示为矩阵等式 $\boldsymbol{P}_3\boldsymbol{P}_2\boldsymbol{P}_1\boldsymbol{A}\boldsymbol{Q}_1\boldsymbol{Q}_2 = \begin{bmatrix} \boldsymbol{E}_2 & \boldsymbol{O} \\ \boldsymbol{O} & \boldsymbol{O} \end{bmatrix}$. 若记 $\boldsymbol{P}_3\boldsymbol{P}_2\boldsymbol{P}_1=\boldsymbol{P}$;$\boldsymbol{Q}_1\boldsymbol{Q}_2=\boldsymbol{Q}$ 就有

$$\boldsymbol{PAQ} = \begin{bmatrix} \boldsymbol{E}_2 & \boldsymbol{O} \\ \boldsymbol{O} & \boldsymbol{O} \end{bmatrix}.$$

推论 3　设 $\boldsymbol{A}$ 是 n 阶可逆矩阵,则 $\boldsymbol{A}$ 可表为初等矩阵的乘积. 从而可得:$\boldsymbol{A}$ 是可逆矩阵 $\Leftrightarrow$ $\boldsymbol{A}$ 可表示为初等矩阵的乘积.

证　$\boldsymbol{A}$ 为 n 阶可逆矩阵,有秩$(\boldsymbol{A})=n$. 据推论 1 知 $\boldsymbol{P}_s\cdots\boldsymbol{P}_2\boldsymbol{P}_1\boldsymbol{A}\boldsymbol{Q}_1\boldsymbol{Q}_2\cdots\boldsymbol{Q}_t = \boldsymbol{E}$. 故

$$\boldsymbol{A} = \boldsymbol{P}_1^{-1}\boldsymbol{P}_2^{-1}\cdots\boldsymbol{P}_s^{-1}\boldsymbol{Q}_t^{-1}\cdots\boldsymbol{Q}_2^{-1}\boldsymbol{Q}_1^{-1}.$$

据性质 3.4.1 知,$\boldsymbol{P}_i^{-1}$,$\boldsymbol{Q}_j^{-1}$($i=1,2,\cdots,s;j=1,2,\cdots,t$)均为初等矩阵,所以必要性成立;而充分性是显然的,故推论得证.

据推论 3 可逆矩阵可表示为一些初等矩阵的乘积,从而矩阵 $\boldsymbol{C}$ 左乘一个可逆矩阵 $\boldsymbol{A}$ 就相当于左乘一些初等矩阵. 据定理 3.4.1 这就相当于对矩阵 $\boldsymbol{C}$ 作一系列初等行变换,由定理 2.2.2 知这不改变 $\boldsymbol{C}$ 的秩,这就阐明了秩$(\boldsymbol{AC})=$秩$(\boldsymbol{C})$. 同理 $\boldsymbol{C}$ 右乘可逆矩阵 $\boldsymbol{B}$ 有秩$(\boldsymbol{CB})=$秩$(\boldsymbol{C})$. 两者合在一起有秩$(\boldsymbol{ACB})=$秩$(\boldsymbol{C})$. 所以有下述推论.

推论 4　若 $\boldsymbol{A}$,$\boldsymbol{B}$ 均为可逆矩阵,则

$$秩(\boldsymbol{AC}) = 秩(\boldsymbol{C});\quad 秩(\boldsymbol{CB}) = 秩(\boldsymbol{C});\quad 秩(\boldsymbol{ACB}) = 秩(\boldsymbol{C}).$$

推论 5　可逆矩阵 $\boldsymbol{A}$ 仅施行初等行(或列)变换即可化为单位矩阵.

证　由推论 3 知

$$\boldsymbol{A} = \boldsymbol{P}_1^{-1}\boldsymbol{P}_2^{-1}\cdots\boldsymbol{P}_s^{-1}\boldsymbol{Q}_t^{-1}\cdots\boldsymbol{Q}_2^{-1}\boldsymbol{Q}_1^{-1}, \tag{3.4.1}$$

两边左乘 $\boldsymbol{Q}_1\boldsymbol{Q}_2\cdots\boldsymbol{Q}_t\boldsymbol{P}_s\cdots\boldsymbol{P}_2\boldsymbol{P}_1$,得

$$\boldsymbol{Q}_1\boldsymbol{Q}_2\cdots\boldsymbol{Q}_t\boldsymbol{P}_s\cdots\boldsymbol{P}_2\boldsymbol{P}_1\boldsymbol{A} = \boldsymbol{E}. \tag{3.4.2}$$

这表明 $\boldsymbol{A}$ 可仅施行初等行变换化为单位矩阵.

在式(3.4.1)两边右乘 $\boldsymbol{Q}_1\boldsymbol{Q}_2\cdots\boldsymbol{Q}_t\boldsymbol{P}_s\cdots\boldsymbol{P}_2\boldsymbol{P}_1$ 得 $\boldsymbol{A}\boldsymbol{Q}_1\boldsymbol{Q}_2\cdots\boldsymbol{Q}_t\boldsymbol{P}_s\cdots\boldsymbol{P}_2\boldsymbol{P}_1 = \boldsymbol{E}$. 这表明 $\boldsymbol{A}$ 可仅施行初等列变换化为单位矩阵.

利用推论 5 可得出求矩阵的逆矩阵常用方法:用初等变换来求逆矩阵.

设 $\boldsymbol{A}$ 是 n 阶可逆矩阵,则(3.4.2)成立,两边右乘 $\boldsymbol{A}^{-1}$ 得

$$\boldsymbol{Q}_1\boldsymbol{Q}_2\cdots\boldsymbol{Q}_t\boldsymbol{P}_s\cdots\boldsymbol{P}_2\boldsymbol{P}_1\boldsymbol{E} = \boldsymbol{A}^{-1}. \tag{3.4.3}$$

式(3.4.2)和式(3.4.3)表明:如施行若干个初等行变换将可逆矩阵 $\boldsymbol{A}$ 化为单位矩阵,则同样的初等行变换施行单位矩阵上就得到 $\boldsymbol{A}$ 的逆矩阵 $\boldsymbol{A}^{-1}$. 从而构造一个 $n\times 2n$矩阵$[\boldsymbol{A} \vdots \boldsymbol{E}]$就有

$$\boldsymbol{Q}_1\boldsymbol{Q}_2\cdots\boldsymbol{Q}_t\boldsymbol{P}_s\cdots\boldsymbol{P}_2\boldsymbol{P}_1[\boldsymbol{A} \vdots \boldsymbol{E}] = [\boldsymbol{E} \vdots \boldsymbol{A}^{-1}] \tag{3.4.4}$$

式(3.4.4)表明对$[\boldsymbol{A} \vdots \boldsymbol{E}]$施行初等行变换,当将它左半部矩阵 $\boldsymbol{A}$ 化为单位矩阵,那么它的右半部的单位矩阵 $\boldsymbol{E}$ 就同时化为 $\boldsymbol{A}^{-1}$. 即有

$$[\boldsymbol{A} \vdots \boldsymbol{E}] \xrightarrow{\text{初等行变换}} [\boldsymbol{E} \vdots \boldsymbol{A}^{-1}].$$

同理可推导出

$$\begin{bmatrix} \boldsymbol{A} \\ \cdots \\ \boldsymbol{E} \end{bmatrix} \xrightarrow{\text{初等列变换}} \begin{bmatrix} \boldsymbol{E} \\ \cdots \\ \boldsymbol{A}^{-1} \end{bmatrix}.$$

例 3.4.2 求可逆矩阵 $\boldsymbol{A} = \begin{bmatrix} 1 & 2 & 2 \\ 3 & 1 & 0 \\ -1 & -1 & -1 \end{bmatrix}$ 的逆矩阵.

解

$$[\boldsymbol{A} \vdots \boldsymbol{E}] = \left[\begin{array}{ccc:ccc} 1 & 2 & 2 & 1 & 0 & 0 \\ 3 & 1 & 0 & 0 & 1 & 0 \\ -1 & -1 & -1 & 0 & 0 & 1 \end{array}\right]$$

$$\xrightarrow[R_3+R_1]{R_2-3R_1} \left[\begin{array}{ccc:ccc} 1 & 2 & 2 & 1 & 0 & 0 \\ 0 & -5 & -6 & -3 & 1 & 0 \\ 0 & 1 & 1 & 1 & 0 & 1 \end{array}\right] \xrightarrow{R_{23}} \left[\begin{array}{ccc:ccc} 1 & 2 & 2 & 1 & 0 & 0 \\ 0 & 1 & 1 & 1 & 0 & 1 \\ 0 & -5 & -6 & -3 & 1 & 0 \end{array}\right]$$

$$\xrightarrow[R_3+5R_2]{R_1-2R_2} \left[\begin{array}{ccc:ccc} 1 & 0 & 0 & -1 & 0 & -2 \\ 0 & 1 & 1 & 1 & 0 & 1 \\ 0 & 0 & -1 & 2 & 1 & 5 \end{array}\right] \xrightarrow[-R_3]{R_2+R_3} \left[\begin{array}{ccc:ccc} 1 & 0 & 0 & -1 & 0 & -2 \\ 0 & 1 & 0 & 3 & 1 & 6 \\ 0 & 0 & 1 & -2 & -1 & -5 \end{array}\right].$$

故

$$\boldsymbol{A}^{-1} = \begin{bmatrix} -1 & 0 & -2 \\ 3 & 1 & 6 \\ -2 & -1 & -5 \end{bmatrix}.$$

求可逆矩阵的逆矩阵,可理解为当 $\boldsymbol{A}$ 可逆时求矩阵方程 $\boldsymbol{AX}=\boldsymbol{E}$ 的解. 据此可考虑当 $\boldsymbol{A}$ 可逆时,求矩阵方程 $\boldsymbol{AX}=\boldsymbol{B}$ 的解. 显见惟一解为 $\boldsymbol{X}=\boldsymbol{A}^{-1}\boldsymbol{B}$. 按常规欲求 $\boldsymbol{X}$ 要先计算出 $\boldsymbol{A}^{-1}$,再算出 $\boldsymbol{A}^{-1}\boldsymbol{B}$. 然据 $\boldsymbol{A}^{-1}[\boldsymbol{A} \vdots \boldsymbol{B}] = [\boldsymbol{E} \vdots \boldsymbol{A}^{-1}\boldsymbol{B}]$,表明施行若干初等行变换将可逆矩阵 $\boldsymbol{A}$ 化为单位矩阵,则同样的初等行变换施行于 $\boldsymbol{B}$ 就得到 $\boldsymbol{A}^{-1}\boldsymbol{B}$. 即 $[\boldsymbol{A} \vdots \boldsymbol{B}] \xrightarrow{\text{初等行变换}} [\boldsymbol{E} \vdots \boldsymbol{A}^{-1}\boldsymbol{B}]$. 这是求解矩阵方程 $\boldsymbol{AX}=\boldsymbol{B}$ 较为简便的方法.

同样当 $\boldsymbol{A}$ 可逆时,求矩阵方程 $\boldsymbol{XA}=\boldsymbol{B}$ 的惟一解 $\boldsymbol{X}=\boldsymbol{BA}^{-1}$,亦可用初等列变换较为简便地求得:

$$\begin{bmatrix} \boldsymbol{A} \\ \cdots \\ \boldsymbol{B} \end{bmatrix} \xrightarrow{\text{初等列变换}} \begin{bmatrix} \boldsymbol{E} \\ \cdots \\ \boldsymbol{BA}^{-1} \end{bmatrix}.$$

最后要提及的是如可逆矩阵 $\boldsymbol{A}$ 的逆矩阵 $\boldsymbol{A}^{-1}$ 容易求得,则矩阵方程 $\boldsymbol{AX}=\boldsymbol{B}$(或 $\boldsymbol{XA}=\boldsymbol{C}$)的解也可直接计算 $\boldsymbol{A}^{-1}\boldsymbol{B}$(或 $\boldsymbol{CA}^{-1}$)得到.

习　题　3.4

1. 下列矩阵中，不是初等矩阵的是(　　)，并说明理由.

(A) $\begin{bmatrix}0&0&1\\0&1&0\\1&0&0\end{bmatrix}$.　(B) $\begin{bmatrix}0&1&0\\1&0&0\\0&0&1\end{bmatrix}$.　(C) $\begin{bmatrix}3&0&0\\0&1&0\\0&0&2\end{bmatrix}$.　(D) $\begin{bmatrix}1&0&0\\-2&1&0\\0&0&1\end{bmatrix}$.

2. 求下列可逆矩阵的逆矩阵：

(1) $\begin{bmatrix}2&2&3\\1&-1&0\\-1&2&1\end{bmatrix}$；(2) $\begin{bmatrix}1&1&1&1\\1&1&-1&-1\\1&-1&1&-1\\1&-1&-1&1\end{bmatrix}$；(3) $\begin{bmatrix}2&1&0&0&0\\0&2&1&0&0\\0&0&2&1&0\\0&0&0&2&1\\0&0&0&0&2\end{bmatrix}$；

(4) $\begin{bmatrix}1&a&a^2&a^3&\cdots&a^{n-1}\\0&1&a&a^2&\cdots&a^{n-2}\\0&0&1&a&\cdots&a^{n-3}\\\vdots&\vdots&\vdots&\vdots&&\vdots\\0&0&0&0&\cdots&1\end{bmatrix}_{n\times n}$；　(5)* $\begin{bmatrix}0&1&1&\cdots&1\\1&0&1&\cdots&1\\1&1&0&\cdots&1\\\vdots&\vdots&\vdots&&\vdots\\1&1&1&\cdots&0\end{bmatrix}_{n\times n}$　$(n>1)$.

3. 解下列矩阵方程：

(1) $\begin{bmatrix}1&-1&1\\1&1&0\\2&1&1\end{bmatrix}\boldsymbol{X}=\begin{bmatrix}1&2&0\\2&0&1\\0&-1&1\end{bmatrix}$；

(2) $\begin{bmatrix}1&3&1\\2&2&1\\3&4&2\end{bmatrix}\boldsymbol{X}\begin{bmatrix}0&2&-1\\1&1&-1\\-2&-5&4\end{bmatrix}=\begin{bmatrix}4&3&-3\\2&3&-2\\4&4&-3\end{bmatrix}$；

(3)* $\boldsymbol{AX}=\boldsymbol{B}$，其中

$$\boldsymbol{A}=\begin{bmatrix}1&1&1&\cdots&1&1\\0&1&1&\cdots&1&1\\0&0&1&\cdots&1&1\\\vdots&\vdots&\vdots&&\vdots&\vdots\\0&0&0&\cdots&0&1\end{bmatrix}_{n\times n},\quad \boldsymbol{B}=\begin{bmatrix}2&1&0&\cdots&0&0\\1&2&1&\cdots&0&0\\0&1&2&\cdots&0&0\\\vdots&\vdots&\vdots&&\vdots&\vdots\\0&0&0&\cdots&1&2\end{bmatrix}_{n\times n},$$

求 $\boldsymbol{X}$.

4. 若可逆矩阵 $\boldsymbol{A}$ 作下列变化，则 $\boldsymbol{A}^{-1}$ 相应地有怎样的变化？

(1) $\boldsymbol{A}$ 中 i 行与 j 行互换；

(2) $\boldsymbol{A}$ 中 i 行乘上非零数 k；

(3) $i<j$ 时，$\boldsymbol{A}$ 中第 j 行乘上数 k 加到第 i 行.

5*. 求满足关系式 $\boldsymbol{A}(\boldsymbol{E}-\boldsymbol{C}^{-1}\boldsymbol{B})^{\mathrm{T}}\boldsymbol{C}^{\mathrm{T}}=\boldsymbol{E}$ 的矩阵 $\boldsymbol{A}$，其中

$$\boldsymbol{B}=\begin{bmatrix}1&-1&0&0\\0&1&-1&0\\0&0&1&-1\\0&0&0&1\end{bmatrix},\quad \boldsymbol{C}=\begin{bmatrix}2&1&3&4\\0&2&1&3\\0&0&2&1\\0&0&0&2\end{bmatrix}.$$

6. 设

$$\boldsymbol{A}=\begin{bmatrix}a_{11} & a_{12} & a_{13}\\ a_{21} & a_{22} & a_{23}\\ a_{31} & a_{32} & a_{33}\end{bmatrix},\quad \boldsymbol{B}=\begin{bmatrix}a_{11}+ka_{31} & a_{13}+ka_{33} & a_{12}+ka_{32}\\ a_{21} & a_{23} & a_{22}\\ a_{31} & a_{33} & a_{32}\end{bmatrix},$$

$$\boldsymbol{P}_1=\begin{bmatrix}1 & 0 & k\\ 0 & 1 & 0\\ 0 & 0 & 1\end{bmatrix},\quad \boldsymbol{P}_2=\begin{bmatrix}1 & 0 & 0\\ 0 & 1 & 0\\ k & 0 & 1\end{bmatrix},\quad \boldsymbol{P}_3=\begin{bmatrix}1 & 0 & 0\\ 0 & 0 & 1\\ 0 & 1 & 0\end{bmatrix},\quad \boldsymbol{P}_4=\begin{bmatrix}0 & 1 & 0\\ 0 & 0 & 1\\ 1 & 0 & 0\end{bmatrix},$$

则下列等式成立的是(　　),并说明理由.

(A) $\boldsymbol{P}_1\boldsymbol{A}\boldsymbol{P}_2=\boldsymbol{B}$.　(B) $\boldsymbol{P}_1\boldsymbol{A}\boldsymbol{P}_3=\boldsymbol{B}$.　(C) $\boldsymbol{P}_2\boldsymbol{A}\boldsymbol{P}_3=\boldsymbol{B}$.　(D) $\boldsymbol{P}_2\boldsymbol{A}\boldsymbol{P}_4=\boldsymbol{B}$.

3.5 矩阵的等价和等价标准形

本节将在矩阵间引进一种(二元)关系,并利用这种关系来解决一些问题.

定义 3.5.1 设 $\boldsymbol{A},\boldsymbol{B}$ 均为 $m\times n$ 矩阵.若 $\boldsymbol{A}$ 经过若干次初等行变换,初等列变换可化为 $\boldsymbol{B}$,则称 $\boldsymbol{A}$ 与 $\boldsymbol{B}$ **等价**.

由定义表明矩阵的等价关系是两个矩阵间的关系(二元关系).即两个 $m\times n$ 矩阵或等价,或不等价.这样前文所述一个秩为 r 的矩阵 $\boldsymbol{A}$ 可通过初等行变换,初等列变换化为 $\begin{bmatrix}\boldsymbol{E}_r & \boldsymbol{O}\\ \boldsymbol{O} & \boldsymbol{O}\end{bmatrix}$,按现在定义来说就有下列性质.

性质 3.5.1 设 $\boldsymbol{A}$ 为一个秩为 r 的矩阵,则 $\boldsymbol{A}$ 与 $\begin{bmatrix}\boldsymbol{E}_r & \boldsymbol{O}\\ \boldsymbol{O} & \boldsymbol{O}\end{bmatrix}$ 等价,并称 $\begin{bmatrix}\boldsymbol{E}_r & \boldsymbol{O}\\ \boldsymbol{O} & \boldsymbol{O}\end{bmatrix}$ 为 $\boldsymbol{A}$ 的**等价标准形**.

下面介绍判断矩阵等价的几个充要条件.

定理 3.5.1 设 $\boldsymbol{A},\boldsymbol{B}$ 均为 $m\times n$ 矩阵,则下述条件中的每一个均为 $\boldsymbol{A}$ 与 $\boldsymbol{B}$ 等价的充要条件:

(1) 存在 m 阶可逆矩阵 $\boldsymbol{P}$ 与 n 阶可逆矩阵 $\boldsymbol{Q}$ 使 $\boldsymbol{PAQ}=\boldsymbol{B}$;

(2) 秩$(\boldsymbol{A})$=秩$(\boldsymbol{B})$.

证 (1) 用定理 3.4.1 及其推论即得.

(2) 因初等变换不改变矩阵的秩,故必要性是显然的.下证充分性.设秩$(\boldsymbol{A})$=秩$(\boldsymbol{B})=r$.据性质 3.5.1,$\boldsymbol{A}$ 与 $\begin{bmatrix}\boldsymbol{E}_r & \boldsymbol{O}\\ \boldsymbol{O} & \boldsymbol{O}\end{bmatrix}$ 等价, $\boldsymbol{B}$ 与 $\begin{bmatrix}\boldsymbol{E}_r & \boldsymbol{O}\\ \boldsymbol{O} & \boldsymbol{O}\end{bmatrix}$ 等价.据(1)知,存在 m 阶可逆矩阵 $\boldsymbol{P}_1,\boldsymbol{P}_2$ 与 n 阶可逆矩阵 $\boldsymbol{Q}_1,\boldsymbol{Q}_2$ 使得

$$\boldsymbol{P}_1\boldsymbol{A}\boldsymbol{Q}_1=\begin{bmatrix}\boldsymbol{E}_r & \boldsymbol{O}\\ \boldsymbol{O} & \boldsymbol{O}\end{bmatrix},\quad \boldsymbol{P}_2\boldsymbol{B}\boldsymbol{Q}_2=\begin{bmatrix}\boldsymbol{E}_r & \boldsymbol{O}\\ \boldsymbol{O} & \boldsymbol{O}\end{bmatrix}.$$

从而有 $P_1AQ_1=P_2BQ_2$，两边左乘 P_2^{-1}，右乘 Q_2^{-1} 得：$B=P_2^{-1}P_1AQ_1Q_2^{-1}$. 因 $P_2^{-1}P_1$ 与 $Q_1Q_2^{-1}$ 均为可逆矩阵，可利用(1)推出 A 与 B 等价.

上述 2 个矩阵等价的充要条件中，以第(2)个最为常用，而(1)也可作为 A 与 B 等价的定义.

矩阵等价关系提供研究矩阵的一种方法：把所有的 $m\times n$ 矩阵按等价分类，即把彼此等价的(即秩相同的)归成一类，称为**等价类**. 每一类都有一个标准形(其实就是这一类中形式最简单的矩阵)，如秩为 r 的等价类的标准形为 $\begin{bmatrix}E_r & O\\ O & O\end{bmatrix}$. 而秩为 r 的等价类中其他矩阵均形如 $P\begin{bmatrix}E_r & O\\ O & O\end{bmatrix}Q$，其中 P，Q 为可逆矩阵.

下面利用等价标准形来证明有关矩阵秩的一个重要结论.

定理 3.5.2　秩$(AB)\leqslant$秩(A)；　秩$(AB)\leqslant$秩(B).

证*　设秩$(A)=r$. 则 $A=P\begin{bmatrix}E_r & O\\ O & O\end{bmatrix}Q$，其中 P,Q 为可逆矩阵. 利用定理 3.4.1 的推论 4，有

$$\text{秩}(AB)=\text{秩}\left(P\begin{bmatrix}E_r & O\\ O & O\end{bmatrix}QB\right)\xlongequal{P\text{ 可逆}}\text{秩}\left(\begin{bmatrix}E_r & O\\ O & O\end{bmatrix}QB\right).$$

将 QB 适当分块：$QB=\begin{bmatrix}C_1\\ C_2\end{bmatrix}$，此处 C_1 为 r 行矩阵. 从而

$$\begin{bmatrix}E_r & O\\ O & O\end{bmatrix}QB=\begin{bmatrix}E_r & O\\ O & O\end{bmatrix}\begin{bmatrix}C_1\\ C_2\end{bmatrix}=\begin{bmatrix}C_1\\ O\end{bmatrix},$$

于是，秩$(AB)=$秩$\left(\begin{bmatrix}C_1\\ O\end{bmatrix}\right)$. 据此一方面矩阵 $\begin{bmatrix}C_1\\ O\end{bmatrix}$ 最多只有 r 行不全为零，故它的任意一个 $r+1$ 阶子式必为零，所以秩$(AB)\leqslant r=$秩(A). 另一方面

$$\text{秩}\left(\begin{bmatrix}C_1\\ O\end{bmatrix}\right)\leqslant\text{秩}\left(\begin{bmatrix}C_1\\ C_2\end{bmatrix}\right)=\text{秩}(QB)\xlongequal{Q\text{ 可逆}}\text{秩}(B).$$

所以秩$(AB)\leqslant$秩(B). 综上所述定理得证.

例 3.5.1　设 $n>1$

$$A=[a_1\quad a_2\quad\cdots\quad a_n]^{\mathrm{T}}\neq O,\quad B=[b_1\quad b_2\quad\cdots\quad b_n]\neq O.$$

求秩(AB)及$|AB|$.

解　A 为 $n\times 1$ 矩阵，所以秩$(A)\leqslant 1$. 据定理 3.5.2 知，

$$\text{秩}(AB)\leqslant\text{秩}(A)\leqslant 1.$$

另一方面 $A\neq O$，且 $B\neq O$，故不妨设 $a_i(1\leqslant i\leqslant n)\neq 0$，$b_j(1\leqslant j\leqslant n)\neq 0$. 这样 AB 的第 i 行第 j 列元素 $a_ib_j\neq 0$，即 AB 有一个 1 阶子式不为零，所以秩$(AB)\geqslant 1$. 综上所述秩$(AB)=1$.

注意到 $\boldsymbol{AB}$ 为 $n\times n$ 矩阵，且 $n>1$，现秩$(\boldsymbol{AB})=1<n$，这表明 $\boldsymbol{AB}$ 不是满秩矩阵，所以 $|\boldsymbol{AB}|=0$.

习 题 3.5

1. 设

$$\boldsymbol{A}=\begin{bmatrix}1&0&0\\0&2&0\\0&0&0\end{bmatrix},\boldsymbol{B}=\begin{bmatrix}1&2&0\\3&6&0\\0&0&0\end{bmatrix},\boldsymbol{C}=\begin{bmatrix}0&0&2\\0&0&0\\-5&0&0\end{bmatrix},\boldsymbol{D}=\begin{bmatrix}1&0&0\\0&2&0\\0&0&0\\0&0&0\end{bmatrix},$$

则在 $\boldsymbol{B},\boldsymbol{C},\boldsymbol{D}$ 中与 $\boldsymbol{A}$ 等价的矩阵为____，并说明理由.

2. 下述命题正确的是(　　)，并说明理由.

(A) 若 $\boldsymbol{A}$ 与 $\boldsymbol{B}$ 等价，则 $\boldsymbol{A}=\boldsymbol{B}$.

(B) 若方阵 $\boldsymbol{A}$ 与方阵 $\boldsymbol{B}$ 等价，则 $|\boldsymbol{A}|=|\boldsymbol{B}|$.

(C) 若 $\boldsymbol{A}$ 与可逆矩阵 $\boldsymbol{B}$ 等价，则 $\boldsymbol{A}$ 也是可逆矩阵.

(D) 若 $\boldsymbol{A},\boldsymbol{B},\boldsymbol{C},\boldsymbol{D}$ 均为 n 阶方阵. 若 $\boldsymbol{A}$ 与 $\boldsymbol{B}$ 等价，$\boldsymbol{C}$ 与 $\boldsymbol{D}$ 等价，则 $\boldsymbol{A}+\boldsymbol{C}$ 与 $\boldsymbol{B}+\boldsymbol{D}$ 等价.

3. 已知 $\begin{bmatrix}-1&2&0\\2&-4&0\\0&0&3\end{bmatrix}$ 与 $\begin{bmatrix}1&2&3\\2&5&8\\2&a&6\end{bmatrix}$ 等价，则 $a=$____，为什么？

4. 证明：秩为 r 的矩阵可表示为 r 个秩为 1 的矩阵之和.

5. 上题的逆命题“r 个秩为 1 的矩阵之和的秩为 r”是否成立？成立请证明，否则举反例.

6. 若将所有 n 阶方阵按等价分类，可分成几个等价类？每一类的标准形是什么？

7. 设 $\boldsymbol{A}$ 是 $n(n>1)$ 阶方阵，$\boldsymbol{A}\neq\boldsymbol{O}$，则存在一个非零矩阵 $\boldsymbol{B}_{n\times t}$，使得 $\boldsymbol{AB}=\boldsymbol{O}$ 的充要条件为 $|\boldsymbol{A}|=0$.

8. 设 $\boldsymbol{A}$ 是 $m\times n$ 矩阵，$\boldsymbol{B}$ 是 $n\times m$ 矩阵，若 $m>n$，则必有 $|\boldsymbol{AB}|=0$.

9. 设 $\boldsymbol{A}=\begin{bmatrix}2&-2&7\\0&3&-6\\0&0&0\end{bmatrix}$，$\boldsymbol{B}$ 是秩为 1 的 3×5 矩阵，问矩阵$(\boldsymbol{A}-\boldsymbol{E})\boldsymbol{B}$ 的秩为多少？

10. 设 $\boldsymbol{A}$ 为 5×3 矩阵

(1) 秩$(\boldsymbol{AA}^{\mathrm{T}})$必____.　$|\boldsymbol{AA}^{\mathrm{T}}|=$____.

(2) 齐次线性方程组$(\boldsymbol{AA}^{\mathrm{T}})\boldsymbol{X}=\boldsymbol{O}$ 为(　　).

(A) 无解.　　　　　　(B) 有惟一解.

(C) 有无穷多解.　　　(D) 解不确定，可能有解，可能无解.

3.6 概要及小结

概要：矩阵的概念及运算；两种方法(矩阵分块和等价标准形)；秩.

3.6.1　矩阵的运算：数乘，加法(减法)，乘法，转置

1. 矩阵的运算规则实质上是某些数学研究对象客观规律的反映，它不是人们凭空臆造，而有实际背景存在. 由于矩阵的加法归结为对应数表的加法，所以矩阵的加法和数的加法相比仅有量的增多，而无质的改变. 因而两者遵循相同的运算规律，如交换律、结合律等. 鉴于矩阵乘法的特殊性(实际上是某些数学研究对象的特殊性)，使得矩阵乘法和数的乘法差异甚大. 如矩阵乘法

(1) 交换律不成立；

(2) 有 $\boldsymbol{A}\neq\boldsymbol{O},\boldsymbol{B}\neq\boldsymbol{O}$ 使得 $\boldsymbol{AB}=\boldsymbol{O}$；

(3) 消去律不成立.

这就使得许多中学所熟悉的有关数运算的公式，在矩阵中相应公式未必成立. 这是在矩阵理论推导中务必注意的.

2. 引进逆矩阵实质上是希望在某些方阵中可做除法. 其思想是把除法看成乘法的逆运算，其方法是类比数中倒数引入逆矩阵，其结果是

$$\text{方阵 } \boldsymbol{A} \text{ 可逆} \Leftrightarrow |\boldsymbol{A}|\neq 0 (\text{数中是：} a \text{ 有倒数} \Leftrightarrow a\neq 0).$$

可逆矩阵在运算中恰好具有如同非零数在数的运算中类似的一些性质：

(1) 可逆矩阵乘非零矩阵不等于零矩阵.

$$\boldsymbol{A} \text{ 为可逆矩阵}(|\boldsymbol{A}|\neq 0)\text{，若 } \boldsymbol{AB}=\boldsymbol{O}\text{，则 } \boldsymbol{B}=\boldsymbol{O}$$

$$(a\neq 0\text{，若 } ab=0\text{，则 } b=0).$$

(2) 可逆矩阵适合乘法消去律.

$$\boldsymbol{A} \text{ 为可逆矩阵}(|\boldsymbol{A}|\neq 0)\text{，若 } \boldsymbol{AB}=\boldsymbol{AC}\text{，则 } \boldsymbol{B}=\boldsymbol{C}$$

$$(a\neq 0\text{，若 } ab=ac\text{，则 } b=c).$$

(3) 含可逆矩阵的矩阵(线性)方程可解.

$$\text{若 } \boldsymbol{A} \text{ 为可逆矩阵}(|\boldsymbol{A}|\neq 0)\text{，则 } \boldsymbol{AX}=\boldsymbol{B} \text{ 有惟一解 } \boldsymbol{X}=\boldsymbol{A}^{-1}\boldsymbol{B}$$

$$(a\neq 0\text{，则 } ax=b \text{ 有惟一解 } x=a^{-1}b).$$

从以上性质看，我们是借助可逆矩阵在某些方阵运算中实施了除法.

3. 当 $\boldsymbol{A}$ 为可逆矩阵时，求 $\boldsymbol{A}$ 的逆矩阵方法有

(1) $\boldsymbol{A}^{-1}=\dfrac{1}{|\boldsymbol{A}|}\boldsymbol{A}^*$. 这是一个基本结论，在证明中常用到. 用此基本结论于具体计算 $\boldsymbol{A}^{-1}$ 时，当 n 较大时因计算量较大而不常用. 但当 $n=2$ 时可直接写出. 设

$$\boldsymbol{A}=\begin{bmatrix} a & b \\ c & d \end{bmatrix}. \text{若 } |\boldsymbol{A}|=ad-bc\neq 0\text{，则 } \boldsymbol{A}^{-1}=\frac{1}{ad-bc}\begin{bmatrix} d & -b \\ -c & a \end{bmatrix}.$$

值得注意的是上述基本结论源于等式 $\boldsymbol{A}^*\boldsymbol{A}=\boldsymbol{AA}^*=|\boldsymbol{A}|\boldsymbol{E}$. 这等式无论 $\boldsymbol{A}$ 是否可逆均成立，只是在 $\boldsymbol{A}$ 不是可逆矩阵时

$$\boldsymbol{A}^*\boldsymbol{A}=\boldsymbol{AA}^*=|\boldsymbol{A}|\boldsymbol{E}=0\boldsymbol{E}=\boldsymbol{O}.$$

所以该等式更有普遍性,从而经常用到.

(2) 利用初等变换.计算题时常用此法.

$$[\boldsymbol{A} \vdots \boldsymbol{E}] \xrightarrow{\text{初等行变换}} [\boldsymbol{E} \vdots \boldsymbol{A}^{-1}];$$

$$\begin{bmatrix} \boldsymbol{A} \\ \cdots \\ \boldsymbol{E} \end{bmatrix} \xrightarrow{\text{初等列变换}} \begin{bmatrix} \boldsymbol{E} \\ \cdots \\ \boldsymbol{A}^{-1} \end{bmatrix}.$$

(3) 分块求逆.

若 $\boldsymbol{G}_1=\begin{bmatrix} \boldsymbol{A} & \boldsymbol{O} \\ \boldsymbol{C} & \boldsymbol{B} \end{bmatrix}, \boldsymbol{G}_2=\begin{bmatrix} \boldsymbol{A} & \boldsymbol{C} \\ \boldsymbol{O} & \boldsymbol{B} \end{bmatrix}, \boldsymbol{G}_3=\begin{bmatrix} \boldsymbol{O} & \boldsymbol{A} \\ \boldsymbol{B} & \boldsymbol{C} \end{bmatrix}, \boldsymbol{G}_4=\begin{bmatrix} \boldsymbol{C} & \boldsymbol{A} \\ \boldsymbol{B} & \boldsymbol{O} \end{bmatrix}$,

则 $\boldsymbol{G}_i(i=1,2,3,4)$ 可逆 $\Leftrightarrow$ $\boldsymbol{A},\boldsymbol{B}$ 均可逆,$\boldsymbol{G}_i$ 可逆时

$$\boldsymbol{G}_1^{-1}=\begin{bmatrix} \boldsymbol{A}^{-1} & \boldsymbol{O} \\ -\boldsymbol{B}^{-1}\boldsymbol{C}\boldsymbol{A}^{-1} & \boldsymbol{B}^{-1} \end{bmatrix}, \quad \boldsymbol{G}_2^{-1}=\begin{bmatrix} \boldsymbol{A}^{-1} & -\boldsymbol{A}^{-1}\boldsymbol{C}\boldsymbol{B}^{-1} \\ \boldsymbol{O} & \boldsymbol{B}^{-1} \end{bmatrix},$$

$$\boldsymbol{G}_3^{-1}=\begin{bmatrix} -\boldsymbol{B}^{-1}\boldsymbol{C}\boldsymbol{A}^{-1} & \boldsymbol{B}^{-1} \\ \boldsymbol{A}^{-1} & \boldsymbol{O} \end{bmatrix}, \quad \boldsymbol{G}_4^{-1}=\begin{bmatrix} \boldsymbol{O} & \boldsymbol{B}^{-1} \\ \boldsymbol{A}^{-1} & -\boldsymbol{A}^{-1}\boldsymbol{C}\boldsymbol{B}^{-1} \end{bmatrix}.$$

特别地 $\boldsymbol{C}=\boldsymbol{O}$ 时有

$$\begin{bmatrix} \boldsymbol{A} & \boldsymbol{O} \\ \boldsymbol{O} & \boldsymbol{B} \end{bmatrix}^{-1}=\begin{bmatrix} \boldsymbol{A}^{-1} & \boldsymbol{O} \\ \boldsymbol{O} & \boldsymbol{B}^{-1} \end{bmatrix}; \quad \begin{bmatrix} \boldsymbol{O} & \boldsymbol{A} \\ \boldsymbol{B} & \boldsymbol{O} \end{bmatrix}^{-1}=\begin{bmatrix} \boldsymbol{O} & \boldsymbol{B}^{-1} \\ \boldsymbol{A}^{-1} & \boldsymbol{O} \end{bmatrix}$$

(4) 处理"证明 $\boldsymbol{A}$ 可逆,且求出 $\boldsymbol{A}^{-1}$"一类问题时,常用定理 3.2.1 的重要推论,设法找一个 $\boldsymbol{B}$ 使 $\boldsymbol{AB}=\boldsymbol{E}$. 这样就证明了 $\boldsymbol{A}$ 可逆,其逆为 $\boldsymbol{B}$. 例如若存在正整数 $k(k>1)$ 使 $\boldsymbol{A}^k=\boldsymbol{E}$(此类矩阵称**幂幺矩阵**),则 $\boldsymbol{A}$ 可逆,其逆为 $\boldsymbol{A}^{k-1}$.

3.6.2 两种方法

1. 分块矩阵

2. 等价和等价的标准形

两个 $m\times n$ 矩阵 $\boldsymbol{A}$ 与 $\boldsymbol{B}$ 等价 $\Leftrightarrow$ 秩$(\boldsymbol{A})$=秩$(\boldsymbol{B})$. 秩是等价变换的不变量. 而在秩为 r 的等价类中,标准形 $\begin{bmatrix} \boldsymbol{E}_r & \boldsymbol{O} \\ \boldsymbol{O} & \boldsymbol{O} \end{bmatrix}$ 是最简单的矩阵.

这两种方法常交融在一起联合使用(等价标准形就是一个分块矩阵),例如定理 3.5.2 的证明就是一个很好的佐证.

3.6.3 秩

直接从定义出发求一个矩阵的秩,除了一些特殊矩阵,如阶梯形矩阵外,一般均不方便. 鉴于初等变换不改变矩阵的秩,把一个矩阵用初等行(列)变换化为阶梯形,然后求出其秩,是计算题中常用的方法,在证明题中利用下述一些有关秩的结论是很有用的.

1. 秩$(\boldsymbol{A})=0 \Leftrightarrow \boldsymbol{A}=\boldsymbol{O}$;

2. 秩$(\boldsymbol{A}_{m\times n})\leqslant m$,且秩$(\boldsymbol{A}_{m\times n})\leqslant n$,从而秩$(\boldsymbol{A}_{m\times n})\leqslant\min\{m,n\}$;

3. 秩$(\boldsymbol{A}_{n\times n})=n \Leftrightarrow |\boldsymbol{A}|\neq 0$;

4. 秩$(\boldsymbol{A}_{n\times n})<n \Leftrightarrow |\boldsymbol{A}|=0$;

5. 秩$(\boldsymbol{AB})\leqslant$秩$(\boldsymbol{A})$,且秩$(\boldsymbol{AB})\leqslant$秩$(\boldsymbol{B})$;

6. 若$\boldsymbol{A},\boldsymbol{B}$均为可逆矩阵,则

$$秩(\boldsymbol{AC})=秩(\boldsymbol{C});\quad 秩(\boldsymbol{CB})=秩(\boldsymbol{C});\quad 秩(\boldsymbol{ACB})=秩(\boldsymbol{C}).$$

矩阵的秩在矩阵理论中占有重要地位,所以有许多专门的方法和技巧来研究它,本书的附录三就介绍了一种方法:分块矩阵的初等变换.有兴趣的读者可以参阅.下面把该附录所阐明的结论列出.

(1)* 秩$(\boldsymbol{A}+\boldsymbol{B})\leqslant$秩$(\boldsymbol{A})+$秩$(\boldsymbol{B})$.

(2)* 秩$(\boldsymbol{A})+$秩$(\boldsymbol{B})-n\leqslant$秩$(\boldsymbol{A}_{m\times n}\boldsymbol{B}_{n\times t})\leqslant\min\{$秩$(\boldsymbol{A})$,秩$(\boldsymbol{B})\}$.

(3)* 若$\boldsymbol{A}_{m\times n}\boldsymbol{B}_{n\times t}=\boldsymbol{O}$,则秩$(\boldsymbol{A})+$秩$(\boldsymbol{B})\leqslant n$.

(4)* $\boldsymbol{A},\boldsymbol{B},\boldsymbol{C}$为同阶方阵,则秩$(\boldsymbol{AB})+$秩$(\boldsymbol{BC})\leqslant$秩$(\boldsymbol{B})+$秩$(\boldsymbol{ABC})$.

注记　(3)* 的证明将在例 4.4.3 中给出.

习　题　3.6

1. 设$\boldsymbol{A},\boldsymbol{B}$都是$n(n>1)$阶方阵,$k\in P$,且$k\neq 0$.判断下列结论成立的是(　　),且说明理由:

(1) 若$|\boldsymbol{A}|=0$,则$\boldsymbol{A}=\boldsymbol{O}$.　　(2) $|k\boldsymbol{A}|=k|\boldsymbol{A}|$.

(3)若$\boldsymbol{A}$可逆,则$\left|\dfrac{1}{|\boldsymbol{A}|}\boldsymbol{A}\right|=1$.　　(4) $|\boldsymbol{A}+\boldsymbol{B}|=|\boldsymbol{A}|+|\boldsymbol{B}|$.

(5) $|\boldsymbol{AB}|=|\boldsymbol{A}||\boldsymbol{B}|$.　　(6) $|\boldsymbol{A}^{\mathrm{T}}|=|\boldsymbol{A}|$.

(7) $|(\boldsymbol{AB})^{\mathrm{T}}|=|\boldsymbol{A}^{\mathrm{T}}||\boldsymbol{B}^{\mathrm{T}}|$.

2. 以下命题正确的是(　　),且说明理由:

(1) 对任何矩阵$\boldsymbol{A}$,均有$|\boldsymbol{A}\boldsymbol{A}^{\mathrm{T}}|=|\boldsymbol{A}^{\mathrm{T}}\boldsymbol{A}|$.

(2) $\boldsymbol{A},\boldsymbol{B},\boldsymbol{C},\boldsymbol{D}$均为$n(n>1)$阶方阵,若$\boldsymbol{M}=\begin{bmatrix}\boldsymbol{A} & \boldsymbol{B}\\ \boldsymbol{C} & \boldsymbol{D}\end{bmatrix}$,则$|\boldsymbol{M}|=|\boldsymbol{A}||\boldsymbol{D}|-|\boldsymbol{B}||\boldsymbol{C}|$.

(3) $\boldsymbol{A},\boldsymbol{B},\boldsymbol{C},\boldsymbol{D}$均为$n(n>1)$阶方阵,若$\boldsymbol{M}=\begin{bmatrix}\boldsymbol{A} & \boldsymbol{B}\\ \boldsymbol{C} & \boldsymbol{D}\end{bmatrix}$,则$\boldsymbol{M}^{\mathrm{T}}=\begin{bmatrix}\boldsymbol{A} & \boldsymbol{C}\\ \boldsymbol{B} & \boldsymbol{D}\end{bmatrix}$.

(4) $\boldsymbol{A},\boldsymbol{B}$为$n(n>1)$阶方阵则$\left|\begin{bmatrix}\boldsymbol{O} & \boldsymbol{A}\\ \boldsymbol{B} & \boldsymbol{O}\end{bmatrix}\right|=-|\boldsymbol{A}||\boldsymbol{B}|$.

(5) $\boldsymbol{A},\boldsymbol{B}$为可逆矩阵,则$\boldsymbol{AXB}=\boldsymbol{C}$有惟一解$\boldsymbol{X}=\boldsymbol{A}^{-1}\boldsymbol{B}^{-1}\boldsymbol{C}$.

(6) $\begin{bmatrix}1 & 1 & \cdots & 1\\ 2 & 2 & \cdots & 2\\ \vdots & \vdots & & \vdots\\ n & n & \cdots & n\end{bmatrix}_{n\times n}$ 等价于 $\begin{bmatrix}1 & 0 & \cdots & 0\\ 0 & 0 & \cdots & 0\\ \vdots & \vdots & & \vdots\\ 0 & 0 & \cdots & 0\end{bmatrix}_{n\times n}$.

3. 已知 $\boldsymbol{A}$ 为 3 阶方阵，$|\boldsymbol{A}|=a\neq0$，记 $\boldsymbol{G}=\begin{bmatrix}\boldsymbol{O} & 2\boldsymbol{A}\\ -\boldsymbol{A}^* & \boldsymbol{A}+\boldsymbol{A}^*\end{bmatrix}$，求

(1) $|\boldsymbol{G}|$； (2) $(\boldsymbol{G}^*)^{-1}$.

4. 设 $\boldsymbol{A}$ 是 n 阶可逆方阵，将 $\boldsymbol{A}$ 的第 i 行和第 j 行互换后得到的矩阵记为 $\boldsymbol{B}$.

(1) 证明 $\boldsymbol{B}$ 是可逆矩阵； (2) 求 $\boldsymbol{AB}^{-1}$.

5. 设 $\boldsymbol{A}$ 为 $m\times n$ 矩阵，$\boldsymbol{B}$ 为 $n\times m$ 矩阵. 当 $m>n$ 时证明：

(1) 秩$(\boldsymbol{AB})<m$； (2) $\boldsymbol{AB}$ 不可逆；

(3) 齐次线性方程组$(\boldsymbol{AB})\boldsymbol{X}=\boldsymbol{O}$ 有非零解.

6. 设秩$(\boldsymbol{A}_{m\times n})=r$，证明：

(1) 存在 $\boldsymbol{B}_{m\times n}$，$\boldsymbol{C}_{n\times n}$，秩$(\boldsymbol{B})=$秩$(\boldsymbol{C})=r$，使 $\boldsymbol{A}=\boldsymbol{BC}$；

(2) 存在 $\boldsymbol{D}_{m\times m}$，$\boldsymbol{F}_{m\times n}$，秩$(\boldsymbol{D})=$秩$(\boldsymbol{F})=r$，使 $\boldsymbol{A}=\boldsymbol{DF}$；

(3) 存在 $\boldsymbol{R}_{m\times r}$，$\boldsymbol{S}_{r\times n}$，秩$(\boldsymbol{R})=$秩$(\boldsymbol{S})=r$，使 $\boldsymbol{A}=\boldsymbol{RS}$.

7. 设 $\boldsymbol{C}$ 为可逆矩阵，试问秩$(\boldsymbol{ACB})$与秩$(\boldsymbol{AB})$是否一定相等？或证明，或举反例.

8*. 设 $\boldsymbol{A},\boldsymbol{B}$ 为 n 阶方阵，且秩$(\boldsymbol{A})+$秩$(\boldsymbol{B})\leqslant n$. 证明：存在可逆矩阵 $\boldsymbol{M}$ 使 $\boldsymbol{AMB}=\boldsymbol{O}$.

第 4 章　向　　量

向量及向量空间是最基本的数学概念之一，它不仅是线性代数的核心，而且它的理论和方法已经渗透到自然科学、工程技术、经济管理的各个领域. 借助向量及向量空间我们也将进一步加深对线性方程组和矩阵的理解. 本章先讨论向量及向量间的线性关系.

4.1　定义及其背景

向量可从我们已经熟悉的研究对象谈起.

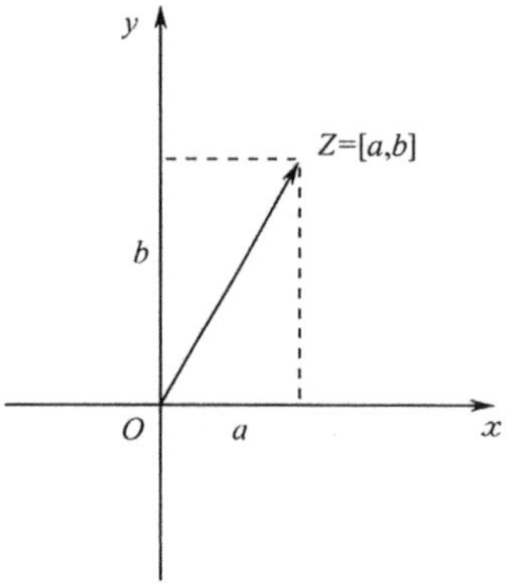

图 4.1

中学代数有关复数的向量表示和复数的运算中讲到：在建立了直角坐标系 Oxy 的平面上（图 4.1），点$Z=[a,b]$与向量$\overrightarrow{OZ}$（以原点 O 为起点，Z 为终点的有向线段）是 1－1 对应的. 这样平面上所有以原点为起点的向量的集合与平面上点的集合就1－1对应了，这里平面上的点是用它在 x 轴和 y 轴上的坐标组成的数偶$[x,y]$来表示的. 不仅如此，更有意义的是平面上几何向量的运算（如向量加法的平行四边形法则）可转化为它们所对应点的坐标的代数运算（分量相加）. 这样要研究平面向量可用代数的方法来进行.

同样的想法和做法可在空间实施. 把空间中所有以原点为起点的向量的集合与空间的点（用空间点的坐标组成的三元数组来表示）建立起 1－1 对应. 进而空间几何向量的运算可转化为所对应点的坐标的代数运算，这样可用代数的方法来研究空间向量.

平面，空间可视为二元向量，三元向量构成的“空间”，然而仅仅考虑平面几何向量，空间几何向量是不够的. 例如研究人造卫星在太空运行时的状态，人们感兴趣的不仅仅是它的几何轨迹，还希望知道在某个时刻它处于什么位置，其表面温度、压力等物理参数的情况. 这时二元、三元向量就无法表达这么多信息，于是自然可推广去设想 n 元向量.

定义 4.1.1　数域 P 上 n 个数 $a_1,a_2,\cdots,a_n$ 组成的有序数组 $\boldsymbol{\alpha}$ 称为数域 P 上 **n 元向量**（或 **n 维向量**），记为 $\boldsymbol{\alpha}=[a_1,a_2,\cdots,a_n]$，或

$$\boldsymbol{\alpha}=\begin{bmatrix}a_1\\a_2\\\vdots\\a_n\end{bmatrix},$$

其中 a_i 称为 n 元向量 $\boldsymbol{\alpha}$ 的第 $i(i=1,2,\cdots,n)$ 个**分量**. 前一个表达式称为 n 元**行向量**,后者称为 n 元**列向量**.

如果用矩阵观点来看,n 元行向量为 $1\times n$ 矩阵,n 元列向量为 $n\times 1$ 矩阵. 利用矩阵转置的记号 n 元列向量可记为

$$\boldsymbol{\alpha}=[a_1,a_2,\cdots,a_n]^{\mathrm{T}}.$$

本书为叙述方便,以后凡向量一般都指列向量. 特别地,若向量的所有分量都是零,则称其为**零向量**,记为 $\boldsymbol{O}=[0,0,\cdots,0]^{\mathrm{T}}$,向量 $[-a_1,-a_2,\cdots,-a_n]^{\mathrm{T}}$ 称为向量 $\boldsymbol{\alpha}=[a_1,a_2,\cdots,a_n]^{\mathrm{T}}$ 的**负向量**,记为 $-\boldsymbol{\alpha}$. 这样任意一个 n 元向量 $\boldsymbol{\alpha}$ 都有一个惟一确定的负向量 $-\boldsymbol{\alpha}$.

本书中一般用小写希腊字母 $\boldsymbol{\alpha},\boldsymbol{\beta},\boldsymbol{\gamma}$ 等表示向量,而用带有下标的小写拉丁字母,如 a_i 来表示向量的第 i 个分量.

下面来规定向量的相等以及向量的线性运算:加法,数量乘法.

定义 4.1.2 设数域 P 上两个 n 元向量

$$\boldsymbol{\alpha}=[a_1,a_2,\cdots,a_n]^{\mathrm{T}},\quad \boldsymbol{\beta}=[b_1,b_2,\cdots,b_n]^{\mathrm{T}},$$

则 $\boldsymbol{\alpha}$ 与 $\boldsymbol{\beta}$ **相等** $\Leftrightarrow a_i=b_i,i=1,2,\cdots,n$. 若 $\boldsymbol{\alpha}$ 与 $\boldsymbol{\beta}$ 相等,则记为 $\boldsymbol{\alpha}=\boldsymbol{\beta}$.

向量相等的概念可以表示某种关系,利用矩阵理论可将线性方程组

$$(\mathrm{I})\quad\begin{cases}a_{11}x_1+a_{12}x_2+\cdots+a_{1n}x_n=b_1,\\a_{21}x_1+a_{22}x_2+\cdots+a_{2n}x_n=b_2,\\\cdots\cdots\cdots\cdots\\a_{m1}x_1+a_{m2}x_2+\cdots+a_{mn}x_n=b_m\end{cases}$$

表示为 $\boldsymbol{AX}=\boldsymbol{b}$,其中

$$\boldsymbol{A}=[a_{ij}]_{m\times n},\quad \boldsymbol{X}=[x_1,x_2,\cdots,x_n]^{\mathrm{T}},\quad \boldsymbol{b}=[b_1,b_2,\cdots,b_m]^{\mathrm{T}}.$$

若(Ⅰ)有一组解为 $x_1=d_1,x_2=d_2,\cdots,x_n=d_n$ 这组解现在就可以表示成向量形式 $[x_1,x_2,\cdots,x_n]^{\mathrm{T}}=[d_1,d_2,\cdots,d_n]^{\mathrm{T}}\overset{\text{记为}}{=\!=}\boldsymbol{\alpha}$,并称 $\boldsymbol{\alpha}$ 为**解向量**. 即 $\boldsymbol{\alpha}$ 为非齐次线性方程组 $\boldsymbol{AX}=\boldsymbol{b}$ 的解$\Leftrightarrow\boldsymbol{A\alpha}=\boldsymbol{b}$;$\boldsymbol{\alpha}$ 为齐次线性方程组 $\boldsymbol{AX}=\boldsymbol{O}$ 的解$\Leftrightarrow\boldsymbol{A\alpha}=\boldsymbol{O}$.

有了向量相等概念,可引入向量的运算.

定义 4.1.3 设数域 P 上两个 n 元向量

$$\boldsymbol{\alpha}=[a_1,a_2,\cdots,a_n]^{\mathrm{T}},\quad \boldsymbol{\beta}=[b_1,b_2,\cdots,b_n]^{\mathrm{T}}.$$

规定 $\boldsymbol{\alpha}$ 与 $\boldsymbol{\beta}$ 的和为 $[a_1+b_1,a_2+b_2,\cdots,a_n+b_n]^{\mathrm{T}}$,记为 $\boldsymbol{\alpha}+\boldsymbol{\beta}$. 即 $\boldsymbol{\alpha}+\boldsymbol{\beta}=[a_1+b_1,a_2+b_2,\cdots,a_n+b_n]^{\mathrm{T}}$,求两个向量和的运算称为向量的**加法**,显见,$\boldsymbol{\alpha}+\boldsymbol{\beta}$ 也是一个数域 P 上的 n 元向量.

据此定义可直接验证对任意 n 元向量 $\boldsymbol{\alpha}$ 有

$$\boldsymbol{O}+\boldsymbol{\alpha}=\boldsymbol{\alpha}=\boldsymbol{\alpha}+\boldsymbol{O};\quad \boldsymbol{\alpha}+(-\boldsymbol{\alpha})=\boldsymbol{O}.$$

定义 4.1.4　设 $\boldsymbol{\alpha}=[a_1,a_2,\cdots,a_n]^{\mathrm{T}}$ 是数域 P 上 n 元向量，k 是数域 P 中的数. 规定数 k 与向量 $\boldsymbol{\alpha}$ 的**数量乘积**(简称为**数乘**)为 $[ka_1,ka_2,\cdots,ka_n]^{\mathrm{T}}$，记为 $k\boldsymbol{\alpha}$，即 $k\boldsymbol{\alpha}=[ka_1,ka_2,\cdots,ka_n]^{\mathrm{T}}$. 显见 $k\boldsymbol{\alpha}$ 也是一个数域 P 上的 n 元向量.

向量只有加法和数乘两种运算. 但利用任意向量 $\boldsymbol{\alpha}$ 均有惟一确定的负向量 $-\boldsymbol{\alpha}$. 可从加法派生定义减法为 $\boldsymbol{\alpha}-\boldsymbol{\beta}\overset{\text{规定}}{=\!=}\boldsymbol{\alpha}+(-\boldsymbol{\beta})$. 并称 $\boldsymbol{\alpha}-\boldsymbol{\beta}$ 为 $\boldsymbol{\alpha}$ 与 $\boldsymbol{\beta}$ 的差. 据此若有 $\boldsymbol{\alpha}+\boldsymbol{\beta}=\boldsymbol{\gamma}$，等式两边同时加 $-\boldsymbol{\beta}$ 得

$$\boldsymbol{\alpha}+\boldsymbol{\beta}+(-\boldsymbol{\beta})=\boldsymbol{\gamma}+(-\boldsymbol{\beta})\Rightarrow\boldsymbol{\alpha}=\boldsymbol{\gamma}-\boldsymbol{\beta}.$$

这表明在向量运算中通常的移项变号规则成立.

例 4.1.1　(1) 设 $\boldsymbol{\alpha}=[1,-2,3]^{\mathrm{T}}$，若 $2\boldsymbol{\alpha}+3\boldsymbol{\beta}=\boldsymbol{O}$，则 $\boldsymbol{\beta}=$______.

(2) 若 $\boldsymbol{\xi}+\boldsymbol{\eta}=[-1,3,2]^{\mathrm{T}}$，$\boldsymbol{\xi}-\boldsymbol{\eta}=[1,1,4]^{\mathrm{T}}$，则 $\boldsymbol{\xi}=$____；$\boldsymbol{\eta}=$____.

解　(1) 由 $2\boldsymbol{\alpha}+3\boldsymbol{\beta}=\boldsymbol{O}$ 知，$3\boldsymbol{\beta}=-2\boldsymbol{\alpha}$，从而

$$\boldsymbol{\beta}=-\frac{2}{3}\boldsymbol{\alpha}=-\frac{2}{3}[1,-2,3]^{\mathrm{T}}=\left[-\frac{2}{3},\frac{4}{3},-2\right]^{\mathrm{T}}.$$

(2) 由 $(\boldsymbol{\xi}+\boldsymbol{\eta})+(\boldsymbol{\xi}-\boldsymbol{\eta})=2\boldsymbol{\xi}$ 知，

$$\begin{aligned}\boldsymbol{\xi}&=\frac{1}{2}[(\boldsymbol{\xi}+\boldsymbol{\eta})+(\boldsymbol{\xi}-\boldsymbol{\eta})]=\frac{1}{2}([-1,3,2]^{\mathrm{T}}+[1,1,4]^{\mathrm{T}})\\&=\frac{1}{2}[0,4,6]^{\mathrm{T}}=[0,2,3]^{\mathrm{T}}.\end{aligned}$$

同样由 $(\boldsymbol{\xi}+\boldsymbol{\eta})-(\boldsymbol{\xi}-\boldsymbol{\eta})=2\boldsymbol{\eta}$ 知，

$$\begin{aligned}\boldsymbol{\eta}&=\frac{1}{2}[(\boldsymbol{\xi}+\boldsymbol{\eta})-(\boldsymbol{\xi}-\boldsymbol{\eta})]=\frac{1}{2}([-1,3,2]^{\mathrm{T}}-[1,1,4]^{\mathrm{T}})\\&=\frac{1}{2}[-2,2,-2]^{\mathrm{T}}=[-1,1,-1]^{\mathrm{T}}.\end{aligned}$$

其实如果我们把 n 元向量视为 $n\times1$ 矩阵. 容易看出定义 4.1.2、定义 4.1.3 和定义 4.1.4 所定义的向量的相等、加法和数乘和 3.1 节中定义的矩阵的相等、加法和数乘是一致的. 所以可以从矩阵运算的相关性质直接推出向量中还有下述运算性质：

性质 4.1.1　对任意的 n 元向量 $\boldsymbol{\alpha}$，任意的数域 P 中的数 k 有

(1) $0\boldsymbol{\alpha}=\boldsymbol{O}$;　　(2) $k\boldsymbol{O}=\boldsymbol{O}$;

(3) $(-k)\boldsymbol{\alpha}=k(-\boldsymbol{\alpha})=-(k\boldsymbol{\alpha})$;　　(4) 若 $k\boldsymbol{\alpha}=\boldsymbol{O}$，则或 $k=0$，或 $\boldsymbol{\alpha}=\boldsymbol{O}$.

习　题　4.1

1. 设 $\boldsymbol{\alpha}=[1,-1,0,5]^{\mathrm{T}}$，$\boldsymbol{\beta}=[2,0,7,-3]^{\mathrm{T}}$.

(1) 计算 $3\boldsymbol{\alpha}+2\boldsymbol{\beta}$ 及 $2\boldsymbol{\alpha}-3\boldsymbol{\beta}$;　　(2) 若 $5\boldsymbol{\alpha}+\boldsymbol{\gamma}=3\boldsymbol{\beta}$，则 $\boldsymbol{\gamma}=$______;

(3) 若 $3\boldsymbol{\alpha}-2\boldsymbol{\beta}+\boldsymbol{\delta}=\boldsymbol{O}$,则 $\boldsymbol{\delta}=$______.

2. 设 $3\boldsymbol{\alpha}+4\boldsymbol{\beta}=[2,1,1,2]^{\mathrm{T}}$,$2\boldsymbol{\alpha}+3\boldsymbol{\beta}=[-1,2,3,1]^{\mathrm{T}}$,则 $\boldsymbol{\alpha}=$____;$\boldsymbol{\beta}=$____.

3. 设 $\boldsymbol{\varepsilon}_1=[1,0,\cdots,0,0]^{\mathrm{T}}$,$\boldsymbol{\varepsilon}_2=[0,1,\cdots,0,0]^{\mathrm{T}}$,$\cdots$,$\boldsymbol{\varepsilon}_{n-1}=[0,0,\cdots,1,0]^{\mathrm{T}}$,$\boldsymbol{\varepsilon}_n=[0,0,\cdots,0,1]^{\mathrm{T}}$,求 $a_1\boldsymbol{\varepsilon}_1+a_2\boldsymbol{\varepsilon}_2+\cdots+a_{n-1}\boldsymbol{\varepsilon}_{n-1}+a_n\boldsymbol{\varepsilon}_n$.

4. 对任意的 n 元向量 $\boldsymbol{\alpha}$,$\boldsymbol{\beta}$,数域 P 中任意的数 k,证明

(1) $k(\boldsymbol{\alpha}-\boldsymbol{\beta})=k\boldsymbol{\alpha}-k\boldsymbol{\beta}$;　　　(2) $(k-t)\boldsymbol{\alpha}=k\boldsymbol{\alpha}-t\boldsymbol{\alpha}$.

4.2 向量的线性相关性

在研究向量时,向量的线性关系(相关,或无关)起着极为重要的作用.它不仅是建立向量的结构与分类理论的基础,也是线性方程组理论的基础,因而是线性代数学最重要的概念之一.

我们先引进有关向量间线性关系的一些概念,然后研究判别法.

由于向量的加法满足结合律,故 $k_1\boldsymbol{\alpha}_1+k_2\boldsymbol{\alpha}_2+\cdots+k_s\boldsymbol{\alpha}_s$ 有完全确定的意义.我们以此开始讨论.

定义 4.2.1 设 $\boldsymbol{\alpha}_1,\boldsymbol{\alpha}_2,\cdots,\boldsymbol{\alpha}_s$ 是 s 个 n 元向量,$k_1,k_2,\cdots,k_s$ 是 P 中任意 s 个数,称 $k_1\boldsymbol{\alpha}_1+k_2\boldsymbol{\alpha}_2+\cdots+k_s\boldsymbol{\alpha}_s$ 为向量 $\boldsymbol{\alpha}_1,\boldsymbol{\alpha}_2,\cdots,\boldsymbol{\alpha}_s$ 的一个**线性组合**.

若某一个 n 元向量 $\boldsymbol{\beta}$ 可表为向量 $\boldsymbol{\alpha}_1,\boldsymbol{\alpha}_2,\cdots,\boldsymbol{\alpha}_s$ 的线性组合,则称 $\boldsymbol{\beta}$ 可经 $\boldsymbol{\alpha}_1,\boldsymbol{\alpha}_2,\cdots,\boldsymbol{\alpha}_s$ **线性表示**.

显见零向量 $\boldsymbol{O}$ 可经任意一组向量 $\boldsymbol{\alpha}_1,\boldsymbol{\alpha}_2,\cdots,\boldsymbol{\alpha}_s$ 线性表示,这是因为

$$0\boldsymbol{\alpha}_1+0\boldsymbol{\alpha}_2+\cdots+0\boldsymbol{\alpha}_s=\boldsymbol{O}+\boldsymbol{O}+\cdots+\boldsymbol{O}=\boldsymbol{O}.$$

此外,由于

$$\begin{aligned}&a_1[1,0,\cdots,0,0]^{\mathrm{T}}+a_2[0,1,\cdots,0,0]^{\mathrm{T}}+\cdots\\&+a_{n-1}[0,0,\cdots,1,0]^{\mathrm{T}}+a_n[0,0,\cdots,0,1]^{\mathrm{T}}\\&=[a_1,a_2,\cdots,a_{n-1},a_n]^{\mathrm{T}}.\end{aligned}$$

所以任意的 n 元向量 $[a_1,a_2,\cdots,a_n]^{\mathrm{T}}$ 均可经向量组 $\boldsymbol{\varepsilon}_1=[1,0,\cdots,0,0]^{\mathrm{T}}$,$\boldsymbol{\varepsilon}_2=[0,1,\cdots,0,0]^{\mathrm{T}}$,$\cdots$,$\boldsymbol{\varepsilon}_{n-1}=[0,0,\cdots,1,0]^{\mathrm{T}}$,$\boldsymbol{\varepsilon}_n=[0,0,\cdots,0,1]^{\mathrm{T}}$ 线性表示.

一般情况下,一个取定的向量 $\boldsymbol{\beta}$ 未必能用某个确定的向量组 $\boldsymbol{\alpha}_1,\boldsymbol{\alpha}_2,\cdots,\boldsymbol{\alpha}_s$ 线性表示,下面假定向量的分量是已知的,来讨论向量 $\boldsymbol{\beta}$ 能用 $\boldsymbol{\alpha}_1,\boldsymbol{\alpha}_2,\cdots,\boldsymbol{\alpha}_s$ 线性表示的条件.

设取定的 $\boldsymbol{\beta}=[b_1,b_2,\cdots,b_n]^{\mathrm{T}}$, 确定的向量组

$$\boldsymbol{\alpha}_i=[a_{1i},a_{2i},\cdots,a_{ni}]^{\mathrm{T}}\quad(i=1,2,\cdots,s),$$

则 $\boldsymbol{\beta}$ 能(否)用 $\boldsymbol{\alpha}_1,\boldsymbol{\alpha}_2,\cdots,\boldsymbol{\alpha}_s$ 线性表示相当于能(否)找到 P 中数 $k_1,k_2,\cdots,k_s$,使得

$$k_1\boldsymbol{\alpha}_1+k_2\boldsymbol{\alpha}_2+\cdots+k_s\boldsymbol{\alpha}_s=\boldsymbol{\beta}.\tag{4.2.1}$$

具体写出来是

$$k_1\begin{bmatrix}a_{11}\\a_{21}\\\vdots\\a_{n1}\end{bmatrix}+k_2\begin{bmatrix}a_{12}\\a_{22}\\\vdots\\a_{n2}\end{bmatrix}+\cdots+k_s\begin{bmatrix}a_{1s}\\a_{2s}\\\vdots\\a_{ns}\end{bmatrix}=\begin{bmatrix}b_1\\b_2\\\vdots\\b_n\end{bmatrix},$$

即

$$\begin{cases}a_{11}k_1+a_{12}k_2+\cdots+a_{1s}k_s=b_1,\\a_{21}k_1+a_{22}k_2+\cdots+a_{2s}k_s=b_2,\\\cdots\cdots\cdots\cdots\\a_{n1}k_1+a_{n2}k_2+\cdots+a_{ns}k_s=b_n.\end{cases}$$

这表明 P 中是(否)有 $k_1,k_2,\cdots,k_s$ 使(4.2.1)式成立,相当于线性方程组

$$\begin{bmatrix}a_{11}&a_{12}&\cdots&a_{1s}\\a_{21}&a_{22}&\cdots&a_{2s}\\\vdots&\vdots&&\vdots\\a_{n1}&a_{n2}&\cdots&a_{ns}\end{bmatrix}\begin{bmatrix}x_1\\x_2\\\vdots\\x_s\end{bmatrix}=\begin{bmatrix}b_1\\b_2\\\vdots\\b_n\end{bmatrix}$$

在数域 P 中是(否)有解. 如将系数矩阵 $\mathbf{A}=[a_{ij}]$按列向量分块,则上述线性方程组可改写为

$$[\boldsymbol{\alpha}_1\quad\boldsymbol{\alpha}_2\quad\cdots\quad\boldsymbol{\alpha}_s]\begin{bmatrix}x_1\\x_2\\\vdots\\x_s\end{bmatrix}=\boldsymbol{\beta}.$$

于是据定理 2.3.1 可有如下命题.

性质 4.2.1 向量 $\boldsymbol{\beta}$ 能(否)经向量组 $\boldsymbol{\alpha}_1,\boldsymbol{\alpha}_2,\cdots,\boldsymbol{\alpha}_s$ 线性表示$\Leftrightarrow$ 线性方程组 $[\boldsymbol{\alpha}_1\quad\boldsymbol{\alpha}_2\quad\cdots\quad\boldsymbol{\alpha}_s]\begin{bmatrix}x_1\\x_2\\\vdots\\x_s\end{bmatrix}=\boldsymbol{\beta}$ 有解(无解)$\Leftrightarrow$ 秩$(\overline{\mathbf{A}})\underset{(\neq)}{=\!=}$秩$(\mathbf{A})$,此处

$$\mathbf{A}=[\boldsymbol{\alpha}_1\quad\boldsymbol{\alpha}_2\quad\cdots\quad\boldsymbol{\alpha}_s],\qquad\overline{\mathbf{A}}=[\boldsymbol{\alpha}_1\quad\boldsymbol{\alpha}_2\quad\cdots\quad\boldsymbol{\alpha}_s\ \vdots\ \boldsymbol{\beta}].$$

据此性质判断某个向量能否经某向量组线性表示,可归结为非齐次线性方程组是否有解,从而取决于该方程组系数矩阵和增广矩阵的秩是否相等,所以该问题最终是用初等行变换化增广矩阵为阶梯形矩阵来解决的.

由于线性方程组的解分为:无解,有惟一解,有无穷多个解三种情况,所以向量 $\boldsymbol{\beta}$ 经 $\boldsymbol{\alpha}_1,\boldsymbol{\alpha}_2,\cdots,\boldsymbol{\alpha}_s$ 线性表示的情况也对应分成三种:不能线性表示,有惟一的线性表示形式,有无穷多种线性表示形式,而且线性表示形式中的系数就是对应线性方

程组的解.

例 4.2.1 前述零向量可经任意一组向量 $\boldsymbol{\alpha}_1,\boldsymbol{\alpha}_2,\cdots,\boldsymbol{\alpha}_s$ 线性表示，其缘由就是在于齐次线性方程组 $[\boldsymbol{\alpha}_1\quad\boldsymbol{\alpha}_2\quad\cdots\quad\boldsymbol{\alpha}_s]\boldsymbol{X}=\boldsymbol{O}$ 必有解，零解是它的明显解.

任意 n 元向量 $\boldsymbol{\alpha}$ 均可经向量组 $\boldsymbol{\varepsilon}_1,\boldsymbol{\varepsilon}_2,\cdots,\boldsymbol{\varepsilon}_n$ 线性表示，因 $[\boldsymbol{\varepsilon}_1\quad\boldsymbol{\varepsilon}_2\quad\cdots\quad\boldsymbol{\varepsilon}_n]=\boldsymbol{E}$，所以线性方程组 $[\boldsymbol{\varepsilon}_1\quad\boldsymbol{\varepsilon}_2\quad\cdots\quad\boldsymbol{\varepsilon}_n]\boldsymbol{X}=\boldsymbol{\alpha}$ 必有解，$\boldsymbol{X}=\boldsymbol{\alpha}$ 就是其解.

例 4.2.2 设 $\boldsymbol{\alpha}_1=[1,2,-1,5]^{\mathrm{T}}$，$\boldsymbol{\alpha}_2=[2,-1,1,1]^{\mathrm{T}}$.

(1) 若 $\boldsymbol{\beta}_1=[4,3,-1,11]^{\mathrm{T}}$，问 $\boldsymbol{\beta}_1$ 能否经向量组 $\boldsymbol{\alpha}_1,\boldsymbol{\alpha}_2$ 线性表示？若能线性表示，请写出线性表示式.

(2) 若 $\boldsymbol{\beta}_2=[4,3,1,11]^{\mathrm{T}}$，问 $\boldsymbol{\beta}_2$ 能否经向量组 $\boldsymbol{\alpha}_1,\boldsymbol{\alpha}_2$ 线性表示.

(3) 若 $\boldsymbol{\beta}=[4,3,a,11]^{\mathrm{T}}$，问 a 取何值时 $\boldsymbol{\beta}$ 能经 $\boldsymbol{\alpha}_1,\boldsymbol{\alpha}_2$ 线性表示？a 取何值时 $\boldsymbol{\beta}$ 不能经 $\boldsymbol{\alpha}_1,\boldsymbol{\alpha}_2$ 线性表示？

解 (1) 据性质 4.2.1 知，此问题归结为非齐次线性方程组

$$[\boldsymbol{\alpha}_1\quad\boldsymbol{\alpha}_2]\boldsymbol{X}=\boldsymbol{\beta}_1$$

是否有解，故可用初等行变换化增广矩阵 $\overline{\boldsymbol{A}}=[\boldsymbol{\alpha}_1\quad\boldsymbol{\alpha}_2\ \vdots\ \boldsymbol{\beta}_1]$ 为阶梯形矩阵.

$$\overline{\boldsymbol{A}}=\left[\begin{array}{cc:c}1&2&4\\2&-1&3\\-1&1&-1\\5&1&11\end{array}\right]\longrightarrow\left[\begin{array}{cc:c}1&0&2\\0&1&1\\0&0&0\\0&0&0\end{array}\right].$$

这表明秩$(\overline{\boldsymbol{A}})=2=$秩$(\boldsymbol{A})=$未知量个数，所以该方程组有解，且解惟一. 即 $x_1=2$，$x_2=1$. 所以 $\boldsymbol{\beta}_1$ 可经 $\boldsymbol{\alpha}_1,\boldsymbol{\alpha}_2$ 线性表示，且表示式惟一：$\boldsymbol{\beta}_1=2\boldsymbol{\alpha}_1+\boldsymbol{\alpha}_2$.

(2) 类似于(1)，归结为方程组 $[\boldsymbol{\alpha}_1\quad\boldsymbol{\alpha}_2]\boldsymbol{X}=\boldsymbol{\beta}_2$ 是否有解. 此时增广矩阵为 $[\boldsymbol{\alpha}_1\quad\boldsymbol{\alpha}_2\ \vdots\ \boldsymbol{\beta}_2]$，而

$$[\boldsymbol{\alpha}_1\quad\boldsymbol{\alpha}_2\ \vdots\ \boldsymbol{\beta}_2]=\left[\begin{array}{cc:c}1&2&4\\2&-1&3\\-1&1&1\\5&1&11\end{array}\right]\xrightarrow{\text{初等行变换}}\left[\begin{array}{cc:c}1&2&4\\0&1&1\\0&0&2\\0&0&0\end{array}\right].$$

这表明秩$([\boldsymbol{\alpha}_1\quad\boldsymbol{\alpha}_2\ \vdots\ \boldsymbol{\beta}_2])=3$，而秩$([\boldsymbol{\alpha}_1\quad\boldsymbol{\alpha}_2])=2$，故方程组无解，从而 $\boldsymbol{\beta}_2$ 不能经 $\boldsymbol{\alpha}_1,\boldsymbol{\alpha}_2$ 线性表示.

(3) 类似于(1)，归结为方程组 $[\boldsymbol{\alpha}_1\quad\boldsymbol{\alpha}_2]\boldsymbol{X}=\boldsymbol{\beta}$ 是否有解. 此时增广矩阵为 $[\boldsymbol{\alpha}_1\quad\boldsymbol{\alpha}_2\ \vdots\ \boldsymbol{\beta}]$，而

$$[\boldsymbol{\alpha}_1\quad\boldsymbol{\alpha}_2\ \vdots\ \boldsymbol{\beta}]=\left[\begin{array}{cc:c}1&2&4\\2&-1&3\\-1&1&a\\5&1&11\end{array}\right]\xrightarrow{\text{初等行变换}}\left[\begin{array}{cc:c}1&2&4\\0&1&1\\0&0&a+1\\0&0&0\end{array}\right].$$

当 $a=-1$ 时，秩$([\boldsymbol{\alpha}_1\quad\boldsymbol{\alpha}_2\ \vdots\ \boldsymbol{\beta}])=2=$秩$([\boldsymbol{\alpha}_1\quad\boldsymbol{\alpha}_2])$. 这表明此时非齐次线性

方程组$[\boldsymbol{\alpha}_1\quad \boldsymbol{\alpha}_2]\boldsymbol{X}=\boldsymbol{\beta}$有解，所以$\boldsymbol{\beta}$能经$\boldsymbol{\alpha}_1,\boldsymbol{\alpha}_2$线性表出.

当$a\neq -1$时，秩$([\boldsymbol{\alpha}_1\quad \boldsymbol{\alpha}_2 \mid \boldsymbol{\beta}])=3$，秩$([\boldsymbol{\alpha}_1\quad \boldsymbol{\alpha}_2])=2$，两者不相等. 这表明此时非齐次线性方程组$[\boldsymbol{\alpha}_1\quad \boldsymbol{\alpha}_2]\boldsymbol{X}=\boldsymbol{\beta}$无解，所以$\boldsymbol{\beta}$不能经$\boldsymbol{\alpha}_1,\boldsymbol{\alpha}_2$线性表出.

下面继续讨论向量间的线性关系.

定义 4.2.2　设$\boldsymbol{\alpha}_1,\boldsymbol{\alpha}_2,\cdots,\boldsymbol{\alpha}_s$是$s$个$n$元向量，如果存在$P$中不全为零的数$k_1,k_2,\cdots,k_s$，使得

$$k_1\boldsymbol{\alpha}_1+k_2\boldsymbol{\alpha}_2+\cdots+k_s\boldsymbol{\alpha}_s=\boldsymbol{O}, \tag{4.2.2}$$

则称$\boldsymbol{\alpha}_1,\boldsymbol{\alpha}_2,\cdots,\boldsymbol{\alpha}_s$**线性相关**；否则就称**线性无关**.

据定义，称$\boldsymbol{\alpha}_1,\boldsymbol{\alpha}_2,\cdots,\boldsymbol{\alpha}_s$线性无关，就是指$P$中找不到不全为零的数$k_1,k_2,\cdots,k_s$，使得(4.2.2)式成立，也就是说线性无关的定义也可叙述如下：

如果有$k_1\boldsymbol{\alpha}_1+k_2\boldsymbol{\alpha}_2+\cdots+k_s\boldsymbol{\alpha}_s=\boldsymbol{O}$，则必有$k_1=k_2=\cdots=k_s=0$，那么就称向量组$\boldsymbol{\alpha}_1,\boldsymbol{\alpha}_2,\cdots,\boldsymbol{\alpha}_s$**线性无关**.

注记　一个取定的向量组或者线性相关，或者线性无关，两者必居其一.

例 4.2.3　设向量组$\boldsymbol{\varepsilon}_1=[1,0,\cdots,0,0]^{\mathrm{T}}$，$\boldsymbol{\varepsilon}_2=[0,1,\cdots,0,0]^{\mathrm{T}}$，$\cdots$，$\boldsymbol{\varepsilon}_{n-1}=[0,0,\cdots,1,0]^{\mathrm{T}}$，$\boldsymbol{\varepsilon}_n=[0,0,\cdots,0,1]^{\mathrm{T}}$，$\boldsymbol{\alpha}=[a_1,a_2,\cdots,a_n]^{\mathrm{T}}$. 证明：

(1) $\boldsymbol{\varepsilon}_1,\boldsymbol{\varepsilon}_2,\cdots,\boldsymbol{\varepsilon}_{n-1},\boldsymbol{\varepsilon}_n$是线性无关的.

(2) $\boldsymbol{\varepsilon}_1,\boldsymbol{\varepsilon}_2,\cdots,\boldsymbol{\varepsilon}_{n-1},\boldsymbol{\varepsilon}_n,\boldsymbol{\alpha}$是线性相关的.

解　(1) 设有$k_1\boldsymbol{\varepsilon}_1+k_2\boldsymbol{\varepsilon}_2+\cdots+k_n\boldsymbol{\varepsilon}_n=\boldsymbol{O}$，即

$$k_1[1,0,\cdots,0,0]^{\mathrm{T}}+k_2[0,1,\cdots,0,0]^{\mathrm{T}}+\cdots$$
$$+k_{n-1}[0,0,\cdots,1,0]^{\mathrm{T}}+k_n[0,0,\cdots,0,1]^{\mathrm{T}}=\boldsymbol{O},$$

得

$$[k_1,k_2,\cdots,k_{n-1},k_n]^{\mathrm{T}}=[0,0,\cdots,0,0]^{\mathrm{T}}.$$

从而$k_1=0,k_2=0,\cdots,k_{n-1}=0,k_n=0$. 所以$\boldsymbol{\varepsilon}_1,\boldsymbol{\varepsilon}_2,\cdots,\boldsymbol{\varepsilon}_{n-1},\boldsymbol{\varepsilon}_n$线性无关.

(2) 因$\boldsymbol{\alpha}=a_1\boldsymbol{\varepsilon}_1+a_2\boldsymbol{\varepsilon}_2+\cdots+a_{n-1}\boldsymbol{\varepsilon}_{n-1}+a_n\boldsymbol{\varepsilon}_n$，所以

$$a_1\boldsymbol{\varepsilon}_1+a_2\boldsymbol{\varepsilon}_2+\cdots+a_{n-1}\boldsymbol{\varepsilon}_{n-1}+a_n\boldsymbol{\varepsilon}_n-\boldsymbol{\alpha}=\boldsymbol{O}.$$

这表明有一组不全为零的数$a_1,a_2,\cdots,a_{n-1},a_n,-1$使

$$a_1\boldsymbol{\varepsilon}_1+a_2\boldsymbol{\varepsilon}_2+\cdots+a_{n-1}\boldsymbol{\varepsilon}_{n-1}+a_n\boldsymbol{\varepsilon}_n+(-1)\boldsymbol{\alpha}=\boldsymbol{O}.$$

所以按定义 4.2.2 得，$\boldsymbol{\varepsilon}_1,\boldsymbol{\varepsilon}_2,\cdots,\boldsymbol{\varepsilon}_{n-1},\boldsymbol{\varepsilon}_n,\boldsymbol{\alpha}$线性相关.

性质 4.2.2　(1) 一个向量组中有部分向量组线性相关，则向量组线性相关.

(2) 一个向量组线性无关，则其任何一个部分向量组必线性无关.

(3) 任何一个包含零向量的向量组必线性相关.

(4) 一个向量$\boldsymbol{\alpha}$线性相关$\Leftrightarrow \boldsymbol{\alpha}=\boldsymbol{O}$. 一个向量$\boldsymbol{\alpha}$线性无关$\Leftrightarrow \boldsymbol{\alpha}\neq\boldsymbol{O}$.

证　(1) 仅需证在向量组$\boldsymbol{\alpha}_1,\boldsymbol{\alpha}_2,\cdots,\boldsymbol{\alpha}_s,\boldsymbol{\alpha}_{s+1},\cdots,\boldsymbol{\alpha}_{s+t}$中，若$\boldsymbol{\alpha}_1,\boldsymbol{\alpha}_2,\cdots,\boldsymbol{\alpha}_s$线性相关，则$\boldsymbol{\alpha}_1,\boldsymbol{\alpha}_2,\cdots,\boldsymbol{\alpha}_s,\boldsymbol{\alpha}_{s+1},\cdots,\boldsymbol{\alpha}_{s+t}$必线性相关.

据题设存在P中不全为零的数$k_1,k_2,\cdots,k_s$，使得

$$k_1\boldsymbol{\alpha}_1+k_2\boldsymbol{\alpha}_2+\cdots+k_s\boldsymbol{\alpha}_s=\boldsymbol{O}.$$

从而有 P 中不全为零的数 $k_1,k_2,\cdots,k_s,0,\cdots,0$,使得

$$k_1\boldsymbol{\alpha}_1+k_2\boldsymbol{\alpha}_2+\cdots+k_s\boldsymbol{\alpha}_s+0\boldsymbol{\alpha}_{s+1}+\cdots+0\boldsymbol{\alpha}_{s+t}=\boldsymbol{O}.$$

故 $\boldsymbol{\alpha}_1,\boldsymbol{\alpha}_2,\cdots,\boldsymbol{\alpha}_s,\boldsymbol{\alpha}_{s+1},\cdots,\boldsymbol{\alpha}_{s+t}$ 线性相关.

(2) (2)是(1)的逆否命题,故由(1) $\Rightarrow$ (2).

(3) 由 $1\boldsymbol{O}+0\boldsymbol{\alpha}_1+\cdots+0\boldsymbol{\alpha}_s=\boldsymbol{O}$ 知,性质成立.

(4) $\boldsymbol{\alpha}$ 线性相关 $\Leftrightarrow$ 存在不为零的数 k_1 使得 $k_1\boldsymbol{\alpha}=\boldsymbol{O}\Leftrightarrow\boldsymbol{\alpha}=\boldsymbol{O}$. 从而逆否命题成立:$\boldsymbol{\alpha}$ 线性无关$\Leftrightarrow\boldsymbol{\alpha}\neq\boldsymbol{O}$.

现在假定向量的分量是已知的,来讨论向量 $\boldsymbol{\alpha}_1,\boldsymbol{\alpha}_2,\cdots,\boldsymbol{\alpha}_s$ 线性相关(线性无关)的判别法,据定义 4.2.2 向量 $\boldsymbol{\alpha}_1,\boldsymbol{\alpha}_2,\cdots,\boldsymbol{\alpha}_s$ 线性相关(线性无关),意指存在(不存在)一组不全为零的 P 中数 $k_1,k_2,\cdots,k_s$,使得

$$k_1\boldsymbol{\alpha}_1+k_2\boldsymbol{\alpha}_2+\cdots+k_s\boldsymbol{\alpha}_s=\boldsymbol{O}.$$

即

$$\begin{bmatrix}\boldsymbol{\alpha}_1 & \boldsymbol{\alpha}_2 & \cdots & \boldsymbol{\alpha}_s\end{bmatrix}\begin{bmatrix}k_1\\k_2\\\vdots\\k_s\end{bmatrix}=\boldsymbol{O}.$$

这就相当于齐次线性方程组 $\boldsymbol{AX}=\boldsymbol{O}$ 有非零解(只有零解),此处 $\boldsymbol{A}=[\boldsymbol{\alpha}_1\ \ \boldsymbol{\alpha}_2\ \ \cdots\ \ \boldsymbol{\alpha}_s]$. 于是利用定理 2.3.2,判别法可用下述性质来表述.

性质 4.2.3 设 $\boldsymbol{\alpha}_i=[a_{1i},a_{2i},\cdots,a_{ni}]^{\mathrm{T}}(i=1,2,\cdots,s)$,则

(1) $\boldsymbol{\alpha}_1,\boldsymbol{\alpha}_2,\cdots,\boldsymbol{\alpha}_s$ 线性相关 $\Leftrightarrow$ 秩$(\boldsymbol{A})<s$;

(2) $\boldsymbol{\alpha}_1,\boldsymbol{\alpha}_2,\cdots,\boldsymbol{\alpha}_s$ 线性无关 $\Leftrightarrow$ 秩$(\boldsymbol{A})=s$.

上述(1)和(2)中的 $\boldsymbol{A}=[\boldsymbol{\alpha}_1\ \ \boldsymbol{\alpha}_2\ \ \cdots\ \ \boldsymbol{\alpha}_s]$.

据此性质判断某个向量组线性相关(线性无关),可归结为齐次线性方程组有非零解(只有零解),从而取决于方程组系数矩阵的秩,所以该问题最终是用初等行变换化系数矩阵为阶梯形矩阵来解决的.

注意到 $\boldsymbol{A}=[\boldsymbol{\alpha}_1\ \ \boldsymbol{\alpha}_2\ \ \cdots\ \ \boldsymbol{\alpha}_s]$是一个 $n\times s$ 矩阵,所以秩$(\boldsymbol{A})\leqslant n$. 这样当$s>n$时,就有秩$(\boldsymbol{A})\leqslant n<s$,这表明下述结论成立.

推论 1 当 $s>n$ 时,任意 s 个 n 元向量必线性相关. 特别地,$n+1$ 个 n 元向量必线性相关.

注记 推论 1 在线性方程组理论中相应的结论是:方程个数小于未知量个数的齐次线性方程组必有非零解.

当 $s=n$ 时,$\boldsymbol{A}=[\boldsymbol{\alpha}_1\ \ \boldsymbol{\alpha}_2\ \ \cdots\ \ \boldsymbol{\alpha}_n]$是一个 $n\times n$ 矩阵,此时

$$秩(\boldsymbol{A})=n\Leftrightarrow|\boldsymbol{A}|\neq0;\quad 秩(\boldsymbol{A})<n\Leftrightarrow|\boldsymbol{A}|=0.$$

所以下述结论成立.

推论 2　设 n 个 n 元向量 $\boldsymbol{\alpha}_1,\boldsymbol{\alpha}_2,\cdots,\boldsymbol{\alpha}_n$，记 $\boldsymbol{A}=[\boldsymbol{\alpha}_1\quad\boldsymbol{\alpha}_2\quad\cdots\quad\boldsymbol{\alpha}_n]$，则

(1) $\boldsymbol{\alpha}_1,\boldsymbol{\alpha}_2,\cdots,\boldsymbol{\alpha}_n$ 线性相关 $\Leftrightarrow$ $|\boldsymbol{A}|=0$；

(2) $\boldsymbol{\alpha}_1,\boldsymbol{\alpha}_2,\cdots,\boldsymbol{\alpha}_n$ 线性无关 $\Leftrightarrow$ $|\boldsymbol{A}|\neq 0$.

这表明利用线性方程组解的理论可非常简明地判别出向量的线性关系.

例 4.2.4　$\boldsymbol{\alpha}_1,\boldsymbol{\alpha}_2,\boldsymbol{\beta}$ 如例 4.2.2 所设. 当 a 取何值时，$\boldsymbol{\alpha}_1,\boldsymbol{\alpha}_2,\boldsymbol{\beta}$ 线性相关？当 a 取何值时，$\boldsymbol{\alpha}_1,\boldsymbol{\alpha}_2,\boldsymbol{\beta}$ 线性无关？为什么？

解　由例 4.2.2 的解(3)知

$$[\boldsymbol{\alpha}_1\quad\boldsymbol{\alpha}_2\quad\boldsymbol{\beta}]\xrightarrow{\text{初等行变换}}\begin{bmatrix}1&2&4\\0&1&1\\0&0&a+1\\0&0&0\end{bmatrix}.$$

当 $a=-1$ 时，此时秩$([\boldsymbol{\alpha}_1\quad\boldsymbol{\alpha}_2\quad\boldsymbol{\beta}])=2<3$，据性质 4.2.3 知，$\boldsymbol{\alpha}_1,\boldsymbol{\alpha}_2,\boldsymbol{\beta}$ 线性相关.

当 $a\neq-1$ 时，此时秩$([\boldsymbol{\alpha}_1\quad\boldsymbol{\alpha}_2\quad\boldsymbol{\beta}])=3$，据性质 4.2.3 知，$\boldsymbol{\alpha}_1,\boldsymbol{\alpha}_2,\boldsymbol{\beta}$ 线性无关.

例 4.2.5　设向量组 $\boldsymbol{\alpha}_1=[-1,1,2]^{\mathrm{T}}$，$\boldsymbol{\alpha}_2=[2,-a,-3]^{\mathrm{T}}$，$\boldsymbol{\alpha}_3=[1,a,-1]^{\mathrm{T}}$，则当 a 取何值时 $\boldsymbol{\alpha}_1,\boldsymbol{\alpha}_2,\boldsymbol{\alpha}_3$ 线性相关？a 取何值时 $\boldsymbol{\alpha}_1,\boldsymbol{\alpha}_2,\boldsymbol{\alpha}_3$ 线性无关？

解　向量组 $\boldsymbol{\alpha}_1,\boldsymbol{\alpha}_2,\boldsymbol{\alpha}_3$ 是 3 个 3 元向量，所以可利用推论 2 来解答.

$$|[\boldsymbol{\alpha}_1\quad\boldsymbol{\alpha}_2\quad\boldsymbol{\alpha}_3]|=\begin{vmatrix}-1&2&1\\1&-a&a\\2&-3&-1\end{vmatrix}\overset{R_2+R_1}{\underset{R_3+2R_1}{=\!=\!=}}\begin{vmatrix}-1&2&1\\0&2-a&a+1\\0&1&1\end{vmatrix}=2a-1,$$

所以当 $a=\dfrac{1}{2}$ 时 $\boldsymbol{\alpha}_1,\boldsymbol{\alpha}_2,\boldsymbol{\alpha}_3$ 线性相关；当 $a\neq\dfrac{1}{2}$ 时 $\boldsymbol{\alpha}_1,\boldsymbol{\alpha}_2,\boldsymbol{\alpha}_3$ 线性无关.

线性方程组的理论不仅可有效地判别向量的分量具体给出的向量间的线性关系，即使向量的分量没有给出，有时也能奏效.

例 4.2.6　设 $\boldsymbol{\alpha}_1,\boldsymbol{\alpha}_2,\boldsymbol{\alpha}_3$ 是 3 个线性无关的向量，若

$$\boldsymbol{\beta}_1=\boldsymbol{\alpha}_1+\boldsymbol{\alpha}_2,\quad\boldsymbol{\beta}_2=\boldsymbol{\alpha}_2+\boldsymbol{\alpha}_3,\quad\boldsymbol{\beta}_3=\boldsymbol{\alpha}_3+\boldsymbol{\alpha}_1,$$

求证：$\boldsymbol{\beta}_1,\boldsymbol{\beta}_2,\boldsymbol{\beta}_3$ 线性无关.

证　设有一组数 k_1,k_2,k_3 使 $k_1\boldsymbol{\beta}_1+k_2\boldsymbol{\beta}_2+k_3\boldsymbol{\beta}_3=\boldsymbol{O}$，代入题设条件

$$k_1(\boldsymbol{\alpha}_1+\boldsymbol{\alpha}_2)+k_2(\boldsymbol{\alpha}_2+\boldsymbol{\alpha}_3)+k_3(\boldsymbol{\alpha}_3+\boldsymbol{\alpha}_1)=\boldsymbol{O},\tag{1}$$

整理得

$$(k_1+k_3)\boldsymbol{\alpha}_1+(k_1+k_2)\boldsymbol{\alpha}_2+(k_2+k_3)\boldsymbol{\alpha}_3=\boldsymbol{O}.$$

因 $\boldsymbol{\alpha}_1,\boldsymbol{\alpha}_2,\boldsymbol{\alpha}_3$ 线性无关，故

$$\begin{cases}k_1+k_3=0,\\k_1+k_2=0,\\k_2+k_3=0.\end{cases}\qquad\text{因}\quad\begin{vmatrix}1&0&1\\1&1&0\\0&1&1\end{vmatrix}=2\neq0,$$

得出 $k_1=0,k_2=0,k_3=0$. 这表明凡使(1)式成立的数 k_1,k_2,k_3 必全为 0,故 $\boldsymbol{\beta}_1,\boldsymbol{\beta}_2,\boldsymbol{\beta}_3$ 线性无关.

向量的线性关系(相关,或无关)是线性代数最为重要又比较抽象的基本概念之一,为了便于理解,下面在几何空间中介绍一下背景.

若平面上两个非零向量 $\boldsymbol{\alpha},\boldsymbol{\beta}$ 线性相关,则存在不全为零的数 k_1,k_2 使得有 $k_1\boldsymbol{\alpha}+k_2\boldsymbol{\beta}=\boldsymbol{O}$. 不妨设 $k_1\neq0$,于是有 $\boldsymbol{\alpha}=-\frac{k_2}{k_1}\boldsymbol{\beta}$,即这两个向量对应分量成比例,在几何上表示 $\boldsymbol{\alpha},\boldsymbol{\beta}$ 共线. 反之,若 $\boldsymbol{\alpha},\boldsymbol{\beta}$ 共线,则有 $\boldsymbol{\alpha}=k\boldsymbol{\beta}$,其中 k 为非零实数. 从而 $1\boldsymbol{\alpha}+(-k)\boldsymbol{\beta}=\boldsymbol{O}$,这表明 $\boldsymbol{\alpha},\boldsymbol{\beta}$ 线性相关. 综上所述我们有

平面上非零向量 $\boldsymbol{\alpha},\boldsymbol{\beta}$ 线性相关 $\Leftrightarrow$ $\boldsymbol{\alpha},\boldsymbol{\beta}$ 共线.

其逆否命题为:平面上非零向量 $\boldsymbol{\alpha},\boldsymbol{\beta}$ 线性无关 $\Leftrightarrow$ $\boldsymbol{\alpha},\boldsymbol{\beta}$ 不共线.

上面讨论中证明了:两个向量线性相关(无关)的充分必要条件为对应分量成(不成)比例.

类似也可有

空间非零向量 $\boldsymbol{\alpha},\boldsymbol{\beta},\boldsymbol{\gamma}$ 线性相关 $\Leftrightarrow$ $\boldsymbol{\alpha},\boldsymbol{\beta},\boldsymbol{\gamma}$ 共面.

空间非零向量 $\boldsymbol{\alpha},\boldsymbol{\beta},\boldsymbol{\gamma}$ 线性无关 $\Leftrightarrow$ $\boldsymbol{\alpha},\boldsymbol{\beta},\boldsymbol{\gamma}$ 不共面.

下面将研究向量间线性组合,线性相关,线性无关这三者之间的内在联系.

定理 4.2.1 向量组 $\boldsymbol{\alpha}_1,\boldsymbol{\alpha}_2,\cdots,\boldsymbol{\alpha}_s(s\geqslant2)$ 线性相关 $\Leftrightarrow$ $\boldsymbol{\alpha}_1,\boldsymbol{\alpha}_2,\cdots,\boldsymbol{\alpha}_s$ 中至少有一个向量是其余 $s-1$ 个向量的线性组合.

证 必要性. 设 $\boldsymbol{\alpha}_1,\boldsymbol{\alpha}_2,\cdots,\boldsymbol{\alpha}_s$ 线性相关,则有不全为零的数 $k_1,k_2,\cdots,k_s$,使得 $k_1\boldsymbol{\alpha}_1+k_2\boldsymbol{\alpha}_2+\cdots+k_s\boldsymbol{\alpha}_s=\boldsymbol{O}$. 不妨设 $k_i\neq0(1\leqslant i\leqslant s)$,则有

$$\boldsymbol{\alpha}_i=\left(\frac{-k_1}{k_i}\right)\boldsymbol{\alpha}_1+\cdots+\left(\frac{-k_{i-1}}{k_i}\right)\boldsymbol{\alpha}_{i-1}+\left(\frac{-k_{i+1}}{k_i}\right)\boldsymbol{\alpha}_{i+1}+\cdots+\left(\frac{-k_s}{k_i}\right)\boldsymbol{\alpha}_s.$$

充分性. 设 $\boldsymbol{\alpha}_1,\boldsymbol{\alpha}_2,\cdots,\boldsymbol{\alpha}_s$ 中有某个 $\boldsymbol{\alpha}_i(1\leqslant i\leqslant s)$ 可表为

$$\boldsymbol{\alpha}_i=k_1\boldsymbol{\alpha}_1+\cdots+k_{i-1}\boldsymbol{\alpha}_{i-1}+k_{i+1}\boldsymbol{\alpha}_{i+1}+\cdots+k_s\boldsymbol{\alpha}_s,$$

则

$$k_1\boldsymbol{\alpha}_1+\cdots+k_{i-1}\boldsymbol{\alpha}_{i-1}+(-1)\boldsymbol{\alpha}_i+k_{i+1}\boldsymbol{\alpha}_{i+1}+\cdots+k_s\boldsymbol{\alpha}_s=\boldsymbol{O}.$$

由 $k_1,\cdots,k_{i-1},(-1),k_{i+1},\cdots,k_s$ 不全为零知,$\boldsymbol{\alpha}_1,\boldsymbol{\alpha}_2,\cdots,\boldsymbol{\alpha}_s$ 线性相关.

作为定理 4.2.1 的逆否命题可直接得到以下推论.

推论 $\boldsymbol{\alpha}_1,\boldsymbol{\alpha}_2,\cdots,\boldsymbol{\alpha}_s(s\geqslant2)$ 线性无关 $\Leftrightarrow$ $\boldsymbol{\alpha}_1,\boldsymbol{\alpha}_2,\cdots,\boldsymbol{\alpha}_s$ 中每一个向量都不能经其余 $s-1$ 个向量线性表示.

定理 4.2.2 若向量组 $\boldsymbol{\alpha}_1,\boldsymbol{\alpha}_2,\cdots,\boldsymbol{\alpha}_s$ 线性无关,而向量组 $\boldsymbol{\alpha}_1,\boldsymbol{\alpha}_2,\cdots,\boldsymbol{\alpha}_s,\boldsymbol{\beta}$ 线性相关,则 $\boldsymbol{\beta}$ 必可经 $\boldsymbol{\alpha}_1,\boldsymbol{\alpha}_2,\cdots,\boldsymbol{\alpha}_s$ 线性表示,且线性表示式惟一.

证 由 $\boldsymbol{\alpha}_1,\boldsymbol{\alpha}_2,\cdots,\boldsymbol{\alpha}_s,\boldsymbol{\beta}$ 线性相关知,存在不全为零的数 $k_1,k_2,\cdots,k_s,k$,使得

$$k_1\boldsymbol{\alpha}_1+k_2\boldsymbol{\alpha}_2+\cdots+k_s\boldsymbol{\alpha}_s+k\boldsymbol{\beta}=\boldsymbol{O}.$$

现用反证法来证必有 $k\neq0$. 若不然, $k=0$, 则 $k_1,k_2,\cdots,k_s$ 不全为零, 且有

$$k_1\boldsymbol{\alpha}_1+k_2\boldsymbol{\alpha}_2+\cdots+k_s\boldsymbol{\alpha}_s=\boldsymbol{O},$$

这与 $\boldsymbol{\alpha}_1,\boldsymbol{\alpha}_2,\cdots,\boldsymbol{\alpha}_s$ 线性无关矛盾, 故 $k\neq0$. 从而有

$$\boldsymbol{\beta}=-\frac{k_1}{k}\boldsymbol{\alpha}_1-\frac{k_2}{k}\boldsymbol{\alpha}_2-\cdots-\frac{k_s}{k}\boldsymbol{\alpha}_s.$$

再证上述线性表示式惟一. 设

$$\boldsymbol{\beta}=t_1\boldsymbol{\alpha}_1+t_2\boldsymbol{\alpha}_2+\cdots+t_s\boldsymbol{\alpha}_s,$$

$$\boldsymbol{\beta}=l_1\boldsymbol{\alpha}_1+l_2\boldsymbol{\alpha}_2+\cdots+l_s\boldsymbol{\alpha}_s.$$

两式相减得

$$(t_1-l_1)\boldsymbol{\alpha}_1+(t_2-l_2)\boldsymbol{\alpha}_2+\cdots+(t_s-l_s)\boldsymbol{\alpha}_s=\boldsymbol{O}.$$

由 $\boldsymbol{\alpha}_1,\boldsymbol{\alpha}_2,\cdots,\boldsymbol{\alpha}_s$ 线性无关推知 $t_1=l_1,\ t_2=l_2,\ \cdots,\ t_s=l_s$, 故线性表示式惟一.

例 4.2.7　已知向量组 $\boldsymbol{\alpha}_1,\boldsymbol{\alpha}_2,\boldsymbol{\alpha}_3$ 线性相关, $\boldsymbol{\alpha}_2,\boldsymbol{\alpha}_3,\boldsymbol{\alpha}_4$ 线性无关, 证明:

(1) $\boldsymbol{\alpha}_1$ 能经 $\boldsymbol{\alpha}_2,\boldsymbol{\alpha}_3$ 线性表示;　　(2) $\boldsymbol{\alpha}_4$ 不能经 $\boldsymbol{\alpha}_1,\boldsymbol{\alpha}_2,\boldsymbol{\alpha}_3$ 线性表示.

证　(1) 因 $\boldsymbol{\alpha}_2,\boldsymbol{\alpha}_3,\boldsymbol{\alpha}_4$ 线性无关, 利用性质 4.2.2 之(2)知, $\boldsymbol{\alpha}_2,\boldsymbol{\alpha}_3$ 线性无关. 现 $\boldsymbol{\alpha}_2,\boldsymbol{\alpha}_3,\boldsymbol{\alpha}_1$ 线性相关, 据定理 4.2.2 知, $\boldsymbol{\alpha}_1$ 能经 $\boldsymbol{\alpha}_2,\boldsymbol{\alpha}_3$ 线性表示.

(2) (反证)若 $\boldsymbol{\alpha}_4$ 能经 $\boldsymbol{\alpha}_1,\boldsymbol{\alpha}_2,\boldsymbol{\alpha}_3$ 线性表示, 设

$$\boldsymbol{\alpha}_4=k_1\boldsymbol{\alpha}_1+k_2\boldsymbol{\alpha}_2+k_3\boldsymbol{\alpha}_3. \tag{$*$}$$

由第(1)小题知, $\boldsymbol{\alpha}_1$ 能经 $\boldsymbol{\alpha}_2,\boldsymbol{\alpha}_3$ 线性表示, 设 $\boldsymbol{\alpha}_1=t_1\boldsymbol{\alpha}_2+t_2\boldsymbol{\alpha}_3$, 将此式代入($*$)得

$$\boldsymbol{\alpha}_4=k_1(t_1\boldsymbol{\alpha}_2+t_2\boldsymbol{\alpha}_3)+k_2\boldsymbol{\alpha}_2+k_3\boldsymbol{\alpha}_3=(k_1t_1+k_2)\boldsymbol{\alpha}_2+(k_1t_2+k_3)\boldsymbol{\alpha}_3,$$

据定理 4.2.2 知, $\boldsymbol{\alpha}_2,\boldsymbol{\alpha}_3,\boldsymbol{\alpha}_4$ 线性相关, 这与题设矛盾, 故 $\boldsymbol{\alpha}_4$ 不能经 $\boldsymbol{\alpha}_2,\boldsymbol{\alpha}_3$ 线性表示.

习　题　4.2

1. 指出下述论断正确的是(　　), 并说明理由.

(A) 如果当 $k_1=k_2=\cdots=k_r=0$ 时, $k_1\boldsymbol{\alpha}_1+k_2\boldsymbol{\alpha}_2+\cdots+k_r\boldsymbol{\alpha}_r=\boldsymbol{O}$, 则 $\boldsymbol{\alpha}_1,\boldsymbol{\alpha}_2,\cdots,\boldsymbol{\alpha}_r$ 线性无关.

(B) 若 $\boldsymbol{\alpha}_1,\boldsymbol{\alpha}_2,\cdots,\boldsymbol{\alpha}_r$ 线性相关, 则存在全不为零的数 $k_1,k_2,\cdots,k_r$, 使得

$$k_1\boldsymbol{\alpha}_1+k_2\boldsymbol{\alpha}_2+\cdots+k_r\boldsymbol{\alpha}_r=\boldsymbol{O}.$$

(C) 若 $\boldsymbol{\alpha}_1,\boldsymbol{\alpha}_2,\cdots,\boldsymbol{\alpha}_r$ 线性无关, $\boldsymbol{\beta}_1,\boldsymbol{\beta}_2,\cdots,\boldsymbol{\beta}_s$ 线性无关, 则 $\boldsymbol{\alpha}_1,\boldsymbol{\alpha}_2,\cdots,\boldsymbol{\alpha}_r,\boldsymbol{\beta}_1,\boldsymbol{\beta}_2,\cdots,\boldsymbol{\beta}_s$ 线性无关.

(D) 若 $\boldsymbol{\alpha}_1,\boldsymbol{\alpha}_2,\cdots,\boldsymbol{\alpha}_r$ 线性无关, 则其中每一个向量都不是其余向量的线性组合.

2. 试将向量 $\boldsymbol{\beta}$ 表示成向量 $\boldsymbol{\alpha}_1,\boldsymbol{\alpha}_2,\boldsymbol{\alpha}_3,\boldsymbol{\alpha}_4$ 的线性组合:

(1) $\boldsymbol{\beta}=[1,2,1,1]^{\mathrm{T}}$, $\boldsymbol{\alpha}_1=[1,1,1,1]^{\mathrm{T}}$, $\boldsymbol{\alpha}_2=[1,1,-1,-1]^{\mathrm{T}}$, $\boldsymbol{\alpha}_3=[1,-1,1,-1]^{\mathrm{T}}$, $\boldsymbol{\alpha}_4=[1,-1,-1,1]^{\mathrm{T}}$;

(2) $\boldsymbol{\beta}=[0,2,0,-1]^{\mathrm{T}}$, $\boldsymbol{\alpha}_1=[1,1,1,1]^{\mathrm{T}}$, $\boldsymbol{\alpha}_2=[1,1,1,0]^{\mathrm{T}}$, $\boldsymbol{\alpha}_3=[1,1,0,0]^{\mathrm{T}}$, $\boldsymbol{\alpha}_4=[1,0,0,0]^{\mathrm{T}}$.

3. 设 $\boldsymbol{\beta}=[7,-2,a]^{\mathrm{T}}$, $\boldsymbol{\alpha}_1=[2,3,5]^{\mathrm{T}}$, $\boldsymbol{\alpha}_2=[3,7,8]^{\mathrm{T}}$, $\boldsymbol{\alpha}_3=[1,-6,1]^{\mathrm{T}}$. 问 $a=$______时, $\boldsymbol{\beta}$ 可

经 $\boldsymbol{\alpha}_1,\boldsymbol{\alpha}_2,\boldsymbol{\alpha}_3$ 线性表示？为什么？a 取值为______时，$\boldsymbol{\beta}$ 不能经 $\boldsymbol{\alpha}_1,\boldsymbol{\alpha}_2,\boldsymbol{\alpha}_3$ 线性表示？为什么？

4*. 设 $\boldsymbol{\beta}=[1,1,b+3,5]^{\mathrm{T}}$，$\boldsymbol{\alpha}_1=[1,0,2,3]^{\mathrm{T}}$，$\boldsymbol{\alpha}_2=[1,1,3,5]^{\mathrm{T}}$，

$\boldsymbol{\alpha}_3=[1,-1,a+2,1]^{\mathrm{T}}$，$\boldsymbol{\alpha}_4=[1,2,4,a+8]^{\mathrm{T}}$.

(1) a,b 为何值时，$\boldsymbol{\beta}$ 不能经 $\boldsymbol{\alpha}_1,\boldsymbol{\alpha}_2,\boldsymbol{\alpha}_3,\boldsymbol{\alpha}_4$ 线性表示？

(2) a,b 为何值时，$\boldsymbol{\beta}$ 能经 $\boldsymbol{\alpha}_1,\boldsymbol{\alpha}_2,\boldsymbol{\alpha}_3,\boldsymbol{\alpha}_4$ 线性表示？并写出该线性表示式.

5. 指出下列向量组线性相关的是(　　)，并说明理由.

(1) $\boldsymbol{\alpha}_1=[2,2,7,-1]^{\mathrm{T}},\boldsymbol{\alpha}_2=[3,-1,2,4]^{\mathrm{T}},\boldsymbol{\alpha}_3=[1,1,3,1]^{\mathrm{T}}$；

(2) $\boldsymbol{\alpha}_1=[4,3,-1,1,-1]^{\mathrm{T}},\boldsymbol{\alpha}_2=[2,1,-3,2,-5]^{\mathrm{T}},\boldsymbol{\alpha}_3=[1,-3,0,1,-2]^{\mathrm{T}}$，

$\boldsymbol{\alpha}_4=[1,5,2,-2,6]^{\mathrm{T}}$.

6. 设 $\boldsymbol{\alpha}_1=[1,2,3]^{\mathrm{T}},\boldsymbol{\alpha}_2=[2,1,6]^{\mathrm{T}},\boldsymbol{\alpha}_3=[3,4,a]^{\mathrm{T}}$. 问 $a=$______时 $\boldsymbol{\alpha}_1,\boldsymbol{\alpha}_2,\boldsymbol{\alpha}_3$ 线性相关？a 取值为______时 $\boldsymbol{\alpha}_1,\boldsymbol{\alpha}_2,\boldsymbol{\alpha}_3$ 线性无关？为什么？

7*. 设 $\boldsymbol{\alpha}_1=[4,a_1,0,0]^{\mathrm{T}},\boldsymbol{\alpha}_2=[4,a_2,4,0]^{\mathrm{T}}$，$\boldsymbol{\alpha}_3=[4,a_3,4,4]^{\mathrm{T}},\boldsymbol{\alpha}_4=[4,a_4,0,4]^{\mathrm{T}}$，在 a_1,a_2,a_3,a_4 可任意选取时，下列结论正确的是(　　)，并说明理由.

(A) $\boldsymbol{\alpha}_1,\boldsymbol{\alpha}_2,\boldsymbol{\alpha}_3$ 必线性相关.　　(B) $\boldsymbol{\alpha}_1,\boldsymbol{\alpha}_2,\boldsymbol{\alpha}_3$ 必线性无关.

(C) $\boldsymbol{\alpha}_1,\boldsymbol{\alpha}_2,\boldsymbol{\alpha}_3,\boldsymbol{\alpha}_4$ 必线性无关.　　(D) $\boldsymbol{\alpha}_1,\boldsymbol{\alpha}_2,\boldsymbol{\alpha}_3,\boldsymbol{\alpha}_4$ 必线性相关.

8. 设 $\boldsymbol{\alpha}_1,\boldsymbol{\alpha}_2,\boldsymbol{\alpha}_3$ 是线性无关的向量组，判断下述 $\boldsymbol{\beta}_1,\boldsymbol{\beta}_2,\boldsymbol{\beta}_3$ 是线性相关，还是线性无关：

(1) $\boldsymbol{\beta}_1=\boldsymbol{\alpha}_1-\boldsymbol{\alpha}_2$，$\boldsymbol{\beta}_2=\boldsymbol{\alpha}_2-\boldsymbol{\alpha}_3$，$\boldsymbol{\beta}_3=\boldsymbol{\alpha}_3-\boldsymbol{\alpha}_1$；

(2) $\boldsymbol{\beta}_1=\boldsymbol{\alpha}_1+\boldsymbol{\alpha}_2$，$\boldsymbol{\beta}_2=\boldsymbol{\alpha}_2+\boldsymbol{\alpha}_3$，$\boldsymbol{\beta}_3=\boldsymbol{\alpha}_3-\boldsymbol{\alpha}_1$；

(3) $\boldsymbol{\beta}_1=\boldsymbol{\alpha}_1-\boldsymbol{\alpha}_2$，$\boldsymbol{\beta}_2=\boldsymbol{\alpha}_2-\boldsymbol{\alpha}_3$，$\boldsymbol{\beta}_3=\boldsymbol{\alpha}_3-t\boldsymbol{\alpha}_1$.

9. 判断向量组 $\boldsymbol{\alpha}_1=[1,1,1,1]^{\mathrm{T}}$，$\boldsymbol{\alpha}_2=[a,b,c,d]^{\mathrm{T}}$，$\boldsymbol{\alpha}_3=[a^2,b^2,c^2,d^2]^{\mathrm{T}}$，$\boldsymbol{\alpha}_4=[a^3,b^3,c^3,d^3]^{\mathrm{T}}$ 线性相关还是线性无关，要求说明理由(其中 a,b,c,d 为互异的数).

4.3 向量组的极大线性无关组与向量组的秩

一个向量组可能包含很多向量，甚至无穷多个向量. 比如齐次线性方程组 $\boldsymbol{AX}=\boldsymbol{O}$ 的解向量，当秩$(\boldsymbol{A}_{m\times n})<n$ 时就有无穷多个. 故一般而言很难甚至不可能对一个向量组的向量逐个研究，为此就有必要从中选出若干个作为“代表”，用这些“代表”来“表示”向量组的所有向量. 这种想法当是可以实现的，比如前述的 n 个 n 元向量 $\boldsymbol{\varepsilon}_1,\boldsymbol{\varepsilon}_2,\cdots,\boldsymbol{\varepsilon}_n$，它们的线性组合就能表示所有的 n 元向量，故 $\boldsymbol{\varepsilon}_1,\boldsymbol{\varepsilon}_2,\cdots,\boldsymbol{\varepsilon}_n$ 就是所有 n 元向量(无穷多个)的代表. 注意到 $\boldsymbol{\varepsilon}_1,\boldsymbol{\varepsilon}_2,\cdots,\boldsymbol{\varepsilon}_n$ 是线性无关的，再任意添加一个 n 元向量 $\boldsymbol{\beta}$ 后，$\boldsymbol{\varepsilon}_1,\boldsymbol{\varepsilon}_2,\cdots,\boldsymbol{\varepsilon}_n,\boldsymbol{\beta}$ 就线性相关. 据此在一个向量组中引入极大线性无关组的概念.

定义 4.3.1 设向量组(Ⅰ)的一个部分组 $\boldsymbol{\alpha}_1,\boldsymbol{\alpha}_2,\cdots,\boldsymbol{\alpha}_r$，如果满足

(1) $\boldsymbol{\alpha}_1,\boldsymbol{\alpha}_2,\cdots,\boldsymbol{\alpha}_r$ 线性无关；

(2) 从原向量组的其余向量(如果有)中任取一个 $\boldsymbol{\alpha}_k$ 添加进去所得的 $r+1$ 个向量 $\boldsymbol{\alpha}_1,\boldsymbol{\alpha}_2,\cdots,\boldsymbol{\alpha}_r,\boldsymbol{\alpha}_k$ 均线性相关.

则称 $\boldsymbol{\alpha}_1,\boldsymbol{\alpha}_2,\cdots,\boldsymbol{\alpha}_r$ 是向量组(Ⅰ)的一个极大线性无关组.

注记 向量组(Ⅰ)中向量个数可以有限多个,比如 $\boldsymbol{\alpha}_1,\boldsymbol{\alpha}_2,\cdots,\boldsymbol{\alpha}_s$;也可以无穷多个,比如方程组 $\boldsymbol{A}_{m\times n}\boldsymbol{X}=\boldsymbol{O}$(秩$(\boldsymbol{A})=r<n$)的解集合.

据定理 4.2.2 知,条件(2)也就是说向量组(Ⅰ)的任意一个向量 $\boldsymbol{\alpha}_k$ 均能经 $\boldsymbol{\alpha}_1,\boldsymbol{\alpha}_2,\cdots,\boldsymbol{\alpha}_r$ 线性表示,所以向量组(Ⅰ)的极大线性无关组能代表向量组(Ⅰ). 进而还可以得知,在条件(1)下,(2)与下述条件等价:

(2)′ 向量组(Ⅰ)中任意一个向量 $\boldsymbol{\alpha}_k$ 均可经 $\boldsymbol{\alpha}_1,\boldsymbol{\alpha}_2,\cdots,\boldsymbol{\alpha}_r$ 线性表示.

由定义容易得出当向量组(Ⅰ):$\boldsymbol{\alpha}_1,\boldsymbol{\alpha}_2,\cdots,\boldsymbol{\alpha}_s$ 线性无关时,(Ⅰ)的极大线性无关组就是自身.

下面来阐明向量组 $\boldsymbol{\alpha}_1,\boldsymbol{\alpha}_2,\cdots,\boldsymbol{\alpha}_s$ 是否有极大线性无关组. 全由零向量组成的向量组,因其任何一个部分组都是线性相关的,所以没有极大线性无关组. 除此种极端的情况外,一般说来任意一组不全为零向量组成的向量组 $\boldsymbol{\alpha}_1,\boldsymbol{\alpha}_2,\cdots,\boldsymbol{\alpha}_s$ 中总可选取出一个极大线性无关向量组来,具体做法可以是:因 $\boldsymbol{\alpha}_1,\boldsymbol{\alpha}_2,\cdots,\boldsymbol{\alpha}_s$ 不全为零向量,不妨设 $\boldsymbol{\alpha}_1\neq\boldsymbol{O}$,则 $\boldsymbol{\alpha}_1$ 线性无关. 考察 $\boldsymbol{\alpha}_1,\boldsymbol{\alpha}_k$,让 k 取遍 $2,\cdots,s$,若 $\boldsymbol{\alpha}_1,\boldsymbol{\alpha}_k$ 均线性相关,则 $\boldsymbol{\alpha}_1$ 就是一个极大线性无关组. 否则不妨设 $\boldsymbol{\alpha}_1,\boldsymbol{\alpha}_2$ 线性无关,则对 $\boldsymbol{\alpha}_1,\boldsymbol{\alpha}_2$ 重复上述讨论. 如此继续,即可从 $\boldsymbol{\alpha}_1,\boldsymbol{\alpha}_2,\cdots,\boldsymbol{\alpha}_s$ 中选出一个极大线性无关组. 不过上述方法做起来较繁琐,通过下例介绍一种较为简便的方法,使得选取过程可通过初等行变换来实现.

例 4.3.1 已知 $\boldsymbol{\alpha}_1=[1,0,2,1]^{\mathrm{T}}$, $\boldsymbol{\alpha}_2=[1,2,0,1]^{\mathrm{T}}$, $\boldsymbol{\alpha}_3=[2,1,3,2]^{\mathrm{T}}$, $\boldsymbol{\alpha}_4=[2,5,-1,4]^{\mathrm{T}}$. 求 $\boldsymbol{\alpha}_1,\boldsymbol{\alpha}_2,\boldsymbol{\alpha}_3,\boldsymbol{\alpha}_4$ 的一个极大线性无关组. 在选定一个极大线性无关组后,将其余向量用该极大线性无关组表示.

解 将 $\boldsymbol{\alpha}_1,\boldsymbol{\alpha}_2,\boldsymbol{\alpha}_3,\boldsymbol{\alpha}_4$ 作为列向量,构作矩阵$[\boldsymbol{\alpha}_1\ \ \boldsymbol{\alpha}_2\ \ \boldsymbol{\alpha}_3\ \ \boldsymbol{\alpha}_4]$,仅用初等行变换把矩阵$[\boldsymbol{\alpha}_1\ \ \boldsymbol{\alpha}_2\ \ \boldsymbol{\alpha}_3\ \ \boldsymbol{\alpha}_4]$化为阶梯形.

$$[\boldsymbol{\alpha}_1\ \ \boldsymbol{\alpha}_2\ \ \boldsymbol{\alpha}_3\ \ \boldsymbol{\alpha}_4]=\begin{bmatrix}1&1&2&2\\0&2&1&5\\2&0&3&-1\\1&1&2&4\end{bmatrix}\xrightarrow[R_4-R_1]{R_3-2R_1}\begin{bmatrix}1&1&2&2\\0&2&1&5\\0&-2&-1&-5\\0&0&0&2\end{bmatrix}$$

$$\xrightarrow[R_{34}]{R_3+R_2}\begin{bmatrix}1&1&2&2\\0&2&1&5\\0&0&0&2\\0&0&0&0\end{bmatrix}\overset{\text{记为}}{=\!=}[\boldsymbol{\alpha}_1'\ \ \boldsymbol{\alpha}_2'\ \ \boldsymbol{\alpha}_3'\ \ \boldsymbol{\alpha}_4']. \tag{4.3.1}$$

即$[\boldsymbol{\alpha}_1\ \ \boldsymbol{\alpha}_2\ \ \boldsymbol{\alpha}_3\ \ \boldsymbol{\alpha}_4]\xrightarrow{\text{初等行变换}}[\boldsymbol{\alpha}_1'\ \ \boldsymbol{\alpha}_2'\ \ \boldsymbol{\alpha}_3'\ \ \boldsymbol{\alpha}_4']$,因仅作初等行变换,所以同时还有

$$[\boldsymbol{\alpha}_1\ \ \boldsymbol{\alpha}_2\ \ \boldsymbol{\alpha}_3]\xrightarrow{\text{初等行变换}}[\boldsymbol{\alpha}_1'\ \ \boldsymbol{\alpha}_2'\ \ \boldsymbol{\alpha}_3'];$$

$$[\boldsymbol{\alpha}_1\ \ \boldsymbol{\alpha}_2\ \ \boldsymbol{\alpha}_4]\xrightarrow{\text{初等行变换}}[\boldsymbol{\alpha}_1'\ \ \boldsymbol{\alpha}_2'\ \ \boldsymbol{\alpha}_4'];$$

$$[\boldsymbol{\alpha}_1 \quad \boldsymbol{\alpha}_3 \quad \boldsymbol{\alpha}_4] \xrightarrow{\text{初等行变换}} [\boldsymbol{\alpha}'_1 \quad \boldsymbol{\alpha}'_3 \quad \boldsymbol{\alpha}'_4];$$

$$\cdots\cdots\cdots\cdots$$

一般地有

$$[\boldsymbol{\alpha}_{i_1} \quad \boldsymbol{\alpha}_{i_2} \quad \boldsymbol{\alpha}_{i_3}] \xrightarrow{\text{初等行变换}} [\boldsymbol{\alpha}'_{i_1} \quad \boldsymbol{\alpha}'_{i_2} \quad \boldsymbol{\alpha}'_{i_3}],\text{其中 } i_1,i_2,i_3\in\{1,2,3,4\}. \qquad (*)$$

这样由秩($[\boldsymbol{\alpha}'_1 \quad \boldsymbol{\alpha}'_2 \quad \boldsymbol{\alpha}'_3 \quad \boldsymbol{\alpha}'_4]$)=3 推知秩($[\boldsymbol{\alpha}_1 \quad \boldsymbol{\alpha}_2 \quad \boldsymbol{\alpha}_3 \quad \boldsymbol{\alpha}_4]$)=3,得出 $\boldsymbol{\alpha}_1,\boldsymbol{\alpha}_2,\boldsymbol{\alpha}_3,\boldsymbol{\alpha}_4$ 线性相关. 由秩($[\boldsymbol{\alpha}'_1 \quad \boldsymbol{\alpha}'_2 \quad \boldsymbol{\alpha}'_3]$)=2 推知秩($[\boldsymbol{\alpha}_1 \quad \boldsymbol{\alpha}_2 \quad \boldsymbol{\alpha}_3]$)=2,得出 $\boldsymbol{\alpha}_1,\boldsymbol{\alpha}_2,\boldsymbol{\alpha}_3$ 线性相关. 由秩($[\boldsymbol{\alpha}'_1 \quad \boldsymbol{\alpha}'_2 \quad \boldsymbol{\alpha}'_4]$)=3 推知秩($[\boldsymbol{\alpha}_1 \quad \boldsymbol{\alpha}_2 \quad \boldsymbol{\alpha}_4]$)=3,得出 $\boldsymbol{\alpha}_1,\boldsymbol{\alpha}_2,\boldsymbol{\alpha}_4$ 线性无关. 由秩($[\boldsymbol{\alpha}'_1 \quad \boldsymbol{\alpha}'_3 \quad \boldsymbol{\alpha}'_4]$)=3 推知秩($[\boldsymbol{\alpha}_1 \quad \boldsymbol{\alpha}_3 \quad \boldsymbol{\alpha}_4]$)=3,得出 $\boldsymbol{\alpha}_1,\boldsymbol{\alpha}_3,\boldsymbol{\alpha}_4$ 线性无关.

这就表明 $\boldsymbol{\alpha}_1,\boldsymbol{\alpha}_2,\boldsymbol{\alpha}_4$ 线性无关,$\boldsymbol{\alpha}_1,\boldsymbol{\alpha}_2,\boldsymbol{\alpha}_4,\boldsymbol{\alpha}_3$ 线性相关,故 $\boldsymbol{\alpha}_1,\boldsymbol{\alpha}_2,\boldsymbol{\alpha}_4$ 是 $\boldsymbol{\alpha}_1,\boldsymbol{\alpha}_2,\boldsymbol{\alpha}_3,\boldsymbol{\alpha}_4$ 的一个极大线性无关组. 同时也表明 $\boldsymbol{\alpha}_1,\boldsymbol{\alpha}_3,\boldsymbol{\alpha}_4$ 线性无关,$\boldsymbol{\alpha}_1,\boldsymbol{\alpha}_3,\boldsymbol{\alpha}_4,\boldsymbol{\alpha}_2$ 线性相关,故 $\boldsymbol{\alpha}_1,\boldsymbol{\alpha}_3,\boldsymbol{\alpha}_4$ 也是 $\boldsymbol{\alpha}_1,\boldsymbol{\alpha}_2,\boldsymbol{\alpha}_3,\boldsymbol{\alpha}_4$ 的一个极大线性无关组.

不仅如此,更一般地由(*)式用同样推理过程可判断向量组 $\boldsymbol{\alpha}_{i_1},\boldsymbol{\alpha}_{i_2},\boldsymbol{\alpha}_{i_3}$,其中 $i_1,i_2,i_3\in\{1,2,3,4\}$是否是 $\boldsymbol{\alpha}_1,\boldsymbol{\alpha}_2,\boldsymbol{\alpha}_3,\boldsymbol{\alpha}_4$ 的一个极大线性无关组.

选定 $\boldsymbol{\alpha}_1,\boldsymbol{\alpha}_3,\boldsymbol{\alpha}_4$ 作为一个极大线性无关组,利用(4.3.1)知

$$[\boldsymbol{\alpha}_1 \quad \boldsymbol{\alpha}_3 \quad \boldsymbol{\alpha}_4 \ \vdots\ \boldsymbol{\alpha}_2] \xrightarrow{\text{初等行变换}} \left[\begin{array}{ccc:c} 1 & 2 & 3 & 1 \\ 0 & 1 & 5 & 2 \\ 0 & 0 & 2 & 0 \\ 0 & 0 & 0 & 0 \end{array}\right] \xrightarrow{\text{初等行变换}} \left[\begin{array}{ccc:c} 1 & 0 & 0 & -3 \\ 0 & 1 & 0 & 2 \\ 0 & 0 & 1 & 0 \\ 0 & 0 & 0 & 0 \end{array}\right],$$

这表明方程组$[\boldsymbol{\alpha}_1 \quad \boldsymbol{\alpha}_3 \quad \boldsymbol{\alpha}_4]\begin{bmatrix} x_1 \\ x_2 \\ x_3 \end{bmatrix}=\boldsymbol{\alpha}_2$ 有解 $x_1=-3,x_2=2,x_3=0$,所以 $\boldsymbol{\alpha}_2=-3\boldsymbol{\alpha}_1+2\boldsymbol{\alpha}_3$.

注记 利用(4.3.1)式可使我们判断出 $\boldsymbol{\alpha}_1,\boldsymbol{\alpha}_2,\boldsymbol{\alpha}_3,\boldsymbol{\alpha}_4$ 中任意一个部分向量组是线性相关还是线性无关. 由于此方法有此优点,它可用来解决多种问题,读者可参阅 4.5 节贯串前四章的线索中的两组问题.

前已阐明由不全为零向量组成的向量组 $\boldsymbol{\alpha}_1,\boldsymbol{\alpha}_2,\cdots,\boldsymbol{\alpha}_s$ 都有极大线性无关组,例4.3.1表明向量组的极大线性无关组可以不惟一. 注意到例 4.3.1 中不同的极大线性无关组所含有的向量个数是相等的,都是由 3 个向量组成,一般地有

性质 4.3.1 向量组的任意两个极大线性无关组所含的向量个数相等.

据此性质我们可将向量组的极大线性无关组所含向量的个数,称为该向量组的**秩**. 它是由向量组惟一确定的. 据此,例 4.3.1 中向量组 $\boldsymbol{\alpha}_1,\boldsymbol{\alpha}_2,\boldsymbol{\alpha}_3,\boldsymbol{\alpha}_4$ 的秩为 3. 同时规定全为零向量组成的向量组的秩为零.

注意到例 4.3.1 表明:求向量组 $\boldsymbol{\alpha}_1,\boldsymbol{\alpha}_2,\boldsymbol{\alpha}_3,\boldsymbol{\alpha}_4$ 的极大线性无关组的方法即为

用初等行变换求矩阵$[\boldsymbol{\alpha}_1\ \ \boldsymbol{\alpha}_2\ \ \boldsymbol{\alpha}_3\ \ \boldsymbol{\alpha}_4]$秩的方法，而且向量组 $\boldsymbol{\alpha}_1,\boldsymbol{\alpha}_2,\boldsymbol{\alpha}_3,\boldsymbol{\alpha}_4$ 的秩即为矩阵$[\boldsymbol{\alpha}_1\ \ \boldsymbol{\alpha}_2\ \ \boldsymbol{\alpha}_3\ \ \boldsymbol{\alpha}_4]$的秩. 其实我们可以证明

性质 4.3.2　向量组 $\boldsymbol{\alpha}_1,\boldsymbol{\alpha}_2,\cdots,\boldsymbol{\alpha}_s$ 的秩即为矩阵 $\boldsymbol{A}=[\boldsymbol{\alpha}_1\ \ \boldsymbol{\alpha}_2\ \ \cdots\ \ \boldsymbol{\alpha}_s]$的秩.

性质 4.3.3　设向量组 $\boldsymbol{\alpha}_1,\boldsymbol{\alpha}_2,\cdots,\boldsymbol{\alpha}_s$ 的秩为 r，则向量组中任意 $r+1$ 个向量(如果有)必线性相关.

推论　秩为 r 的向量组中任意 r 个线性无关的向量均可作为该向量组的一个极大线性无关组.

注记　上述三个性质和一个推论均未证明，对这些证明有兴趣的读者可参阅附录四.

至此，可归结出求向量组 $\boldsymbol{\alpha}_1,\boldsymbol{\alpha}_2,\cdots,\boldsymbol{\alpha}_s$ 的秩与极大线性无关组的一种方法：

(1) 将 $\boldsymbol{\alpha}_1,\boldsymbol{\alpha}_2,\cdots,\boldsymbol{\alpha}_s$ 作为列向量构作矩阵 $\boldsymbol{A}$，即 $\boldsymbol{A}=[\boldsymbol{\alpha}_1\ \ \boldsymbol{\alpha}_2\ \ \cdots\ \ \boldsymbol{\alpha}_s]$. 将 $\boldsymbol{A}$ 只用初等行变换化为阶梯形矩阵 $\boldsymbol{B}$.

(2) 求出 $\boldsymbol{B}$ 的秩，比如秩$(\boldsymbol{B})=r$，则秩$(\boldsymbol{A})=$秩$(\boldsymbol{B})=r$. 据性质 4.3.2 知，向量组 $\boldsymbol{\alpha}_1,\boldsymbol{\alpha}_2,\cdots,\boldsymbol{\alpha}_s$ 的秩$=$秩$(\boldsymbol{A})=r$.

(3) 据性质 4.3.3 的推论知，向量组 $\boldsymbol{\alpha}_1,\boldsymbol{\alpha}_2,\cdots,\boldsymbol{\alpha}_s$ 中任意 r 个线性无关的向量都是它的一个极大线性无关组，一般常取阶梯头所在的列作为一个极大线性无关组.

利用上述方法例 4.3.1 的向量组 $\boldsymbol{\alpha}_1,\boldsymbol{\alpha}_2,\boldsymbol{\alpha}_3,\boldsymbol{\alpha}_4$ 的秩与极大线性无关组就容易求得. 可先由(4.3.1)知，秩$([\boldsymbol{\alpha}_1\ \ \boldsymbol{\alpha}_2\ \ \boldsymbol{\alpha}_3\ \ \boldsymbol{\alpha}_4])=3$，由此得 $\boldsymbol{\alpha}_1,\boldsymbol{\alpha}_2,\boldsymbol{\alpha}_3,\boldsymbol{\alpha}_4$ 的秩为 3，从而线性无关向量组 $\boldsymbol{\alpha}_1,\boldsymbol{\alpha}_2,\boldsymbol{\alpha}_4$ 与 $\boldsymbol{\alpha}_1,\boldsymbol{\alpha}_3,\boldsymbol{\alpha}_4$ 均可作为极大线性无关组.

性质 4.3.2 阐明了向量组 $\boldsymbol{\alpha}_1,\boldsymbol{\alpha}_2,\cdots,\boldsymbol{\alpha}_s$ 的秩与矩阵$[\boldsymbol{\alpha}_1\ \ \boldsymbol{\alpha}_2\ \ \cdots\ \ \boldsymbol{\alpha}_s]$的秩的联系，利用此可进一步阐明矩阵秩的含义.

设给出了一个数域 P 上的 $m\times n$ 矩阵

$$\boldsymbol{A}=\begin{bmatrix} a_{11} & a_{12} & \cdots & a_{1n} \\ a_{21} & a_{22} & \cdots & a_{2n} \\ \vdots & \vdots & & \vdots \\ a_{m1} & a_{m2} & \cdots & a_{mn} \end{bmatrix},$$

记其 m 个行向量为 $\boldsymbol{\beta}_i=[a_{i1},a_{i2},\cdots,a_{in}]\ (i=1,2,\cdots,m)$，$n$ 个列向量为 $\boldsymbol{\alpha}_j=[a_{1j},a_{2j},\cdots,a_{mj}]^{\mathrm{T}}\ (j=1,2,\cdots,n)$，则矩阵 $\boldsymbol{A}$ 可以看成由 m 个行向量构成：

$$\boldsymbol{A}=\begin{bmatrix} \boldsymbol{\beta}_1 \\ \boldsymbol{\beta}_2 \\ \vdots \\ \boldsymbol{\beta}_m \end{bmatrix}.$$

n 元向量组 $\boldsymbol{\beta}_1,\boldsymbol{\beta}_2,\cdots,\boldsymbol{\beta}_m$ 的秩(极大线性无关组所含向量个数)称为 $\boldsymbol{A}$ 的**行秩**. 类似地矩阵 $\boldsymbol{A}$ 可以看成由 n 个列向量构成，$\boldsymbol{A}=[\boldsymbol{\alpha}_1\ \ \boldsymbol{\alpha}_2\ \ \cdots\ \ \boldsymbol{\alpha}_n]$，$m$ 元向量组 $\boldsymbol{\alpha}_1$，

$\boldsymbol{\alpha}_2,\cdots,\boldsymbol{\alpha}_n$ 的秩(极大线性无关组所含向量个数)称为 $\boldsymbol{A}$ 的**列秩**.

定理 4.3.1 设 $\boldsymbol{A}=[a_{ij}]_{m\times n}$,则 $\boldsymbol{A}$ 的行秩=秩($\boldsymbol{A}$)=$\boldsymbol{A}$ 的列秩.

证 性质 4.3.2 已经证明了 $\boldsymbol{A}$ 的列秩=秩($\boldsymbol{A}$)=r. 容易看出

$$秩(\boldsymbol{A}^{\mathrm{T}})=秩(\boldsymbol{A})=r.$$

对 $\boldsymbol{A}^{\mathrm{T}}$ 利用性质 4.3.2 有:$\boldsymbol{A}^{\mathrm{T}}$ 的列秩=秩($\boldsymbol{A}^{\mathrm{T}}$)=$r$. 而 $\boldsymbol{A}^{\mathrm{T}}$ 的列秩即为 $\boldsymbol{A}$ 的行秩. 所以 $\boldsymbol{A}$ 的行秩=r. 定理证毕.

推论 $\boldsymbol{A}_n$ 是可逆矩阵 $\Leftrightarrow$ 秩($\boldsymbol{A}$)=n $\Leftrightarrow$ $\boldsymbol{A}$ 的行向量组线性无关 $\Leftrightarrow$ $\boldsymbol{A}$ 的列向量组线性无关.

这定理表明我们可把矩阵的秩定义为它的行向量组中线性无关向量的最大个数(行秩),也可定义为它的列向量组中线性无关向量的最大个数(列秩). 这就使得我们能从一个新的角度(向量的角度)来刻画矩阵的秩,比如

秩($\boldsymbol{A}$)=r $\Leftrightarrow$ $\boldsymbol{A}$ 的列(行)向量组中有 r 个列(行)向量线性无关,且任意 $r+1$ 个(如果有)列(行)向量均线性相关.

从而加深了对矩阵秩的认识,在处理有关矩阵秩的问题时,方法也增加了.

例 4.3.2 设 $\boldsymbol{A}$ 是 5×3 矩阵,秩($\boldsymbol{A}$)=3. 下述 4 个结论中不正确的是(　　).

(A) $\boldsymbol{A}$ 的 3 个列向量必线性无关.

(B) $\boldsymbol{A}$ 的 5 个行向量必线性相关.

(C) $\boldsymbol{A}$ 的任意 3 个行向量必线性无关.

(D) $\boldsymbol{A}$ 的行向量中有 3 个行向量是线性无关的.

解 由秩($\boldsymbol{A}$)=3 知,$\boldsymbol{A}$ 的列秩为 3,$\boldsymbol{A}$ 的列向量只有 3 个,所以 $\boldsymbol{A}$ 的 3 个列向量必线性无关,故(A)正确. 由秩($\boldsymbol{A}$)=3 知,$\boldsymbol{A}$ 的行秩为 3,所以 $\boldsymbol{A}$ 的 5 个行向量必线性相关,故(B)正确. 由 $\boldsymbol{A}$ 的行秩为 3 知,$\boldsymbol{A}$ 的行向量中有 3 个行向量是线性无关的,故(D)正确. 下例表明(C)不正确:设

$$\boldsymbol{A}=\begin{bmatrix}1&0&0\\0&1&0\\0&0&1\\0&0&0\\0&0&0\end{bmatrix},$$

则秩($\boldsymbol{A}$)=3,但 $\boldsymbol{A}$ 的第 3 行,第 4 行,第 5 行这 3 个行向量就是线性相关的.

综上所述本例应填 C.

例 4.3.3 由第 2 章知,线性方程组 $\boldsymbol{A}_{m\times n}\boldsymbol{X}=\boldsymbol{b}$,若秩($\boldsymbol{A}$)=秩($\overline{\boldsymbol{A}}$)=$r<n$,则 $\overline{\boldsymbol{A}}$ 可经初等行变换化为约化阶梯形矩阵 $\overline{\boldsymbol{B}}$,$\overline{\boldsymbol{B}}$ 的前 r 行均不全为零,后 $m-r$ 行全为零. 按本章观点这表明用消元法解线性方程组时,最后留下的(系数不全为零)是那些系数与常数组成的行向量是线性无关的方程,消失的(系数全为零)是那些可表为留下方程的系数与常数组成行向量线性组合的方程,留下方程的个数即为极大

线性无关组所含向量的个数,也就是行秩. 中学所说方程"独立"、"不独立"实质上就是向量组线性无关、线性相关. 从这个观点上说向量中的线性相关、线性无关、向量组的秩等概念,我们在中学时就接触过,无非是没有点明而已.

例 4.3.4　设 $\boldsymbol{A}$ 是一个 n 阶可逆矩阵,则 $\boldsymbol{A}$ 的 n 个行向量线性无关 $\Rightarrow$ $\boldsymbol{A}$ 的任意 $s(s\leqslant n)$ 个行向量线性无关 $\Rightarrow$ 由 $\boldsymbol{A}$ 中任取 s 行组成的 $s\times n$ 矩阵 $\boldsymbol{B}$,有秩$(\boldsymbol{B})=s$(因 $\boldsymbol{B}$ 的行秩为 s). 同样由 $\boldsymbol{A}$ 中任取 t 列组成的 $n\times t$ 矩阵 $\boldsymbol{C}$,有秩$(\boldsymbol{C})=t$.

习　题　4.3

1. 求下列向量组的秩与一个极大线性无关组,并将其余向量用该极大线性无关组表示:

(1) $\boldsymbol{\alpha}_1=[2,1,3,-1]^{\mathrm{T}}$,$\boldsymbol{\alpha}_2=[3,-1,2,0]^{\mathrm{T}}$,$\boldsymbol{\alpha}_3=[1,3,4,-2]^{\mathrm{T}}$,$\boldsymbol{\alpha}_4=[4,-3,1,1]^{\mathrm{T}}$;

(2) $\boldsymbol{\alpha}_1=[1,1,1,1]^{\mathrm{T}}$,$\boldsymbol{\alpha}_2=[1,1,-1,-1]^{\mathrm{T}}$,$\boldsymbol{\alpha}_3=[1,-1,-1,1]^{\mathrm{T}}$,
$\boldsymbol{\alpha}_4=[-1,-1,-1,1]^{\mathrm{T}}$;

(3) $\boldsymbol{\alpha}_1=[1,-1,2,4]^{\mathrm{T}}$,$\boldsymbol{\alpha}_2=[0,3,1,2]^{\mathrm{T}}$,$\boldsymbol{\alpha}_3=[3,0,7,14]^{\mathrm{T}}$,$\boldsymbol{\alpha}_4=[1,-1,2,0]^{\mathrm{T}}$,
$\boldsymbol{\alpha}_5=[2,1,5,6]^{\mathrm{T}}$.

2. 计算下列向量组的秩,并判断该向量组是否线性相关.

(1) $\boldsymbol{\alpha}_1=[1,-1,2,3,4]^{\mathrm{T}}$, $\boldsymbol{\alpha}_2=[3,-7,8,9,13]^{\mathrm{T}}$, $\boldsymbol{\alpha}_3=[-1,-3,0,-3,-3]^{\mathrm{T}}$,
$\boldsymbol{\alpha}_4=[1,-9,6,3,6]^{\mathrm{T}}$;

(2) $\boldsymbol{\beta}_1=[1,-3,2,-1]^{\mathrm{T}}$, $\boldsymbol{\beta}_2=[-2,1,5,3]^{\mathrm{T}}$, $\boldsymbol{\beta}_3=[4,-3,7,1]^{\mathrm{T}}$,
$\boldsymbol{\beta}_4=[-1,-11,8,-3]^{\mathrm{T}}$,$\boldsymbol{\beta}_5=[2,-12,30,6]^{\mathrm{T}}$.

3. 设 $\boldsymbol{\alpha}_1=[1,2,-1]^{\mathrm{T}}$,$\boldsymbol{\alpha}_2=[2,4,\lambda]^{\mathrm{T}}$,$\boldsymbol{\alpha}_3=[1,\lambda,1]^{\mathrm{T}}$.

(1) λ 取何值时 $\boldsymbol{\alpha}_1,\boldsymbol{\alpha}_2,\boldsymbol{\alpha}_3$ 线性相关? λ 取何值时 $\boldsymbol{\alpha}_1,\boldsymbol{\alpha}_2,\boldsymbol{\alpha}_3$ 线性无关? 为什么?

(2) λ 取何值时 $\boldsymbol{\alpha}_3$ 能经 $\boldsymbol{\alpha}_1,\boldsymbol{\alpha}_2$ 线性表示? 且写出表达式.

4. 下述结论不正确的是(　　),且说明理由.

(A) 秩为 4 的 4×5 矩阵的行向量组必线性无关.

(B) 可逆矩阵的行向量组和列向量组均线性无关.

(C) 秩为 $r(r<n)$的 $m\times n$ 矩阵的列向量组必线性相关.

(D) 凡行向量组线性无关的矩阵必为可逆矩阵.

4.4　线性方程组解的结构

本节将用向量的理论来阐明线性方程组解的结构.

先讨论齐次线性方程组(Ⅱ)$\boldsymbol{AX}=\boldsymbol{O}$ 解的结构. 我们已经阐明了:若系数矩阵 $\boldsymbol{A}$ 为 $m\times n$ 矩阵,则一个 n 元列向量 $\boldsymbol{\xi}$ 称为(Ⅱ)的一个解向量 $\Leftrightarrow$ $\boldsymbol{A\xi}=\boldsymbol{O}$,且当秩$(\boldsymbol{A})=r<n$ 时,(Ⅱ)有无穷多个解. 我们将寻求用有限个解向量的线性组合来表示(Ⅱ)的所有解(无穷多个),以此来描述(Ⅱ)的解的结构. 从 4.3 节知道,这可通过找出(Ⅱ)的所有解中的极大线性无关组来实现. 为此先看(Ⅱ)的解的一些性质,再引入一个概念.

性质 4.4.1 若 ξ_1,ξ_2 是(Ⅱ)的两个解,则 $k_1\xi_1+k_2\xi_2$ 也是(Ⅱ)的解,其中 k_1,k_2 为任意常数.

证 因 ξ_1,ξ_2 是(Ⅱ)的解,所以 $A\xi_1=O, A\xi_2=O$,从而

$$\begin{aligned}A(k_1\xi_1+k_2\xi_2)&=A(k_1\xi_1)+A(k_2\xi_2)=k_1A\xi_1+k_2A\xi_2\\&=k_1O+k_2O=O.\end{aligned}$$

故 $k_1\xi_1+k_2\xi_2$ 也是(Ⅱ)的解.

注记 本结论对有限多个解也成立,即若 $\xi_1,\xi_2,\cdots,\xi_t$ 均为(Ⅱ)的解,则对任意,常数 $k_1,k_2,\cdots,k_t$ 有 $k_1\xi_1+k_2\xi_2+\cdots+k_t\xi_t$ 也是(Ⅱ)的解.

定义 4.4.1 设 $\xi_1,\xi_2,\cdots,\xi_t$ 均为(Ⅱ)的解. 如果

(1) $\xi_1,\xi_2,\cdots,\xi_t$ 线性无关;

(2) (Ⅱ)的任意一个解向量都能经 $\xi_1,\xi_2,\cdots,\xi_t$ 线性表示,

则称 $\xi_1,\xi_2,\cdots,\xi_t$ 为(Ⅱ)的一个**基础解系**.

注记 对照定义 4.3.1 知,(Ⅱ)的基础解系其实就是(Ⅱ)的所有解向量的一个极大线性无关组.

下面介绍求(Ⅱ)的基础解系的方法.

设 $A=[a_{ij}]_{m\times n}$,且秩$(A)=r$,据 2.3 节知,(Ⅱ)的通解可表为

$$\begin{cases}x_1=-c_{1,r+1}t_1-\cdots-c_{1n}t_{n-r},\\x_2=-c_{2,r+1}t_1-\cdots-c_{2n}t_{n-r},\\\cdots\cdots\cdots\cdots\\x_r=-c_{r,r+1}t_1-\cdots-c_{rn}t_{n-r},\\x_{r+1}=t_1,\\\cdots\cdots\cdots\cdots\\x_n=t_{n-r},\end{cases}$$

其中 $t_1,t_2,\cdots,t_{n-r}$ 为任意常数. 将此式改写为向量形式

$$\begin{bmatrix}x_1\\x_2\\\vdots\\x_r\\x_{r+1}\\x_{r+2}\\\vdots\\x_n\end{bmatrix}=t_1\begin{bmatrix}-c_{1,r+1}\\-c_{2,r+1}\\\vdots\\-c_{r,r+1}\\1\\0\\\vdots\\0\end{bmatrix}+t_2\begin{bmatrix}-c_{1,r+2}\\-c_{2,r+2}\\\vdots\\-c_{r,r+2}\\0\\1\\\vdots\\0\end{bmatrix}+\cdots+t_{n-r}\begin{bmatrix}-c_{1n}\\-c_{2n}\\\vdots\\-c_{rn}\\0\\0\\\vdots\\1\end{bmatrix}.$$

分别记上式右端的 $n-r$ 个 n 元向量为 $\xi_1,\xi_2,\cdots,\xi_{n-r}$,易知 $\xi_1,\xi_2,\cdots,\xi_{n-r}$ 均为(Ⅱ)的解向量,且齐次线性方程组(Ⅱ)的通解可表为

$$\boldsymbol{\xi} = t_1\boldsymbol{\xi}_1 + t_2\boldsymbol{\xi}_2 + \cdots + t_{n-r}\boldsymbol{\xi}_{n-r}, \tag{4.4.1}$$

其中 $t_1, t_2, \cdots, t_{n-r}$ 为任意常数. 注意到由 $\boldsymbol{\xi}_1, \boldsymbol{\xi}_2, \cdots, \boldsymbol{\xi}_{n-r}$ 作为列向量构成矩阵 $[\boldsymbol{\xi}_1 \quad \boldsymbol{\xi}_2 \quad \cdots \quad \boldsymbol{\xi}_{n-r}]$的第 $r+1$,第 $r+2$,…,第 n 行;第 1,第 2,…,第$n-r$列构成的 $n-r$ 阶子式

$$\begin{vmatrix} 1 & 0 & \cdots & 0 \\ 0 & 1 & \cdots & 0 \\ \vdots & \vdots & & \vdots \\ 0 & 0 & \cdots & 1 \end{vmatrix} = 1 \neq 0,$$

据性质 4.2.3 知,$\boldsymbol{\xi}_1, \boldsymbol{\xi}_2, \cdots, \boldsymbol{\xi}_{n-r}$线性无关. (4.4.1)式表明(Ⅱ)的任何一个解 $\boldsymbol{\xi}$ 可经 $\boldsymbol{\xi}_1, \boldsymbol{\xi}_2, \cdots, \boldsymbol{\xi}_{n-r}$ 线性表示,这样 $\boldsymbol{\xi}_1, \boldsymbol{\xi}_2, \cdots, \boldsymbol{\xi}_{n-r}$ 就是(Ⅱ)的一个基础解系,式(4.4.1)称为用基础解系来表示(Ⅱ)的通解.

注意到向量组的极大线性无关组可以不惟一,但每个极大线性无关组所含向量个数是相同的,这就是说(Ⅱ)的基础解系可以不惟一,但每个基础解系所含向量个数是惟一确定的,均为 $n-r$,所以有下述公式:

基础解系所含向量个数$=n-r$,

其中 n 是方程组 $\boldsymbol{AX}=\boldsymbol{O}$ 的未知量个数(也就是系数矩阵 $\boldsymbol{A}$ 的列数),$r=$秩($\boldsymbol{A}$). 这也表明(Ⅱ)的基础解系所含向量个数即为 2.3 节中所阐明的该方程组自由未知量的个数. 由性质 4.3.3 的推论知,此时(Ⅱ)的任意 $n-r$ 个线性无关的解向量都可作为一个基础解系. 概括起来我们有下列定理.

定理 4.4.1　设 $\boldsymbol{A}$ 为数域 P 上 $m\times n$ 矩阵,且秩($\boldsymbol{A}$)$=r$,则齐次线性方程组 $\boldsymbol{AX}=\boldsymbol{O}$ 的通解可用一个基础解系 $\boldsymbol{\xi}_1, \boldsymbol{\xi}_2, \cdots, \boldsymbol{\xi}_{n-r}$来表达,表达式即为式(4.4.1). 基础解系可以不惟一,但每个基础解系所含向量个数 k 是惟一确定的:$k=n-r$,且(Ⅱ)的任意 $n-r$ 个线性无关的解向量都可作为一个基础解系.

例 4.4.1　解齐次线性方程组

$$\begin{cases} x_1 + x_3 - x_4 - 3x_5 = 0, \\ x_1 + 2x_2 - x_3 - x_5 = 0, \\ 4x_1 + 6x_2 - 2x_3 - 4x_4 + 3x_5 = 0, \\ 2x_1 - 2x_2 + 4x_3 - 7x_4 + 4x_5 = 0, \end{cases}$$

且将其通解用基础解系表示.

解　此例题即例 2.3.5,故知其系数矩阵经初等行变换后可化为

$$\begin{bmatrix} 1 & 0 & 1 & 0 & -6 \\ 0 & 1 & -1 & 0 & \frac{5}{2} \\ 0 & 0 & 0 & 1 & -3 \\ 0 & 0 & 0 & 0 & 0 \end{bmatrix},$$

通解为

$$\begin{cases} x_1 = -t_1 + 6t_2, \\ x_2 = t_1 - \dfrac{5}{2}t_2, \\ x_3 = t_1, \\ x_4 = 3t_2, \\ x_5 = t_2, \end{cases} \quad \text{其中 } t_1, t_2 \text{ 为任意常数.} \tag{4.4.2}$$

写成向量形式为

$$\begin{bmatrix} x_1 \\ x_2 \\ x_3 \\ x_4 \\ x_5 \end{bmatrix} = t_1 \begin{bmatrix} -1 \\ 1 \\ 1 \\ 0 \\ 0 \end{bmatrix} + t_2 \begin{bmatrix} 6 \\ -\dfrac{5}{2} \\ 0 \\ 3 \\ 1 \end{bmatrix}, \quad \text{其中 } t_1, t_2 \text{ 为任意常数.}$$

故一个基础解系为 $\boldsymbol{\xi}_1 = [-1,1,1,0,0]^{\mathrm{T}}$, $\boldsymbol{\xi}_2 = \left[6, -\dfrac{5}{2}, 0, 3, 1\right]^{\mathrm{T}}$. 通解为

$$\boldsymbol{\xi} = t_1\boldsymbol{\xi}_1 + t_2\boldsymbol{\xi}_2, \quad \text{其中 } t_1, t_2 \text{ 为任意常数.}$$

上述解法表明这类问题其实还是用第 2 章的方法来解,只不过把解的表达方式改进一下,写成向量形式罢了.

求基础解系的第二种方法是在式(4.4.2)中对常数 t_1, t_2 取不同的值,得到两个线性无关的解向量就是一个基础解系. 一般常取 $t_1=1, t_2=0$,把所得解向量记为 $\boldsymbol{\xi}_1$;取 $t_1=0, t_2=1$,把所得解向量记为 $\boldsymbol{\xi}_2$,则 $\boldsymbol{\xi}_1, \boldsymbol{\xi}_2$ 就是一个基础解系,其实这就是第一种方法得到的一个基础解系. 读者可尝试对 t_1, t_2 取其他的值,得到另外的基础解系.

如 2.3 节所述自由未知量选取可以是不惟一的,如本例中也可选取 x_2, x_5. 按现在的话来说就是虽然线性方程组的基础解系可以不惟一(比如用第二种方法就容易得出不同的基础解系),然而由不同的基础解系所表示的解集合是相同的. 这就进一步阐明了 2.3 节所说的虽然不同的自由未知量通解的表达形式不一样,但两者所表示的解集合是相同的.

至此我们已阐明了齐次线性方程组解的结构:可用基础解系(有限个解向量)的线性组合来表示方程组的全部解(无穷多个). 下面将阐明借用齐次线性方程组解的结构可以把非齐次线性方程组解的结构刻画出来.

设非齐次线性方程组(Ⅰ): $\boldsymbol{AX}=\boldsymbol{b}$,其中 $\boldsymbol{A}$ 为 $m\times n$ 矩阵,且秩$(\boldsymbol{A})=r$. 称(Ⅱ): $\boldsymbol{AX}=\boldsymbol{O}$ 为(Ⅰ)**对应的齐次线性方程组**,或称为(Ⅰ)的**导出组**.

(Ⅰ)和(Ⅱ)的解之间存在着密切的关系,容易直接验证有

性质 4.4.2 (1) 若 $\boldsymbol{\eta}_1,\boldsymbol{\eta}_2$ 均为(Ⅰ)的解,则 $\boldsymbol{\eta}_1-\boldsymbol{\eta}_2$ 为(Ⅱ)的解.

(2) 若 $\boldsymbol{\eta}_0$ 为(Ⅰ)的解,$\boldsymbol{\xi}$ 为(Ⅱ)的解,则 $\boldsymbol{\eta}_0+\boldsymbol{\xi}$ 为(Ⅰ)的解.

进而可得出(Ⅰ)的解的构造.

定理 4.4.2 设 $\boldsymbol{\eta}_0$ 是(Ⅰ)的一个取定的解(一般称为**特解**),$\boldsymbol{\xi}$ 是(Ⅱ)的通解,则(Ⅰ)的通解为 $\boldsymbol{\eta}=\boldsymbol{\eta}_0+\boldsymbol{\xi}$.

证 首先据性质 4.4.2 知,$\boldsymbol{\eta}=\boldsymbol{\eta}_0+\boldsymbol{\xi}$ 是(Ⅰ)的解.下面再证明(Ⅰ)的解均形如$\boldsymbol{\eta}_0+\boldsymbol{\xi}$.设 $\boldsymbol{\eta}'$ 为(Ⅰ)的任意一个解,则 $\boldsymbol{\eta}'$ 可表为 $\boldsymbol{\eta}'=\boldsymbol{\eta}_0+(\boldsymbol{\eta}'-\boldsymbol{\eta}_0)$. 据性质 4.4.2 知,$\boldsymbol{\eta}'-\boldsymbol{\eta}_0$ 是(Ⅱ)的解,这表明(4.4.2)式包含了(Ⅰ)的所有的解.定理得证.

由定理 4.4.2 知:若(Ⅱ)有一个基础解系为 $\boldsymbol{\xi}_1,\boldsymbol{\xi}_2,\cdots,\boldsymbol{\xi}_{n-r}$,则(Ⅱ)的通解可表为 $t_1\boldsymbol{\xi}_1+t_2\boldsymbol{\xi}_2+\cdots+t_{n-r}\boldsymbol{\xi}_{n-r}$. 故(Ⅰ)的通解可表为

$$\boldsymbol{\eta}=\boldsymbol{\eta}_0+t_1\boldsymbol{\xi}_1+t_2\boldsymbol{\xi}_2+\cdots+t_{n-r}\boldsymbol{\xi}_{n-r},$$

其中 $\boldsymbol{\eta}_0$ 是(Ⅰ)的一个特解,$t_1,t_2,\cdots,t_{n-r}$为任意常数.

例 4.4.2 解线性方程组

$$\begin{cases}x_1+x_3-x_4-3x_5=-2,\\x_1+2x_2-x_3-x_5=1,\\4x_1+6x_2-2x_3-4x_4+3x_5=7,\\2x_1-2x_2+4x_3-7x_4+4x_5=1,\end{cases}$$

且将其通解用其对应的齐次线性方程组(导出组)的基础解系来表示.

解 此题即例 2.3.4,故知其增广矩阵通过初等行变换可化为

$$\left[\begin{array}{ccccc:c}1&0&1&0&-6&-4\\0&1&-1&0&\frac{5}{2}&\frac{5}{2}\\0&0&0&1&-3&-2\\0&0&0&0&0&0\end{array}\right],$$

通解为

$$\begin{cases}x_1=-4-t_1+6t_2,\\x_2=\frac{5}{2}+t_1-\frac{5}{2}t_2,\\x_3=t_1,\\x_4=-2+3t_2,\\x_5=t_2,\end{cases}\quad 其中\ t_1,t_2\ 为任意常数.$$

写成向量形式为

$$\begin{bmatrix} x_1 \\ x_2 \\ x_3 \\ x_4 \\ x_5 \end{bmatrix} = \begin{bmatrix} -4 \\ \frac{5}{2} \\ 0 \\ -2 \\ 0 \end{bmatrix} + t_1 \begin{bmatrix} -1 \\ 1 \\ 1 \\ 0 \\ 0 \end{bmatrix} + t_2 \begin{bmatrix} 6 \\ -\frac{5}{2} \\ 0 \\ 3 \\ 1 \end{bmatrix}, \quad \text{其中 } t_1, t_2 \text{ 为任意常数.}$$

记

$$\boldsymbol{\eta} = [x_1, x_2, x_3, x_4, x_5]^{\mathrm{T}}, \quad \boldsymbol{\eta}_0 = \left[-4, \frac{5}{2}, 0, -2, 0\right]^{\mathrm{T}},$$

$$\boldsymbol{\xi}_1 = [-1, 1, 1, 0, 0]^{\mathrm{T}}, \quad \boldsymbol{\xi}_2 = \left[6, -\frac{5}{2}, 0, 3, 1\right]^{\mathrm{T}},$$

则方程组的通解可表示为

$$\boldsymbol{\eta} = \boldsymbol{\eta}_0 + t_1\boldsymbol{\xi}_1 + t_2\boldsymbol{\xi}_2, \quad \text{其中 } t_1, t_2 \text{ 为任意常数.}$$

此处 $\boldsymbol{\eta}_0$ 就是一个特解，$\boldsymbol{\xi}_1, \boldsymbol{\xi}_2$ 就是导出组的一个基础解系(对照例 4.4.1).

从上一节末至此我们已用向量的理论阐明了矩阵的秩和线性方程组解的结构，这一方面使我们把矩阵，线性方程组的问题放在向量理论中来看，得出一些原先未能意识到的结果，从而加深认识. 另一方面又给我们解决矩阵，线性方程组的问题提供了新的思想、方法和技巧.

例 4.4.3 设 $\boldsymbol{A}, \boldsymbol{B}$ 分别为 $m \times n, n \times t$ 矩阵，若 $\boldsymbol{AB} = \boldsymbol{O}$，求证：

(1) $\boldsymbol{B}$ 的列向量是齐次线性方程组 $\boldsymbol{AX} = \boldsymbol{O}$ 的解向量.

(2) 秩$(\boldsymbol{A})$+秩$(\boldsymbol{B}) \leqslant n$.

(3) 若秩$(\boldsymbol{A}) = n$，则 $\boldsymbol{B} = \boldsymbol{O}$.

(4) 若 $\boldsymbol{B} \neq \boldsymbol{O}$，则 $\boldsymbol{A}$ 的列向量组线性相关.

证 (1) 第 3 章例 3.3.2 已证明.

(2) 据定理 4.4.1 知，$\boldsymbol{AX} = \boldsymbol{O}$ 所有解向量的极大线性无关向量组所含向量个数为 $n-$秩$(\boldsymbol{A})$. 而由(1)知，$\boldsymbol{B}$ 的列向量全体只是 $\boldsymbol{AX} = \boldsymbol{O}$ 的解向量的一部分，因而 $\boldsymbol{B}$ 的列向量的极大线性无关组所含向量的个数不大于 $n-$秩$(\boldsymbol{A})$，即

$$\text{秩}(\boldsymbol{B}) \leqslant n - \text{秩}(\boldsymbol{A}),$$

从而秩$(\boldsymbol{A})$+秩$(\boldsymbol{B}) \leqslant n$.

(3) 由(2)知，秩$(\boldsymbol{B}) \leqslant n -$秩$(\boldsymbol{A}) = n - n = 0$，得秩$(\boldsymbol{B}) = 0$，故 $\boldsymbol{B} = \boldsymbol{O}$.

(4) 因 $\boldsymbol{B} \neq \boldsymbol{O}$，由(1)知，齐次线性方程组 $\boldsymbol{AX} = \boldsymbol{O}$ 有非零解. 故秩$(\boldsymbol{A}) < n$，此即 $\boldsymbol{A}$ 的列秩 $< n$，从而 $\boldsymbol{A}$ 的 n 个列向量必线性相关.

例 4.4.4 已知 $\boldsymbol{A} = \begin{bmatrix} 1 & 2 & 3 \\ 2 & 4 & t \\ 3 & 6 & 9 \end{bmatrix}$，$\boldsymbol{B}$ 为 3 阶非零矩阵，且满足 $\boldsymbol{AB} = \boldsymbol{O}$，求：秩$(\boldsymbol{B})$.

解　据例 4.4.3 知，秩($\boldsymbol{A}$)＋秩($\boldsymbol{B}$)$\leqslant 3$. 故有秩($\boldsymbol{B}$)$\leqslant 3-$秩($\boldsymbol{A}$). 另据题设 $\boldsymbol{B}\neq\boldsymbol{O}$，所以秩($\boldsymbol{B}$)$\geqslant 1$. 综上有

$$1\leqslant \text{秩}(\boldsymbol{B})\leqslant 3-\text{秩}(\boldsymbol{A}). \qquad (*)$$

因 $\boldsymbol{A}\xrightarrow[R_3-3R_1]{R_2-2R_1}\begin{bmatrix}1&2&3\\0&0&t-6\\0&0&0\end{bmatrix}$，所以

(1) 当 $t\neq 6$ 时，秩($\boldsymbol{A}$)＝2，由($*$)式知此时秩($\boldsymbol{B}$)＝1.

(2) 当 $t=6$ 时，秩($\boldsymbol{A}$)＝1，由($*$)式知此时秩($\boldsymbol{B}$)＝1，或秩($\boldsymbol{B}$)＝2.

例 4.4.5　设 $\boldsymbol{A}$ 是 5×3 矩阵，且秩($\boldsymbol{A}$)＝2. 已知 $\boldsymbol{\eta}_1,\boldsymbol{\eta}_2$ 是非齐次线性方程组 $\boldsymbol{AX}=\boldsymbol{b}$ 的两个相异的解，请用 $\boldsymbol{AX}=\boldsymbol{O}$ 的基础解系来表示 $\boldsymbol{AX}=\boldsymbol{b}$ 的全部解.

解　因秩($\boldsymbol{A}$)＝2，且 $\boldsymbol{AX}=\boldsymbol{O}$ 的未知量个数为 3，据定理 4.4.1 知，$\boldsymbol{AX}=\boldsymbol{O}$ 的基础解系由一个非零解向量组成. 因 $\boldsymbol{\eta}_1,\boldsymbol{\eta}_2$ 是 $\boldsymbol{AX}=\boldsymbol{b}$ 的两个相异的解，据性质 4.4.2 之(1)知，$\boldsymbol{\eta}_1-\boldsymbol{\eta}_2\neq\boldsymbol{O}$ 是 $\boldsymbol{AX}=\boldsymbol{O}$ 的解，所以 $\boldsymbol{\eta}_1-\boldsymbol{\eta}_2$ 是 $\boldsymbol{AX}=\boldsymbol{O}$ 的一个基础解系，从而 $\boldsymbol{AX}=\boldsymbol{b}$ 的全部解可表为 $\boldsymbol{\eta}=\boldsymbol{\eta}_1+t(\boldsymbol{\eta}_1-\boldsymbol{\eta}_2)$，　t 为任意常数.

注记　说 $\boldsymbol{AX}=\boldsymbol{b}$ 的全部解可表为 $\boldsymbol{\eta}=\boldsymbol{\eta}_2+t(\boldsymbol{\eta}_2-\boldsymbol{\eta}_1)$，$t$ 为任意常数，或者说可表为 $\frac{1}{2}(\boldsymbol{\eta}_1+\boldsymbol{\eta}_2)+k(\boldsymbol{\eta}_1-\boldsymbol{\eta}_2)$，$k$ 为任意常数都是对的. 这正表明非齐次线性方程组的通解表示形式可有多种，但这些不同表示形式所表示的解集合是相同的.

习　题　4.4

1. 下述命题正确的是(　　)，且说明理由.

(A) 凡行向量组线性相关的矩阵，它的列向量组也线性相关.

(B) 秩为 $r(r<n)$ 的 n 阶方阵的任意 r 个行向量均线性无关.

(C) 若 $m\times n$ 矩阵 $\boldsymbol{A}$ 的秩 $r<n$，则齐次线性方程组 $\boldsymbol{AX}=\boldsymbol{O}$ 必有无穷多个解，且基础解系由 $n-r$ 个线性无关的解向量组成.

(D) 若 $m\times n$ 矩阵 $\boldsymbol{A}$ 的秩 $r<n$，则非齐次线性方程组 $\boldsymbol{AX}=\boldsymbol{b}$ 必有无穷多个解.

2. 将习题 2.3 第 1 题中的齐次线性方程组的通解用基础解系表示，将该题有解的非齐次线性方程组的通解用其导出组的基础解系来表示.

3. 已知 $\boldsymbol{\xi}_1,\boldsymbol{\xi}_2,\cdots,\boldsymbol{\xi}_t$ 均是非齐次线性方程组(Ⅰ)$\boldsymbol{AX}=\boldsymbol{b}$ 的解，$k_1,k_2,\cdots,k_t$ 是一组常数，且 $k_1+k_2+\cdots+k_t=1$，求证：$k_1\boldsymbol{\xi}_1+k_2\boldsymbol{\xi}_2+\cdots+k_t\boldsymbol{\xi}_t$ 也是(Ⅰ)的一个解.

4. 设 $\boldsymbol{\xi}_1,\boldsymbol{\xi}_2,\boldsymbol{\xi}_3$ 是齐次线性方程组 $\boldsymbol{AX}=\boldsymbol{O}$ 的一个基础解系，则该方程的基础解系还有(　　).

(A) $\boldsymbol{\xi}_1+\boldsymbol{\xi}_2,\ \boldsymbol{\xi}_2+\boldsymbol{\xi}_3,\ \boldsymbol{\xi}_3+\boldsymbol{\xi}_1$.　　(B) $\boldsymbol{\xi}_1+\boldsymbol{\xi}_2,\ \boldsymbol{\xi}_2+\boldsymbol{\xi}_3,\ \boldsymbol{\xi}_3-\boldsymbol{\xi}_1$.

(C) $\boldsymbol{\xi}_1-\boldsymbol{\xi}_2,\ \boldsymbol{\xi}_2-\boldsymbol{\xi}_3,\ \boldsymbol{\xi}_3-\boldsymbol{\xi}_1$.　　(D) $\boldsymbol{\xi}_1+2\boldsymbol{\xi}_2,\ 2\boldsymbol{\xi}_2+3\boldsymbol{\xi}_3,\ 3\boldsymbol{\xi}_3-\boldsymbol{\xi}_1$.

5.* 已知 5×4 矩阵 $\boldsymbol{A}$ 的秩为 3，非齐次线性方程组 $\boldsymbol{AX}=\boldsymbol{b}$ 有 3 个解向量 $\boldsymbol{\xi}_1,\boldsymbol{\xi}_2,\boldsymbol{\xi}_3$，且

$$\boldsymbol{\xi}_1=[1,2,3,4]^{\mathrm{T}},\quad \boldsymbol{\xi}_2+\boldsymbol{\xi}_3=[2,3,4,5]^{\mathrm{T}},$$

求 $\boldsymbol{AX}=\boldsymbol{b}$ 的通解.

6. 设 $\boldsymbol{A}$ 是 n 阶方阵，$\boldsymbol{B}$ 为 $n\times s$ 矩阵，且秩$(\boldsymbol{B})=n$，证明：

(1) 若 $\boldsymbol{AB}=\boldsymbol{O}$，则 $\boldsymbol{A}=\boldsymbol{O}$；　　(2) 若 $\boldsymbol{AB}=\boldsymbol{B}$，则 $\boldsymbol{A}=\boldsymbol{E}$.

7. 证明：矩阵 $\boldsymbol{A}=[a_{ij}]_{m\times n}$ 的秩为 1 的充分必要条件为存在 m 个不全为零的数 $a_1,a_2,\cdots,a_m$ 及 n 个不全为零的数 $b_1,b_2,\cdots,b_n$ 使 $a_{ij}=a_ib_j(i=1,2,\cdots,m;j=1,2,\cdots,n)$.

8*. 设 $\boldsymbol{A}$ 为 $n(n\geqslant 2)$ 阶方阵，证明：

(1) 当秩$(\boldsymbol{A})=n$ 时，秩$(\boldsymbol{A}^*)=n$；　　(2) 当秩$(\boldsymbol{A})<n-1$ 时，秩$(\boldsymbol{A}^*)=0$；

(3) 当秩$(\boldsymbol{A})=n-1$ 时，秩$(\boldsymbol{A}^*)=1$.

4.5 概要及小结

开始，许多学生对数学只停留在形式上的掌握，没有进入实质的理解；有些学生则在达到较高境界之后，再来回顾时才达到实质(回味)的理解. 令人惊奇的是，许多数学家和科学家回顾他们自己的学习过程时都符合这个模式. 任何东西只有用较高的观点来透视，才能看清它的本质.

美国国家研究委员会 •《人人关心数学教育的未来》

概要：向量；贯串前四章的线索.

4.5.1 向量

1. 我们是从平面向量，空间向量经概括，拓广而引入 n 元向量的. 当向量的分量具体给出时，n 元向量的线性关系可归结为线性方程组理论来解决.

(1) $\boldsymbol{\beta}$ 能(否)经 $\boldsymbol{\alpha}_1,\boldsymbol{\alpha}_2,\cdots,\boldsymbol{\alpha}_s$ 线性表示

$\Leftrightarrow$ 非齐次线性方程组$[\boldsymbol{\alpha}_1\ \ \boldsymbol{\alpha}_2\ \ \cdots\ \ \boldsymbol{\alpha}_s]\boldsymbol{X}=\boldsymbol{\beta}$ 有(没有)解

$\Leftrightarrow$ 秩$([\boldsymbol{\alpha}_1\ \ \boldsymbol{\alpha}_2\ \ \cdots\ \ \boldsymbol{\alpha}_s])$与秩$([\boldsymbol{\alpha}_1\ \ \boldsymbol{\alpha}_2\ \ \cdots\ \ \boldsymbol{\alpha}_s \vdots \boldsymbol{\beta}])$是(否)相等.

(2) $\boldsymbol{\alpha}_1,\boldsymbol{\alpha}_2,\cdots,\boldsymbol{\alpha}_s$ 线性无关

$\Leftrightarrow$ 齐次线性方程组$[\boldsymbol{\alpha}_1\ \ \boldsymbol{\alpha}_2\ \ \cdots\ \ \boldsymbol{\alpha}_s]\boldsymbol{X}=\boldsymbol{O}$ 只有零解

$\Leftrightarrow$ 秩$([\boldsymbol{\alpha}_1\ \ \boldsymbol{\alpha}_2\ \ \cdots\ \ \boldsymbol{\alpha}_s])=s$.

(3) $\boldsymbol{\alpha}_1,\boldsymbol{\alpha}_2,\cdots,\boldsymbol{\alpha}_s$ 线性相关

$\Leftrightarrow$ 齐次线性方程组$[\boldsymbol{\alpha}_1\ \ \boldsymbol{\alpha}_2\ \ \cdots\ \ \boldsymbol{\alpha}_s]\boldsymbol{X}=\boldsymbol{O}$ 有非零解

$\Leftrightarrow$ 秩$([\boldsymbol{\alpha}_1\ \ \boldsymbol{\alpha}_2\ \ \cdots\ \ \boldsymbol{\alpha}_s])<s$.

(4) $\boldsymbol{\alpha}_1,\boldsymbol{\alpha}_2,\cdots,\boldsymbol{\alpha}_n$ 是(否)线性相关

$\Leftrightarrow$ 行列式$|[\boldsymbol{\alpha}_1\ \ \boldsymbol{\alpha}_2\ \ \cdots\ \ \boldsymbol{\alpha}_n]|$是(否)为零.

(5) 计算向量组 $\boldsymbol{\alpha}_1,\boldsymbol{\alpha}_2,\cdots,\boldsymbol{\alpha}_s$ 的极大线性无关组可通过对矩阵$[\boldsymbol{\alpha}_1\ \ \boldsymbol{\alpha}_2\ \ \cdots\ \ \boldsymbol{\alpha}_s]$施行初等行变换化阶梯形矩阵而推断出来.

2. 以向量的观点看，$m\times n$ 矩阵 $\boldsymbol{A}$ 可视为由 n 个列向量 $\boldsymbol{\alpha}_1,\boldsymbol{\alpha}_2,\cdots,\boldsymbol{\alpha}_n$ 构成，即 $\boldsymbol{A}=[\boldsymbol{\alpha}_1\ \ \boldsymbol{\alpha}_2\ \ \cdots\ \ \boldsymbol{\alpha}_n]$，则线性方程组 $\boldsymbol{AX}=\boldsymbol{b}$ 有解 $\Leftrightarrow$ $\boldsymbol{b}$ 能经 $\boldsymbol{\alpha}_1,\boldsymbol{\alpha}_2,\cdots,\boldsymbol{\alpha}_n$ 线性表出.

于是

齐次线性方程组 $\boldsymbol{AX}=\boldsymbol{O}$ 有非零解

$\Leftrightarrow$ 存在不全为零的数 $k_1,k_2,\cdots,k_n$ 使 $k_1\boldsymbol{\alpha}_1+k_2\boldsymbol{\alpha}_2+\cdots+k_n\boldsymbol{\alpha}_n=\boldsymbol{O}$

$\Leftrightarrow$ $\boldsymbol{\alpha}_1,\boldsymbol{\alpha}_2,\cdots,\boldsymbol{\alpha}_n$ 线性相关

$\Leftrightarrow$ $\boldsymbol{\alpha}_1,\boldsymbol{\alpha}_2,\cdots,\boldsymbol{\alpha}_n$ 的秩为 $r<n$

$\Leftrightarrow$ 秩$(\boldsymbol{A})=r<n$.

此时 $\boldsymbol{AX}=\boldsymbol{O}$ 的所有解向量的极大线性无关组由 $n-r$ 个线性无关的解向量 $\boldsymbol{\xi}_1,\boldsymbol{\xi}_2,\cdots,\boldsymbol{\xi}_{n-r}$ 组成. 于是 $\boldsymbol{AX}=\boldsymbol{O}$ 的通解可表为

$$\boldsymbol{\xi}=t_1\boldsymbol{\xi}_1+t_2\boldsymbol{\xi}_2+\cdots+t_{n-r}\boldsymbol{\xi}_{n-r}, \text{其中 } t_1,t_2,\cdots,t_{n-r} \text{为任意常数.}$$

非齐次线性方程组 $\boldsymbol{AX}=\boldsymbol{b}$ 的通解可表为

$$\boldsymbol{\eta}=\boldsymbol{\eta}_0+t_1\boldsymbol{\xi}_1+t_2\boldsymbol{\xi}_2+\cdots+t_{n-r}\boldsymbol{\xi}_{n-r},$$

其中 $t_1,t_2,\cdots,t_{n-r}$ 为任意常数，$\boldsymbol{\eta}_0$ 为 $\boldsymbol{AX}=\boldsymbol{b}$ 的一个特解.

从向量的观点来看数域 P 上矩阵 $\boldsymbol{A}=[a_{ij}]_{m\times n}$ 的列向量 $\boldsymbol{\alpha}_1,\boldsymbol{\alpha}_2,\cdots,\boldsymbol{\alpha}_n$ 是 m 元向量，行向量 $\boldsymbol{\beta}_1,\boldsymbol{\beta}_2,\cdots,\boldsymbol{\beta}_m$ 是 n 元向量，且有

$$\boldsymbol{\alpha}_1,\boldsymbol{\alpha}_2,\cdots,\boldsymbol{\alpha}_n \text{ 的秩} = \text{秩}(\boldsymbol{A}) = \boldsymbol{\beta}_1,\boldsymbol{\beta}_2,\cdots,\boldsymbol{\beta}_m \text{ 的秩.}$$

从而对矩阵 $\boldsymbol{A}$ 的秩可有新的认识：矩阵的秩是它的行(列)向量组的极大线性无关组所含向量的个数. 据此

$$\boldsymbol{A} \text{ 为行(列) 满秩的矩阵} \Leftrightarrow \boldsymbol{A} \text{ 的行(列) 向量组线性无关.}$$

从这种观点来思考，处理线性方程组和矩阵给我们提供新的思想、方法和技巧. 在 4.4 节中已有所阐明，下面再举一例.

例 4.5.1　设 $\boldsymbol{A}$ 为 $m\times n$ 实矩阵，求证：秩$(\boldsymbol{A}^{\mathrm{T}}\boldsymbol{A})$=秩$(\boldsymbol{AA}^{\mathrm{T}})$=秩$(\boldsymbol{A})$.

证　考虑两个齐次线性方程组：

$$(\text{I}):\boldsymbol{AX}=\boldsymbol{O};\qquad (\text{II}):(\boldsymbol{A}^{\mathrm{T}}\boldsymbol{A})\boldsymbol{X}=\boldsymbol{O}.$$

并记(I)的解的全体为 W_1，(II)的解的全体为 W_2，因凡是(I)的解必是(II)的解，所以有 $W_1\subseteq W_2$. 反之设 $\boldsymbol{X}$ 是(II)的任意一个解，则有 $\boldsymbol{A}^{\mathrm{T}}\boldsymbol{AX}=\boldsymbol{O}$. 两边左乘 $\boldsymbol{X}^{\mathrm{T}}$ 有

$$\boldsymbol{O}=\boldsymbol{X}^{\mathrm{T}}\boldsymbol{A}^{\mathrm{T}}\boldsymbol{AX}=(\boldsymbol{AX})^{\mathrm{T}}(\boldsymbol{AX})\xlongequal{\text{记为}}[b_1\quad b_2\quad\cdots\quad b_m]\begin{bmatrix}b_1\\b_2\\\vdots\\b_m\end{bmatrix}=\sum_{i=1}^{m}b_i^2.$$

因 $b_1,b_2,\cdots,b_m$ 为实数，故 $b_1=b_2=\cdots=b_m=0$，即 $\boldsymbol{AX}=\boldsymbol{O}$. 这表明 $W_2\subseteq W_1$，从而 $W_1=W_2$，故两者的基础解系所含向量个数相同. 即有 $n-$秩$(\boldsymbol{A})=n-$秩$(\boldsymbol{A}^{\mathrm{T}}\boldsymbol{A})$，从而秩$(\boldsymbol{A}^{\mathrm{T}}\boldsymbol{A})$=秩$(\boldsymbol{A})$. 同理可证：秩$(\boldsymbol{AA}^{\mathrm{T}})$=秩$(\boldsymbol{A})$.

4.5.2　贯串前四章的线索

我们一方面可用向量的观点来剖析齐次线性方程组的解和矩阵的秩. 另一方

面向量间的线性关系又是用线性方程组的理论来解决的. 把这两者融汇贯通起来，就成为贯串前四章的线索. 这一点可从下面两组问题中来领会.

1. 第一组

(1) 计算行列式 $D=\begin{vmatrix}1&1&3&2\\1&3&1&6\\1&-5&10&-10\\3&-1&15&-2a\end{vmatrix}$.

(2) 求矩阵 $\boldsymbol{A}=\begin{bmatrix}1&1&3&2\\1&3&1&6\\1&-5&10&-10\\3&-1&15&-2a\end{bmatrix}$ 的秩.

(3) 讨论方程组 $\begin{cases}x_1+x_2+3x_3+2x_4=0,\\x_1+3x_2+x_3+6x_4=0,\\x_1-5x_2+10x_3-10x_4=0,\\3x_1-x_2+15x_3-2ax_4=0,\end{cases}$

a 取何值时只有零解？a 取何值时有非零解？且用通解表示非零解.

(4) 已知 4 元向量

$$\boldsymbol{\alpha}_1=[1,1,1,3]^{\mathrm{T}},\boldsymbol{\alpha}_2=[1,3,-5,-1]^{\mathrm{T}},$$
$$\boldsymbol{\alpha}_3=[3,1,10,15]^{\mathrm{T}},\boldsymbol{\alpha}_4=[2,6,-10,-2a]^{\mathrm{T}},$$

问 a 取何值时 $\boldsymbol{\alpha}_1,\boldsymbol{\alpha}_2,\boldsymbol{\alpha}_3,\boldsymbol{\alpha}_4$ 线性无关？a 取何值时 $\boldsymbol{\alpha}_1,\boldsymbol{\alpha}_2,\boldsymbol{\alpha}_3,\boldsymbol{\alpha}_4$ 线性相关？当 $\boldsymbol{\alpha}_1,\boldsymbol{\alpha}_2,\boldsymbol{\alpha}_3,\boldsymbol{\alpha}_4$ 线性相关时，$\boldsymbol{\alpha}_4$ 能否经 $\boldsymbol{\alpha}_1,\boldsymbol{\alpha}_2,\boldsymbol{\alpha}_3$ 线性表出？$\boldsymbol{\alpha}_3$ 能否经 $\boldsymbol{\alpha}_1,\boldsymbol{\alpha}_2,\boldsymbol{\alpha}_4$ 线性表出？能线性表出的，请写出表达式.

(5) $\boldsymbol{\alpha}_1,\boldsymbol{\alpha}_2,\boldsymbol{\alpha}_3,\boldsymbol{\alpha}_4$ 如(4)题所设，讨论 $\boldsymbol{\alpha}_1,\boldsymbol{\alpha}_2,\boldsymbol{\alpha}_3,\boldsymbol{\alpha}_4$ 的秩，且写出一个极大线性无关组.

这一组题的内容涵盖第 1 章到第 4 章，而其核心是第(2)题，第(3)～(5)题看起来是线性方程组，向量中的不同类型的问题，但最终均可归结为第(2)题，下面就来逐一剖析.

第(1)题　将 D 化为上三角形，可求出 $D=4(1-a)$.

第(2)题　对 $\boldsymbol{A}$ 施行初等行变换化约化阶梯形

$$\boldsymbol{A}=\begin{bmatrix}1&1&3&2\\1&3&1&6\\1&-5&10&-10\\3&-1&15&-2a\end{bmatrix}\xrightarrow{\text{初等行变换}}\begin{bmatrix}1&0&0&0\\0&1&0&2\\0&0&1&0\\0&0&0&1-a\end{bmatrix}.$$

从而 $a\neq1$ 时，秩$(\boldsymbol{A})=4$；$a=1$ 时，秩$(\boldsymbol{A})=3$.

注记　仅为解此题，可对 $\boldsymbol{A}$ 施行初等列变换，但为了下面几题我们这里仅对 $\boldsymbol{A}$

施行初等行变换.

第(3)题　据齐次线性方程组理论(定理 2.3.2)，$\boldsymbol{AX}=\boldsymbol{O}$ 解的情况归结为系数矩阵 $\boldsymbol{A}$ 的秩，求解的方法是将系数矩阵用初等行变换化为约化阶梯形. 从而利用第(2)题的结果有：

$a\neq 1$ 时秩$(\boldsymbol{A})=4=$ 未知量个数，故 $\boldsymbol{AX}=\boldsymbol{O}$ 只有零解；

$a=1$ 时，秩$(\boldsymbol{A})=3<$ 未知量个数，故 $\boldsymbol{AX}=\boldsymbol{O}$ 有非零解，通解为

$t[0,-2,0,1]^{\mathrm{T}}$，其中 t 为任意常数.

第(4)题　由 $\boldsymbol{\alpha}_1,\boldsymbol{\alpha}_2,\boldsymbol{\alpha}_3,\boldsymbol{\alpha}_4$ 线性无关(相关)

$\Leftrightarrow k_1\boldsymbol{\alpha}_1+k_2\boldsymbol{\alpha}_2+k_3\boldsymbol{\alpha}_3+k_4\boldsymbol{\alpha}_4=\boldsymbol{O}$ 只有零解(有非零解).

从而该题前两个问题无非是第(3)题用向量的形式表叙出来，所以结果是：

$a\neq 1$ 时，$\boldsymbol{\alpha}_1,\boldsymbol{\alpha}_2,\boldsymbol{\alpha}_3,\boldsymbol{\alpha}_4$ 线性无关；　$a=1$ 时，$\boldsymbol{\alpha}_1,\boldsymbol{\alpha}_2,\boldsymbol{\alpha}_3,\boldsymbol{\alpha}_4$ 线性相关.

当 $a=1$，$\boldsymbol{\alpha}_1,\boldsymbol{\alpha}_2,\boldsymbol{\alpha}_3,\boldsymbol{\alpha}_4$ 线性相关时，此时

$$[\boldsymbol{\alpha}_1\quad \boldsymbol{\alpha}_2\quad \boldsymbol{\alpha}_3\quad \boldsymbol{\alpha}_4]\xrightarrow{\text{初等行变换}}\begin{bmatrix}1&0&0&0\\0&1&0&2\\0&0&1&0\\0&0&0&0\end{bmatrix}. \tag{4.5.1}$$

由此知，秩$([\boldsymbol{\alpha}_1\quad \boldsymbol{\alpha}_2\quad \boldsymbol{\alpha}_3])=3=$秩$([\boldsymbol{\alpha}_1\quad \boldsymbol{\alpha}_2\quad \boldsymbol{\alpha}_3\ \vdots\ \boldsymbol{\alpha}_4])$，从而

$$[\boldsymbol{\alpha}_1\quad \boldsymbol{\alpha}_2\quad \boldsymbol{\alpha}_3]\boldsymbol{X}=\boldsymbol{\alpha}_4$$

有惟一解，解为 $x_1=0,x_2=2,x_3=0$. 所以 $\boldsymbol{\alpha}_4$ 能经 $\boldsymbol{\alpha}_1,\boldsymbol{\alpha}_2,\boldsymbol{\alpha}_3$ 线性表出，且表法惟一：$\boldsymbol{\alpha}_4=0\boldsymbol{\alpha}_1+2\boldsymbol{\alpha}_2+0\boldsymbol{\alpha}_3=2\boldsymbol{\alpha}_2$.

同样由(4.5.1)知

$$\text{秩}([\boldsymbol{\alpha}_1\quad \boldsymbol{\alpha}_2\quad \boldsymbol{\alpha}_4])=2,\text{秩}([\boldsymbol{\alpha}_1\quad \boldsymbol{\alpha}_2\quad \boldsymbol{\alpha}_4\ \vdots\ \boldsymbol{\alpha}_3])=3,$$

从而$[\boldsymbol{\alpha}_1\quad \boldsymbol{\alpha}_2\quad \boldsymbol{\alpha}_4]\boldsymbol{X}=\boldsymbol{\alpha}_3$ 无解，所以 $\boldsymbol{\alpha}_3$ 不能经 $\boldsymbol{\alpha}_1,\boldsymbol{\alpha}_2,\boldsymbol{\alpha}_4$ 线性表出.

第(5)题　据本章 4.3 节所介绍的方法，要求出 $\boldsymbol{\alpha}_1,\boldsymbol{\alpha}_2,\boldsymbol{\alpha}_3,\boldsymbol{\alpha}_4$ 的秩与极大线性无关组是将$[\boldsymbol{\alpha}_1\quad \boldsymbol{\alpha}_2\quad \boldsymbol{\alpha}_3\quad \boldsymbol{\alpha}_4]$仅施行初等行变换化为阶梯形，即第(2)题的做法：

$$[\boldsymbol{\alpha}_1\quad \boldsymbol{\alpha}_2\quad \boldsymbol{\alpha}_3\quad \boldsymbol{\alpha}_4]\xrightarrow{\text{初等行变换}}\begin{bmatrix}1&0&0&0\\0&1&0&2\\0&0&1&0\\0&0&0&1-a\end{bmatrix}.$$

据此

$a\neq 1$ 时，$\boldsymbol{\alpha}_1,\boldsymbol{\alpha}_2,\boldsymbol{\alpha}_3,\boldsymbol{\alpha}_4$ 的秩为 4，其极大线性无关组是自身；

$a=1$ 时，$\boldsymbol{\alpha}_1,\boldsymbol{\alpha}_2,\boldsymbol{\alpha}_3,\boldsymbol{\alpha}_4$ 的秩为 3，一个极大线性无关组为 $\boldsymbol{\alpha}_1,\boldsymbol{\alpha}_2,\boldsymbol{\alpha}_3$.

注记　在第(5)题中，当 $a=1$ 时，极大线性无关组不惟一，可取其他向量组，不一一列举.

下面再介绍第二组.

2. 第二组

(1) 讨论矩阵 $\bar{A}=\begin{bmatrix}1 & 1 & 3 & 2 & 1\\ 1 & 3 & 1 & 6 & 3\\ 1 & -5 & 10 & -10 & b\\ 3 & -1 & 15 & -2a & 3\end{bmatrix}$的秩.

(2) 讨论方程组

$$\begin{cases}x_1+x_2+3x_3+2x_4=1,\\ x_1+3x_2+x_3+6x_4=3,\\ x_1-5x_2+10x_3-10x_4=b,\\ 3x_1-x_2+15x_3-2ax_4=3,\end{cases}$$

a,b 取何值时无解,有解?有解时何时有惟一解,何时有无穷多个解?且写出这些解.

(3) 设 $\boldsymbol{\alpha}_1,\boldsymbol{\alpha}_2,\boldsymbol{\alpha}_3,\boldsymbol{\alpha}_4$ 如第一组第(4)题所设,$\boldsymbol{\beta}=[1,3,b,3]^{\mathrm{T}}$. 问 a,b 取何值时,$\boldsymbol{\beta}$ 不能经 $\boldsymbol{\alpha}_1,\boldsymbol{\alpha}_2,\boldsymbol{\alpha}_3,\boldsymbol{\alpha}_4$ 线性表示;a,b 取何值时,$\boldsymbol{\beta}$ 能经 $\boldsymbol{\alpha}_1,\boldsymbol{\alpha}_2,\boldsymbol{\alpha}_3,\boldsymbol{\alpha}_4$ 线性表示. 进而何时表法惟一?何时表法无穷?且写出这些表示式.

(4) 讨论 $\boldsymbol{\alpha}_1,\boldsymbol{\alpha}_2,\boldsymbol{\alpha}_3,\boldsymbol{\alpha}_4,\boldsymbol{\beta}$ 的秩,并写出一个极大线性无关组.

这一组题的核心是第(1)题,其余题均可由它演化而得,所以解(2)~(4)题均可归结为解(1),具体解题过程作为习题留给读者.

这两组题把前面四章的一些主要内容贯串起来,展现了不同章节同一题型的演变过程,从而揭示了从表面上看出自不同章节五花八门的题,其实质是基于同一问题(矩阵的秩). 熟练地掌握本节的两组题,进而了解其思想和方法,对掌握前四章的主要内容是很有帮助的.

习 题 4.5

1. 解第二组的 4 道题.

2. 设 $\boldsymbol{A},\boldsymbol{B}$ 分别为 $m\times n,t\times n$ 矩阵,证明:

(1) 若 $\boldsymbol{AX}=\boldsymbol{O}$ 的解均为 $\boldsymbol{BX}=\boldsymbol{O}$ 的解,则秩($\boldsymbol{A}$)$\geqslant$秩($\boldsymbol{B}$);

(2) 若 $\boldsymbol{AX}=\boldsymbol{O}$ 与 $\boldsymbol{BX}=\boldsymbol{O}$ 同解,则秩($\boldsymbol{A}$)=秩($\boldsymbol{B}$);

(3) 若 $\boldsymbol{AX}=\boldsymbol{O}$ 的解均为 $\boldsymbol{BX}=\boldsymbol{O}$ 的解,且秩($\boldsymbol{A}$)=秩($\boldsymbol{B}$),则 $\boldsymbol{AX}=\boldsymbol{O}$ 与 $\boldsymbol{BX}=\boldsymbol{O}$ 同解;

(4) 若秩($\boldsymbol{A}$)=秩($\boldsymbol{B}$),问是否能导出 $\boldsymbol{AX}=\boldsymbol{O}$ 与 $\boldsymbol{BX}=\boldsymbol{O}$ 同解?

3*. 设 $\boldsymbol{A},\boldsymbol{B},\boldsymbol{C}$ 均为 n 阶矩阵,且秩($\boldsymbol{A}$)=秩($\boldsymbol{BA}$),证明:秩($\boldsymbol{AC}$)=秩($\boldsymbol{BAC}$).

4*. 设 $\boldsymbol{A},\boldsymbol{B},\boldsymbol{C}$ 分别为 $m\times n,n\times s,s\times m$ 矩阵,且秩($\boldsymbol{CA}$)=秩($\boldsymbol{A}$),证明:

秩($\boldsymbol{CAB}$)=秩($\boldsymbol{AB}$).

第 5 章　向 量 空 间

本章是第 4 章的续篇．第 4 章主要是讨论了一组(有限个)n 元向量间的线性关系，本章将讨论无限多个 n 元向量组成的向量空间的一些基本性质．

5.1　定义及其背景

在 4.1 节中我们以平面 2 元向量，空间 3 元向量为背景，推而广之引入了 n 元向量，并定义了 n 元向量的相等、加法和数乘．进而指出如把 n 元向量视为 $n\times 1$ 矩阵，则 n 元向量的相等、加法和数乘就是第 3 章矩阵的相等、加法和数乘，所以向量的加法和数乘运算也适合矩阵运算的 8 条规律(参见定理 3.1.1)，即有如下性质.

性质 5.1.1　对任意的 n 元向量 $\boldsymbol{\alpha},\boldsymbol{\beta},\boldsymbol{\gamma}$，任意数域 P 中的数 k,t 满足 8 条运算规律：

(1) 交换律　$\boldsymbol{\alpha}+\boldsymbol{\beta}=\boldsymbol{\beta}+\boldsymbol{\alpha}$；

(2) 结合律　$(\boldsymbol{\alpha}+\boldsymbol{\beta})+\boldsymbol{\gamma}=\boldsymbol{\alpha}+(\boldsymbol{\beta}+\boldsymbol{\gamma})$；

(3) n 元向量中存在零向量 $\boldsymbol{O}$，适合 $\boldsymbol{O}+\boldsymbol{\alpha}=\boldsymbol{\alpha}$；

(4) n 元向量中任意向量 $\boldsymbol{\alpha}$ 存在负向量 $-\boldsymbol{\alpha}$，使得 $\boldsymbol{\alpha}+(-\boldsymbol{\alpha})=\boldsymbol{O}$；

(5) $k(\boldsymbol{\alpha}+\boldsymbol{\beta})=k\boldsymbol{\alpha}+k\boldsymbol{\beta}$；

(6) $(k+t)\boldsymbol{\alpha}=k\boldsymbol{\alpha}+t\boldsymbol{\alpha}$；

(7) $(kt)\boldsymbol{\alpha}=k(t\boldsymbol{\alpha})$；

(8) $1\boldsymbol{\alpha}=\boldsymbol{\alpha}$.

定义 5.1.1　设 V 是数域 P 上 n 元向量的一个非空集合，若对 V 中向量的加法和数乘仍在 V 中(简称为运算**封闭**)，且满足性质 5.1.1 的 8 条运算规律，则称 V 为数域 P 上的一个**向量空间**．

概言之向量空间是具有两个封闭的运算加法和数乘，运算适合 8 条规则的非空集合 V. 据此 P 上 n 元向量的全体 $P^n=\{[a_1,a_2,\cdots,a_n]^{\mathrm{T}}\mid a_1,a_2,\cdots,a_n\in P\}$ 为 P 上的一个向量空间，称为 **n 元向量空间**(或 **n 维向量空间**)．特别地取 $P=\mathbf{R}$，则 $\mathbf{R}^n=\{[a_1,a_2,\cdots,a_n]^{\mathrm{T}}\mid a_1,a_2,\cdots,a_n\in\mathbf{R}\}$ 是 n 元实向量构成的“空间”，称为**实向量空间**，它是平面($\mathbf{R}^2$)，空间($\mathbf{R}^3$)的自然推广，也是向量空间很好的背景．

5.2 基和维数

首先引入向量空间的两个基本概念.

定义 5.2.1 向量空间 V 中满足下列条件的向量组 $\boldsymbol{\alpha}_1,\boldsymbol{\alpha}_2,\cdots,\boldsymbol{\alpha}_k$ 称为 V 的一组基:

(1) $\boldsymbol{\alpha}_1,\boldsymbol{\alpha}_2,\cdots,\boldsymbol{\alpha}_k$ 线性无关;

(2) 对 V 中任意一个向量 $\boldsymbol{\beta}$ 均有 $\boldsymbol{\alpha}_1,\boldsymbol{\alpha}_2,\cdots,\boldsymbol{\alpha}_k,\boldsymbol{\beta}$ 线性相关,从而 $\boldsymbol{\beta}$ 可经 $\boldsymbol{\alpha}_1,\boldsymbol{\alpha}_2,\cdots,\boldsymbol{\alpha}_k$ 线性表出.

据基的定义知,V 的一组基实际上就是 V 的一个极大线性无关组.从而 V 的不同的基(极大线性无关组)均由相同个数的向量组成.据此有下述定义.

定义 5.2.2 向量空间 V 的基所含的向量个数称为 V 的**维数**,记为 $\dim V$.

据此,定义 5.2.1 中的向量空间 V 的维数为 k,即 $\dim V=k$.

下面讨论向量空间 P^n 的基和维数.由性质 4.2.3 的推论 1 知,P^n 中任意 $n+1$ 个向量必线性相关,从而 P^n 中如果有 n 个线性无关的向量,它们就构成 P^n 的一个极大线性无关组.而 P^n 中确实存在着 n 个线性无关的向量,因由性质 4.2.3 的推论 2 知,

$$P^n \text{ 中的 } n \text{ 个向量 } \boldsymbol{\alpha}_1,\boldsymbol{\alpha}_2,\cdots,\boldsymbol{\alpha}_n \text{ 线性无关} \Leftrightarrow |[\boldsymbol{\alpha}_1 \quad \boldsymbol{\alpha}_2 \quad \cdots \quad \boldsymbol{\alpha}_n]| \neq 0.$$

这样

(Ⅰ) $\boldsymbol{\varepsilon}_1=[1,0,0,\cdots,0,0]^{\mathrm{T}},\quad \boldsymbol{\varepsilon}_2=[0,1,0,\cdots,0,0]^{\mathrm{T}},\quad \cdots,$
$\boldsymbol{\varepsilon}_n=[0,0,0,\cdots,0,1]^{\mathrm{T}},$

(Ⅱ) $\boldsymbol{\beta}_1=[1,1,1,\cdots,1,1]^{\mathrm{T}},\quad \boldsymbol{\beta}_2=[1,1,1,\cdots,1,0]^{\mathrm{T}},\quad \cdots,$
$\boldsymbol{\beta}_n=[1,0,0,\cdots,0,0]^{\mathrm{T}}$

都是 P^n 的极大线性无关组.从而(Ⅰ)与(Ⅱ)都是 P^n 的基,特别地(Ⅰ)称为 P^n 的常用基.在常用基下,P^n 中任意向量 $\boldsymbol{\alpha}=[a_1,a_2,\cdots,a_n]^{\mathrm{T}}$ 均可表为 $\boldsymbol{\alpha}=\sum\limits_{i=1}^{n}a_i\boldsymbol{\varepsilon}_i$.由此也可推知,$\dim P^n=n$.

这也是我们把 P^n 称为 n 维向量空间,P^n 中向量称为 n 维向量的原因.

容易看出(欧氏)平面 $\mathbf{R}^2$,(欧氏)空间 $\mathbf{R}^3$ 中常用基分别就是我们熟悉的直角坐标系 Oxy,$Oxyz$.从而 $\dim\mathbf{R}^2=2$,$\dim\mathbf{R}^3=3$.

因 P^n 中任意 $n+1$ 个向量必线性相关,所以有

性质 5.2.1 P^n 中任意 n 个线性无关的向量均可作为 P^n 的一组基.

下面来讨论基在向量空间中的作用.

设 $\boldsymbol{\alpha}_1,\boldsymbol{\alpha}_2,\cdots,\boldsymbol{\alpha}_n$ 是 P^n 的一组基.据基的定义及定理 4.2.2 知,P^n 中任何一个向量 $\boldsymbol{\alpha}$ 均可经 $\boldsymbol{\alpha}_1,\boldsymbol{\alpha}_2,\cdots,\boldsymbol{\alpha}_n$ 线性表示,且表法惟一.即

$$\boldsymbol{\alpha} = x_1\boldsymbol{\alpha}_1 + x_2\boldsymbol{\alpha}_2 + \cdots + x_n\boldsymbol{\alpha}_n,$$

其中 $x_1,x_2,\cdots,x_n$ 是惟一确定的，故可称为向量 $\boldsymbol{\alpha}$ 在基 $\boldsymbol{\alpha}_1,\boldsymbol{\alpha}_2,\cdots,\boldsymbol{\alpha}_n$ 下的**坐标**，记为 $[x_1,x_2,\cdots,x_n]^{\mathrm{T}}$.

注记　向量 $\boldsymbol{\alpha}$ 在基(Ⅰ)：$\boldsymbol{\alpha}_1,\boldsymbol{\alpha}_2,\boldsymbol{\alpha}_3,\cdots,\boldsymbol{\alpha}_n$ 下的坐标是与基向量 $\boldsymbol{\alpha}_i(i=1,2,3,\cdots,n)$ 的次序有关的．例如将(Ⅰ)改写为(Ⅱ)：$\boldsymbol{\alpha}_2,\boldsymbol{\alpha}_1,\boldsymbol{\alpha}_3,\cdots,\boldsymbol{\alpha}_n$，则(Ⅱ)也是 P^n 的一组基，然而 $\boldsymbol{\alpha} = x_1\boldsymbol{\alpha}_1 + x_2\boldsymbol{\alpha}_2 + x_3\boldsymbol{\alpha}_3 + \cdots + x_n\boldsymbol{\alpha}_n$ 在基(Ⅰ)下的坐标为 $[x_1,x_2,x_3,\cdots,x_n]^{\mathrm{T}}$，在基(Ⅱ)下的坐标为 $[x_2,x_1,x_3,\cdots,x_n]^{\mathrm{T}}$. 这表明基是与基向量书写的次序有关的，基(Ⅰ)和基(Ⅱ)是 P^n 中不同的基．基的这种“有序”性在下文两组基的过渡矩阵的讨论中也显现出来，读者在做习题 5.2 的第 7 题时要注意这一点．

例 5.2.1　在向量空间 P^3 中，设向量 $\boldsymbol{\alpha}=[5,2,-2]^{\mathrm{T}}$.

(1) 求 $\boldsymbol{\alpha}$ 在 P^3 的常用基 $\boldsymbol{\varepsilon}_1,\boldsymbol{\varepsilon}_2,\boldsymbol{\varepsilon}_3$ 下的坐标．

(2) 设 $\boldsymbol{\alpha}_1=[1,0,0]^{\mathrm{T}},\boldsymbol{\alpha}_2=[1,1,0]^{\mathrm{T}},\boldsymbol{\alpha}_3=[1,1,1]^{\mathrm{T}}$. 证明：$\boldsymbol{\alpha}_1,\boldsymbol{\alpha}_2,\boldsymbol{\alpha}_3$ 是 P^3 的一组基，且求出 $\boldsymbol{\alpha}$ 在 $\boldsymbol{\alpha}_1,\boldsymbol{\alpha}_2,\boldsymbol{\alpha}_3$ 下的坐标．

解　(1) $\boldsymbol{\alpha}=5\boldsymbol{\varepsilon}_1+2\boldsymbol{\varepsilon}_2-2\boldsymbol{\varepsilon}_3$，故 $\boldsymbol{\alpha}$ 在 $\boldsymbol{\varepsilon}_1,\boldsymbol{\varepsilon}_2,\boldsymbol{\varepsilon}_3$ 下的坐标为 $[5,2,-2]^{\mathrm{T}}$.

(2) 因 $\dim P^3=3$，所以 P^3 中任意 3 个线性无关的向量均是 P^3 的一组基．现 $[\boldsymbol{\alpha}_1\quad\boldsymbol{\alpha}_2\quad\boldsymbol{\alpha}_3]$ 的行列式为

$$\begin{vmatrix} 1 & 1 & 1 \\ 0 & 1 & 1 \\ 0 & 0 & 1 \end{vmatrix} = 1 \neq 0,$$

由性质 4.2.3 推论 2 知，$\boldsymbol{\alpha}_1,\boldsymbol{\alpha}_2,\boldsymbol{\alpha}_3$ 线性无关，从而它们是 P^3 的一组基．设 $\boldsymbol{\alpha}$ 在 $\boldsymbol{\alpha}_1,\boldsymbol{\alpha}_2,\boldsymbol{\alpha}_3$ 下坐标为 $[x_1,x_2,x_3]^{\mathrm{T}}$，则

$$\boldsymbol{\alpha} = x_1\boldsymbol{\alpha}_1 + x_2\boldsymbol{\alpha}_2 + x_3\boldsymbol{\alpha}_3 = [\boldsymbol{\alpha}_1\quad\boldsymbol{\alpha}_2\quad\boldsymbol{\alpha}_3]\begin{bmatrix} x_1 \\ x_2 \\ x_3 \end{bmatrix}$$

即

$$\begin{bmatrix} 5 \\ 2 \\ -2 \end{bmatrix} = \begin{bmatrix} 1 & 1 & 1 \\ 0 & 1 & 1 \\ 0 & 0 & 1 \end{bmatrix}\begin{bmatrix} x_1 \\ x_2 \\ x_3 \end{bmatrix} = \begin{bmatrix} x_1 + x_2 + x_3 \\ x_2 + x_3 \\ x_3 \end{bmatrix},$$

解得

$$x_1 = 3, \quad x_2 = 4, \quad x_3 = -2.$$

注记　实际上我们是在解线性方程组 $\boldsymbol{AX}=\boldsymbol{b}$，这里 $\boldsymbol{A}$ 是由 $\boldsymbol{\alpha}_1,\boldsymbol{\alpha}_2,\boldsymbol{\alpha}_3$ 作为列向量构成的矩阵，$\boldsymbol{b}$ 是 $\boldsymbol{\alpha}$. 因 $|\boldsymbol{A}|\neq 0$，利用克拉默法则知有惟一解．这再次表明：当 $\boldsymbol{\alpha}_1,\boldsymbol{\alpha}_2,\boldsymbol{\alpha}_3$ 是基时，任意一个向量在 $\boldsymbol{\alpha}_1,\boldsymbol{\alpha}_2,\boldsymbol{\alpha}_3$ 下的坐标是惟一确定的．

从上述例子讨论中看到在向量空间中，一般说来同一个向量在不同基下的坐标是不同的．下面就来研究随着基的改变，向量坐标的变化规律．

定义 5.2.3 设(Ⅰ):$\boldsymbol{\alpha}_1,\boldsymbol{\alpha}_2,\cdots,\boldsymbol{\alpha}_n$ 与(Ⅱ):$\boldsymbol{\beta}_1,\boldsymbol{\beta}_2,\cdots,\boldsymbol{\beta}_n$ 是 P^n 的两组基,向量 $\boldsymbol{\beta}_i$ $(i=1,2,\cdots,n)$经基(Ⅰ)线性表示为

$$\begin{cases}\boldsymbol{\beta}_1=m_{11}\boldsymbol{\alpha}_1+m_{21}\boldsymbol{\alpha}_2+\cdots+m_{n1}\boldsymbol{\alpha}_n,\\ \boldsymbol{\beta}_2=m_{12}\boldsymbol{\alpha}_1+m_{22}\boldsymbol{\alpha}_2+\cdots+m_{n2}\boldsymbol{\alpha}_n,\\ \cdots\cdots\cdots\cdots\\ \boldsymbol{\beta}_n=m_{1n}\boldsymbol{\alpha}_1+m_{2n}\boldsymbol{\alpha}_2+\cdots+m_{nn}\boldsymbol{\alpha}_n.\end{cases}$$

以 $\boldsymbol{\beta}_i(i=1,2,\cdots,n)$在基(Ⅰ)下的坐标作为列向量构成的矩阵

$$\boldsymbol{M}=\begin{bmatrix}m_{11} & m_{12} & \cdots & m_{1n}\\ m_{21} & m_{22} & \cdots & m_{2n}\\ \vdots & \vdots & & \vdots\\ m_{n1} & m_{n2} & \cdots & m_{nn}\end{bmatrix}$$

称为基(Ⅰ)到基(Ⅱ)的**过渡矩阵**.

借用矩阵表示形式有

$$[\boldsymbol{\beta}_1\quad \boldsymbol{\beta}_2\quad \cdots\quad \boldsymbol{\beta}_n]=[\boldsymbol{\alpha}_1\quad \boldsymbol{\alpha}_2\quad \cdots\quad \boldsymbol{\alpha}_n]\boldsymbol{M}. \tag{5.2.1}$$

因 $\boldsymbol{\beta}_1,\boldsymbol{\beta}_2,\cdots,\boldsymbol{\beta}_n$ 为 P^n 的基,据性质 4.2.3 的推论 2 知,$|\boldsymbol{\beta}_1\quad \boldsymbol{\beta}_2\quad \cdots\quad \boldsymbol{\beta}_n|\neq 0$,据此将(5.2.1)式两边取行列式可推出 $|\boldsymbol{M}|\neq 0$,所以过渡矩阵 $\boldsymbol{M}$ 为可逆矩阵.

定理 5.2.1 设(Ⅰ):$\boldsymbol{\alpha}_1,\boldsymbol{\alpha}_2,\cdots,\boldsymbol{\alpha}_n$ 与(Ⅱ):$\boldsymbol{\beta}_1,\boldsymbol{\beta}_2,\cdots,\boldsymbol{\beta}_n$ 是 P^n 的两组基,$\boldsymbol{M}$ 是基(Ⅰ)到基(Ⅱ)的过渡矩阵,$\boldsymbol{\alpha}$ 是 P^n 中的一个向量,$\boldsymbol{\alpha}$ 在基(Ⅰ),基(Ⅱ)下的坐标分别为

$$\boldsymbol{X}=[x_1,x_2,\cdots,x_n]^{\mathrm{T}},\quad \boldsymbol{Y}=[y_1,y_2,\cdots,y_n]^{\mathrm{T}}.$$

则

$$\boldsymbol{X}=\boldsymbol{M}\boldsymbol{Y},\quad \boldsymbol{Y}=\boldsymbol{M}^{-1}\boldsymbol{X}. \tag{5.2.2}$$

证 据题设有

$$[\boldsymbol{\beta}_1\quad \boldsymbol{\beta}_2\quad \cdots\quad \boldsymbol{\beta}_n]=[\boldsymbol{\alpha}_1\quad \boldsymbol{\alpha}_2\quad \cdots\quad \boldsymbol{\alpha}_n]\boldsymbol{M}, \tag{5.2.3}$$

$$\boldsymbol{\alpha}=x_1\boldsymbol{\alpha}_1+x_2\boldsymbol{\alpha}_2+\cdots+x_n\boldsymbol{\alpha}_n=[\boldsymbol{\alpha}_1\quad \boldsymbol{\alpha}_2\quad \cdots\quad \boldsymbol{\alpha}_n]\boldsymbol{X},$$

$$\boldsymbol{\alpha}=y_1\boldsymbol{\beta}_1+y_2\boldsymbol{\beta}_2+\cdots+y_n\boldsymbol{\beta}_n=[\boldsymbol{\beta}_1\quad \boldsymbol{\beta}_2\quad \cdots\quad \boldsymbol{\beta}_n]\boldsymbol{Y}$$

$$\xlongequal{(5.2.3)}[\boldsymbol{\alpha}_1\quad \boldsymbol{\alpha}_2\quad \cdots\quad \boldsymbol{\alpha}_n]\boldsymbol{M}\boldsymbol{Y}.$$

这意指 $\boldsymbol{X}$ 与 $\boldsymbol{M}\boldsymbol{Y}$ 均为 $\boldsymbol{\alpha}$ 在基(Ⅰ)下的坐标,据坐标惟一性得 $\boldsymbol{X}=\boldsymbol{M}\boldsymbol{Y}$,由 $\boldsymbol{M}$ 可逆即可推出 $\boldsymbol{Y}=\boldsymbol{M}^{-1}\boldsymbol{X}$.

(5.2.1)式常称为**基变换公式**,(5.2.2)式常称为**坐标变换公式**.

例 5.2.2 在向量空间 P^3 中,设有两组基

(Ⅰ):$\boldsymbol{\alpha}_1=[1,2,1]^{\mathrm{T}}$, $\boldsymbol{\alpha}_2=[2,3,3]^{\mathrm{T}}$, $\boldsymbol{\alpha}_3=[3,7,1]^{\mathrm{T}}$;

(Ⅱ):$\boldsymbol{\beta}_1=[9,24,-1]^{\mathrm{T}}$, $\boldsymbol{\beta}_2=[8,22,-2]^{\mathrm{T}}$, $\boldsymbol{\beta}_3=[12,28,4]^{\mathrm{T}}$.

(1) 求基(Ⅰ)到基(Ⅱ)的过渡矩阵.

(2) 若向量 $\boldsymbol{\alpha}$ 在基(Ⅰ)下的坐标为 $\boldsymbol{X}=[0,1,-1]^{\mathrm{T}}$,求 $\boldsymbol{\alpha}$ 在基(Ⅱ)下的坐标 $\boldsymbol{Y}$.

解　(1)设基(Ⅰ)到基(Ⅱ)的过渡矩阵为 $\boldsymbol{M}$,则有

$$[\boldsymbol{\beta}_1\quad \boldsymbol{\beta}_2\quad \boldsymbol{\beta}_3]=[\boldsymbol{\alpha}_1\quad \boldsymbol{\alpha}_2\quad \boldsymbol{\alpha}_3]\boldsymbol{M}.$$

现$[\boldsymbol{\alpha}_1\quad \boldsymbol{\alpha}_2\quad \boldsymbol{\alpha}_3]$,$[\boldsymbol{\beta}_1\quad \boldsymbol{\beta}_2\quad \boldsymbol{\beta}_3]$均为矩阵,分别记为 $\boldsymbol{A},\boldsymbol{B}$. 于是问题归结为解矩阵方程 $\boldsymbol{AM}=\boldsymbol{B}$. 因 $\boldsymbol{A}$ 为可逆矩阵,由 3.4 节知可用初等行变换来求出 $\boldsymbol{M}=\boldsymbol{A}^{-1}\boldsymbol{B}$.

$$[\boldsymbol{A}\ \vdots\ \boldsymbol{B}]=\left[\begin{array}{ccc:ccc}1&2&3&9&8&12\\2&3&7&24&22&28\\1&3&1&-1&-2&4\end{array}\right]\xrightarrow{\text{初等行变换}}\left[\begin{array}{ccc:ccc}1&0&0&1&0&0\\0&1&0&-2&-2&0\\0&0&1&4&4&4\end{array}\right],$$

故

$$\boldsymbol{M}=\begin{bmatrix}1&0&0\\-2&-2&0\\4&4&4\end{bmatrix}.$$

(2) 据坐标变换公式有 $\boldsymbol{Y}=\boldsymbol{M}^{-1}\boldsymbol{X}$. 同样由 3.4 节知,可用初等行变换来求 $\boldsymbol{Y}$.

$$[\boldsymbol{M}\ \vdots\ \boldsymbol{X}]=\left[\begin{array}{ccc:c}1&0&0&0\\-2&-2&0&1\\4&4&4&-1\end{array}\right]\xrightarrow{\text{初等行变换}}\left[\begin{array}{ccc:c}1&0&0&0\\0&1&0&-\frac{1}{2}\\0&0&1&\frac{1}{4}\end{array}\right],$$

故

$$\boldsymbol{Y}=\left[0,-\frac{1}{2},\frac{1}{4}\right]^{\mathrm{T}}.$$

例 5.2.3　设在向量空间 P^4 中有两组基

(Ⅰ):$\boldsymbol{\alpha}_1,\quad \boldsymbol{\alpha}_2,\quad \boldsymbol{\alpha}_3,\quad \boldsymbol{\alpha}_4$;

(Ⅱ):$2\boldsymbol{\alpha}_1+\boldsymbol{\alpha}_2,\quad \boldsymbol{\alpha}_2+\boldsymbol{\alpha}_3,\quad \boldsymbol{\alpha}_3+\boldsymbol{\alpha}_4,\quad \boldsymbol{\alpha}_4$.

(1) 求基(Ⅰ)到基(Ⅱ)的过渡矩阵.

(2) 设 $\boldsymbol{\alpha}$ 在基(Ⅰ)下的坐标为 $\boldsymbol{X}=[1,1,1,1]^{\mathrm{T}}$,求 $\boldsymbol{\alpha}$ 在基(Ⅱ)下的坐标 $\boldsymbol{Y}$.

解　(1) 因 $2\boldsymbol{\alpha}_1+\boldsymbol{\alpha}_2$ 在基(Ⅰ)下的坐标为$[2,1,0,0]^{\mathrm{T}}$,$\boldsymbol{\alpha}_2+\boldsymbol{\alpha}_3$ 在基(Ⅰ)下的坐标为$[0,1,1,0]^{\mathrm{T}}$,$\boldsymbol{\alpha}_3+\boldsymbol{\alpha}_4$ 在基(Ⅰ)下的坐标为$[0,0,1,1]^{\mathrm{T}}$,$\boldsymbol{\alpha}_4$ 在基(Ⅰ)下的坐标为$[0,0,0,1]^{\mathrm{T}}$. 据定义 5.2.3 知,基(Ⅰ)到基(Ⅱ)的过渡矩阵

$$\boldsymbol{M}=\begin{bmatrix}2&0&0&0\\1&1&0&0\\0&1&1&0\\0&0&1&1\end{bmatrix}.$$

(2) 利用坐标变换公式$\boldsymbol{Y}=\boldsymbol{M}^{-1}\boldsymbol{X}$,计算如下

$$[\boldsymbol{M} \vdots \boldsymbol{X}]=\left[\begin{array}{cccc:c}2&0&0&0&1\\1&1&0&0&1\\0&1&1&0&1\\0&0&1&1&1\end{array}\right]\xrightarrow{\text{初等行变换}}\left[\begin{array}{cccc:c}1&0&0&0&\frac{1}{2}\\0&1&0&0&\frac{1}{2}\\0&0&1&0&\frac{1}{2}\\0&0&0&1&\frac{1}{2}\end{array}\right].$$

所以$\boldsymbol{\alpha}$在基(Ⅱ)下坐标$\boldsymbol{Y}=\left[\frac{1}{2},\frac{1}{2},\frac{1}{2},\frac{1}{2}\right]^{\mathrm{T}}$.

习 题 5.2

1. 下列向量组中,(　　)是P^3的一组基,为什么?

(A) $[1,1,0]^{\mathrm{T}}$, $[0,1,1]^{\mathrm{T}}$, $[1,0,1]^{\mathrm{T}}$;

(B) $[1,-1,0]^{\mathrm{T}}$, $[0,1,-1]^{\mathrm{T}}$, $[-1,0,1]^{\mathrm{T}}$;

(C) $[1,1,0]^{\mathrm{T}}$, $[0,1,1]^{\mathrm{T}}$, $[-1,0,1]^{\mathrm{T}}$;

(D) $[1,2,0]^{\mathrm{T}}$, $[0,2,1]^{\mathrm{T}}$, $[-1,0,1]^{\mathrm{T}}$.

2. 当k取值为______时,$\boldsymbol{\alpha}_1,\boldsymbol{\alpha}_2,\boldsymbol{\alpha}_3$是$P^3$的一组基(要说明理由),其中

$$\boldsymbol{\alpha}_1=[1,1,3]^{\mathrm{T}},\quad \boldsymbol{\alpha}_2=[2,1,6]^{\mathrm{T}},\quad \boldsymbol{\alpha}_3=[3,4,k]^{\mathrm{T}}.$$

3. 设$\boldsymbol{\alpha}_1,\boldsymbol{\alpha}_2,\boldsymbol{\alpha}_3$是$P^3$的一组基,则(　　)也是$P^3$的一组基,且说明理由

(A) $\boldsymbol{\alpha}_1+\boldsymbol{\alpha}_2+\boldsymbol{\alpha}_3$, $2\boldsymbol{\alpha}_1+2\boldsymbol{\alpha}_2+2\boldsymbol{\alpha}_3$, $\boldsymbol{\alpha}_1+2\boldsymbol{\alpha}_2+3\boldsymbol{\alpha}_3$.

(B) $\boldsymbol{\alpha}_1+\boldsymbol{\alpha}_2+\boldsymbol{\alpha}_3$, $2\boldsymbol{\alpha}_1+2\boldsymbol{\alpha}_2+\boldsymbol{\alpha}_3$, $\boldsymbol{\alpha}_3$.

(C) $\boldsymbol{\alpha}_1+\boldsymbol{\alpha}_2+\boldsymbol{\alpha}_3$, $\boldsymbol{\alpha}_1+\boldsymbol{\alpha}_2$, $\boldsymbol{\alpha}_1$.

(D) $\boldsymbol{\alpha}_1+\boldsymbol{\alpha}_2+\boldsymbol{\alpha}_3$, $\boldsymbol{\alpha}_1+\boldsymbol{\alpha}_2$, $\boldsymbol{\alpha}_3$.

4*. 设$\boldsymbol{\alpha}_1,\boldsymbol{\alpha}_2,\boldsymbol{\alpha}_3,\boldsymbol{\alpha}_4$是$P^4$的一组基,若

$$\boldsymbol{\beta}_1=\boldsymbol{\alpha}_1+2\boldsymbol{\alpha}_2-\boldsymbol{\alpha}_3-\boldsymbol{\alpha}_4,\boldsymbol{\beta}_2=\boldsymbol{\alpha}_1+3\boldsymbol{\alpha}_2-2\boldsymbol{\alpha}_3-\boldsymbol{\alpha}_4,\boldsymbol{\beta}_3=\boldsymbol{\alpha}_1+4\boldsymbol{\alpha}_2-3\boldsymbol{\alpha}_3+k\boldsymbol{\alpha}_4.$$

则当k取何值时$\boldsymbol{\beta}_1,\boldsymbol{\beta}_2,\boldsymbol{\beta}_3$线性无关;$k$取何值时$\boldsymbol{\beta}_1,\boldsymbol{\beta}_2,\boldsymbol{\beta}_3$线性相关,均需说明理由.

5. 证明:向量组

$$\boldsymbol{\alpha}_1=[1,2,-1,-2]^{\mathrm{T}},\quad \boldsymbol{\alpha}_2=[2,3,0,1]^{\mathrm{T}},\quad \boldsymbol{\alpha}_3=[1,3,-1,1]^{\mathrm{T}},\quad \boldsymbol{\alpha}_4=[1,2,1,3]^{\mathrm{T}}$$

是P^4中的一组基,并求向量$\boldsymbol{\alpha}=[7,14,-1,-2]^{\mathrm{T}}$在该基下坐标.

6. 在向量空间P^3中,取两组基

(Ⅰ):$\boldsymbol{\alpha}_1=[1,0,1]^{\mathrm{T}}$, $\boldsymbol{\alpha}_2=[1,1,0]^{\mathrm{T}}$, $\boldsymbol{\alpha}_3=[0,1,1]^{\mathrm{T}}$;

(Ⅱ):$\boldsymbol{\beta}_1=[1,0,3]^{\mathrm{T}}$, $\boldsymbol{\beta}_2=[2,2,2]^{\mathrm{T}}$, $\boldsymbol{\beta}_3=[-1,1,4]^{\mathrm{T}}$.

(1) 求基(Ⅰ)到基(Ⅱ)的过渡矩阵.

(2) 设$\boldsymbol{\alpha}$在基(Ⅰ)下坐标为$[1,1,3]^{\mathrm{T}}$,求$\boldsymbol{\alpha}$在(Ⅱ)下的坐标.

7. 设$\boldsymbol{\alpha}_1,\boldsymbol{\alpha}_2,\cdots,\boldsymbol{\alpha}_n$为向量空间$P^n$的一组基,求这组基到基$\boldsymbol{\alpha}_2,\cdots,\boldsymbol{\alpha}_n,\boldsymbol{\alpha}_1$的过渡矩阵.

8*. 在向量空间 P^4 中,取

$$\boldsymbol{\alpha}_1=[2,1,-1,1]^T,\quad \boldsymbol{\alpha}_2=[0,3,1,0]^T,\quad \boldsymbol{\alpha}_3=[5,3,2,1]^T,\quad \boldsymbol{\alpha}_4=[6,6,,1,3]^T.$$

证明:$\boldsymbol{\alpha}_1,\boldsymbol{\alpha}_2,\boldsymbol{\alpha}_3,\boldsymbol{\alpha}_4$ 可作为 P^4 的一组基,且在 P^4 中求一个非零向量 $\boldsymbol{\alpha}$,使它在基 $\boldsymbol{\alpha}_1,\boldsymbol{\alpha}_2,\boldsymbol{\alpha}_3,\boldsymbol{\alpha}_4$ 下的坐标与在常用基下的坐标相同.

5.3 子　空　间

在(欧氏)空间 $\mathbf{R}^3$ 中,考虑一个通过坐标原点的平面 π,容易看出 π 上的所有向量对于向量的加法和数乘也构成一个 $\mathbf{R}$ 上的向量空间. 这就是说 π 在一方面是 $\mathbf{R}^3$ 的一部分(子集合),同时 π 自身对于 $\mathbf{R}^3$ 的运算也构成了向量空间. 本节将研究向量空间中这样的子集合.

定义 5.3.1　设 W 是数域 P 上向量空间 V 的一个非空子集,如果 W 关于 V 的两种运算也构成数域 P 上的向量空间,则称 W 为 V 的一个**向量子空间**(简称**子空间**).

据此上述 π 就是 $\mathbf{R}^3$ 的一个子空间.

我们来分析一下向量空间 P^n 的一个子集合 W 要满足什么条件才能成为 P^n 的子空间. 容易证明(详细证明可参阅文献[3],第 138 页):

定理 5.3.1　向量空间 P^n 的一个非空子集 W,若关于 P^n 的加法和数乘封闭,则 W 就是 P^n 的一个子空间.

这结果使检验 P^n 的非空子集 W 是否构成子空间非常简便.

例 5.3.1　下述 $\mathbf{R}^3$ 的非空子集成为 $\mathbf{R}^3$ 子空间的是(　　).

(A) $W_1=\{[x,y,xy]^T \mid x,y\in\mathbf{R}\}$.

(B) $W_2=\{[x,y,x+1]^T \mid x,y\in\mathbf{R}\}$.

(C) $W_3=\{[x,y,z]^T \mid x+y+z=1,x,y,z\in\mathbf{R}\}$.

(D) $W_4=\{[x,y,z]^T \mid x+y+z=0,x,y,z\in\mathbf{R}\}$.

解　取 $\boldsymbol{\alpha}_1=[1,0,0]^T\in W_1$,$\boldsymbol{\beta}_1=[0,1,0]^T\in W_1$,但

$$\boldsymbol{\alpha}_1+\boldsymbol{\beta}_1=[1,1,0]^T\overline{\in}W_1.$$

这表明 W_1 关于加法不封闭,故 W_1 不是 $\mathbf{R}^3$ 的子空间. 类似可证 W_3 也不是子空间. 取 $\boldsymbol{\alpha}_2=[1,1,2]^T\in W_2$,但 $2\boldsymbol{\alpha}_2=[2,2,4]^T\overline{\in}W_2$,这表明 W_2 关于数乘不封闭,所以 W_2 不是 $\mathbf{R}^3$ 的子空间. 下证 W_4 关于加法和数乘封闭,任取

$$\boldsymbol{\alpha}=[x_1,y_1,z_1]^T,\quad \boldsymbol{\beta}=[x_2,y_2,z_2]^T\in W_4,$$

则

$$x_1+y_1+z_1=0,\quad x_2+y_2+z_2=0,$$

从而 $\boldsymbol{\alpha}+\boldsymbol{\beta}=[x_1+x_2,y_1+y_2,z_1+z_2]^T$ 适合

$$\begin{aligned}&(x_1+x_2)+(y_1+y_2)+(z_1+z_2)\\=&(x_1+y_1+z_1)+(x_2+y_2+z_2)=0+0=0.\end{aligned}$$

故 $\boldsymbol{\alpha}+\boldsymbol{\beta}\in W_4$. 而 $k\boldsymbol{\alpha}=[kx_1,ky_1,kz_1]^{\mathrm{T}}$ 也适合

$$kx_1+ky_1+kz_1=k(x_1+y_1+z_1)=0,$$

故 $k\boldsymbol{\alpha}\in W_4$,所以 W_4 是 $\mathbf{R}^3$ 的子空间．综上所述本题应填 D.

注记 从几何上看 W_4 是 $\mathbf{R}^3$ 中过原点的平面,W_3 是 $\mathbf{R}^3$ 中不过原点的平面,前者是子空间,后者不是子空间．

下例将介绍一类重要子空间．

性质 5.3.1 设 $\boldsymbol{A}$ 是数域 P 上 $m\times n$ 矩阵,则齐次线性方程组 $\boldsymbol{AX}=\boldsymbol{O}$ 的解向量的全体 $W=\{\boldsymbol{\alpha}\in P^n\,|\,\boldsymbol{A\alpha}=\boldsymbol{O}\}$ 是 P^n 的一个子空间．

证 首先由 $\boldsymbol{AX}=\boldsymbol{O}$ 必有零解知,零向量 $\boldsymbol{O}=[0,0,\cdots,0]^{\mathrm{T}}\in W$,所以 W 非空,其次若 $\boldsymbol{\alpha}_1\in W,\boldsymbol{\alpha}_2\in W$,则 $\boldsymbol{A\alpha}_1=\boldsymbol{O},\boldsymbol{A\alpha}_2=\boldsymbol{O}$,从而

$$\boldsymbol{A}(\boldsymbol{\alpha}_1+\boldsymbol{\alpha}_2)=\boldsymbol{A\alpha}_1+\boldsymbol{A\alpha}_2=\boldsymbol{O},$$

这表明 $\boldsymbol{\alpha}_1+\boldsymbol{\alpha}_2\in W$. 类似可证对任意的 $k\in P$,有 $k\boldsymbol{\alpha}_1\in W$. 即 W 对加法,数乘封闭. 据定理 5.3.1 知,W 是 P^n 的一个子空间．

由此我们将 W 称为齐次线性方程组 $\boldsymbol{AX}=\boldsymbol{O}$ 的**解空间**．

向量空间的子空间自身也是向量空间,故有基和维数,当 $W=\{\boldsymbol{O}\}$ 时,规定 $\dim W=0$. 下面来讨论 $\boldsymbol{AX}=\boldsymbol{O}$ 的解空间的基和维数．

在 4.4 节中我们已经阐明了齐次线性方程组 $\boldsymbol{AX}=\boldsymbol{O}$ 有基础解系,基础解系是 $\boldsymbol{AX}=\boldsymbol{O}$ 全体解向量 W 的极大线性无关组．按现在观点基础解系就是 $\boldsymbol{AX}=\boldsymbol{O}$ 的解空间 W 的一组基,且定理 4.4.1 也可叙述为

性质 5.3.2 设 $\boldsymbol{A}$ 是数域 P 上 $m\times n$ 矩阵,且秩$(\boldsymbol{A})=r$,则齐次线性方程组 $\boldsymbol{AX}=\boldsymbol{O}$ 的解的全体 W 是 P^n 的一个子空间,且 $\dim W=n-r$. W 中任意 $n-r$ 线性无关的解向量都可作为 W 的一组基,(4.4.1)式中的 $\boldsymbol{\xi}_1,\boldsymbol{\xi}_2,\cdots,\boldsymbol{\xi}_{n-r}$ 就是 W 的一组基．

例 5.3.2 求齐次线性方程组

$$\begin{cases} x_1+x_2+x_3+x_4+x_5=0, \\ 3x_1+2x_2+x_3+x_4-3x_5=0, \\ x_2+2x_3+2x_4+6x_5=0, \\ 5x_1+4x_2+3x_3+3x_4-x_5=0 \end{cases} \tag{I}$$

的解空间 W 的维数和一组基．

解 用初等行变换化系数矩阵 $\boldsymbol{A}$ 为阶梯形矩阵．

$$\boldsymbol{A}=\begin{bmatrix} 1 & 1 & 1 & 1 & 1 \\ 3 & 2 & 1 & 1 & -3 \\ 0 & 1 & 2 & 2 & 6 \\ 5 & 4 & 3 & 3 & -1 \end{bmatrix} \longrightarrow \begin{bmatrix} 1 & 0 & -1 & -1 & -5 \\ 0 & 1 & 2 & 2 & 6 \\ 0 & 0 & 0 & 0 & 0 \\ 0 & 0 & 0 & 0 & 0 \end{bmatrix}.$$

由秩$(\boldsymbol{A})=2$ 知,$\dim W=5-2=3$. 一组基可取(I)的一个基础解系:

$$\boldsymbol{\alpha}_1=[1,-2,1,0,0]^{\mathrm{T}},\quad \boldsymbol{\alpha}_2=[1,-2,0,1,0]^{\mathrm{T}},\quad \boldsymbol{\alpha}_3=[5,-6,0,0,1]^{\mathrm{T}}.$$

习　题　5.3

1. 下述 $\mathbf{R}^3$ 的非空子集为 $\mathbf{R}^3$ 的子空间的是(　　),并说明理由.

(A) $W_1=\{[x,y,1]^{\mathrm{T}}\mid x,y\in\mathbf{R}\}$.　　(B) $W_2=\{[x,y,0]^{\mathrm{T}}\mid x,y\in\mathbf{R}\}$.

(C) $W_3=\{[x,y,x^2]^{\mathrm{T}}\mid x,y\in\mathbf{R}\}$.　　(D) $W_4=\{[x,1,0]^{\mathrm{T}}\mid x\in\mathbf{R}\}$.

2. 设 $\boldsymbol{A}$ 是数域 P 上 $m\times n$ 矩阵,问非齐次线性方程组 $\boldsymbol{AX}=\boldsymbol{b}$ 的解向量的全体是否是 P^n 的子空间? 为什么?

3. 求下列齐次线性方程组的解空间的维数和一组基:

(1) $\begin{cases} x_1+x_2+2x_3+4x_4=0, \\ 3x_1+x_2+6x_3+2x_4=0, \\ -x_1+x_2-2x_3+x_4=0; \end{cases}$

(2) $\begin{cases} x_1-2x_2+x_3+x_4-x_5=0, \\ 2x_1+x_2-x_3-x_4+x_5=0, \\ x_1+7x_2-5x_3-5x_4+5x_5=0, \\ 3x_1-x_2-2x_3+x_4-x_5=0; \end{cases}$

(3) $\begin{cases} x_1+x_2+x_3+x_4=0, \\ 3x_1+2x_2+x_3+x_4=0, \\ x_2+2x_3+2x_4=0, \\ 5x_1+4x_2+3x_3+3x_4=0. \end{cases}$

4*. 设 $\boldsymbol{A}$ 为 $m\times n$ 矩阵,若任意一个 n 元向量 $\boldsymbol{\alpha}$ 都是齐次线性方程组 $\boldsymbol{AX}=\boldsymbol{O}$ 的解,则 $\boldsymbol{A}=\boldsymbol{O}_{m\times n}$.

5.4　$\mathbf{R}^n$ 的内积和标准正交基

至今我们已讨论了向量空间 P^n 的一些性质和结构,而我们熟悉的(欧氏)空间 $\mathbf{R}^3$,(欧氏)平面 $\mathbf{R}^2$ 可作为向量空间最好的背景和模型. 我们自然希望 $\mathbf{R}^3$,$\mathbf{R}^2$ 的一些良好的性态能拓广到向量空间 P^n 中去,但迄今向量空间只有向量的运算(如加法、数乘)性质,尚没有 $\mathbf{R}^3$,$\mathbf{R}^2$ 所具有的向量的度量(如长度、正交)性质. 但向量的度量性质在许多问题(其中包括几何问题)有着特别重要的地位,因而有必要在向量空间中引入度量的概念.

在解析几何中,几何空间(即 $\mathbf{R}^3$,$\mathbf{R}^2$)向量的长度与正交等度量性质都可以通过向量的内积(或称数量积)来表示. 而向量的内积有明显的代数性质,所以取内积作为基本概念,在实数域 $\mathbf{R}$ 上的向量空间 $\mathbf{R}^n$ 中导入内积,建立起具有度量的欧氏空间.

定义 5.4.1　实数域 $\mathbf{R}$ 上的向量空间 $\mathbf{R}^n$ 中的任意两个向量

$$\boldsymbol{\alpha}=[x_1,x_2,\cdots,x_n]^{\mathrm{T}},\quad \boldsymbol{\beta}=[y_1,y_2,\cdots,y_n]^{\mathrm{T}}$$

称实数 $x_1y_1+x_2y_2+\cdots+x_ny_n=\boldsymbol{\alpha}^{\mathrm{T}}\boldsymbol{\beta}$ 为向量 $\boldsymbol{\alpha}$ 与 $\boldsymbol{\beta}$ 的**内积**，记为 $(\boldsymbol{\alpha},\boldsymbol{\beta})$. 定义了内积的向量空间 $\mathbf{R}^n$ 称为**欧几里得**(Euclid)**空间**，简称为**欧氏空间**.

例 5.4.1 在欧氏空间 $\mathbf{R}^3$ 中，设 $\boldsymbol{\alpha}=[1,-3,4]^{\mathrm{T}}$， $\boldsymbol{\beta}=[1,0,5]^{\mathrm{T}}$，求 $(\boldsymbol{\alpha},\boldsymbol{\beta})$ 与 $(\boldsymbol{\alpha}+\boldsymbol{\beta},\boldsymbol{\alpha}-\boldsymbol{\beta})$.

解
$$(\boldsymbol{\alpha},\boldsymbol{\beta})=\boldsymbol{\alpha}^{\mathrm{T}}\boldsymbol{\beta}=[1,-3,4]\begin{bmatrix}1\\0\\5\end{bmatrix}=1\cdot 1+(-3)\cdot 0+4\cdot 5=21;$$

$$(\boldsymbol{\alpha}+\boldsymbol{\beta},\boldsymbol{\alpha}-\boldsymbol{\beta})=(\boldsymbol{\alpha}+\boldsymbol{\beta})^{\mathrm{T}}(\boldsymbol{\alpha}-\boldsymbol{\beta})=[2,-3,9]\begin{bmatrix}0\\-3\\-1\end{bmatrix}=2\cdot 0+(-3)(-3)+(-1)\cdot 9=0.$$

性质 5.4.1 欧氏空间 $\mathbf{R}^n$ 的内积适合

(1) $(\boldsymbol{\alpha},\boldsymbol{\beta})=(\boldsymbol{\beta},\boldsymbol{\alpha})$；

(2) $(k\boldsymbol{\alpha},\boldsymbol{\beta})=k(\boldsymbol{\alpha},\boldsymbol{\beta})$；

(3) $(\boldsymbol{\alpha}+\boldsymbol{\beta},\boldsymbol{\gamma})=(\boldsymbol{\alpha},\boldsymbol{\gamma})+(\boldsymbol{\beta},\boldsymbol{\gamma})$；

(4) $(\boldsymbol{\alpha},\boldsymbol{\alpha})\geqslant 0$，且 $(\boldsymbol{\alpha},\boldsymbol{\alpha})=0\Leftrightarrow\boldsymbol{\alpha}=\boldsymbol{O}$，

这里 $\boldsymbol{\alpha},\boldsymbol{\beta},\boldsymbol{\gamma}$ 是 $\mathbf{R}^n$ 中任意向量，k 是任意实数.

证 用定义 5.4.1 不难直接验证. 下面仅验证(4)，其余留给读者自行练习. 设 $\boldsymbol{\alpha}=[x_1,x_2,\cdots,x_n]^{\mathrm{T}}$，则 $x_i\in\mathbf{R}(i=1,2,\cdots,n)$. 所以

$$(\boldsymbol{\alpha},\boldsymbol{\alpha})=x_1^2+x_2^2+\cdots+x_n^2\geqslant 0.$$

且

$$\begin{aligned}(\boldsymbol{\alpha},\boldsymbol{\alpha})=0\ &\Leftrightarrow x_1^2+x_2^2+\cdots+x_n^2=0\Leftrightarrow x_i=0(i=1,2,\cdots,n)\\&\Leftrightarrow\boldsymbol{\alpha}=\boldsymbol{O}.\end{aligned}$$

由于内积的性质 $(\boldsymbol{\alpha},\boldsymbol{\alpha})\geqslant 0$，所以对欧氏空间中任意向量 $\boldsymbol{\alpha}$ 而言 $\sqrt{(\boldsymbol{\alpha},\boldsymbol{\alpha})}$ 是实数，故可借此引入向量长度的概念.

定义 5.4.2 设 $\boldsymbol{\alpha}$ 为欧氏空间 $\mathbf{R}^n$ 的一个向量，则非负实数 $\sqrt{(\boldsymbol{\alpha},\boldsymbol{\alpha})}$ 称为向量 $\boldsymbol{\alpha}$ 的**长度**，记为 $\|\boldsymbol{\alpha}\|$.

在此定义下有

$$\|\boldsymbol{\alpha}\|=0\Leftrightarrow\boldsymbol{\alpha}=\boldsymbol{O},\quad \|\boldsymbol{\alpha}\|>0\Leftrightarrow\boldsymbol{\alpha}\neq\boldsymbol{O}.$$

这样定义的长度和几何空间中的向量长度是一致的，且符合熟知的性质：

$$\|k\boldsymbol{\alpha}\|=\sqrt{(k\boldsymbol{\alpha},k\boldsymbol{\alpha})}=\sqrt{k^2(\boldsymbol{\alpha},\boldsymbol{\alpha})}=|k|\ \|\boldsymbol{\alpha}\|,\tag{5.4.1}$$

此处 $k\in\mathbf{R},\boldsymbol{\alpha}\in\mathbf{R}^n$.

长度为 1 的向量称为**单位向量**，若 $\boldsymbol{\alpha}\neq\boldsymbol{O}$，由(5.4.1)式知，$\dfrac{1}{\|\boldsymbol{\alpha}\|}\boldsymbol{\alpha}$ 就是一个单位向量．用非零向量 $\boldsymbol{\alpha}$ 的长度的倒数去数乘向量 $\boldsymbol{\alpha}$，得到一个与 $\boldsymbol{\alpha}$ 同方向的单位向量，通常把这过程称为把向量 $\boldsymbol{\alpha}$ **单位化**(或称**标准化**)．

下面用内积来引入向量另一个度量概念．

定义 5.4.3　设 $\boldsymbol{\alpha},\boldsymbol{\beta}$ 是欧氏空间两个向量，若 $(\boldsymbol{\alpha},\boldsymbol{\beta})=0$，则称 $\boldsymbol{\alpha}$ 与 $\boldsymbol{\beta}$ **正交**(或**互相垂直**)，记为 $\boldsymbol{\alpha}\perp\boldsymbol{\beta}$.

例 5.4.2　在欧氏空间 $\mathbf{R}^n$ 中常用基为

$$\boldsymbol{\varepsilon}_i=[0,\cdots,0,\overset{i}{1},0,\cdots,0]^{\mathrm{T}},\qquad i=1,2,\cdots,n.$$

直接计算知

$$\|\boldsymbol{\varepsilon}_i\|=1,\quad i=1,2,\cdots,n.$$

$$(\boldsymbol{\varepsilon}_i,\boldsymbol{\varepsilon}_j)=0,\quad i\neq j,\quad i,j=1,2,\cdots,n.$$

这表明 $\mathbf{R}^n$ 中常用基是由两两正交长度为 1 的向量组成．

特别地在 $\mathbf{R}^2$、$\mathbf{R}^3$ 中这种基就构成直角坐标系．而直角坐标系使用起来特别方便，所以下面就研究有这种性质的基．为此先引入一些概念．

定义 5.4.4　欧氏空间 $\mathbf{R}^n$ 的一组两两正交的非零向量称为 $\mathbf{R}^n$ 的一个**正交向量组**．若正交向量组中每个向量均为单位向量，则称为**单位正交向量组**．

性质 5.4.2　设 $\boldsymbol{\alpha}_1,\boldsymbol{\alpha}_2,\cdots,\boldsymbol{\alpha}_s$ 是欧氏空间 $\mathbf{R}^n$ 的一个正交向量组，则 $\boldsymbol{\alpha}_1,\boldsymbol{\alpha}_2,\cdots,\boldsymbol{\alpha}_s$ 线性无关．

证　设有一组数 $k_1,k_2,\cdots,k_s$ 使得

$$k_1\boldsymbol{\alpha}_1+k_2\boldsymbol{\alpha}_2+\cdots+k_s\boldsymbol{\alpha}_s=\boldsymbol{O}.$$

用 $\boldsymbol{\alpha}_i$ 与等式两边的向量作内积，利用 $i\neq j$ 时有 $(\boldsymbol{\alpha}_i,\boldsymbol{\alpha}_j)=0$，可得：$k_i(\boldsymbol{\alpha}_i,\boldsymbol{\alpha}_i)=0$. 因 $\boldsymbol{\alpha}_i\neq\boldsymbol{O}$，故 $(\boldsymbol{\alpha}_i,\boldsymbol{\alpha}_i)>0$，从而 $k_i=0(i=1,2,\cdots,s)$. 这就证明了 $\boldsymbol{\alpha}_1,\boldsymbol{\alpha}_2,\cdots,\boldsymbol{\alpha}_s$ 线性无关．

注记　本性质的逆命题不成立，即线性无关的向量组未必是正交向量组．如 $\mathbf{R}^3$ 中的 $\boldsymbol{\alpha}_1=[1,1,1]^{\mathrm{T}}$，　$\boldsymbol{\alpha}_2=[1,1,0]^{\mathrm{T}}$，　$\boldsymbol{\alpha}_3=[1,0,0]^{\mathrm{T}}$ 就是线性无关向量组，但 $\boldsymbol{\alpha}_i$ 与 $\boldsymbol{\alpha}_j(i,j=1,2,3)$ 均不正交．这表明正交向量组是比线性无关向量组更强的概念．

定义 5.4.5　在 $\mathbf{R}^n$ 中，由 n 个向量组成的正交向量组称为**正交基**，由单位向量组成的正交基，称为**标准正交基**(或**规范正交基**).

容易看出如有了正交基，则对其单位化即可得到标准正交基．而常用基 $\boldsymbol{\varepsilon}_1,\boldsymbol{\varepsilon}_2,\cdots,\boldsymbol{\varepsilon}_n$ 就是一组标准正交基．

据定义有

$$\boldsymbol{\alpha}_1,\boldsymbol{\alpha}_2,\cdots,\boldsymbol{\alpha}_n\ \text{为一组标准正交基}$$

$$\Leftrightarrow (\boldsymbol{\alpha}_i,\boldsymbol{\alpha}_j)=\begin{cases}1, & i=j,\\ 0, & i\neq j,\end{cases} i,j=1,2,\cdots,n.$$

据此,在欧氏空间 $\mathbf{R}^n$ 中检验一组基 $\boldsymbol{\alpha}_1,\boldsymbol{\alpha}_2,\cdots,\boldsymbol{\alpha}_n$ 是否标准正交基可如下进行:

记 $\boldsymbol{A}=[\boldsymbol{\alpha}_1\quad \boldsymbol{\alpha}_2\quad \cdots\quad \boldsymbol{\alpha}_n]$,利用 $(\boldsymbol{\alpha}_i,\boldsymbol{\alpha}_j)=\boldsymbol{\alpha}_i^{\mathrm{T}}\boldsymbol{\alpha}_j$ 有

$\boldsymbol{\alpha}_1,\boldsymbol{\alpha}_2,\cdots,\boldsymbol{\alpha}_n$ 为 $\mathbf{R}^n$ 的一组标准正交基

$$\Leftrightarrow \boldsymbol{\alpha}_i^{\mathrm{T}}\boldsymbol{\alpha}_j=\begin{cases}1 & i=j,\\ 0 & i\neq j,\end{cases}\quad i,j=1,2,\cdots,n.$$

$$\Leftrightarrow \begin{bmatrix}\boldsymbol{\alpha}_1^{\mathrm{T}}\\ \boldsymbol{\alpha}_2^{\mathrm{T}}\\ \vdots\\ \boldsymbol{\alpha}_n^{\mathrm{T}}\end{bmatrix}[\boldsymbol{\alpha}_1\quad \boldsymbol{\alpha}_2\quad \cdots\quad \boldsymbol{\alpha}_n]=\begin{bmatrix}\boldsymbol{\alpha}_1^{\mathrm{T}}\boldsymbol{\alpha}_1 & \boldsymbol{\alpha}_1^{\mathrm{T}}\boldsymbol{\alpha}_2 & \cdots & \boldsymbol{\alpha}_1^{\mathrm{T}}\boldsymbol{\alpha}_n\\ \boldsymbol{\alpha}_2^{\mathrm{T}}\boldsymbol{\alpha}_1 & \boldsymbol{\alpha}_2^{\mathrm{T}}\boldsymbol{\alpha}_2 & \cdots & \boldsymbol{\alpha}_2^{\mathrm{T}}\boldsymbol{\alpha}_n\\ \vdots & \vdots & & \vdots\\ \boldsymbol{\alpha}_n^{\mathrm{T}}\boldsymbol{\alpha}_1 & \boldsymbol{\alpha}_n^{\mathrm{T}}\boldsymbol{\alpha}_2 & \cdots & \boldsymbol{\alpha}_n^{\mathrm{T}}\boldsymbol{\alpha}_n\end{bmatrix}=\boldsymbol{E}.$$

$\Leftrightarrow \boldsymbol{A}^{\mathrm{T}}\boldsymbol{A}=\boldsymbol{E}$

我们用一个专门术语来称有上述性质的矩阵:

定义 5.4.6 n 阶实矩阵 $\boldsymbol{A}$ 称为**正交矩阵**,若 $\boldsymbol{A}^{\mathrm{T}}\boldsymbol{A}=\boldsymbol{E}$.

据此定义有下述性质.

性质 5.4.3 在欧氏空间 $\mathbf{R}^n$ 中,

$\boldsymbol{\alpha}_1,\boldsymbol{\alpha}_2,\cdots,\boldsymbol{\alpha}_n$ 为标准正交基 $\Leftrightarrow \boldsymbol{A}=[\boldsymbol{\alpha}_1\quad \boldsymbol{\alpha}_2\quad \cdots\quad \boldsymbol{\alpha}_n]$ 为正交矩阵 .

定义 5.4.7 若向量组 $\boldsymbol{\alpha}_1,\boldsymbol{\alpha}_2,\cdots,\boldsymbol{\alpha}_r$ 中每一个向量都可经向量组 $\boldsymbol{\beta}_1,\boldsymbol{\beta}_2,\cdots,\boldsymbol{\beta}_s$ 线性表示,则称**向量组 $\boldsymbol{\alpha}_1,\boldsymbol{\alpha}_2,\cdots,\boldsymbol{\alpha}_r$ 可经向量组 $\boldsymbol{\beta}_1,\boldsymbol{\beta}_2,\cdots,\boldsymbol{\beta}_s$ 线性表示**. 若两个向量组可以互相线性表示,则称这两个**向量组等价**.

定理 5.4.1 对于 n 维欧氏空间中任意一组基 $\boldsymbol{\alpha}_1,\boldsymbol{\alpha}_2,\cdots,\boldsymbol{\alpha}_n$,都可找到一组标准正交基 $\boldsymbol{\eta}_1,\boldsymbol{\eta}_2,\cdots,\boldsymbol{\eta}_n$,且使得

$$\boldsymbol{\eta}_1,\boldsymbol{\eta}_2,\cdots,\boldsymbol{\eta}_i \text{ 与 } \boldsymbol{\alpha}_1,\boldsymbol{\alpha}_2,\cdots,\boldsymbol{\alpha}_i \text{ 等价}, i=1,2,\cdots,n.$$

证 逐个改造原有的 $\boldsymbol{\alpha}_1,\boldsymbol{\alpha}_2,\cdots,\boldsymbol{\alpha}_n$ 使之成为标准正交基 $\boldsymbol{\eta}_1,\boldsymbol{\eta}_2,\cdots,\boldsymbol{\eta}_n$.

令
$$\boldsymbol{\beta}_1=\boldsymbol{\alpha}_1,\quad \boldsymbol{\beta}_2=\boldsymbol{\alpha}_2-\frac{(\boldsymbol{\alpha}_2,\boldsymbol{\beta}_1)}{(\boldsymbol{\beta}_1,\boldsymbol{\beta}_1)}\boldsymbol{\beta}_1,\quad \boldsymbol{\beta}_3=\boldsymbol{\alpha}_3-\frac{(\boldsymbol{\alpha}_3,\boldsymbol{\beta}_1)}{(\boldsymbol{\beta}_1,\boldsymbol{\beta}_1)}\boldsymbol{\beta}_1-\frac{(\boldsymbol{\alpha}_3,\boldsymbol{\beta}_2)}{(\boldsymbol{\beta}_2,\boldsymbol{\beta}_2)}\boldsymbol{\beta}_2,$$

$$\cdots\cdots$$

$$\boldsymbol{\beta}_n=\boldsymbol{\alpha}_n-\frac{(\boldsymbol{\alpha}_n,\boldsymbol{\beta}_1)}{(\boldsymbol{\beta}_1,\boldsymbol{\beta}_1)}\boldsymbol{\beta}_1-\frac{(\boldsymbol{\alpha}_n,\boldsymbol{\beta}_2)}{(\boldsymbol{\beta}_2,\boldsymbol{\beta}_2)}\boldsymbol{\beta}_2-\cdots-\frac{(\boldsymbol{\alpha}_n,\boldsymbol{\beta}_{n-1})}{(\boldsymbol{\beta}_{n-1},\boldsymbol{\beta}_{n-1})}\boldsymbol{\beta}_{n-1}.$$

则容易验证 $\boldsymbol{\beta}_1,\boldsymbol{\beta}_2,\cdots,\boldsymbol{\beta}_n$ 两两正交,且对 $i=1,2,\cdots,n$ 均有 $\boldsymbol{\beta}_1,\boldsymbol{\beta}_2,\cdots,\boldsymbol{\beta}_i$ 与 $\boldsymbol{\alpha}_1,\boldsymbol{\alpha}_2,\cdots,\boldsymbol{\alpha}_i$ 等价(详细论证可参阅文献[3],第 166 页). 将 $\boldsymbol{\beta}_i$ 单位化,即令 $\boldsymbol{\eta}_i=\frac{1}{\|\boldsymbol{\beta}_i\|}\boldsymbol{\beta}_i(i=1,2,\cdots,n)$,则可得 $\mathbf{R}^n$ 的一组标准正交基 $\boldsymbol{\eta}_1,\boldsymbol{\eta}_2,\cdots,\boldsymbol{\eta}_n$,且有 $\boldsymbol{\eta}_1,\boldsymbol{\eta}_2,\cdots,\boldsymbol{\eta}_i$ 与 $\boldsymbol{\alpha}_1,\boldsymbol{\alpha}_2,\cdots,\boldsymbol{\alpha}_i$ 等价($i=1,2,\cdots,n$).

定理是构造性的,即证明中已具体给出将任意一组基改造成标准正交基的做

法. 这个方法称为**标准规范化施密特**(Schmidt)**方法**(简称为**施密特正交化**). 特别地当 $r<n$ 时,上述施密特正交化方法也可将线性无关向量组 $\boldsymbol{\alpha}_1,\boldsymbol{\alpha}_2,\cdots,\boldsymbol{\alpha}_r$ 改造成单位正交向量组 $\boldsymbol{\eta}_1,\boldsymbol{\eta}_2,\cdots,\boldsymbol{\eta}_r$.

例 5.4.3 用施密特正交法将 $\mathbf{R}^3$ 的一组基

$$\boldsymbol{\alpha}_1=[0,1,1]^{\mathrm{T}},\quad \boldsymbol{\alpha}_2=[1,1,0]^{\mathrm{T}},\quad \boldsymbol{\alpha}_3=[1,0,1]^{\mathrm{T}}$$

改造成为一组标准正交基.

解 取 $\boldsymbol{\beta}_1=\boldsymbol{\alpha}_1$.

则

$$\boldsymbol{\beta}_2=\boldsymbol{\alpha}_2-\frac{(\boldsymbol{\alpha}_2,\boldsymbol{\beta}_1)}{(\boldsymbol{\beta}_1,\boldsymbol{\beta}_1)}\boldsymbol{\beta}_1=\begin{bmatrix}1\\1\\0\end{bmatrix}-\frac{1}{2}\begin{bmatrix}0\\1\\1\end{bmatrix}=\frac{1}{2}\begin{bmatrix}2\\1\\-1\end{bmatrix},$$

$$\boldsymbol{\beta}_3=\boldsymbol{\alpha}_3-\frac{(\boldsymbol{\alpha}_3,\boldsymbol{\beta}_1)}{(\boldsymbol{\beta}_1,\boldsymbol{\beta}_1)}\boldsymbol{\beta}_1-\frac{(\boldsymbol{\alpha}_3,\boldsymbol{\beta}_2)}{(\boldsymbol{\beta}_2,\boldsymbol{\beta}_2)}\boldsymbol{\beta}_2=\begin{bmatrix}1\\0\\1\end{bmatrix}-\frac{1}{2}\begin{bmatrix}0\\1\\1\end{bmatrix}-\frac{1}{3}\begin{bmatrix}1\\\frac{1}{2}\\-\frac{1}{2}\end{bmatrix}=\frac{2}{3}\begin{bmatrix}1\\-1\\1\end{bmatrix}.$$

再单位化得

$$\boldsymbol{\eta}_1=\frac{\boldsymbol{\beta}_1}{\|\boldsymbol{\beta}_1\|}=\frac{1}{\sqrt{2}}[0,1,1]^{\mathrm{T}},\quad \boldsymbol{\eta}_2=\frac{\boldsymbol{\beta}_2}{\|\boldsymbol{\beta}_2\|}=\frac{1}{\sqrt{6}}[2,1,-1]^{\mathrm{T}},$$

$$\boldsymbol{\eta}_3=\frac{\boldsymbol{\beta}_3}{\|\boldsymbol{\beta}_3\|}=\frac{1}{\sqrt{3}}[1,-1,1]^{\mathrm{T}}.$$

$\boldsymbol{\eta}_1,\boldsymbol{\eta}_2,\boldsymbol{\eta}_3$ 就是所求的 $\mathbf{R}^3$ 的一组标准正交基.

至此我们所讨论的向量空间是指 P^n,欧氏空间是指 $\mathbf{R}^n$. 其实 P^n 和 $\mathbf{R}^n$ 仅仅是向量空间和欧氏空间的一个具体背景,一般的向量空间(称为线性空间)和欧氏空间范围更为广泛,有兴趣的读者可参阅文献[3],第四章前八节.

习 题 5.4

1. 在欧氏空间 $\mathbf{R}^4$ 中,设 $\boldsymbol{\alpha}=[1,2,3,4]^{\mathrm{T}}$, $\boldsymbol{\beta}=[-1,1,-2,-6]^{\mathrm{T}}$. 求

$$(\boldsymbol{\alpha},\boldsymbol{\beta});\quad (3\boldsymbol{\alpha}+2\boldsymbol{\beta},3\boldsymbol{\alpha}-2\boldsymbol{\beta});\quad \|\boldsymbol{\alpha}\|;\|\boldsymbol{\alpha}+\boldsymbol{\beta}\| 及 \|\boldsymbol{\alpha}-\boldsymbol{\beta}\|.$$

2. 在欧氏空间 $\mathbf{R}^4$ 中,取 $\boldsymbol{\alpha}=[1,-2,1,-1]^{\mathrm{T}}$,$\boldsymbol{\beta}=[-1,3,k,2]^{\mathrm{T}}$,则 $k=$______时 $\boldsymbol{\alpha}$ 与 $\boldsymbol{\beta}$ 正交,为什么?

3. 在欧氏空间 $\mathbf{R}^n$ 中,若 $\boldsymbol{\beta}$ 与 $\boldsymbol{\alpha}_1,\boldsymbol{\alpha}_2,\cdots,\boldsymbol{\alpha}_m$ 均正交,则 $\boldsymbol{\beta}$ 与 $\boldsymbol{\alpha}_1,\boldsymbol{\alpha}_2,\cdots,\boldsymbol{\alpha}_m$ 的任一线性组合 $\sum_{i=1}^{m}k_i\boldsymbol{\alpha}_i$ 都正交.

4. 在欧氏空间 $\mathbf{R}^4$ 中,求一单位向量 $\boldsymbol{\alpha}$,使其与

$$\boldsymbol{\alpha}_1=[1,1,-1,1]^{\mathrm{T}},\quad \boldsymbol{\alpha}_2=[1,-1,-1,1]^{\mathrm{T}},\quad \boldsymbol{\alpha}_3=[2,1,1,3]^{\mathrm{T}}$$

都正交.

5. 已知欧氏空间 $\mathbf{R}^4$ 中向量

$$\boldsymbol{\alpha}_1=\frac{1}{\sqrt{2}}[1,1,0,0]^{\mathrm{T}},\quad \boldsymbol{\alpha}_2=\frac{1}{\sqrt{2}}[0,0,1,1]^{\mathrm{T}},\quad \boldsymbol{\alpha}_3=\frac{1}{2}[-1,1,-1,1]^{\mathrm{T}},$$

$$\boldsymbol{\alpha}_4=\frac{1}{2}[1,-1,-1,1]^{\mathrm{T}},\quad \boldsymbol{\beta}=[1,1,1,1]^{\mathrm{T}}$$

(1) $\boldsymbol{\alpha}_1,\boldsymbol{\alpha}_2,\boldsymbol{\alpha}_3,\boldsymbol{\alpha}_4$ 是否是 $\mathbf{R}^4$ 的一组标准正交基;

(2) 若 $\boldsymbol{\alpha}=\boldsymbol{\alpha}_1+2\boldsymbol{\alpha}_2+3\boldsymbol{\alpha}_3+4\boldsymbol{\alpha}_4$,求:$\|\boldsymbol{\alpha}\|$,$(\boldsymbol{\alpha},\boldsymbol{\beta})$.

6. 已知 $\boldsymbol{\alpha}_1=[1,2,1]^{\mathrm{T}},\boldsymbol{\alpha}_2=[2,3,3]^{\mathrm{T}},\boldsymbol{\alpha}_3=[3,7,1]^{\mathrm{T}}$ 是欧氏空间 $\mathbf{R}^3$ 的一组基,将它改造成为 $\mathbf{R}^3$ 的一组标准正交基.

7. 已知 $\boldsymbol{\alpha}_1=[1,1,0,0]^{\mathrm{T}},\boldsymbol{\alpha}_2=[1,0,1,0]^{\mathrm{T}},\boldsymbol{\alpha}_3=[-1,0,0,1]^{\mathrm{T}}$ 是线性无关向量组,求与此向量组等价的两两正交的单位向量组.

5.5 概要及小结

5.5.1 向量空间

我们是从(欧氏)平面 $\mathbf{R}^2$,(欧氏)空间 $\mathbf{R}^3$ 经概括,拓广而引入向量空间 P^n 的.向量空间最基本,也是最重要的概念是它的基和维数.如我们知道了向量空间 W 的维数为 r,一组基为 $\boldsymbol{\alpha}_1,\boldsymbol{\alpha}_2,\cdots,\boldsymbol{\alpha}_r$,则 W 中的任一向量无非是 $\boldsymbol{\alpha}_1,\boldsymbol{\alpha}_2,\cdots,\boldsymbol{\alpha}_r$ 的线性组合,即

$$W=\{k_1\boldsymbol{\alpha}_1+k_2\boldsymbol{\alpha}_2+\cdots+k_r\boldsymbol{\alpha}_r \mid k_1,k_2,\cdots,k_r\in P\}.$$

而关于 n 元向量之间的线性关系和性质实际上都可归结为线性方程组的理论来解决(可参见 4.5.1).

5.5.2 欧氏空间

1. 欧氏空间是特殊的向量空间,更确切地说是特殊的线性空间,即具有内积的实线性空间.任何一个有限维实线性空间总可以适当定义内积使之成为欧氏空间.n 维欧氏空间是以 $\mathbf{R}^n$ 为代表的.我们最熟悉的几何空间 $\mathbf{R}^3$,$\mathbf{R}^2$ 就是这样的代表.在 $\mathbf{R}^n$ 中,向量的内积、长度、正交都可具体计算而得.

2. 欧氏空间是特殊的向量空间(线性空间),故它不仅具有向量空间(线性空间)所有的性质,而且有其特殊性质,如度量性质.这就使得在欧氏空间中可有比一般向量空间(线性空间)更强的性态,列举如下:

	(向量空间)线性空间	欧氏空间
(1)	线性无关向量组	正交向量组
(2)	基	标准正交基

3. 在欧氏空间中要判断一个向量 $\boldsymbol{\alpha}$ 是否为零向量有一个独特的方法：计算 $(\boldsymbol{\alpha},\boldsymbol{\alpha})$. 因内积有性质：$\boldsymbol{\alpha}=\boldsymbol{O} \Leftrightarrow (\boldsymbol{\alpha},\boldsymbol{\alpha})=0$(参见性质 5.4.1(4)).

推而广之在欧氏空间中为证明表达式 $\boldsymbol{\beta}=k_1\boldsymbol{\alpha}_1+k_2\boldsymbol{\alpha}_2+\cdots+k_r\boldsymbol{\alpha}_r$，只要计算出 $\left(\boldsymbol{\beta}-\sum\limits_{i=1}^{r}k_i\boldsymbol{\alpha}_i,\boldsymbol{\beta}-\sum\limits_{i=1}^{r}k_i\boldsymbol{\alpha}_i\right)=0$ 即可.

例 5.5.1 设向量 $\boldsymbol{\alpha}_1,\boldsymbol{\alpha}_2,\cdots,\boldsymbol{\alpha}_n$ 是 n 维欧氏空间 $\mathbf{R}^n$ 的一组基，证明：若 $\boldsymbol{\alpha}\in\mathbf{R}^n$ 使得 $(\boldsymbol{\alpha},\boldsymbol{\alpha}_i)=0(i=1,2,\cdots,n)$，则 $\boldsymbol{\alpha}=\boldsymbol{O}$.

证 因 $\boldsymbol{\alpha}_1,\boldsymbol{\alpha}_2,\cdots,\boldsymbol{\alpha}_n$ 是 $\mathbf{R}^n$ 的一组基. 所以 $\mathbf{R}^n$ 中向量 $\boldsymbol{\alpha}$ 可表为

$$\boldsymbol{\alpha}=k_1\boldsymbol{\alpha}_1+k_2\boldsymbol{\alpha}_2+\cdots+k_n\boldsymbol{\alpha}_n,$$

利用 $(\boldsymbol{\alpha},\boldsymbol{\alpha}_i)=0(i=1,2,\cdots,n)$ 有

$$(\boldsymbol{\alpha},\boldsymbol{\alpha})=\left(\boldsymbol{\alpha},\sum_{i=1}^{n}k_i\boldsymbol{\alpha}_i\right)=\sum_{i=1}^{n}k_i(\boldsymbol{\alpha},\boldsymbol{\alpha}_i)=\sum_{i=1}^{n}k_i0=0.$$

从而 $\boldsymbol{\alpha}=\boldsymbol{O}$.

习　题　5.5

1. 设向量组 $\boldsymbol{\alpha}_1,\boldsymbol{\alpha}_2,\cdots,\boldsymbol{\alpha}_t$ 与向量组 $\boldsymbol{\beta}_1,\boldsymbol{\beta}_2,\cdots,\boldsymbol{\beta}_s$ 等价，令

$$W=\{k_1\boldsymbol{\alpha}_1+k_2\boldsymbol{\alpha}_2+\cdots+k_t\boldsymbol{\alpha}_t \mid k_1,k_2,\cdots,k_t\in P\},$$
$$V=\{l_1\boldsymbol{\beta}_1+l_2\boldsymbol{\beta}_2+\cdots+l_s\boldsymbol{\beta}_s \mid l_1,l_2,\cdots,l_s\in P\},$$

其中 P 为数域，证明：$W=V$.

2. 设(Ⅰ)：$\boldsymbol{\alpha}_1,\boldsymbol{\alpha}_2,\cdots,\boldsymbol{\alpha}_n$ 与(Ⅱ)：$\boldsymbol{\beta}_1,\boldsymbol{\beta}_2,\cdots,\boldsymbol{\beta}_n$ 是向量空间 P^n 的两组基

(1) 证明在基(Ⅰ)，基(Ⅱ)下坐标完全相同向量的全体组成的集合 W 是 P^n 的一个子空间；

(2)* 设基(Ⅰ)到基(Ⅱ)的过渡矩阵为 $\boldsymbol{M}$，若秩$(\boldsymbol{E}-\boldsymbol{M})=r$，则 $\dim W=n-r$.

3. 设 $\boldsymbol{\alpha}_1,\boldsymbol{\alpha}_2,\cdots,\boldsymbol{\alpha}_n$ 是 n 维欧氏空间 $\mathbf{R}^n$ 的一组基，证明：若 $\mathbf{R}^n$ 中向量 $\boldsymbol{\beta}_1,\boldsymbol{\beta}_2$ 满足 $(\boldsymbol{\beta}_1,\boldsymbol{\alpha}_i)=(\boldsymbol{\beta}_2,\boldsymbol{\alpha}_i)$，$i=1,2,\cdots,n$，则 $\boldsymbol{\beta}_1=\boldsymbol{\beta}_2$.

第 6 章　矩阵的相似　特征值和特征向量

在 3.5 节中，我们曾引入了矩阵等价的概念，并据此将所有 $n \times n$ 矩阵按等价分类，在每一个等价类中都确定一个这一类矩阵中形式最简单的矩阵(对角矩阵)作为代表，称为等价标准形．利用等价和等价标准形是解决某些矩阵问题行之有效的方法．

现在我们仍将这种想法来研究矩阵，只不过是换一个标准来将矩阵分类，这就是矩阵的相似和相似标准形，所以本章在矩阵理论中占有重要地位．要指出的是本章引出的特征值和特征向量的概念不仅在矩阵理论上很重要，而且也可以直接用来解决实际问题，如工程技术中的振动问题和稳定性问题．

6.1　矩阵的相似和对角化

定义 6.1.1　设 $\boldsymbol{A},\boldsymbol{B}$ 均为 n 阶方阵，若存在 n 阶可逆矩阵 $\boldsymbol{P}$ 使得

$$\boldsymbol{P}^{-1}\boldsymbol{A}\boldsymbol{P}=\boldsymbol{B},$$

则称 $\boldsymbol{A}$ 与 $\boldsymbol{B}$ **相似**．

注记　由定义知，只有当 $\boldsymbol{A},\boldsymbol{B}$ 均为 n 阶方阵时，才考虑 $\boldsymbol{A}$ 与 $\boldsymbol{B}$ 是否相似．这一点和矩阵等价不同，那时只要 $\boldsymbol{A},\boldsymbol{B}$ 均为 $m \times n$ 矩阵就能考虑 $\boldsymbol{A}$ 与 $\boldsymbol{B}$ 是否等价．

如同矩阵等价要确定等价标准形一样，我们要在彼此相似的矩阵组成的矩阵类中确定最简单的矩阵来作为这一类的代表(标准形)．当然，我们希望最简单的矩阵最好是对角矩阵．为此我们来讨论 n 阶方阵与对角矩阵相似的问题，这问题常被称为**矩阵对角化**．具体说来就是下述问题：

(1) n 阶方阵与对角矩阵相似的充分必要条件是什么？

(2) 如果 n 阶方阵 $\boldsymbol{A}$ 能与对角矩阵 $\boldsymbol{\Lambda}$ 相似，那么使得 $\boldsymbol{P}^{-1}\boldsymbol{A}\boldsymbol{P}=\boldsymbol{\Lambda}$ 的可逆矩阵 $\boldsymbol{P}$ 的结构如何？如何求出？

(3) 如果 $\boldsymbol{P}^{-1}\boldsymbol{A}\boldsymbol{P}$ 为对角矩阵 $\boldsymbol{\Lambda}$，则称 $\boldsymbol{\Lambda}$ 为 $\boldsymbol{A}$ 的**相似标准形**．此时对角矩阵 $\boldsymbol{\Lambda}$ 应有何种结构？

(4) 如果一个 n 阶方阵 $\boldsymbol{A}$ 不能相似于对角矩阵，那么与 $\boldsymbol{A}$ 相似的最简单矩阵是何种形式的？

为了阐明上述问题引入下列概念.

定义 6.1.2　设 $\boldsymbol{A}$ 为数域 P 上的 n 阶方阵，如果存在数域 P 上的数 λ_0 和非零向量 $\boldsymbol{\xi}$，使得 $\boldsymbol{A}\boldsymbol{\xi}=\lambda_0\boldsymbol{\xi}$，则称 λ_0 为 $\boldsymbol{A}$ 的一个**特征值**(或**特征根**)，而 $\boldsymbol{\xi}$ 称为 $\boldsymbol{A}$ 的属于

特征值 λ_0 的一个**特征向量**.

例 6.1.1　设 $\boldsymbol{A}$ 为 3 阶矩阵, $\boldsymbol{\xi}_1, \boldsymbol{\xi}_2, \boldsymbol{\xi}_3$ 为 3 个非零的 3 元向量. 若有 $\boldsymbol{A\xi}_1=\boldsymbol{\xi}_1, \boldsymbol{A\xi}_2, =-\boldsymbol{\xi}_2, \boldsymbol{A\xi}_3=\boldsymbol{O}$, 求 $\boldsymbol{A}$ 的特征值.

解　因 $\boldsymbol{A\xi}_3=\boldsymbol{O}=0\boldsymbol{\xi}_3$, 故 0 是 $\boldsymbol{A}$ 的一个特征值. 同理由题设知, 1, -1 也是 $\boldsymbol{A}$ 的特征值, 故 $\boldsymbol{A}$ 的特征值为 0, 1, -1.

例 6.1.2　设 n 阶方阵

$$\boldsymbol{A}=\begin{bmatrix} a & b & b & \cdots & b \\ b & a & b & \cdots & b \\ b & b & a & \cdots & b \\ \vdots & \vdots & \vdots & & \vdots \\ b & b & b & \cdots & a \end{bmatrix}.$$

在第 1 章行列式中我们就指出该矩阵的每行元素之和为常数 $a+(n-1)b$. 利用此性质, 取 $\boldsymbol{\xi}=[1,1,\cdots,1]^{\mathrm{T}}$, 则有

$$\boldsymbol{A\xi}=\begin{bmatrix} a & b & b & \cdots & b \\ b & a & b & \cdots & b \\ b & b & a & \cdots & b \\ \vdots & \vdots & \vdots & & \vdots \\ b & b & b & \cdots & a \end{bmatrix}\begin{bmatrix} 1 \\ 1 \\ 1 \\ \vdots \\ 1 \end{bmatrix}=\begin{bmatrix} a+(n-1)b \\ a+(n-1)b \\ a+(n-1)b \\ \vdots \\ a+(n-1)b \end{bmatrix}$$

$$=[a+(n-1)b]\begin{bmatrix} 1 \\ 1 \\ 1 \\ \vdots \\ 1 \end{bmatrix}.$$

也就是说 $\boldsymbol{A\xi}=[a+(n-1)b]\boldsymbol{\xi}$, 所以 $a+(n-1)b$ 是 $\boldsymbol{A}$ 的一个特征值. $\boldsymbol{\xi}$ 是 $\boldsymbol{A}$ 的属于特征值 $a+(n-1)b$ 的特征向量.

注记　本例表明: 若 n 阶方阵 $\boldsymbol{A}$ 的每行元素之和为常数 k, 则 k 是 $\boldsymbol{A}$ 的特征值, $\boldsymbol{\xi}=[1,1,\cdots,1]^{\mathrm{T}}$ 是 $\boldsymbol{A}$ 的属于 k 的特征向量.

现在开始讨论问题(1), (2), (3), 先回忆在 3.3 节中我们已经约定将 n 阶对角矩阵 $\boldsymbol{\Lambda}=\begin{bmatrix} \lambda_1 & 0 & \cdots & 0 \\ 0 & \lambda_2 & \cdots & 0 \\ \vdots & \vdots & & \vdots \\ 0 & 0 & \cdots & \lambda_n \end{bmatrix}$ 简记为 $\mathrm{diag}[\lambda_1,\lambda_2,\cdots,\lambda_n]$, 故问题(1)可表述为:

n 阶矩阵 $\boldsymbol{A}$ 能与一个对角矩阵 $\mathrm{diag}[\lambda_1,\lambda_2,\cdots,\lambda_n]$ 相似(称为 $\boldsymbol{A}$ 能**对角化**)

$\Leftrightarrow$ 存在可逆矩阵 $\boldsymbol{P}$ 使得 $\boldsymbol{P}^{-1}\boldsymbol{AP}=\mathrm{diag}[\lambda_1,\lambda_2,\cdots,\lambda_n]$

$\Leftrightarrow$ $\boldsymbol{AP}=\boldsymbol{P}\mathrm{diag}[\lambda_1,\lambda_2,\cdots,\lambda_n]$.

若将矩阵 $\boldsymbol{P}$ 按列向量 $\boldsymbol{\alpha}_1,\boldsymbol{\alpha}_2,\cdots,\boldsymbol{\alpha}_n$ 分块表示为：$\boldsymbol{P}=[\boldsymbol{\alpha}_1\quad\boldsymbol{\alpha}_2\quad\cdots\quad\boldsymbol{\alpha}_n]$，因 $\boldsymbol{P}$ 为可逆矩阵，故 $\boldsymbol{\alpha}_1,\boldsymbol{\alpha}_2,\cdots,\boldsymbol{\alpha}_n$ 线性无关，上式即为

$$\boldsymbol{A}[\boldsymbol{\alpha}_1\quad\boldsymbol{\alpha}_2\quad\cdots\quad\boldsymbol{\alpha}_n]=[\boldsymbol{\alpha}_1\quad\boldsymbol{\alpha}_2\quad\cdots\quad\boldsymbol{\alpha}_n]\mathrm{diag}[\lambda_1,\lambda_2,\cdots,\lambda_n]$$

$$[\boldsymbol{A}\boldsymbol{\alpha}_1\quad\boldsymbol{A}\boldsymbol{\alpha}_2\quad\cdots\quad\boldsymbol{A}\boldsymbol{\alpha}_n]=[\lambda_1\boldsymbol{\alpha}_1\quad\lambda_2\boldsymbol{\alpha}_2\quad\cdots\quad\lambda_n\boldsymbol{\alpha}_n]$$

$$\Leftrightarrow \boldsymbol{A}\boldsymbol{\alpha}_i=\lambda_i\boldsymbol{\alpha}_i,\ i=1,2,\cdots,n. \qquad (*)$$

利用特征值和特征向量的概念我们可将（$*$）表述为下述重要定理.

定理 6.1.1 设 $\boldsymbol{A}$ 为 n 阶方阵，则 $\boldsymbol{A}$ 能与对角矩阵相似的充要条件为 $\boldsymbol{A}$ 有 n 个线性无关的特征向量．若 $\boldsymbol{A}$ 有 n 个线性无关的特征向量 $\boldsymbol{\xi}_1,\boldsymbol{\xi}_2,\cdots,\boldsymbol{\xi}_n$，可记 $\boldsymbol{P}=[\boldsymbol{\xi}_1\quad\boldsymbol{\xi}_2\quad\cdots\quad\boldsymbol{\xi}_n]$，则 $\boldsymbol{P}$ 是一个可逆矩阵，且使得

$$\boldsymbol{P}^{-1}\boldsymbol{A}\boldsymbol{P}=\mathrm{diag}[\lambda_1,\lambda_2,\cdots,\lambda_n],$$

此处 $\lambda_1,\lambda_2,\cdots,\lambda_n$ 是 $\boldsymbol{A}$ 的特征值，$\boldsymbol{\xi}_i(i=1,2,\cdots,n)$ 是属于 λ_i 的特征向量．

定理 6.1.1 回答了前述四个问题中的前三个．

(1) n 阶方阵 $\boldsymbol{A}$ 能与对角矩阵 $\boldsymbol{\Lambda}$ 相似的充要条件为 $\boldsymbol{A}$ 有 n 个线性无关的特征向量．

(2) 如 n 阶方阵 $\boldsymbol{A}$ 能与对角矩阵 $\boldsymbol{\Lambda}$ 相似，则 $\boldsymbol{A}$ 有 n 个线性无关的特征向量 $\boldsymbol{\xi}_1,\boldsymbol{\xi}_2,\cdots,\boldsymbol{\xi}_n$. 将 $\boldsymbol{\xi}_1,\boldsymbol{\xi}_2,\cdots,\boldsymbol{\xi}_n$ 作为列向量组成矩阵 $\boldsymbol{P}$，即 $\boldsymbol{P}=[\boldsymbol{\xi}_1\quad\boldsymbol{\xi}_2\quad\cdots\quad\boldsymbol{\xi}_n]$，则 $\boldsymbol{P}$ 是可逆矩阵，且 $\boldsymbol{P}^{-1}\boldsymbol{A}\boldsymbol{P}=\boldsymbol{\Lambda}$. 所以使得 $\boldsymbol{P}^{-1}\boldsymbol{A}\boldsymbol{P}=\boldsymbol{\Lambda}$ 的可逆矩阵 $\boldsymbol{P}$ 是由 $\boldsymbol{A}$ 的 n 个线性无关的特征向量作为列向量组成的．

(3) 若 $\boldsymbol{P}^{-1}\boldsymbol{A}\boldsymbol{P}=\boldsymbol{\Lambda}$，其中 $\boldsymbol{P}=[\boldsymbol{\xi}_1\quad\boldsymbol{\xi}_2\quad\cdots\quad\boldsymbol{\xi}_n]$，$\boldsymbol{\Lambda}=\mathrm{diag}[\lambda_1,\lambda_2,\cdots,\lambda_n]$，则 $\boldsymbol{A}\boldsymbol{\xi}_i=\lambda_i\boldsymbol{\xi}_i(i=1,2,\cdots,n)$. 所以此时对角矩阵 $\boldsymbol{\Lambda}$ 的主对角线上元素 $\lambda_1,\lambda_2,\cdots,\lambda_n$ 均是 $\boldsymbol{A}$ 的特征值．它们排列的次序与构成 $\boldsymbol{P}$ 的特征向量 $\boldsymbol{\xi}_1,\boldsymbol{\xi}_2,\cdots,\boldsymbol{\xi}_n$ 的次序相对应，即 λ_i 对应于 $\boldsymbol{\xi}_i(i=1,2,\cdots,n)$.

这样矩阵 $\boldsymbol{A}$ 能否对角化问题就在于 $\boldsymbol{A}$ 是否有 n 个线性无关的特征向量．为此我们首先把 $\boldsymbol{A}$ 的所有特征向量全确定下来，然后再确定哪些是线性无关的．要确定矩阵的所有特征值显然不能如例 6.1.2 那样太依赖于矩阵 $\boldsymbol{A}$ 的特殊性和某些技巧，而需要有一个一般通用的方法．我们将在下节介绍．

习　题　6.1

1. 设 $\boldsymbol{A},\boldsymbol{B}$ 均为 n 阶方阵，则下述命题正确的是（　　），且说明理由．

(A) 若 $\boldsymbol{A}$ 与 $\boldsymbol{B}$ 等价，则 $\boldsymbol{A}$ 与 $\boldsymbol{B}$ 必相似．　　(B) 若 $\boldsymbol{A}$ 与 $\boldsymbol{B}$ 相似，则 $\boldsymbol{A}$ 与 $\boldsymbol{B}$ 必等价．

2. 已知 $\boldsymbol{\xi}_1,\boldsymbol{\xi}_2$ 是线性方程组 $\boldsymbol{AX}=\boldsymbol{O}$ 的一个基础解系，求 $\boldsymbol{A}$ 的一个特征值和特征向量．

3. 设 $\boldsymbol{A},\boldsymbol{B}$ 均为 n 阶方阵，试证：若 $\boldsymbol{A}$ 可逆，则 $\boldsymbol{AB}$ 与 $\boldsymbol{BA}$ 相似．

4. 设 $\boldsymbol{A}$ 与 $\boldsymbol{B}$ 相似，$\boldsymbol{C}$ 与 $\boldsymbol{D}$ 相似，试证：$\begin{bmatrix}\boldsymbol{A}&\boldsymbol{O}\\\boldsymbol{O}&\boldsymbol{C}\end{bmatrix}$ 与 $\begin{bmatrix}\boldsymbol{B}&\boldsymbol{O}\\\boldsymbol{O}&\boldsymbol{D}\end{bmatrix}$ 相似．

5. 设 $\boldsymbol{A}=\boldsymbol{\xi}\boldsymbol{\eta}^{\mathrm{T}}$，其中 $\boldsymbol{\xi}=[x_1,x_2,\cdots,x_n]^{\mathrm{T}}\neq\boldsymbol{O}$，$\boldsymbol{\eta}=[y_1,y_2,\cdots,y_n]^{\mathrm{T}}\neq\boldsymbol{O}$. 求证：$\boldsymbol{\xi}$ 是 $\boldsymbol{A}$ 的特征

向量,并指出其对应的特征值.

6*. 设 λ_0 是 n 阶方阵 $\boldsymbol{A}$ 的一个特征值. 记 $\boldsymbol{A}$ 的属于 λ_0 的特征向量的全体及零向量为

$$W_{\lambda_0} = \{\boldsymbol{\xi} \in P^n \mid \boldsymbol{A\xi} = \lambda_0 \boldsymbol{\xi}\}.$$

证明:

(1) 若 $\boldsymbol{\xi}_1, \boldsymbol{\xi}_2 \in W_{\lambda_0}$,则 $\boldsymbol{\xi}_1 + \boldsymbol{\xi}_2 \in W_{\lambda_0}$.

(2) 若 $\boldsymbol{\xi}_1 \in W_{\lambda_0}$,则对任意的 $k \in P$ 有 $k\boldsymbol{\xi}_1 \in W_{\lambda_0}$.

(3) 由(1),(2)导出 W_{λ_0} 为 $\boldsymbol{P}^n$ 的一个子空间,称为属于 λ_0 的**特征子空间**. 特征子空间 W_{λ_0} 中任意非零向量都是 $\boldsymbol{A}$ 的属于 λ_0 的特征向量.

6.2 特征值和特征向量

本节将首先介绍求矩阵 $\boldsymbol{A}$ 的全部特征值和特征向量的方法,然后推导出判别特征向量组是线性无关的两个准则,进而得出 $\boldsymbol{A}$ 是否能对角化判别准则,且在 $\boldsymbol{A}$ 能对角化时,确定可逆矩阵 $\boldsymbol{P}$ 使 $\boldsymbol{P}^{-1}\boldsymbol{AP}$ 为对角矩阵. 下面逐一开始讨论.

先引入概念.

定义 6.2.1 设 $\boldsymbol{A}=[a_{ij}]_{n\times n}$是数域$\boldsymbol{P}$ 上 n 阶方阵,λ 是一个变量,矩阵$\lambda\boldsymbol{E}-\boldsymbol{A}$ 的行列式

$$|\lambda \boldsymbol{E} - \boldsymbol{A}| = \begin{vmatrix} \lambda - a_{11} & -a_{12} & \cdots & -a_{1n} \\ -a_{21} & \lambda - a_{22} & \cdots & -a_{2n} \\ \vdots & \vdots & & \vdots \\ -a_{n1} & -a_{n2} & \cdots & \lambda - a_{nn} \end{vmatrix}$$

称为 $\boldsymbol{A}$ 的**特征多项式**,记为 $f(\lambda)$. 它是数域 P 上变量 λ 的一个 n 次多项式.

现开始讨论问题. 设 $\boldsymbol{\xi}\neq\boldsymbol{O}$ 是 n 阶方阵 $\boldsymbol{A}$ 的属于 λ_0 的特征向量,于是有 $\boldsymbol{A\xi}=\lambda_0\boldsymbol{\xi}$,即$(\lambda_0\boldsymbol{E}-\boldsymbol{A})\boldsymbol{\xi}=\boldsymbol{O}$,从而线性方程组

$$(\lambda_0 \boldsymbol{E} - \boldsymbol{A})\boldsymbol{X} = \boldsymbol{O} \tag{6.2.1}$$

有非零解 $\boldsymbol{\xi}$.

反之,若(6.2.1)式有非零解 $\boldsymbol{\xi}$,则 $(\lambda_0\boldsymbol{E}-\boldsymbol{A})\boldsymbol{\xi}=\boldsymbol{O}$,从而 $\boldsymbol{A\xi}=\lambda_0\boldsymbol{\xi}$. 据定义 6.1.2,向量 $\boldsymbol{\xi}$ 就是 $\boldsymbol{A}$ 的属于 λ_0 的特征向量.

综上所述,我们有

$\boldsymbol{\xi}\neq\boldsymbol{O}$ 是 $\boldsymbol{A}$ 的属于 λ_0 的特征向量

$\Leftrightarrow$ 齐次线性方程组$(\lambda_0\boldsymbol{E}-\boldsymbol{A})\boldsymbol{X}=\boldsymbol{O}$有非零解 $\boldsymbol{\xi}\Leftrightarrow|\lambda_0\boldsymbol{E}-\boldsymbol{A}|=0$.

注意到$|\lambda_0\boldsymbol{E}-\boldsymbol{A}|=f(\lambda_0)$,故$|\lambda_0\boldsymbol{E}-\boldsymbol{A}|=0\Leftrightarrow\lambda_0$ 是 $f(\lambda)$的一个根.

综上所述可得重要定理.

定理 6.2.1 (1) λ_0 是 $\boldsymbol{A}$ 的一个特征值的充要条件为 λ_0 是 $\boldsymbol{A}$ 的特征多项式 $f(\lambda)$在数域 P 中的一个根,即$|\lambda_0\boldsymbol{E}-\boldsymbol{A}|=0$.

(2) 若 λ_0 是 $\boldsymbol{A}$ 的一个特征值，则属于 λ_0 的特征向量的全体是齐次线性方程组 $(\lambda_0\boldsymbol{E}-\boldsymbol{A})\boldsymbol{X}=\boldsymbol{O}$ 的所有非零解，因而 $\boldsymbol{A}$ 的属于 λ_0 的特征向量有无穷多个.

利用定理 6.2.1 确定 $\boldsymbol{A}$ 的全部特征值和特征向量的方法可归结为如下步骤：

1. 求出 $\boldsymbol{A}$ 的特征多项式 $f(\lambda)=|\lambda\boldsymbol{E}-\boldsymbol{A}|$ 在数域 $\boldsymbol{P}$ 中的全部根 $\lambda_1,\lambda_2,\cdots,\lambda_s$，根据定理 6.2.1 它们就是 $\boldsymbol{A}$ 的全部特征值.

2. 把求出的特征值 λ_i 逐个代入对应的齐次线性方程组

$$(\lambda_i\boldsymbol{E}-\boldsymbol{A})\boldsymbol{X}=\boldsymbol{O},\quad i=1,2,\cdots,s.$$

求出一个基础解系为 $\boldsymbol{\xi}_{i1},\boldsymbol{\xi}_{i2},\cdots,\boldsymbol{\xi}_{ir_i}$. 据定理 6.2.1，属于 λ_i 的全体特征向量可表为

$$\boldsymbol{\xi}_i=t_1\boldsymbol{\xi}_{i1}+t_2\boldsymbol{\xi}_{i2}+\cdots+t_{r_i}\boldsymbol{\xi}_{ir_i},$$

其中 $t_1,t_2,\cdots,t_{r_i}$ 为不全为零的一组任意常数，这表明属于 λ_i 的特征向量加上零向量构成齐次线性方程组 $(\lambda_i\boldsymbol{E}-\boldsymbol{A})\boldsymbol{X}=\boldsymbol{O}$ 的全部解向量（即解空间 W_{λ_i}），这也说明属于 λ_i 的特征向量有无穷多个.

3. $\boldsymbol{\xi}_1,\boldsymbol{\xi}_2,\cdots,\boldsymbol{\xi}_s$ 就是 $\boldsymbol{A}$ 的全部特征向量，这是因为 $\boldsymbol{A}$ 的任何一个特征向量 $\boldsymbol{\xi}$ 必属于某一个特征值，比如说属于 $\lambda_i(1\leqslant i\leqslant s)$，而属于 λ_i 的全体特征向量可表为 $\boldsymbol{\xi}_i$，所以 $\boldsymbol{\xi}_i$ 的某个表达式就表示了特征向量 $\boldsymbol{\xi}$.

例 6.2.1 设 $\boldsymbol{A}=\begin{bmatrix}-1&1&0\\-4&3&0\\1&0&2\end{bmatrix}$，求出 $\boldsymbol{A}$ 的全部特征值和特征向量.

解 先求出矩阵 $\boldsymbol{A}$ 的特征多项式

$$f(\lambda)=|\lambda\boldsymbol{E}-\boldsymbol{A}|=\begin{vmatrix}\lambda+1&-1&0\\4&\lambda-3&0\\-1&0&\lambda-2\end{vmatrix}=(\lambda-2)(\lambda-1)^2.$$

所以 $\boldsymbol{A}$ 的全部特征值为 $\lambda_1=2,\lambda_2=\lambda_3=1$.

然后把 $\lambda_1=2$ 代入 $(\lambda_1\boldsymbol{E}-\boldsymbol{A})\boldsymbol{X}=\boldsymbol{O}$，得

$$\begin{bmatrix}3&-1&0\\4&-1&0\\-1&0&0\end{bmatrix}\begin{bmatrix}x_1\\x_2\\x_3\end{bmatrix}=\begin{bmatrix}0\\0\\0\end{bmatrix}.$$

因秩 $(\lambda_1\boldsymbol{E}-\boldsymbol{A})=2$ 知，该方程组基础解系所含向量个数为 1，解得一个基础解系为 $\boldsymbol{\xi}_1=[0,0,1]^{\mathrm{T}}$. 故属于特征值 2 的全部特征向量为 $k\boldsymbol{\xi}_1,0\neq k\in P$.

再把 $\lambda_2=\lambda_3=1$ 代入 $(\lambda_2\boldsymbol{E}-\boldsymbol{A})\boldsymbol{X}=\boldsymbol{O}$，得

$$\begin{bmatrix}2&-1&0\\4&-2&0\\-1&0&-1\end{bmatrix}\begin{bmatrix}x_1\\x_2\\x_3\end{bmatrix}=\begin{bmatrix}0\\0\\0\end{bmatrix}.$$

因秩 $(\lambda_2\boldsymbol{E}-\boldsymbol{A})=2$ 知，该方程组基础解系所含向量个数为 1，解得一个基础解系为 $\boldsymbol{\xi}_2=[1,2,-1]^{\mathrm{T}}$. 故属于特征值 1 的全部特征向量为 $k\boldsymbol{\xi}_2,0\neq k\in P$.

下面我们就来判别 $\boldsymbol{A}$ 的特征向量中哪一些是线性无关的．

定理 6.2.2　方阵 $\boldsymbol{A}$ 的属于不同特征值的特征向量是线性无关的．

证　设 $\lambda_1,\lambda_2,\cdots,\lambda_s$ 是方阵 $\boldsymbol{A}$ 的互异特征值，它们对应的特征向量分别为 $\boldsymbol{\xi}_1,\boldsymbol{\xi}_2,\cdots,\boldsymbol{\xi}_s$. 现对 s 用数学归纳法来证明结论．

当 $s=1$，因 $\boldsymbol{\xi}_1\neq\boldsymbol{O}$，故 $\boldsymbol{\xi}_1$ 是线性无关的．

设 $s-1$ 时命题成立，下考察 s 的情况．设有

$$k_1\boldsymbol{\xi}_1+k_2\boldsymbol{\xi}_2+\cdots+k_{s-1}\boldsymbol{\xi}_{s-1}+k_s\boldsymbol{\xi}_s=\boldsymbol{O}. \tag{6.2.2}$$

在(6.2.2)式两边同时用 λ_s 作数乘，得

$$k_1\lambda_s\boldsymbol{\xi}_1+k_2\lambda_s\boldsymbol{\xi}_2+\cdots+k_{s-1}\lambda_s\boldsymbol{\xi}_{s-1}+k_s\lambda_s\boldsymbol{\xi}_s=\boldsymbol{O}. \tag{6.2.3}$$

在(6.2.2)式两边同时左乘矩阵 $\boldsymbol{A}$，注意到 $\boldsymbol{A}\boldsymbol{\xi}_i=\lambda_i\boldsymbol{\xi}_i$，有

$$k_1\lambda_1\boldsymbol{\xi}_1+k_2\lambda_2\boldsymbol{\xi}_2+\cdots+k_{s-1}\lambda_{s-1}\boldsymbol{\xi}_{s-1}+k_s\lambda_s\boldsymbol{\xi}_s=\boldsymbol{O}. \tag{6.2.4}$$

将(6.2.3)式减去(6.2.4)式，得

$$k_1(\lambda_s-\lambda_1)\boldsymbol{\xi}_1+k_2(\lambda_s-\lambda_2)\boldsymbol{\xi}_2+\cdots+k_{s-1}(\lambda_s-\lambda_{s-1})\boldsymbol{\xi}_{s-1}=\boldsymbol{O}.$$

据归纳法假设 $\boldsymbol{\xi}_1,\boldsymbol{\xi}_2,\cdots,\boldsymbol{\xi}_{s-1}$ 线性无关，于是 $k_i(\lambda_s-\lambda_i)=0,\quad i=1,2,\cdots,s-1$. 由题设 $\lambda_s\neq\lambda_i\,(i=1,2,\cdots,s-1)$，故得 $k_1=k_2=\cdots=k_{s-1}=0$. 将此结果代入(6.2.2)式，得 $k_s\boldsymbol{\xi}_s=\boldsymbol{O}$. 因 $\boldsymbol{\xi}_s\neq\boldsymbol{O}$，从而 $k_s=0$. 这就证明了 $\boldsymbol{\xi}_1,\boldsymbol{\xi}_2,\cdots,\boldsymbol{\xi}_s$ 线性无关．至此根据数学归纳法原理，定理得证．

据此定理，若 n 阶方阵 $\boldsymbol{A}$ 有 n 个互异的特征值 $\lambda_1,\lambda_2,\cdots,\lambda_n$，则属于特征值 $\lambda_i\,(i=1,2,\cdots,n)$ 的特征向量 $\boldsymbol{\xi}_i\,(i=1,2,\cdots,n)$ 线性无关，从而 $\boldsymbol{A}$ 有 n 个线性无关的特征向量．据定理 6.1.1 知，若构作矩阵 $\boldsymbol{P}=[\boldsymbol{\xi}_1\quad\boldsymbol{\xi}_2\quad\cdots\quad\boldsymbol{\xi}_n]$，则 $\boldsymbol{P}$ 是一个可逆矩阵，且有 $\boldsymbol{P}^{-1}\boldsymbol{A}\boldsymbol{P}=\mathrm{diag}[\lambda_1,\lambda_2,\cdots,\lambda_n]$，从而 $\boldsymbol{A}$ 与对角矩阵 $\mathrm{diag}[\lambda_1,\lambda_2,\cdots,\lambda_n]$ 相似．于是就有下述判别法．

推论（判别法）　n 阶方阵 $\boldsymbol{A}$ 若有 n 个互异特征值 $\lambda_1,\lambda_2,\cdots,\lambda_n$，则 $\boldsymbol{A}$ 与对角矩阵 $\mathrm{diag}[\lambda_1,\lambda_2,\cdots,\lambda_n]$ 相似．

例 6.2.2　对例 6.2.1 中的矩阵 $\boldsymbol{A}$ 略作变动得到 $\boldsymbol{B}=\begin{bmatrix}-1&1&0\\0&3&0\\1&0&2\end{bmatrix}$，容易求得 $f(\lambda)=|\lambda\boldsymbol{E}-\boldsymbol{B}|=(\lambda+1)(\lambda-2)(\lambda-3)$. 所以 $\boldsymbol{B}$ 有 3 个相异的特征根 $\lambda_1=-1$，$\lambda_2=2$，$\lambda_3=3$.

将 $\lambda_1=-1$ 代入 $(\lambda_1\boldsymbol{E}-\boldsymbol{B})\boldsymbol{X}=\boldsymbol{O}$ 可解得属于 $\lambda_1=-1$ 的全部特征向量为

$$k\boldsymbol{\xi}_1=k[3,0,-1]^{\mathrm{T}},\quad k\neq0.$$

将 $\lambda_2=2$ 代入 $(\lambda_2\boldsymbol{E}-\boldsymbol{B})\boldsymbol{X}=\boldsymbol{O}$ 可解得属于 $\lambda_2=2$ 的全部特征向量为

$$k\boldsymbol{\xi}_2=k[0,0,1]^{\mathrm{T}},\quad k\neq0.$$

将 $\lambda_3=3$ 代入 $(\lambda_3\boldsymbol{E}-\boldsymbol{B})\boldsymbol{X}=\boldsymbol{O}$ 可解得属于 $\lambda_3=3$ 的全部特征向量为

$$k\boldsymbol{\xi}_3=k[1,4,1]^{\mathrm{T}},\quad k\neq0.$$

据定理 6.2.2 知，$\boldsymbol{\xi}_1,\boldsymbol{\xi}_2,\boldsymbol{\xi}_3$ 线性无关．3 阶方阵 $\boldsymbol{B}$ 有 3 个线性无关的特征向量，所

以 $\boldsymbol{B}$ 能对角化．令 $\boldsymbol{P}=[\boldsymbol{\xi}_1 \quad \boldsymbol{\xi}_2 \quad \boldsymbol{\xi}_3]$，有 $\boldsymbol{P}^{-1}\boldsymbol{AP}=\mathrm{diag}[-1,2,3]$.

注记 本判别法只是 $\boldsymbol{A}$ 与对角矩阵相似的一个充分性条件，而不是必要条件．下文就有例子表明一个方阵的特征值如果有重根可能与对角矩阵相似，也可能不能与对角矩阵相似．

上述注记表明当方阵 $\boldsymbol{A}$ 的特征值有重根时，用本判别法无法判别，为了解决此问题，需要将定理 6.2.2 推广．

定理 6.2.3 若 $\lambda_1,\lambda_2,\cdots,\lambda_s$ 是方阵 $\boldsymbol{A}$ 的互异的特征值，且 $\boldsymbol{\xi}_{i1},\boldsymbol{\xi}_{i2},\cdots,\boldsymbol{\xi}_{ir_i}$ 是属于特征值 $\lambda_i(i=1,2,\cdots,s)$ 的线性无关的特征向量，则 $\boldsymbol{\xi}_{11},\cdots,\boldsymbol{\xi}_{1r_1},\cdots,\boldsymbol{\xi}_{s1},\cdots,\boldsymbol{\xi}_{sr_s}$ 线性无关．

证 对 s 用数学归纳法，用类似于定理 6.2.2 推理证得．

回忆我们求方阵 $\boldsymbol{A}$ 的全部特征值和特征向量时，所用的方法是：求出 $\boldsymbol{A}$ 的所有互异的特征值为 $\lambda_1,\lambda_2,\cdots,\lambda_s$，将 $\lambda_i(i=1,2,\cdots,s)$ 逐个代入对应线性方程组

$$(\lambda_i\boldsymbol{E}-\boldsymbol{A})\boldsymbol{X}=\boldsymbol{O},\quad i=1,2,\cdots,s.$$

求出一组基础解系(即解空间 W_{λ_i} 的一组基)$\boldsymbol{\xi}_{i1},\boldsymbol{\xi}_{i2},\cdots,\boldsymbol{\xi}_{ir_i}$．现据定理 6.2.3 可判定

$$\boldsymbol{\xi}_{11},\cdots,\boldsymbol{\xi}_{1r_1},\boldsymbol{\xi}_{21},\cdots,\boldsymbol{\xi}_{2r_2},\cdots,\boldsymbol{\xi}_{s1},\cdots,\boldsymbol{\xi}_{sr_s} \tag{6.2.5}$$

是一组线性无关的特征向量．我们断言(6.2.5)是 $\boldsymbol{A}$ 的所有特征向量组成的向量组中的极大线性无关组．这是因为 $\boldsymbol{A}$ 的任何一个特征向量 $\boldsymbol{\xi}$ 必属于某个特征值 $\lambda_i(1\leqslant i\leqslant s)$，从而 $\boldsymbol{\xi}$ 可经基础解系 $\boldsymbol{\xi}_{i1},\boldsymbol{\xi}_{i2},\cdots,\boldsymbol{\xi}_{ir_i}$ 线性表示．这表明

$$\boldsymbol{\xi}_{11},\cdots,\boldsymbol{\xi}_{1r_i},\cdots,\boldsymbol{\xi}_{i1},\cdots,\boldsymbol{\xi}_{ir_i},\cdots,\boldsymbol{\xi}_{s1},\cdots,\boldsymbol{\xi}_{sr_s},\boldsymbol{\xi}$$

线性相关．

将此结论和定理 6.1.1 结合起来可有下列定理.

定理 6.2.4 设 n 阶方阵 $\boldsymbol{A}$ 的互异的特征值的全体为 $\lambda_1,\lambda_2,\cdots,\lambda_s$，且将 $\lambda_i(i=1,2,\cdots,s)$ 逐个代入对应线性方程组 $(\lambda_i\boldsymbol{E}-\boldsymbol{A})\boldsymbol{X}=\boldsymbol{O},\quad i=1,2,\cdots,s$. 求得一组基础解系(即解空间 W_{λ_i} 的一组基)为 $\boldsymbol{\xi}_{i1},\boldsymbol{\xi}_{i2},\cdots,\boldsymbol{\xi}_{ir_i}$，则

(1) $\boldsymbol{A}$ 与对角矩阵相似的充要条件为：$r_1+r_2+\cdots+r_s=n$.

(2) 当 $r_1+r_2+\cdots+r_s=n$ 时，$\boldsymbol{A}$ 有 n 个线性无关的特征向量 $\boldsymbol{\xi}_1,\boldsymbol{\xi}_2,\cdots,\boldsymbol{\xi}_n$，若令 $\boldsymbol{P}=[\boldsymbol{\xi}_1 \quad \boldsymbol{\xi}_2 \quad \cdots \quad \boldsymbol{\xi}_n]$，则有 $\boldsymbol{P}^{-1}\boldsymbol{AP}=\mathrm{diag}[\lambda_1,\lambda_2,\cdots,\lambda_n]$($\lambda_1,\lambda_2,\cdots,\lambda_n$ 有可能相等)，其中 $\lambda_i(i=1,2,\cdots,n)$ 恰为特征向量 $\boldsymbol{\xi}_i$ 所属的特征值．

例 6.2.3 判别矩阵 $\boldsymbol{A}=\begin{bmatrix}-1&1&0\\-4&3&0\\1&0&2\end{bmatrix}$ 能否与对角矩阵相似．

解 $\boldsymbol{A}$ 即为例 6.2.1 中的矩阵 $\boldsymbol{A}$. 据例 6.2.1 知，$\boldsymbol{A}$ 特征值为 $\lambda_1=2,\lambda_2=\lambda_3=1$(二重)，所对应的线性方程组的基础解系所含向量个数 $r_1=1,r_2=1$. 因 $r_1+r_2=2<3$，所以 $\boldsymbol{A}$ 不能与对角矩阵相似．

例 6.2.4　判别矩阵 $\boldsymbol{A}=\begin{bmatrix}1&2&2\\2&1&2\\2&2&1\end{bmatrix}$ 能否与对角矩阵相似，如能则写出可逆矩阵 $\boldsymbol{P}$ 使 $\boldsymbol{P}^{-1}\boldsymbol{AP}$ 为对角矩阵．

解　先解 $\boldsymbol{A}$ 的特征多项式

$$f(\lambda)=|\lambda\boldsymbol{E}-\boldsymbol{A}|=\begin{vmatrix}\lambda-1&-2&-2\\-2&\lambda-1&-2\\-2&-2&\lambda-1\end{vmatrix}=(\lambda-5)(\lambda+1)^2,$$

故 $\boldsymbol{A}$ 的特征值为 $\lambda_1=5,\lambda_2=\lambda_3=-1$(二重).

然后以 $\lambda_1=5$ 代入齐次线性方程组 $(\lambda_1\boldsymbol{E}-\boldsymbol{A})\boldsymbol{X}=\boldsymbol{O}$，得

$$\begin{bmatrix}4&-2&-2\\-2&4&-2\\-2&-2&4\end{bmatrix}\begin{bmatrix}x_1\\x_2\\x_3\end{bmatrix}=\begin{bmatrix}0\\0\\0\end{bmatrix}.$$

解得一个基础解系为 $\boldsymbol{\xi}_1=[1,1,1]^{\mathrm{T}}$. 故属于特征值 5 的特征向量为 $k_1\boldsymbol{\xi}_1$，其中 $k_1\neq0$.

再以 $\lambda_2=\lambda_3=-1$ 代入齐次线性方程组 $(\lambda_2\boldsymbol{E}-\boldsymbol{A})\boldsymbol{X}=\boldsymbol{O}$，得

$$\begin{bmatrix}-2&-2&-2\\-2&-2&-2\\-2&-2&-2\end{bmatrix}\begin{bmatrix}x_1\\x_2\\x_3\end{bmatrix}=\begin{bmatrix}0\\0\\0\end{bmatrix}.$$

解得一个基础解系为：$\boldsymbol{\xi}_2=[1,0,-1]^{\mathrm{T}},\boldsymbol{\xi}_3=[0,1,-1]^{\mathrm{T}}$. 故属于特征值 -1 的特征向量为 $k_2\boldsymbol{\xi}_2+k_3\boldsymbol{\xi}_3$，其中 k_2,k_3 不同时为零．

这表明：$r_1=1,r_2=2$. 由 $r_1+r_2=3=\boldsymbol{A}$ 的阶数，利用定理 6.2.4 知，$\boldsymbol{A}$ 能与对角矩阵相似，若令

$$\boldsymbol{P}=[\boldsymbol{\xi}_1\quad\boldsymbol{\xi}_2\quad\boldsymbol{\xi}_3]=\begin{bmatrix}1&1&0\\1&0&1\\1&-1&-1\end{bmatrix},$$

则有 $\boldsymbol{P}^{-1}\boldsymbol{AP}=\mathrm{diag}[\lambda_1,\lambda_2,\lambda_3]=\mathrm{diag}[5,-1,-1]$.

从上述两例可以看出一个方阵 $\boldsymbol{A}$ 能否对角化与它的特征根中重根 λ_0 的重数与所对应的线性方程组 $(\lambda_0\boldsymbol{E}-\boldsymbol{A})\boldsymbol{X}=\boldsymbol{O}$ 的基础解系所含向量的个数（即解空间 $\boldsymbol{W}_{\lambda_0}$ 的维数）有密切关系，为了阐明这种关系，我们介绍一个性质，并由此性质得出判别矩阵对角化的新定理和例题．

性质 6.2.1*　设 λ_0 是方阵 $\boldsymbol{A}$ 的 k 重特征根．则齐次线性方程组

$$(\lambda_0\boldsymbol{E}-\boldsymbol{A})\boldsymbol{X}=\boldsymbol{O}$$

的基础解系所含向量个数（即 $\dim\boldsymbol{W}_{\lambda_0}$）$\leqslant k$.

证明　参见文献[1]，第 303 页．

这性质首先表明若 λ_0 为单根，则必有线性方程组 $(\lambda_0\boldsymbol{E}-\boldsymbol{A})\boldsymbol{X}=\boldsymbol{O}$ 的基础解系所含向量个数为 1. 其次若 $\boldsymbol{A}$ 的全部相异特征根为 $\lambda_1,\lambda_2,\cdots,\lambda_s$，它们的重数相应为 $n_1,n_2,\cdots,n_s$，则有

$(\lambda_i \boldsymbol{E}-\boldsymbol{A})\boldsymbol{X}=\boldsymbol{O}$ 的基础解系所含向量个数 $=r_i \leqslant n_i$， $i=1,2,\cdots,s$.
因 $n_1+n_2+\cdots+n_s=n$，故

$$r_1+r_2+\cdots+r_s=n \Leftrightarrow r_i=n_i,\quad i=1,2,\cdots,s.$$

于是我们有下列定理.

定理 6.2.4′* 数域 $\boldsymbol{P}$ 上的 n 阶矩阵 $\boldsymbol{A}$ 若在 $\boldsymbol{P}$ 中互异的特征根的全体为 λ_1，$\lambda_2,\cdots,\lambda_s$，它们相应的重数为 $n_1,n_2,\cdots,n_s$，且

线性方程组 $(\lambda_i \boldsymbol{E}-\boldsymbol{A})\boldsymbol{X}=\boldsymbol{O}$ 的基础解系所含向量个数 $=r_i(i=1,2,\cdots,s)$，

则 $\boldsymbol{A}$ 与对角矩阵 $\mathrm{diag}[\overbrace{\lambda_1,\cdots,\lambda_1}^{n_1},\cdots,\overbrace{\lambda_s,\cdots,\lambda_s}^{n_s}]$ 相似的充分必要条件为

$$r_i=n_i,\quad i=1,2,\cdots,s.$$

此定理表明若矩阵 $\boldsymbol{A}$ 的某个 n_i 重根 λ_i 所对应的齐次线性方程组 $(\lambda_i \boldsymbol{E}-\boldsymbol{A})\boldsymbol{X}=\boldsymbol{O}$ 的基础解系所含向量的个数 r_i 小于 n_i，则立即可断定 $\boldsymbol{A}$ 不能对角化．故在判断 $\boldsymbol{A}$ 是否能对角化时(如例 6.2.3)，这是一个简便的方法．

注记 若仅需求出方程组 $(\lambda_i \boldsymbol{E}-\boldsymbol{A})\boldsymbol{X}=\boldsymbol{O}$ 基础解系所含向量的个数 r_i，不必去求解该方程组，因据定理 4.4.1 有 $r_i=n-$秩$(\lambda_i \boldsymbol{E}-\boldsymbol{A})$，而计算矩阵 $\lambda_i \boldsymbol{E}-\boldsymbol{A}$ 的秩显然比解方程组更为简单．

例 6.2.5* 已知 3 阶矩阵 $\boldsymbol{A}$ 的特征值为 1，2，2，且 $\boldsymbol{A}$ 能与对角矩阵 $\mathrm{diag}[1,2,2]$ 相似，则秩$(\boldsymbol{E}-\boldsymbol{A})=$____，秩$(2\boldsymbol{E}-\boldsymbol{A})=$____．

解 因 1 是 $\boldsymbol{A}$ 的单根，所以方程组 $(\boldsymbol{E}-\boldsymbol{A})\boldsymbol{X}=\boldsymbol{O}$ 的基础解系所含向量个数为 1，从而由 3$-$秩$(\boldsymbol{E}-\boldsymbol{A})=1$ 推知，秩$(\boldsymbol{E}-\boldsymbol{A})=2$. 因 $\boldsymbol{A}$ 能与对角矩阵相似，所以 $\boldsymbol{A}$ 的 2 重特征值 2 所对应的方程组 $(2\boldsymbol{E}-\boldsymbol{A})\boldsymbol{X}=\boldsymbol{O}$ 的基础解系所含向量个数为 2，从而由 3$-$秩$(2\boldsymbol{E}-\boldsymbol{A})=2$ 推知，秩$(2\boldsymbol{E}-\boldsymbol{A})=1$.

习 题 6.2

1. 若方阵 $\boldsymbol{A}$ 有一个特征值为 -1，则 $|\boldsymbol{A}+\boldsymbol{E}|=$________，且说明理由．

2. 命题："若 $\dfrac{1}{2}$ 不是方阵 $\boldsymbol{A}$ 的特征值，则 $\boldsymbol{E}-2\boldsymbol{A}$ 为可逆矩阵"对不对？为什么？

3. 求出下列矩阵的全部特征值和特征向量

(1) $\begin{bmatrix} 1 & 0 & 0 \\ -2 & 5 & -2 \\ -2 & 4 & -1 \end{bmatrix}$； (2) $\begin{bmatrix} 4 & -5 & 2 \\ 5 & -7 & 3 \\ 6 & -9 & 4 \end{bmatrix}$； (3) $\begin{bmatrix} 1 & -3 & 4 \\ 4 & -7 & 8 \\ 6 & -7 & 7 \end{bmatrix}$；

(4) $\begin{bmatrix} -1 & 3 & -1 \\ -3 & 5 & -1 \\ -3 & 3 & 1 \end{bmatrix}$； (5) $\begin{bmatrix} 5 & 3 & 1 & 1 \\ -3 & -1 & 1 & -1 \\ 0 & 0 & 1 & 0 \\ 0 & 0 & 2 & 2 \end{bmatrix}$； (6) $\begin{bmatrix} 0 & 0 & 0 & 1 \\ 0 & 0 & 1 & 0 \\ 0 & 1 & 0 & 0 \\ 1 & 0 & 0 & 0 \end{bmatrix}$.

4. 判断上题中哪些矩阵可以对角化，对那些可对角化的矩阵 $\boldsymbol{A}$，写出可逆矩阵 $\boldsymbol{P}$ 使 $\boldsymbol{P}^{-1}\boldsymbol{A}\boldsymbol{P}$ 为

对角矩阵，并写出该对角矩阵．

5. 设 3 阶方阵 $\boldsymbol{A}$ 有特征值 $-1,1,2$，它们所对应的特征向量分别为 $\boldsymbol{\xi}_1,\boldsymbol{\xi}_2,\boldsymbol{\xi}_3$，令 $\boldsymbol{P}=[\boldsymbol{\xi}_2\quad \boldsymbol{\xi}_1\quad \boldsymbol{\xi}_3]$，则 $\boldsymbol{P}^{-1}\boldsymbol{AP}$ 为(　　)，且说明理由．

(A) $\begin{bmatrix}-1&0&0\\0&1&0\\0&0&2\end{bmatrix}$. (B) $\begin{bmatrix}1&0&0\\0&2&0\\0&0&-1\end{bmatrix}$. (C) $\begin{bmatrix}1&0&0\\0&-1&0\\0&0&2\end{bmatrix}$. (D) $\begin{bmatrix}2&0&0\\0&-1&0\\0&0&1\end{bmatrix}$.

6. 设上三角矩阵 $\boldsymbol{A}=\begin{bmatrix}a_{11}&a_{12}&\cdots&a_{1n}\\0&a_{22}&\cdots&a_{2n}\\\vdots&\vdots&&\vdots\\0&0&\cdots&a_{nn}\end{bmatrix}$，它的主对角线上元素互异，证明：$\boldsymbol{A}$ 能与对角矩阵相似．

7. 设 $\boldsymbol{A}$ 为 n 阶方阵，证明：$\boldsymbol{A}$ 与 $\boldsymbol{A}^{\mathrm{T}}$ 有相同的特征多项式．

8*. 设 $\boldsymbol{\xi}_1,\boldsymbol{\xi}_2$ 分别是方阵 $\boldsymbol{A}$ 的属于 λ_1,λ_2 的特征向量，若 $\lambda_1\neq\lambda_2$，证明：$\boldsymbol{\xi}_1+\boldsymbol{\xi}_2$ 不可能是 $\boldsymbol{A}$ 的特征向量．

9*. 已知 3 阶矩阵 $\boldsymbol{A}$ 的特征值为 $1,2,2$，且 $\boldsymbol{A}$ 不能与对角矩阵相似，则

$$\text{秩}(\boldsymbol{E}-\boldsymbol{A})=\underline{\qquad};\quad \text{秩}(2\boldsymbol{E}-\boldsymbol{A})=\underline{\qquad},$$

并说明理由．

10*. 已知 $\boldsymbol{A}=\begin{bmatrix}0&0&1\\x&1&2x-3\\1&0&0\end{bmatrix}$ 能与对角矩阵相似，求 x.

6.3 矩阵相似的理论和应用

本节将阐明矩阵的特征多项式和特征值的一些性质，研究矩阵相似的理论和应用．本节将较多地涉及到一元多项式的一些概念和性质，为此建议读者先参阅附录二．

性质 6.3.1 设 $\boldsymbol{A}=[a_{ij}]$ 为 n 阶方阵，$\boldsymbol{A}$ 的全部特征值为 $\lambda_1,\lambda_2,\cdots,\lambda_n$，则

(1)
$$f(\lambda)=|\lambda\boldsymbol{E}-\boldsymbol{A}|=\begin{vmatrix}\lambda-a_{11}&-a_{12}&\cdots&-a_{1n}\\-a_{21}&\lambda-a_{22}&\cdots&-a_{2n}\\\vdots&\vdots&&\vdots\\-a_{n1}&-a_{n2}&\cdots&\lambda-a_{nn}\end{vmatrix}$$
$$=\lambda^n-(a_{11}+a_{22}+\cdots+a_{nn})\lambda^{n-1}+\cdots+(-1)^n|\boldsymbol{A}|.$$

(2) $\displaystyle\sum_{i=1}^n a_{ii}=\sum_{i=1}^n\lambda_i,\quad |\boldsymbol{A}|=\lambda_1\lambda_2\cdots\lambda_n.$

证 (1) 将行列式 $|\lambda\boldsymbol{E}-\boldsymbol{A}|$ 按定义(1.2.5)式展开，其中一项为主对角线上元素的乘积

$$(\lambda-a_{11})(\lambda-a_{22})\cdots(\lambda-a_{nn}).\tag{6.3.1}$$

展开式中其余的项至多含有 $n-2$ 个主对角线上的元素，因而 λ 的次数不能超过 $n-2$，所以 $f(\lambda)$ 的最高次项，次高次项只能在(6.3.1)式中出现，故

$$f(\lambda)=\lambda^n-(a_{11}+a_{22}+\cdots+a_{nn})\lambda^{n-1}+\cdots.$$

$f(\lambda)$ 的常数项为 $f(0)$，而 $f(0)=(-1)^n|\boldsymbol{A}|$. 所以

$$f(\lambda)=\lambda^n-(a_{11}+a_{22}+\cdots+a_{nn})\lambda^{n-1}+\cdots+(-1)^n\,|\,\boldsymbol{A}\,|. \quad (6.3.2)$$

我们将矩阵 $\boldsymbol{A}$ 的主对角线上元素之和 $\sum_{i=1}^{n}a_{ii}$ 称为矩阵 $\boldsymbol{A}$ 的迹，记为 $\mathrm{tr}\boldsymbol{A}$.

(2) 因 $f(\lambda)$ 的全部特征值为 $\lambda_1,\lambda_2,\cdots,\lambda_n$，且首项系数为 1，故

$$\begin{aligned}f(\lambda)&=(\lambda-\lambda_1)(\lambda-\lambda_2)\cdots(\lambda-\lambda_n)\\&=\lambda^n-(\lambda_1+\lambda_2+\cdots+\lambda_n)\lambda^{n-1}+\cdots+(-1)^n\lambda_1\lambda_2\cdots\lambda_n.\end{aligned} \quad (6.3.3)$$

比较(6.3.2)式和(6.3.3)式，即得

$$\sum_{i=1}^{n}\lambda_i=\sum_{i=1}^{n}a_{ii}=\mathrm{tr}\boldsymbol{A},\quad \lambda_1\lambda_2\cdots\lambda_n=|\,\boldsymbol{A}\,|.$$

例 6.3.1 设矩阵 $\boldsymbol{A}=\begin{bmatrix}1&2&2\\2&1&2\\2&1&2\end{bmatrix}$，求矩阵 $\boldsymbol{A}$ 的全部特征值.

解 由例 6.1.2 的注记知，$\boldsymbol{A}$ 有一个特征值 $\lambda_1=5$. 设 $\boldsymbol{A}$ 的另两个特征值为 λ_2,λ_3，由性质 6.3.1 知

$$\begin{cases}\lambda_1+\lambda_2+\lambda_3=\mathrm{tr}\boldsymbol{A}=4,\\ \lambda_1\lambda_2\lambda_3=|\,\boldsymbol{A}\,|=0.\end{cases}\quad 推得\begin{cases}\lambda_2+\lambda_3=-1,\\ \lambda_2\lambda_3=0.\end{cases}\quad 解得\begin{cases}\lambda_2=-1,\\ \lambda_3=0.\end{cases}$$

故 $\boldsymbol{A}$ 的全部特征值为 $\lambda_1=5,\lambda_2=-1,\lambda_3=0$.

注记 可直接计算 $f(\lambda)=|\lambda\boldsymbol{E}-\boldsymbol{A}|=\lambda(\lambda+1)(\lambda-5)$，得出相同结果.

性质 6.3.2 设 λ_0 是 n 阶方阵 $\boldsymbol{A}$ 的一个特征值，$\boldsymbol{\xi}$ 是 $\boldsymbol{A}$ 的属于 λ_0 的特征向量，则 λ_0^2 是 $\boldsymbol{A}^2$ 的一个特征值，$\boldsymbol{\xi}$ 是 $\boldsymbol{A}^2$ 的属于 λ_0^2 的特征向量.

证 由题设知，$\boldsymbol{A\xi}=\lambda_0\boldsymbol{\xi}$，从而

$$\boldsymbol{A}^2\boldsymbol{\xi}=\boldsymbol{A}(\boldsymbol{A\xi})=\boldsymbol{A}(\lambda_0\boldsymbol{\xi})=\lambda_0\boldsymbol{A\xi}=\lambda_0^2\boldsymbol{\xi}.$$

这表明 λ_0^2 是 $\boldsymbol{A}^2$ 的一个特征值，$\boldsymbol{\xi}$ 是 $\boldsymbol{A}^2$ 的属于 λ_0^2 的特征向量.

上述已由 $\boldsymbol{A\xi}=\lambda_0\boldsymbol{\xi}$ 推得 $\boldsymbol{A}^2\boldsymbol{\xi}=\lambda_0^2\boldsymbol{\xi}$，如法炮制可进而推得 $\boldsymbol{A}^3\boldsymbol{\xi}=\lambda_0^3\boldsymbol{\xi},\cdots,\boldsymbol{A}^k\boldsymbol{\xi}=\lambda_0^k\boldsymbol{\xi}$. 同样地由 $\boldsymbol{A\xi}=\lambda_0\boldsymbol{\xi}$ 可推得

$$\begin{gathered}a_1\boldsymbol{A\xi}=a_1\lambda_0\boldsymbol{\xi},\\ a_2\boldsymbol{A}^2\boldsymbol{\xi}=a_2\lambda_0^2\boldsymbol{\xi},\\ \cdots\cdots\cdots\cdots,\\ a_k\boldsymbol{A}^k\boldsymbol{\xi}=a_k\lambda^k\boldsymbol{\xi},\end{gathered}$$

且显然有

$$a_0\boldsymbol{E}\boldsymbol{\xi} = a_0\boldsymbol{\xi}.$$

把这些等式两边加起来即得

$$\begin{aligned} & a_k\boldsymbol{A}^k\boldsymbol{\xi} + \cdots + a_2\boldsymbol{A}^2\boldsymbol{\xi} + a_1\boldsymbol{A}\boldsymbol{\xi} + a_0\boldsymbol{E}\boldsymbol{\xi} \\ = & a_k\lambda_0^k\boldsymbol{\xi} + \cdots + a_2\lambda_0^2\boldsymbol{\xi} + a_1\lambda_0\boldsymbol{\xi} + a_0\boldsymbol{\xi}. \end{aligned}$$

即

$$(a_k\boldsymbol{A}^k + \cdots + a_2\boldsymbol{A}^2 + a_1\boldsymbol{A} + a_0\boldsymbol{E})\boldsymbol{\xi} = (a_k\lambda_0^k + \cdots + a_2\lambda_0^2 + a_1\lambda_0 + a_0)\boldsymbol{\xi}.$$

实际上我们已经证明了下述性质成立.

性质 6.3.3　设 $f(x)=a_kx^k+\cdots+a_2x^2+a_1x+a_0$. 是数域 P 上的一个多项式，$\boldsymbol{A}$ 是一个 n 阶方阵，此时 $f(\boldsymbol{A}) = a_k\boldsymbol{A}^k + \cdots + a_2\boldsymbol{A}^2 + a_1\boldsymbol{A} + a_0\boldsymbol{E}$. 若 λ_0 是 $\boldsymbol{A}$ 的一个特征值，则 $f(\lambda_0)=a_k\lambda_0^k+\cdots+a_2\lambda_0^2+a_1\lambda_0+a_0$ 是 $f(\boldsymbol{A})$ 的一个特征值．同时若 $\boldsymbol{\xi}$ 是 $\boldsymbol{A}$ 的属于 λ_0 的特征向量，则 $\boldsymbol{\xi}$ 也是 $f(\boldsymbol{A})$ 的属于 $f(\lambda_0)$ 的特征向量．

例 6.3.2　设矩阵 $\boldsymbol{A}=\begin{bmatrix} 1 & 2 & 2 \\ 2 & 1 & -2 \\ -2 & -2 & 1 \end{bmatrix}$.

(1) 求 $\boldsymbol{A}$ 的全部特征值和特征向量．

(2) 求 $2\boldsymbol{A}^3-3\boldsymbol{A}^2-4\boldsymbol{A}+2\boldsymbol{E}$ 的全部特征值和特征向量．

(3) 求 $|2\boldsymbol{A}^3-3\boldsymbol{A}^2-4\boldsymbol{A}+2\boldsymbol{E}|$.

(4) 求 $2\boldsymbol{A}^3-3\boldsymbol{A}^2-4\boldsymbol{A}+2\boldsymbol{E}$.

解　(1) 计算 $\boldsymbol{A}$ 的特征多项式．

$$f(\lambda)=|\lambda\boldsymbol{E}-\boldsymbol{A}|=\begin{vmatrix} \lambda-1 & -2 & -2 \\ -2 & \lambda-1 & 2 \\ 2 & 2 & \lambda-1 \end{vmatrix}=(\lambda+1)(\lambda-3)(\lambda-1).$$

所以 $\boldsymbol{A}$ 的全部特征值为 $\lambda_1=-1,\lambda_2=1,\lambda_3=3$. 分别将 $\lambda_1=-1,\lambda_2=1,\lambda_3=3$ 代入 $(\lambda\boldsymbol{E}-\boldsymbol{A})\boldsymbol{X}=\boldsymbol{O}$，可求得

$\boldsymbol{A}$ 的属于 -1 的全部特征向量为 $k\boldsymbol{\xi}_1=k[1,-1,0]^{\mathrm{T}},k\neq0$；

$\boldsymbol{A}$ 的属于 1 的全部特征向量为 $k\boldsymbol{\xi}_2=k[1,-1,1]^{\mathrm{T}},k\neq0$；

$\boldsymbol{A}$ 的属于 3 的全部特征向量为 $k\boldsymbol{\xi}_3=k[0,1,-1]^{\mathrm{T}},k\neq0$.

(2) 令 $f(x)=2x^3-3x^2-4x+2$，则 $2\boldsymbol{A}^3-3\boldsymbol{A}^2-4\boldsymbol{A}+2\boldsymbol{E}=f(\boldsymbol{A})$.

据性质 6.3.3 知，$f(\boldsymbol{A})$ 的全部特征值为

$$f(-1)=-2-3+4+2=1;\qquad f(1)=2-3-4+2=-3;$$
$$f(3)=54-27-12+2=17.$$

$f(\boldsymbol{A})$ 的属于 $f(-1)=1$ 的全部特征向量 $k\boldsymbol{\xi}_1=k[1,-1,0]^{\mathrm{T}},k\neq0$；

$f(\boldsymbol{A})$ 的属于 $f(1)=-3$ 的全部特征向量 $k\boldsymbol{\xi}_2=k[1,-1,1]^{\mathrm{T}},k\neq0$；

$f(\boldsymbol{A})$ 的属于 $f(3)=17$ 的全部特征向量 $k\boldsymbol{\xi}_3=k[0,1,-1]^{\mathrm{T}},k\neq0$.

(3) 由性质 6.3.1 得

$$|2A^3-3A+4A+2E|=|f(A)|$$
$$=f(-1)f(1)f(3)=-51.$$

(4) 由(2)知 $f(A)$ 有 3 个线性无关特征向量 ξ_1,ξ_2,ξ_3,对应的特征值依次为 $1,-3,17$. 所以若令 $P=[\xi_1\quad\xi_2\quad\xi_3]$,有 $P^{-1}f(A)P=\mathrm{diag}[1,-3,17]$,从而

$$\begin{aligned}f(A)&=P\,\mathrm{diag}[1,-3,17]P^{-1}\\&=\begin{bmatrix}1&1&0\\-1&-1&1\\0&1&-1\end{bmatrix}\begin{bmatrix}1&0&0\\0&-3&0\\0&0&17\end{bmatrix}\begin{bmatrix}0&-1&-1\\1&1&1\\1&1&0\end{bmatrix}\\&=\begin{bmatrix}-3&-4&-4\\20&21&4\\-20&-20&-3\end{bmatrix}.\end{aligned}$$

注记 本例的第(4)小题表明,若 A 能与对角矩阵相似,则 A 的矩阵多项式 $f(A)$ 也容易求得.

性质 6.3.4 设 A 是 n 阶可逆矩阵,则

(1) A 的特征值均不为零.

(2) 若 λ_0 为 A 的特征值,则 λ_0^{-1} 是 A^{-1} 的一个特征值. 同时若 ξ 是 A 的属于 λ_0 的特征向量,则 ξ 也是 A^{-1} 的属于 λ_0^{-1} 的特征向量.

证 (1)设 A 的全部特征值为 $\lambda_1,\lambda_2,\cdots,\lambda_n$,据性质 6.3.1 之(2)知,$\lambda_1\lambda_2\cdots\lambda_n=|A|\neq0$. 故 $\lambda_1,\lambda_2,\cdots,\lambda_n$ 均不为零.

(2) 据(1)知,此时 $\lambda_0\neq0$. 设 ξ 是 A 的属于 λ_0 的特征向量,则 $A\xi=\lambda_0\xi$. 两边同时左乘 A^{-1} 得 $A^{-1}A\xi=A^{-1}(\lambda_0\xi)$. 上式左端为 ξ,右端为 $\lambda_0A^{-1}\xi$,所以

$$\lambda_0A^{-1}\xi=\xi.$$

上式两边同时用 λ_0^{-1} 作数乘得 $A^{-1}\xi=\lambda_0^{-1}\xi$,故 λ_0^{-1} 为 A^{-1} 的一个特征值,同时 ξ 也是 A^{-1} 的属于 λ_0^{-1} 的一个特征向量.

例 6.3.3 设3阶方阵 A 的行列式 $|A|=6$,A 有一个特征值为 -2,则 A^* 必有一个特征值为________;$A^3+4A^2+8A+8E$ 必有一个特征值为________;$|A^3+4A^2+8A+8E|=$________.

解 由 $|A|=6\neq0$ 知,A 为可逆矩阵,且 $A^{-1}=\dfrac{1}{|A|}A^*=\dfrac{1}{6}A^*$,从而 $A^*=6A^{-1}$. 现 -2 是可逆矩阵 A 的一个特征值,由性质 6.3.4 知,$-\dfrac{1}{2}$ 是 A^{-1} 的一个特征值. 再由性质 6.3.3 知,$6\cdot\left(-\dfrac{1}{2}\right)=-3$ 是 A^* 的一个特征值,所以第一个空格应填 -3.

取 $f(x)=x^3+4x^2+8x+8$,则 $A^3+4A^2+8A+8E=f(A)$. 由性质 6.3.3 知,

$f(\boldsymbol{A})$有一个特征值为 $f(-2)=(-2)^3+4(-2)^2+8(-2)+8=0$，所以第二个空格应填 0.

据性质 6.3.1 知，$|\boldsymbol{A}^3+4\boldsymbol{A}^2+8\boldsymbol{A}+8\boldsymbol{E}|$为矩阵 $\boldsymbol{A}^3+4\boldsymbol{A}^2+8\boldsymbol{A}+8\boldsymbol{E}$ 的全部特征值的乘积．现已知其特征值有一个为零，所以 $|\boldsymbol{A}^3+4\boldsymbol{A}^2+8\boldsymbol{A}+8\boldsymbol{E}|=0$，这样第 3 个空格应填 0.

下面我们来讨论矩阵相似的性质与应用．

性质 6.3.5　若矩阵 $\boldsymbol{A}$ 与 $\boldsymbol{B}$ 相似，则有 4 个性质：秩$(\boldsymbol{A})$＝秩$(\boldsymbol{B})$，$|\boldsymbol{A}|=|\boldsymbol{B}|$，$|\lambda\boldsymbol{E}-\boldsymbol{A}|=|\lambda\boldsymbol{E}-\boldsymbol{B}|$，$\mathrm{tr}\boldsymbol{A}=\mathrm{tr}\boldsymbol{B}$.

证　因 $\boldsymbol{A}$ 与 $\boldsymbol{B}$ 相似，故存在可逆矩阵 $\boldsymbol{P}$ 使得 $\boldsymbol{P}^{-1}\boldsymbol{A}\boldsymbol{P}=\boldsymbol{B}$，所以

$$\text{秩}(\boldsymbol{B})=\text{秩}(\boldsymbol{P}^{-1}\boldsymbol{A}\boldsymbol{P})=\text{秩}(\boldsymbol{A});$$

$$\begin{aligned}|\lambda\boldsymbol{E}-\boldsymbol{B}|&=|\lambda\boldsymbol{E}-\boldsymbol{P}^{-1}\boldsymbol{A}\boldsymbol{P}|=|\boldsymbol{P}^{-1}(\lambda\boldsymbol{E}-\boldsymbol{A})\boldsymbol{P}|\\&=|\boldsymbol{P}^{-1}||\lambda\boldsymbol{E}-\boldsymbol{A}||\boldsymbol{P}|=|\lambda\boldsymbol{E}-\boldsymbol{A}|.\end{aligned}$$

由性质 6.3.1 知

$$|\lambda\boldsymbol{E}-\boldsymbol{A}|=\lambda^n-\mathrm{tr}\boldsymbol{A}\lambda^{n-1}+\cdots+(-1)^n|\boldsymbol{A}|,$$
$$|\lambda\boldsymbol{E}-\boldsymbol{B}|=\lambda^n-\mathrm{tr}\boldsymbol{B}\lambda^{n-1}+\cdots+(-1)^n|\boldsymbol{B}|,$$

故由$|\lambda\boldsymbol{E}-\boldsymbol{A}|=|\lambda\boldsymbol{E}-\boldsymbol{B}|$可推得：$\mathrm{tr}\boldsymbol{A}=\mathrm{tr}\boldsymbol{B}$，$|\boldsymbol{A}|=|\boldsymbol{B}|$.

注记　上述相似矩阵的 4 个性质均为 $\boldsymbol{A},\boldsymbol{B}$ 相似的必要条件，不是充分条件．进而即使 $\boldsymbol{A}$ 与 $\boldsymbol{B}$ 满足上述 4 个性质，也不能保证 $\boldsymbol{A}$ 与 $\boldsymbol{B}$ 相似(参见下例).

例 6.3.4　设 $\boldsymbol{A}=\begin{bmatrix}1&1&1\\0&1&1\\0&0&1\end{bmatrix}$，$\boldsymbol{E}=\begin{bmatrix}1&0&0\\0&1&0\\0&0&1\end{bmatrix}$，则秩$(\boldsymbol{A})$＝秩$(\boldsymbol{E})=3$，$|\boldsymbol{A}|=|\boldsymbol{E}|=1$，$|\lambda\boldsymbol{E}-\boldsymbol{A}|=|\lambda\boldsymbol{E}-\boldsymbol{E}|=(\lambda-1)^3$，$\mathrm{tr}\boldsymbol{A}=\mathrm{tr}\boldsymbol{E}=3$. 但 $\boldsymbol{A}$ 与 $\boldsymbol{E}$ 不相似，因凡与 $\boldsymbol{E}$ 相似的矩阵均形如 $\boldsymbol{P}^{-1}\boldsymbol{E}\boldsymbol{P}=\boldsymbol{E}$(其中 $\boldsymbol{P}$ 为可逆矩阵)，现 $\boldsymbol{A}\neq\boldsymbol{E}$，故 $\boldsymbol{A}$ 与 $\boldsymbol{E}$ 不相似．

例 6.3.5　已知矩阵 $\boldsymbol{A}$ 与 $\boldsymbol{B}$ 相似，其中

$$\boldsymbol{A}=\begin{bmatrix}2&0&0\\0&a&2\\0&2&3\end{bmatrix},\quad \boldsymbol{B}=\begin{bmatrix}1&0&0\\0&2&0\\0&0&b\end{bmatrix},$$

则 $a=$______，$b=$______．

解　由 $\mathrm{tr}\boldsymbol{A}=\mathrm{tr}\boldsymbol{B}$ 得：$5+a=3+b$；由$|\boldsymbol{A}|=|\boldsymbol{B}|$得：$6a-8=2b$. 从而解得：$a=3$，$b=5$.

性质 6.3.6　设 $\boldsymbol{A},\boldsymbol{B}$ 均为 n 阶矩阵，$a_0,a_1,a_2,\cdots,a_k$ 均为数域 P 中任意的数，若 $\boldsymbol{A}$ 与 $\boldsymbol{B}$ 相似，则

(1) $\boldsymbol{A}^2$ 与 $\boldsymbol{B}^2$ 相似，$\boldsymbol{A}^3$ 与 $\boldsymbol{B}^3$ 相似，…，$\boldsymbol{A}^k$ 与 $\boldsymbol{B}^k$ 相似；

(2) 记 $f(x)$为系数取自数域 P 的一个多项式

$$f(x)=a_kx^k+\cdots+a_2x^2+a_1x+a_0,$$

则 $f(\boldsymbol{A})$与 $f(\boldsymbol{B})$相似，这里

$$f(\boldsymbol{A}) = a_k\boldsymbol{A}^k + \cdots + a_2\boldsymbol{A}^2 + a_1\boldsymbol{A} + a_0\boldsymbol{E},$$
$$f(\boldsymbol{B}) = a_k\boldsymbol{B}^k + \cdots + a_2\boldsymbol{B}^2 + a_1\boldsymbol{B} + a_0\boldsymbol{E}.$$

证 (1) 由题设知，存在可逆矩阵 $\boldsymbol{P}$ 使得 $\boldsymbol{P}^{-1}\boldsymbol{AP}=\boldsymbol{B}$. 从而

$$\boldsymbol{B}^2 = (\boldsymbol{P}^{-1}\boldsymbol{AP})(\boldsymbol{P}^{-1}\boldsymbol{AP}) = \boldsymbol{P}^{-1}\boldsymbol{A}^2\boldsymbol{P},$$
$$\boldsymbol{B}^3 = (\boldsymbol{P}^{-1}\boldsymbol{AP})(\boldsymbol{P}^{-1}\boldsymbol{AP})(\boldsymbol{P}^{-1}\boldsymbol{AP}) = \boldsymbol{P}^{-1}\boldsymbol{A}^3\boldsymbol{P},$$

…………

$$\boldsymbol{B}^k = (\boldsymbol{P}^{-1}\boldsymbol{A}\overbrace{\boldsymbol{P})(\boldsymbol{P}^{-1}\boldsymbol{AP})\cdots(\boldsymbol{P}}^{k}{}^{-1}\boldsymbol{AP}) = \boldsymbol{P}^{-1}\boldsymbol{A}^k\boldsymbol{P}.$$

这表明 $\boldsymbol{A}^2$ 与 $\boldsymbol{B}^2$ 相似，$\boldsymbol{A}^3$ 与 $\boldsymbol{B}^3$ 相似，…，$\boldsymbol{A}^k$ 与 $\boldsymbol{B}^k$ 相似．

(2) 同样由 $\boldsymbol{P}^{-1}\boldsymbol{AP}=\boldsymbol{B}$，可推得

$$a_1\boldsymbol{B} = \boldsymbol{P}^{-1}(a_1\boldsymbol{A})\boldsymbol{P},$$
$$a_2\boldsymbol{B}^2 = \boldsymbol{P}^{-1}(a_2\boldsymbol{A}^2)\boldsymbol{P},$$

…………

$$a_k\boldsymbol{B}^k = \boldsymbol{P}^{-1}(a_k\boldsymbol{A}^k)\boldsymbol{P}.$$

将这些等式相加，再加上等式 $a_0\boldsymbol{E}=\boldsymbol{P}^{-1}(a_0\boldsymbol{E})\boldsymbol{P}$ 得

$$\begin{aligned}&a_k\boldsymbol{B}^k + \cdots + a_2\boldsymbol{B}^2 + a_1\boldsymbol{B} + a_0\boldsymbol{E}\\ =&\boldsymbol{P}^{-1}(a_k\boldsymbol{A}^k + \cdots + a_2\boldsymbol{A}^2 + a_1\boldsymbol{A} + a_0\boldsymbol{E})\boldsymbol{P}\end{aligned}$$

即 $f(\boldsymbol{B})=\boldsymbol{P}^{-1}f(\boldsymbol{A})\boldsymbol{P}$. 这表明 $f(\boldsymbol{A})$与 $f(\boldsymbol{B})$相似．

注记 这命题是说若 $\boldsymbol{A}$ 与 $\boldsymbol{B}$ 相似，则 $\boldsymbol{A}$ 的方幂 $\boldsymbol{A}^k$ 与 $\boldsymbol{B}$ 的方幂 $\boldsymbol{B}^k$ 相似，$\boldsymbol{A}$ 的矩阵多项式 $f(\boldsymbol{A})$与 $\boldsymbol{B}$ 的矩阵多项式 $f(\boldsymbol{B})$相似．特别要指出的是联系 $\boldsymbol{B}^k$ 与 $\boldsymbol{A}^k$，联系 $f(\boldsymbol{B})$与 $f(\boldsymbol{A})$的矩阵就是联系 $\boldsymbol{B}$ 与 $\boldsymbol{A}$ 的矩阵 $\boldsymbol{P}$ 和 $\boldsymbol{P}^{-1}$. 这一点在下面应用于可对角化矩阵时，将带来方便．

将性质 6.3.6 应用于可对角化矩阵有下列性质.

性质 6.3.7 设 $\boldsymbol{A}$ 为 n 阶矩阵，其全体特征根为 $\lambda_1,\lambda_2,\cdots,\lambda_n$(重根按重数计). 若 $\boldsymbol{A}$ 可对角化，即存在可逆矩阵 $\boldsymbol{P}$，使得 $\boldsymbol{P}^{-1}\boldsymbol{AP}=\mathrm{diag}[\lambda_1,\lambda_2,\cdots,\lambda_n]$. 则

(1) $\boldsymbol{A}^2=\boldsymbol{P}\mathrm{diag}[\lambda_1^2,\lambda_2^2,\cdots,\lambda_n^2]\boldsymbol{P}^{-1},\cdots,\boldsymbol{A}^k=\boldsymbol{P}\mathrm{diag}[\lambda_1^k,\lambda_2^k,\cdots,\lambda_n^k]\boldsymbol{P}^{-1}$.

(2) $f(\boldsymbol{A})=\boldsymbol{P}\mathrm{diag}[f(\lambda_1),f(\lambda_2),\cdots,f(\lambda_n)]\boldsymbol{P}^{-1}$，其中 $f(x)$为系数取自数域 P 上的一个多项式 $f(x)=a_kx^k+a_{k-1}x^{k-1}+\cdots+a_1x+a_0$. 从而

$$|f(\boldsymbol{A})| = f(\lambda_1)f(\lambda_2)\cdots f(\lambda_n).$$

例 6.3.6 设 $\boldsymbol{A}$ 是 3 阶方阵，已知向量 $\boldsymbol{\xi}_1=[1,2,0]^{\mathrm{T}}$，$\boldsymbol{\xi}_2=[2,3,0]^{\mathrm{T}}$，$\boldsymbol{\xi}_3=[0,0,2]^{\mathrm{T}}$满足 $\boldsymbol{A\xi}_1=\boldsymbol{\xi}_1$，$\boldsymbol{A\xi}_2=-\boldsymbol{\xi}_2$，$\boldsymbol{A\xi}_3=2\boldsymbol{\xi}_3$.

(1) 证明：$\boldsymbol{A}$ 能与对角矩阵相似；

(2) 求出 $\boldsymbol{A}$ 及 $\boldsymbol{A}^{1000}$.

解 (1) 由题设知 $\boldsymbol{A}$ 有 3 个相异的特征值 $\lambda_1=1,\lambda_2=-1,\lambda_3=2$，所以 $\boldsymbol{A}$ 能与

对角矩阵 $\boldsymbol{\Lambda}=\mathrm{diag}[1,-1,2]$相似．

(2) 记 $\boldsymbol{P}=[\boldsymbol{\xi}_1\quad \boldsymbol{\xi}_2\quad \boldsymbol{\xi}_3]=\begin{bmatrix}1&2&0\\2&3&0\\0&0&2\end{bmatrix}$. 则由(1)知，$\boldsymbol{P}^{-1}\boldsymbol{A}\boldsymbol{P}=\boldsymbol{\Lambda}$，所以

$$\boldsymbol{A}=\boldsymbol{P}\boldsymbol{\Lambda}\boldsymbol{P}^{-1}=\begin{bmatrix}1&2&0\\2&3&0\\0&0&2\end{bmatrix}\begin{bmatrix}1&0&0\\0&-1&0\\0&0&2\end{bmatrix}\begin{bmatrix}-3&2&0\\2&-1&0\\0&0&\frac{1}{2}\end{bmatrix}=\begin{bmatrix}-7&4&0\\-12&7&0\\0&0&2\end{bmatrix}.$$

$$\boldsymbol{A}^{1000}=\boldsymbol{P}\boldsymbol{\Lambda}^{1000}\boldsymbol{P}^{-1}=\begin{bmatrix}1&2&0\\2&3&0\\0&0&2\end{bmatrix}\begin{bmatrix}1&0&0\\0&1&0\\0&0&2^{1000}\end{bmatrix}\begin{bmatrix}-3&2&0\\2&-1&0\\0&0&\frac{1}{2}\end{bmatrix}=\mathrm{diag}[1,1,2^{1000}]$$

例 6.2.4，例 6.3.2 和例 6.3.6 均是可对角化矩阵，所以均可利用性质 6.3.8. 这表明计算可对角化矩阵的任意方幂，以及矩阵多项式，在利用了相似标准形后都变得并不困难了(参见例 6.3.2 和例 6.3.6).

习　题　6.3

1. 设矩阵 $\boldsymbol{A}=\begin{bmatrix}2&0&0\\0&0&1\\0&1&x\end{bmatrix}$与矩阵 $\boldsymbol{B}=\begin{bmatrix}2&0&0\\0&y&1\\0&0&-1\end{bmatrix}$相似．求 x,y.

2. 设

$$\boldsymbol{A}=\begin{bmatrix}1&1&1&1\\1&1&1&1\\1&1&1&1\\1&1&1&1\end{bmatrix},\quad \boldsymbol{B}=\begin{bmatrix}1&0&0&0\\0&0&0&0\\0&0&0&0\\0&0&0&0\end{bmatrix},$$

则下述结论正确的是(　　)，且说明理由．

(A) $\boldsymbol{A}$ 与 $\boldsymbol{B}$ 等价，且 $\boldsymbol{A}$ 与 $\boldsymbol{B}$ 相似．　　(B) $\boldsymbol{A}$ 与 $\boldsymbol{B}$ 等价，但 $\boldsymbol{A}$ 与 $\boldsymbol{B}$ 不相似．

(C) $\boldsymbol{A}$ 与 $\boldsymbol{B}$ 不等价，且 $\boldsymbol{A}$ 与 $\boldsymbol{B}$ 不相似．　　(D) $\boldsymbol{A}$ 与 $\boldsymbol{B}$ 不等价，但 $\boldsymbol{A}$ 与 $\boldsymbol{B}$ 相似．

3. 已知 3 阶矩阵 $\boldsymbol{A}$ 的特征值为$-1,1,2$，求

(1) 矩阵 $\boldsymbol{A}^2+\boldsymbol{A}-2\boldsymbol{E}$ 的特征值；　　(2) $|\boldsymbol{A}^2+\boldsymbol{A}-2\boldsymbol{E}|$.

4. 设 3 阶方阵 $\boldsymbol{A}$ 的行列式 $|\boldsymbol{A}|=-2$，$\boldsymbol{A}^*$ 有一个特征值为 6，则 $\boldsymbol{A}^{-1}$ 必有一个特征值为______；$\boldsymbol{A}$ 必有一个特征值为______；$5\boldsymbol{A}^{-1}-3\boldsymbol{A}^*$ 必有一个特征值为______；$\boldsymbol{A}(\boldsymbol{E}+\boldsymbol{A})$必有一个特征值为______；$5\boldsymbol{A}^{-1}-3\boldsymbol{A}$ 必有一个特征值为______．

以上各项均要求写出计算过程．

5. 设 $\boldsymbol{A}=\begin{bmatrix}1&-2&2\\-2&-2&4\\2&4&-2\end{bmatrix}$.

(1) 计算 $\boldsymbol{A}^k(k>1)$；　　(2) 求 $\boldsymbol{A}^3+3\boldsymbol{A}^2-24\boldsymbol{A}+28\boldsymbol{E}$.

6. 设 n 阶方阵 $\boldsymbol{A}$ 的 n 个特征值为 $1,2,\cdots,n$，求 $|\boldsymbol{A}+\boldsymbol{E}|$.

7. 已知 3 阶方阵 $\boldsymbol{A}$ 的特征值为 0,1,2，所对应的特征向量分别为

$$[1,1,1]^{\mathrm{T}}, \qquad [1,1,0]^{\mathrm{T}}, \qquad [1,0,0]^{\mathrm{T}},$$

求(1) $\boldsymbol{A}^k$，其中 k 为任意正整数；(2) $|\boldsymbol{A}^3+\boldsymbol{A}^2-4\boldsymbol{A}+2\boldsymbol{E}|$；(3) $\boldsymbol{A}^3+\boldsymbol{A}^2-4\boldsymbol{A}+2\boldsymbol{E}$.

8*. 设矩阵 $\boldsymbol{A}=\begin{bmatrix} a & -1 & c \\ 5 & b & 3 \\ 1-c & 0 & -a \end{bmatrix}$，$|\boldsymbol{A}|=-1$，$\boldsymbol{A}^*$ 有一个特征值 λ_0，属于 λ_0 的特征向量为 $\boldsymbol{\xi}=[-1,-1,1]^{\mathrm{T}}$，求 a,b,c 和 λ_0 的值.

9. 设 $\boldsymbol{A}$ 为 n 阶方阵，证明：$|\boldsymbol{A}|=0 \Leftrightarrow$ 零是 $\boldsymbol{A}$ 的一个特征值.

10. 设 $n(n>1)$ 阶上三角矩阵 $\boldsymbol{A}=\begin{bmatrix} a & a_{12} & a_{13} & \cdots & a_{1n} \\ 0 & a & a_{23} & \cdots & a_{2n} \\ 0 & 0 & a & \cdots & a_{3n} \\ \vdots & \vdots & \vdots & & \vdots \\ 0 & 0 & 0 & \cdots & a \end{bmatrix}$. 若 $\boldsymbol{A}\neq a\boldsymbol{E}$，则 $\boldsymbol{A}$ 不能与对角矩阵相似.

11*. 设 n 阶方阵 $\boldsymbol{A}$ 满足 $\boldsymbol{A}^2+4\boldsymbol{A}+4\boldsymbol{E}=\boldsymbol{O}$，证明：$\boldsymbol{A}$ 的特征值仅为 -2.

6.4 实对称矩阵的对角化

上节已表明能对角化的矩阵有许多好的性质，使得计算其方幂和矩阵多项式都较方便. 本节就来介绍一类一定能对角化的矩阵：实对称矩阵.

首先介绍有关实对称矩阵特征值和特征向量的一些性质.

性质 6.4.1 实对称矩阵 $\boldsymbol{A}_{n\times n}$ 的特征值都是实数，特征向量均为 n 元实向量.

性质 6.4.2 设 $\boldsymbol{A}_{n\times n}$ 是一个实对称矩阵，则属于 $\boldsymbol{A}$ 的不同特征值的特征向量一定正交.

上述两性质的证明可参阅文献[3]，第 216 页.

定理 6.4.1 设 $\boldsymbol{A}$ 是一个 n 阶的实对称矩阵，则存在一个正交矩阵 $\boldsymbol{U}$ 使得 $\boldsymbol{U}^{-1}\boldsymbol{A}\boldsymbol{U}=\mathrm{diag}[\lambda_1,\lambda_2,\cdots,\lambda_n]$，其中 $\lambda_1,\lambda_2,\cdots,\lambda_n$ 为 $\boldsymbol{A}$ 的全部特征值.

限于篇幅上述定理证明略去，有兴趣的读者可参阅文献[2]，第 379 页.

定理 6.4.1 的重要性在于从理论上证明了对任意的实对称矩阵 $\boldsymbol{A}$ 存在正交矩阵 $\boldsymbol{U}$ 使得 $\boldsymbol{U}^{-1}\boldsymbol{A}\boldsymbol{U}=\mathrm{diag}[\lambda_1,\lambda_2,\cdots,\lambda_n]$. 但证明并没有提供正交矩阵 $\boldsymbol{U}$ 如何求得的方法. 下面就来提供求 $\boldsymbol{U}$ 的具体方法，步骤如下：

1. 求出实对称矩阵 $\boldsymbol{A}$ 的全部互异的特征值 $\lambda_1,\lambda_2,\cdots,\lambda_s$. 据性质 6.4.1 知 $\lambda_1,\lambda_2,\cdots,\lambda_s\in\mathbf{R}$.

2. 对每个 $\lambda_i(i=1,2,\cdots,s)$ 解齐次线性方程组 $(\lambda_i\boldsymbol{E}-\boldsymbol{A})\boldsymbol{X}=\boldsymbol{O}$，得到一组基础

解系为 $\boldsymbol{\xi}_{i1},\boldsymbol{\xi}_{i2},\cdots,\boldsymbol{\xi}_{ir_i}$. 据定理 6.4.1 知, $r_1+r_2+\cdots+r_s=n$. 故

$$\boldsymbol{\xi}_{11},\cdots,\boldsymbol{\xi}_{1r_1},\boldsymbol{\xi}_{21},\cdots,\boldsymbol{\xi}_{2r_2},\cdots,\boldsymbol{\xi}_{s1},\cdots,\boldsymbol{\xi}_{sr_s}$$

为 $\mathbf{R}^n$ 的一组基(正交向量组).

3. 当 $\boldsymbol{A}$ 有 n 个相异的特征值时, 有 $s=n$, 且 $r_i=1(i=1,2,\cdots,n)$. 据性质 6.4.2 知 $\boldsymbol{\xi}_{11},\boldsymbol{\xi}_{21},\cdots,\boldsymbol{\xi}_{n1}$ 为正交向量组, 将它们单位化, 即得 $\mathbf{R}^n$ 的一组标准正交基(单位正交向量组) $\boldsymbol{\eta}_{11},\boldsymbol{\eta}_{21},\cdots,\boldsymbol{\eta}_{n1}$. 从而 $\boldsymbol{U}=[\boldsymbol{\eta}_{11}\quad \boldsymbol{\eta}_{21}\quad \cdots\quad \boldsymbol{\eta}_{n1}]$ 为正交矩阵, 且 $\boldsymbol{U}^{-1}\boldsymbol{AU}=\mathrm{diag}[\lambda_1,\lambda_2,\cdots,\lambda_n]$.

当 $\boldsymbol{A}$ 的特征值有重根 λ_i 时, 将所有重根所对应的线性无关特征向量 $\boldsymbol{\xi}_{i_1},\boldsymbol{\xi}_{i_2},\cdots,\boldsymbol{\xi}_{ir_i}$, 用施密特正交化方法改造成为标准正交向量组 $\boldsymbol{\eta}_{i_1},\boldsymbol{\eta}_{i_2},\cdots,\boldsymbol{\eta}_{ir_i}$, 利用性质 6.4.2 知, $\boldsymbol{\eta}_{11},\cdots,\boldsymbol{\eta}_{1r_1},\boldsymbol{\eta}_{21},\cdots,\boldsymbol{\eta}_{2r_2},\cdots,\boldsymbol{\eta}_{s1},\cdots,\boldsymbol{\eta}_{sr_s}$ 为 $\mathbf{R}^n$ 的一组标准正交基(单位正交向量组). 从而 $\boldsymbol{U}=[\boldsymbol{\eta}_{11}\cdots\ \boldsymbol{\eta}_{1r_1}\cdots\ \boldsymbol{\eta}_{s1}\cdots\ \boldsymbol{\eta}_{sr_s}]$ 为正交矩阵, 且 $\boldsymbol{U}^{-1}\boldsymbol{AU}=\mathrm{diag}[\lambda_1,\cdots,\lambda_s]$, 其中重根 λ_i 要按重数计.

例 6.4.1 求一个正交矩阵 $\boldsymbol{U}$, 将实对称矩阵 $\boldsymbol{A}=\begin{bmatrix}1&1&0\\1&1&0\\0&0&1\end{bmatrix}$ 化为对角矩阵.

解 因

$$f(\lambda)=|\lambda\boldsymbol{E}-\boldsymbol{A}|=\begin{vmatrix}\lambda-1&-1&0\\-1&\lambda-1&0\\0&0&\lambda-1\end{vmatrix}=\lambda(\lambda-1)(\lambda-2),$$

所以 3 阶方阵 $\boldsymbol{A}$ 有 3 个相异的特征值 $\lambda_1=0,\lambda_2=1,\lambda_3=2$.

将 $\lambda_1=0$ 代入 $(\lambda_1\boldsymbol{E}-\boldsymbol{A})\boldsymbol{X}=\boldsymbol{O}$, 求得一个基础解系为 $\boldsymbol{\xi}_1=[1,-1,0]^{\mathrm{T}}$;

将 $\lambda_2=1$ 代入 $(\lambda_2\boldsymbol{E}-\boldsymbol{A})\boldsymbol{X}=\boldsymbol{O}$, 求得一个基础解系为 $\boldsymbol{\xi}_2=[0,0,1]^{\mathrm{T}}$;

将 $\lambda_3=2$ 代入 $(\lambda_3\boldsymbol{E}-\boldsymbol{A})\boldsymbol{X}=\boldsymbol{O}$, 求得一个基础解系为 $\boldsymbol{\xi}_3=[1,1,0]^{\mathrm{T}}$.

据性质 6.4.2 知, $\boldsymbol{\xi}_1,\boldsymbol{\xi}_2,\boldsymbol{\xi}_3$ 为正交向量组, 将它们单位化得 $\mathbf{R}^3$ 的一组标准正交基

$$\boldsymbol{\eta}_1=\frac{1}{\sqrt{2}}[1,-1,0]^{\mathrm{T}},\quad \boldsymbol{\eta}_2=[0,0,1]^{\mathrm{T}},\quad \boldsymbol{\eta}_3=\frac{1}{\sqrt{2}}[1,1,0]^{\mathrm{T}}.$$

故所求正交矩阵 $\boldsymbol{U}=[\boldsymbol{\eta}_1\quad \boldsymbol{\eta}_2\quad \boldsymbol{\eta}_3]$, 且 $\boldsymbol{U}^{-1}\boldsymbol{AU}=\mathrm{diag}[0,1,2]$.

例 6.4.2 求一个正交矩阵 $\boldsymbol{U}$, 将实对称矩阵 $\boldsymbol{A}=\begin{bmatrix}1&2&2\\2&1&2\\2&2&1\end{bmatrix}$ 化为对角矩阵.

解 此即例 6.2.4 中的矩阵 $\boldsymbol{A}$, 故由例 6.2.4 知, $\boldsymbol{A}$ 的特征值为 5, -1(二重).

对应于 5 求得一个基础解系为 $\boldsymbol{\xi}_1=[1,1,1]^{\mathrm{T}}$. 对应于 -1 求得一个基础解系为 $\boldsymbol{\xi}_2=[1,0,-1]^{\mathrm{T}},\boldsymbol{\xi}_3=[0,1,-1]^{\mathrm{T}}$. 将 $\boldsymbol{\xi}_2,\boldsymbol{\xi}_3$ 改造成正交向量组:

$$\boldsymbol{\xi}_2'=\boldsymbol{\xi}_2=[1,0,-1]^{\mathrm{T}},$$

$$\boldsymbol{\xi}_3' = \boldsymbol{\xi}_3 - \frac{(\boldsymbol{\xi}_3, \boldsymbol{\xi}_2')}{(\boldsymbol{\xi}_2', \boldsymbol{\xi}_2')}\boldsymbol{\xi}_2' = \begin{bmatrix} 0 \\ 1 \\ -1 \end{bmatrix} - \frac{1}{2}\begin{bmatrix} 1 \\ 0 \\ -1 \end{bmatrix} = \frac{1}{2}\begin{bmatrix} -1 \\ 2 \\ -1 \end{bmatrix}.$$

将 $\boldsymbol{\xi}, \boldsymbol{\xi}_2', \boldsymbol{\xi}_3'$ 单位化后，得到 $\mathbf{R}^3$ 的一组标准正交基

$$\boldsymbol{\eta}_1 = \frac{1}{\sqrt{3}}[1,1,1]^{\mathrm{T}}, \quad \boldsymbol{\eta}_2 = \frac{1}{\sqrt{2}}[1,0,-1]^{\mathrm{T}}, \quad \boldsymbol{\eta}_3 = \frac{1}{\sqrt{6}}[-1,2,-1]^{\mathrm{T}}.$$

故所求正交矩阵

$$\boldsymbol{U} = [\boldsymbol{\eta}_1 \quad \boldsymbol{\eta}_2 \quad \boldsymbol{\eta}_3] = \begin{bmatrix} \frac{1}{\sqrt{3}} & \frac{1}{\sqrt{2}} & \frac{-1}{\sqrt{6}} \\ \frac{1}{\sqrt{3}} & 0 & \frac{2}{\sqrt{6}} \\ \frac{1}{\sqrt{3}} & \frac{-1}{\sqrt{2}} & \frac{-1}{\sqrt{6}} \end{bmatrix},$$

且

$$\boldsymbol{U}^{-1}\boldsymbol{A}\boldsymbol{U} = \mathrm{diag}[5, -1, -1].$$

例 6.4.3 设 3 阶实对称矩阵 $\boldsymbol{A}$ 的特征值为 1,2,3；矩阵 $\boldsymbol{A}$ 的属于特征值 1,2 的特征向量分别为 $\boldsymbol{\xi}_1=[-1,-1,1]^{\mathrm{T}}$， $\boldsymbol{\xi}_2=[1,-2,-1]^{\mathrm{T}}$.

(1) 求 $\boldsymbol{A}$ 的属于特征值 3 的特征向量；

(2) 求出矩阵 $\boldsymbol{A}$.

解 (1) 设 $\boldsymbol{A}$ 的属于特征值 3 的特征向量为 $\boldsymbol{\xi}_3 = [x_1, x_2, x_3]^{\mathrm{T}}$，据性质 6.4.2 知，$\boldsymbol{\xi}_3 \perp \boldsymbol{\xi}_1, \boldsymbol{\xi}_3 \perp \boldsymbol{\xi}_2$，故得线性方程组

$$\begin{cases} -x_1 - x_2 + x_3 = 0, \\ x_1 - 2x_2 - x_3 = 0. \end{cases}$$

解得该方程组的一个基础解系为$[1,0,1]^{\mathrm{T}}$. 故 $\boldsymbol{A}$ 的属于特征值 3 的特征向量为

$$k[1,0,1]^{\mathrm{T}},\ k \neq 0.$$

(2) **解法 1** 取 $\boldsymbol{\xi}_3=[1,0,1]^{\mathrm{T}}$，记

$$\boldsymbol{P} = [\boldsymbol{\xi}_1 \quad \boldsymbol{\xi}_2 \quad \boldsymbol{\xi}_3] = \begin{bmatrix} -1 & 1 & 1 \\ -1 & -2 & 0 \\ 1 & -1 & 1 \end{bmatrix},$$

由 $\boldsymbol{P}^{-1}\boldsymbol{A}\boldsymbol{P}=\mathrm{diag}[1,2,3]$，得 $\boldsymbol{A}=\boldsymbol{P}\ \mathrm{diag}[1,2,3]\boldsymbol{P}^{-1}$. 求出

$$\boldsymbol{P}^{-1}=\frac{1}{6}\begin{bmatrix} -2 & -2 & 2 \\ 1 & -2 & -1 \\ 3 & 0 & 3 \end{bmatrix},$$

代入计算得

$$A=\frac{1}{6}\begin{bmatrix}13 & -2 & 5\\ -2 & 10 & 2\\ 5 & 2 & 13\end{bmatrix}.$$

解法 2 注意到 ξ_1,ξ_2,ξ_3 是 $\mathbf{R}^3$ 的一组正交基，单位化后可得标准正交基

$$\eta_1=\frac{1}{\sqrt{3}}[-1,-1,1]^{\mathrm{T}},\ \eta_2=\frac{1}{\sqrt{6}}[1,-2,-1]^{\mathrm{T}},\quad \eta_3=\frac{1}{\sqrt{2}}[1,0,1]^{\mathrm{T}}.$$

记 $U=[\eta_1\quad \eta_2\quad \eta_3]$，则 U 为正交阵．从而

$$A=U\mathrm{diag}[1,2,3]U^{\mathrm{T}}=\frac{1}{6}\begin{bmatrix}13 & -2 & 5\\ -2 & 10 & 2\\ 5 & 2 & 13\end{bmatrix}.$$

习 题 6.4

1. 实对称矩阵是矩阵能对角化的充分条件，还是必要条件？为什么？

2. 求可逆矩阵 P 使 $P^{-1}AP$ 为对角阵，且写出这对角阵：

(1) $A=\begin{bmatrix}5 & -1 & 3\\ -1 & 5 & -3\\ 3 & -3 & 3\end{bmatrix}$； (2) $A=\begin{bmatrix}3 & 1 & 0 & -1\\ 1 & 3 & -1 & 0\\ 0 & -1 & 3 & 1\\ -1 & 0 & 1 & 3\end{bmatrix}$；

(3) $A=\begin{bmatrix}2 & -1 & -1 & 1\\ -1 & 2 & 1 & -1\\ -1 & 1 & 2 & -1\\ 1 & -1 & -1 & 2\end{bmatrix}$.

3. 求正交矩阵 U 使 $U^{-1}AU$ 为对角阵，且写出这对角阵，这里 A 即第 2 题中的 A.

4*. 设 A,B 均为 n 阶实对称矩阵，证明：A 与 B 相似 $\Leftrightarrow$ A,B 有相同的特征多项式．

5. 已知 $1,1,-1$ 是 3 阶实对称矩阵 A 的 3 个特征值，向量 $\xi_1=[1,1,1]^{\mathrm{T}}$， $\xi_2=[2,2,1]^{\mathrm{T}}$ 是 A 的属于 $\lambda_1=\lambda_2=1$ 的特征向量．

(1) 求 A 的属于特征值 -1 的特征向量；

(2) 求出矩阵 A.

6*. 设矩阵 $A=\begin{bmatrix}1 & 0 & 1\\ 0 & 2 & 0\\ 1 & 0 & 1\end{bmatrix}$，矩阵 $B=(kE+A)^2$，其中 $k\in\mathbf{R}$，求一个对角矩阵 Λ，使得 B 与 Λ 相似．

6.5 概要及小结

概要：矩阵对角化；特征值和特征向量；矩阵相似的理论和应用．

6.5.1　矩阵对角化

1. 理论

n 阶方阵 $\boldsymbol{A}$ 能与对角矩阵相似的充要条件为 $\boldsymbol{A}$ 有 n 个线性无关的特征向量．若 $\boldsymbol{A}$ 有 n 个线性无关的特征向量 $\boldsymbol{\xi}_1,\boldsymbol{\xi}_2,\cdots,\boldsymbol{\xi}_n$，则令 $\boldsymbol{P}=[\boldsymbol{\xi}_1\quad\boldsymbol{\xi}_2\quad\cdots\quad\boldsymbol{\xi}_n]$，有 $\boldsymbol{P}^{-1}\boldsymbol{AP}=\mathrm{diag}[\lambda_1,\lambda_2,\cdots,\lambda_n]$，这里 $\lambda_i(i=1,2,\cdots,n)$ 是 $\boldsymbol{\xi}_i$ 对应的特征值．

2. 方法

设 $\boldsymbol{A}$ 是 n 阶方阵，判别 $\boldsymbol{A}$ 能否对角化可按下述步骤进行：

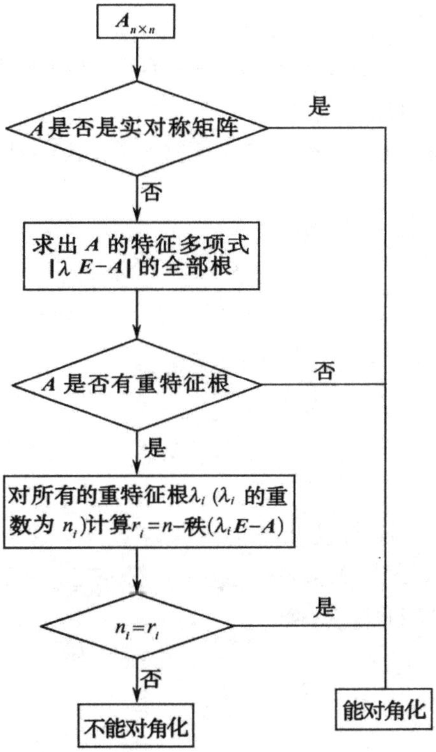

对能对角化的矩阵 $\boldsymbol{A}$，对角化的具体步骤如下：

① 解特征多项式 $f(\lambda)=|\lambda\boldsymbol{E}-\boldsymbol{A}|$，求出 $\boldsymbol{A}$ 的全部相异的特征值 $\lambda_1,\lambda_2,\cdots,\lambda_s$.

② 将 $\lambda_i(1\leqslant i\leqslant s)$ 逐个代入 $(\lambda_i\boldsymbol{E}-\boldsymbol{A})\boldsymbol{X}=\boldsymbol{O}$，求得一个基础解系(即解空间 W_{λ_i} 的一组基) $\boldsymbol{\xi}_{i1},\boldsymbol{\xi}_{i2},\cdots,\boldsymbol{\xi}_{ir_i}$，这是一组线性无关的特征向量．

③ 因 $\boldsymbol{A}$ 可对角化，所以 $\sum\limits_{i=1}^{s} r_i=n$. 将这 n 个线性无关的特征向量记为 $\boldsymbol{\xi}_1$，$\boldsymbol{\xi}_2,\cdots,\boldsymbol{\xi}_n$.

④ 取 $\boldsymbol{P}=[\boldsymbol{\xi}_1\quad\boldsymbol{\xi}_2\quad\cdots\quad\boldsymbol{\xi}_n]$，则有 $\boldsymbol{P}^{-1}\boldsymbol{AP}=\mathrm{diag}[\lambda_1,\lambda_2,\cdots,\lambda_n]$，其中 λ_i 是特征

向量 ξ_i 所对应的特征值($i=1,2,\cdots,n$).

例 6.5.1 设矩阵 $A=\begin{bmatrix}3 & 2 & -2\\ -k & -1 & k\\ 4 & 2 & -3\end{bmatrix}$,当 k 取何值时,存在可逆矩阵 P 使 $P^{-1}AP$ 为对角矩阵 Λ? 求出 P 及 Λ.

解 A 不是实对称矩阵,故要计算 A 的特征多项式

$$|\lambda E-A|=\begin{vmatrix}\lambda-3 & -2 & 2\\ k & \lambda+1 & -k\\ -4 & -2 & \lambda+3\end{vmatrix}=(\lambda+1)^2(\lambda-1).$$

据此 A 的重根只有一个 2 重根 $\lambda_1=\lambda_2=-1$. 所以

A 能对角化 $\Leftrightarrow$ 线性方程组 $(-E-A)X=O$ 的基础解系由 2 个线性无关的解向量组成

$\Leftrightarrow 2=3-$秩$(-E-A)\Leftrightarrow$ 秩$(-E-A)=1$.

因

$$-E-A=\begin{bmatrix}-4 & -2 & 2\\ k & 0 & -k\\ -4 & -2 & 2\end{bmatrix}\xrightarrow{R_3-R_1}\begin{bmatrix}-4 & -2 & 2\\ k & 0 & -k\\ 0 & 0 & 0\end{bmatrix},$$

所以 A 能对角化 $\Leftrightarrow$ 秩$(-E-A)=1\Leftrightarrow k=0$.

当 $k=0$ 时,$A=\begin{bmatrix}3 & 2 & -2\\ 0 & -1 & 0\\ 4 & 2 & -3\end{bmatrix}$,将 $\lambda_1=\lambda_2=-1$ 代入 $(-E-A)X=O$,解得一组基础解系(线性无关的特征向量)$\xi_1=[-1,2,0]^T$, $\xi_2=[1,0,2]^T$.

将 $\lambda_3=1$ 代入 $(E-A)X=O$,解得一组基础解系 $\xi_3=[1,0,1]^T$. 从而 ξ_1,ξ_2,ξ_3 为 A 的 3 个线性无关的特征向量,令

$$P=[\xi_1\quad \xi_2\quad \xi_3]=\begin{bmatrix}-1 & 1 & 1\\ 2 & 0 & 0\\ 0 & 2 & 1\end{bmatrix},$$

则 $P^{-1}AP=\mathrm{diag}[-1,-1,1]$

3. 能对角化矩阵的特例:实对称矩阵

从前述知 n 阶方阵 A 能对角化 $\Leftrightarrow$ A 有 n 个线性无关的特征向量构成 P^n 的一组基. 对于 n 阶实对称矩阵 A 而言,在欧氏空间 $\mathbf{R}^n$ 中看 A 有 n 个线性无关的特征向量构成 $\mathbf{R}^n$ 的一组标准正交基,因而存在正交矩阵 U 使得 $U^{-1}AU$ 为对角矩阵. 具体做法如下:

(1),(2)即为 2. 中的①,②.

(3) 用施密特正交化方法将线性无关向量组 $\xi_{i1},\xi_{i2},\cdots,\xi_{ir_i}$ 改造成标准正交向量组

$$\boldsymbol{\eta}_{i1}, \boldsymbol{\eta}_{i2}, \cdots, \boldsymbol{\eta}_{ir_i} \quad (i = 1, 2, \cdots, s), \quad \text{且} \sum_{i=1}^{s} r_i = n.$$

则特征向量 $\boldsymbol{\eta}_{11}, \cdots, \boldsymbol{\eta}_{1r_1}, \cdots, \boldsymbol{\eta}_{s1}, \cdots, \boldsymbol{\eta}_{sr_s}$ 就是 $\mathbf{R}^n$ 的一组标准正交基，记 $\boldsymbol{U} = [\boldsymbol{\eta}_{11} \cdots \boldsymbol{\eta}_{1r_1} \cdots \boldsymbol{\eta}_{s1} \cdots \boldsymbol{\eta}_{sr_s}]$，则 $\boldsymbol{U}$ 就是正交矩阵，且 $\boldsymbol{U}^{-1}\boldsymbol{A}\boldsymbol{U} = \mathrm{diag}[\lambda_1, \cdots, \lambda_s]$，其中主对角线上元素为 $\boldsymbol{A}$ 的全部特征值．

6.5.2 特征值和特征向量

设 $\boldsymbol{A}$ 为 n 阶方阵，$\lambda_1, \lambda_2, \cdots, \lambda_n$ 是 $\boldsymbol{A}$ 的全体特征根(重根按重数计)，则

(1) $\sum_{i=1}^{n} \lambda_i = \mathrm{tr}\boldsymbol{A}, \quad \lambda_1\lambda_2\cdots\lambda_n = |\boldsymbol{A}|$．

(2) $\boldsymbol{A}$ 为可逆矩阵 $\Leftrightarrow \lambda_i \neq 0, i = 1, 2, \cdots, n$.

(3) 设 $f(x) = a_m x^m + a_{m-1}x^{m-1} + \cdots + a_1 x + a_0$，若 λ_0 是 $\boldsymbol{A}$ 的一个特征值，则 $f(\lambda_0)$ 是 $f(\boldsymbol{A})$ 的一个特征值．同时若 $\boldsymbol{\xi}$ 是 $\boldsymbol{A}$ 的属于 λ_0 的特征向量，则 $\boldsymbol{\xi}$ 也是 $f(\boldsymbol{A})$ 的属于 $f(\lambda_0)$ 的特征向量．

特别地若 $\boldsymbol{A}$ 可对角化，则 $f(\boldsymbol{A})$ 的全部特征值为 $f(\lambda_1), f(\lambda_2), \cdots, f(\lambda_n)$.

(4) $\boldsymbol{A}$ 为可逆矩阵时，若 λ_0 是 $\boldsymbol{A}$ 的一个特征值，则 λ_0^{-1} 是 $\boldsymbol{A}^{-1}$ 的一个特征值．同时若 $\boldsymbol{\xi}$ 是 $\boldsymbol{A}$ 的属于 λ_0 的特征向量，则 $\boldsymbol{\xi}$ 也是 $\boldsymbol{A}^{-1}$ 的属于 λ_0^{-1} 的特征向量．

在阐明上述性质(3)和(4)时，我们介绍了两种方法．

一是由 $\boldsymbol{A}\boldsymbol{\xi} = \lambda_0\boldsymbol{\xi}$ 着手，利用矩阵运算规律逐步推得所需结果．如性质 6.3.2 的证明. 用此种方法我们可以证明：

若 $\boldsymbol{A}^2 = \boldsymbol{A}$，则 $\boldsymbol{A}$ 的特征值或为零，或为 1.

若 $\boldsymbol{A}^2 = \boldsymbol{E}$，则 $\boldsymbol{A}$ 的特征值或为 1，或为 -1.

若 $\boldsymbol{A}^k = \boldsymbol{O}$，则 $\boldsymbol{A}$ 的特征值均为零．

注记 说得更严格一点是：若 $\boldsymbol{A}^2 = \boldsymbol{A}$，则 $\boldsymbol{A}$ 的特征值取值范围为 $\{0, 1\}$. 若 $\boldsymbol{A}^2 = \boldsymbol{E}$，则 $\boldsymbol{A}$ 的特征值取值范围为 $\{-1, 1\}$.

第二种是由 $|\lambda_0\boldsymbol{E} - \boldsymbol{A}| = 0$ 着手，利用行列式的性质逐步推得所需的行列式为零.

例 6.5.2 设 $\boldsymbol{A}$ 为 n 阶正交矩阵，且 $|\boldsymbol{A}| = -1$，则 -1 是 $\boldsymbol{A}$ 的一个特征值．

证
$$\begin{aligned} |-\boldsymbol{E} - \boldsymbol{A}| &= |-\boldsymbol{A}^{\mathrm{T}}\boldsymbol{A} - \boldsymbol{A}| = |-\boldsymbol{A}^{\mathrm{T}} - \boldsymbol{E}|\,|\boldsymbol{A}| \\ &= -|(-\boldsymbol{E} - \boldsymbol{A})^{\mathrm{T}}| = -|-\boldsymbol{E} - \boldsymbol{A}|. \end{aligned}$$

移项可推得 $|-\boldsymbol{E} - \boldsymbol{A}| = 0$，故 -1 是 $\boldsymbol{A}$ 的一个特征值．

注记 正交矩阵当然是实矩阵，但它的特征值可以是复数，如 $\boldsymbol{A} = \begin{bmatrix} 0 & -1 \\ 1 & 0 \end{bmatrix}$，易见 $\boldsymbol{A}$ 是正交阵，但 $\boldsymbol{A}$ 的特征值为 $\pm i$，所以命题“正交矩阵的特征值为 ± 1”是错误的，正确的命题应是：正交矩阵实的特征值为 ± 1.

6.5.3　矩阵相似的理论和应用

能对角化的矩阵就是与对角矩阵相似的矩阵,所以对角化是矩阵相似理论的一部分.

若 $\boldsymbol{A}$ 与 $\boldsymbol{B}$ 相似,则

(1) 秩($\boldsymbol{A}$)=秩($\boldsymbol{B}$).

(2) $\boldsymbol{A},\boldsymbol{B}$ 有相同的特征多项式,从而 $\mathrm{tr}\boldsymbol{A}=\mathrm{tr}\boldsymbol{B}$, $|\boldsymbol{A}|=|\boldsymbol{B}|$.

(3) 设 $f(x)=a_mx^m+a_{m-1}x^{m-1}+\cdots+a_1x+a_0$,则 $f(\boldsymbol{A})$ 与 $f(\boldsymbol{B})$ 相似.

若 $\boldsymbol{A}$ 与对角矩阵相似,即存在可逆矩阵 $\boldsymbol{P}$,使得 $\boldsymbol{P}^{-1}\boldsymbol{A}\boldsymbol{P}=\mathrm{diag}[\lambda_1,\lambda_2,\cdots,\lambda_n]$,其中 $\lambda_1,\lambda_2,\cdots,\lambda_n$ 为 $\boldsymbol{A}$ 的全部特征值,则上述结果可具体化为

$$\boldsymbol{A}^k=\boldsymbol{P}\ \mathrm{diag}[\lambda_1^k,\lambda_2^k,\cdots,\lambda_n^k]\boldsymbol{P}^{-1}$$

$$f(\boldsymbol{A})=\boldsymbol{P}\mathrm{diag}[f(\lambda_1),f(\lambda_2),\cdots,f(\lambda_n)]\boldsymbol{P}^{-1}.$$

特别地 $|f(\boldsymbol{A})|=f(\lambda_1)f(\lambda_2)\cdots f(\lambda_n)$.

这结果常被用来计算可对角化矩阵 $\boldsymbol{A}$ 的方幂 $\boldsymbol{A}^k$ 及 $f(\boldsymbol{A})$.

我们已经指出有相同特征多项式的矩阵未必是相似的,但下述性质是正确的.

性质 6.5.1　设 $\boldsymbol{A},\boldsymbol{B}$ 均为 n 阶方阵,且 $\boldsymbol{A},\boldsymbol{B}$ 均能对角化,则

$$\boldsymbol{A}\text{ 与 }\boldsymbol{B}\text{ 相似}\Leftrightarrow \boldsymbol{A},\boldsymbol{B}\text{ 有相同的特征多项式}.$$

证　必要性性质 6.3.5 已证,下证充分性.

因 $\boldsymbol{A},\boldsymbol{B}$ 有相同的特征多项式,所以 $\boldsymbol{A},\boldsymbol{B}$ 有相同的特征值,设为 $\lambda_1,\lambda_2,\cdots,\lambda_n$. 现 $\boldsymbol{A},\boldsymbol{B}$ 均能对角化,所以存在可逆矩阵 $\boldsymbol{P}_1,\boldsymbol{P}_2$,使

$$\boldsymbol{P}_1^{-1}\boldsymbol{A}\boldsymbol{P}_1=\mathrm{diag}[\lambda_1,\lambda_2,\cdots,\lambda_n],\quad \boldsymbol{P}_2^{-1}\boldsymbol{B}\boldsymbol{P}_2=\mathrm{diag}[\lambda_1,\lambda_2,\cdots,\lambda_n].$$

从而 $\boldsymbol{P}_1^{-1}\boldsymbol{A}\boldsymbol{P}_1=\boldsymbol{P}_2^{-1}\boldsymbol{B}\boldsymbol{P}_2$. 上式两边左乘 $\boldsymbol{P}_2$,右乘 $\boldsymbol{P}_2^{-1}$ 得 $(\boldsymbol{P}_1\boldsymbol{P}_2^{-1})^{-1}\boldsymbol{A}(\boldsymbol{P}_1\boldsymbol{P}_2^{-1})=\boldsymbol{B}$,而 $\boldsymbol{P}_1\boldsymbol{P}_2^{-1}$ 是可逆矩阵,所以 $\boldsymbol{A}$ 与 $\boldsymbol{B}$ 相似.

这再次表明可对角化矩阵有较好的性质.

回忆第 3 章的矩阵等价和等价标准形,感到现在所讲的应该是方阵的相似和相似标准形. 但迄今我们并未提及相似标准形这一概念,这是因为我们没有阐明将所有同阶方阵按相似分类后,相似类的标准形(即最简单矩阵)是什么形式的? 实际上,至今我们尚未给出矩阵相似的充分必要条件,所以连分类的“标准”都没有. 诚然若相似类中有对角矩阵,当然该对角矩阵可作为这一类矩阵的相似标准形. 但事实上并不是所有的方阵都能与对角矩阵相似,这也就是说并不是所有的相似类中都有对角矩阵存在. 那么所有的同阶方阵按相似分类后,相似类的标准形(即类中最简单矩阵)是什么呢? 作为介绍我们指出相似类中的标准形可取不同的形式,例如若尔当(Jordan)标准形(参见文献[2],第八章),有理标准形等. 这些“标准形”都是准对角矩阵. 这就是说凡不能与对角矩阵相似的方阵,它能相似的最简单矩阵是准对角矩阵. 至此我们简略地解答了 6.1 节

的问题(4).

例 6.5.3 设 3 阶方阵 $\boldsymbol{A}$ 的特征值为 $\lambda_1=1,\lambda_2=2,\lambda_3=3$,对应的特征向量依次为:$\boldsymbol{\xi}_1=[1,1,1]^{\mathrm{T}}$, $\boldsymbol{\xi}_2=[1,2,4]^{\mathrm{T}}$, $\boldsymbol{\xi}_3=[1,3,9]^{\mathrm{T}}$;又设 $\boldsymbol{\beta}=[1,1,3]^{\mathrm{T}}$,求 $\boldsymbol{A}^n\boldsymbol{\beta}$,其中 n 为任意正整数.

解法 1 因 $\boldsymbol{A}$ 有 3 个互异的特征值,故 $\boldsymbol{A}$ 可对角化,令 $\boldsymbol{P}=[\boldsymbol{\xi}_1\quad\boldsymbol{\xi}_2\quad\boldsymbol{\xi}_3]$,有 $\boldsymbol{P}^{-1}\boldsymbol{A}\boldsymbol{P}=\mathrm{diag}[1,2,3]$. 于是

$$\begin{aligned}\boldsymbol{A}^n&=\boldsymbol{P}\mathrm{diag}[1,2^n,3^n]\boldsymbol{P}^{-1}\\&=\begin{bmatrix}1&1&1\\1&2&3\\1&4&9\end{bmatrix}\begin{bmatrix}1&0&0\\0&2^n&0\\0&0&3^n\end{bmatrix}\begin{bmatrix}3&-\frac{5}{2}&\frac{1}{2}\\-3&4&-1\\1&-\frac{3}{2}&\frac{1}{2}\end{bmatrix},\end{aligned}$$

从而可计算出 $\boldsymbol{A}^n\boldsymbol{\beta}$,

$$\begin{aligned}\boldsymbol{A}^n\boldsymbol{\beta}&=\left(\begin{bmatrix}1&1&1\\1&2&3\\1&4&9\end{bmatrix}\begin{bmatrix}1&0&0\\0&2^n&0\\0&0&3^n\end{bmatrix}\right)\left(\begin{bmatrix}3&-\frac{5}{2}&\frac{1}{2}\\-3&4&-1\\1&-\frac{3}{2}&\frac{3}{2}\end{bmatrix}\begin{bmatrix}1\\1\\3\end{bmatrix}\right)\\&=\begin{bmatrix}1&2^n&3^n\\1&2^{n+1}&3^{n+1}\\1&2^{n+2}&3^{n+2}\end{bmatrix}\begin{bmatrix}2\\-2\\1\end{bmatrix}=\begin{bmatrix}2-2^{n+1}+3^n\\2-2^{n+2}+3^{n+1}\\2-2^{n+3}+3^{n+2}\end{bmatrix}.\end{aligned}$$

解法 2 由 $\boldsymbol{\xi}_1,\boldsymbol{\xi}_2,\boldsymbol{\xi}_3$ 线性无关,所以 $\boldsymbol{\xi}_1,\boldsymbol{\xi}_2,\boldsymbol{\xi}_3$ 构成 P^3 一组基. 故可设 $\boldsymbol{\beta}=x_1\boldsymbol{\xi}_1+x_2\boldsymbol{\xi}_2+x_3\boldsymbol{\xi}_3$,将 $\boldsymbol{\beta},\boldsymbol{\xi}_1,\boldsymbol{\xi}_2,\boldsymbol{\xi}_3$ 的分量代入,即得线性方程组

$$\begin{cases}x_1+x_2+x_3=1,\\x_1+2x_2+3x_3=1,\\x_1+4x_2+9x_3=3.\end{cases}$$

解之可得 $x_1=2,x_2=-2,x_3=1$,故 $\boldsymbol{\beta}=2\boldsymbol{\xi}_1-2\boldsymbol{\xi}_2+\boldsymbol{\xi}_3$. 从而

$$\begin{aligned}\boldsymbol{A}\boldsymbol{\beta}&=\boldsymbol{A}(2\boldsymbol{\xi}_1-2\boldsymbol{\xi}_2+\boldsymbol{\xi}_3)=2\boldsymbol{A}\boldsymbol{\xi}_1-2\boldsymbol{A}\boldsymbol{\xi}_2+\boldsymbol{A}\boldsymbol{\xi}_3\\&=2\lambda_1\boldsymbol{\xi}_1-2\lambda_2\boldsymbol{\xi}_2+\lambda_3\boldsymbol{\xi}_3\\\boldsymbol{A}^2\boldsymbol{\beta}&=\boldsymbol{A}(\boldsymbol{A}\boldsymbol{\beta})=\boldsymbol{A}(2\lambda_1\boldsymbol{\xi}_1-2\lambda_2\boldsymbol{\xi}_2+\lambda_3\boldsymbol{\xi}_3)\\&=2\lambda_1\boldsymbol{A}\boldsymbol{\xi}_1-2\lambda_2\boldsymbol{A}\boldsymbol{\xi}_2+\lambda_3\boldsymbol{A}\boldsymbol{\xi}_3=2\lambda_1^2\boldsymbol{\xi}_1-2\lambda_2^2\boldsymbol{\xi}_2+\lambda_3^2\boldsymbol{\xi}_3\\&\cdots\cdots\\\boldsymbol{A}^n\boldsymbol{\beta}&=2\lambda_1^n\boldsymbol{\xi}_1-2\lambda_2^n\boldsymbol{\xi}_2+\lambda_3^n\boldsymbol{\xi}_3\\&=2\begin{bmatrix}1\\1\\1\end{bmatrix}-2^{n+1}\begin{bmatrix}1\\2\\4\end{bmatrix}+3^n\begin{bmatrix}1\\3\\9\end{bmatrix}=\begin{bmatrix}2-2^{n+1}+3^n\\2-2^{n+2}+3^{n+1}\\2-2^{n+3}+3^{n+2}\end{bmatrix}.\end{aligned}$$

习　题　6.5

1. n 阶方阵 $\boldsymbol{A}$ 有 n 个互异的特征值是 $\boldsymbol{A}$ 能与对角矩阵相似的(　　).

(A) 充分必要条件．　　(B) 充分而非必要条件．

(C) 必要而非充分条件．　　(D) 既非充分也非必要条件．

2. 设 $\boldsymbol{A},\boldsymbol{B}$ 为 n 阶方阵，且 $\boldsymbol{A}$ 与 $\boldsymbol{B}$ 相似，则下述结论正确的是(　　)，且说明理由．

(A) $\lambda\boldsymbol{E}-\boldsymbol{A}=\lambda\boldsymbol{E}-\boldsymbol{B}$.

(B) $\boldsymbol{A}$ 与 $\boldsymbol{B}$ 有相同的特征值和特征向量．

(C) $\boldsymbol{A}$ 与 $\boldsymbol{B}$ 都能与一个对角矩阵相似．

(D) 对任意常数 k，$k\boldsymbol{E}-\boldsymbol{A}$ 与 $k\boldsymbol{E}-\boldsymbol{B}$ 相似．

3. 下列矩阵中不能对角化的矩阵是(　　)，且说明理由．

(A) $\begin{bmatrix}1&2&3\\2&0&4\\3&4&5\end{bmatrix}$.　(B) $\begin{bmatrix}1&2&3\\0&0&4\\0&0&5\end{bmatrix}$.　(C) $\begin{bmatrix}1&2&3\\0&0&0\\0&0&0\end{bmatrix}$.　(D) $\begin{bmatrix}1&2&3\\0&1&4\\0&0&1\end{bmatrix}$.

4. 设 $\boldsymbol{A}=\begin{bmatrix}1&0&0\\2&0&0\\3&0&0\end{bmatrix}$；　$\boldsymbol{B}=\begin{bmatrix}0&0&0\\1&0&0\\0&2&3\end{bmatrix}$. 问 $\boldsymbol{A},\boldsymbol{B}$ 中哪一个矩阵可以对角化？为什么？

5. b 为任意实数时，问矩阵 $\boldsymbol{A}=\begin{bmatrix}0&b&b&\cdots&b\\b&0&b&\cdots&b\\b&b&0&\cdots&b\\\vdots&\vdots&\vdots&&\vdots\\b&b&b&\cdots&0\end{bmatrix}$ 能否对角化？为什么？若能对角化，请写出与 $\boldsymbol{A}$ 相似的对角矩阵．

6. 设 n 阶方阵 $\boldsymbol{A}$ 适合 $\boldsymbol{A}^2=\boldsymbol{E}$，证明 $\boldsymbol{A}$ 的特征值或为 1，或为 -1.

7. 设矩阵 $\boldsymbol{A}$ 与 $\boldsymbol{B}$ 相似，其中 $\boldsymbol{A}=\begin{bmatrix}1&-1&1\\2&4&-2\\-3&-3&a\end{bmatrix}$，　$\boldsymbol{B}=\begin{bmatrix}2&0&0\\0&2&0\\0&0&b\end{bmatrix}$.

(1) 求 a,b 的值；

(2) 求可逆矩阵 $\boldsymbol{P}$，使 $\boldsymbol{P}^{-1}\boldsymbol{AP}=\boldsymbol{B}$.

8*. 已知矩阵 $\boldsymbol{A}=\begin{bmatrix}1&0&0&0\\a&1&0&0\\2&3&2&0\\2&3&c&2\end{bmatrix}$，问 a 与 c 取何值时 $\boldsymbol{A}$ 能与对角矩阵相似？为什么？

9*. 已知矩阵 $\boldsymbol{A}=\begin{bmatrix}2&2&0\\8&2&a\\0&0&6\end{bmatrix}$ 相似于对角矩阵 $\boldsymbol{\Lambda}$，试确定常数 a 的值；并求可逆矩阵 $\boldsymbol{P}$ 使 $\boldsymbol{P}^{-1}\boldsymbol{AP}=\boldsymbol{\Lambda}$.

第 7 章　二　次　型

二次型的“型”(form)意指齐次多项式,故二次型就是二次齐次多项式. 这样系数取自数域 P 含有 n 个变量 $x_1,x_2,\cdots,x_n$ 的二次型 $f(x_1,x_2,\cdots,x_n)$ 可表示为

$$\begin{aligned}f(x_1,x_2,\cdots,x_n) = a_{11}x_1^2 &+ 2a_{12}x_1x_2 + \cdots + 2a_{1n}x_1x_n \\ &+ a_{22}x_2^2 + \cdots + 2a_{2n}x_2x_n \\ &+ \cdots \\ &+ a_{nn}x_n^2 .\end{aligned}$$

二次型的一个重要议题就是用变量的非退化线性替换化简一个二次型使它只含平方项(称为标准形).

二次型的研究起于解析几何中化二次曲线和二次曲面的方程为标准形的问题. 回忆一下平面解析几何中,以坐标原点为中心的二次有心曲线方程为

$$ax^2 + 2bxy + cy^2 = 1,$$

方程的左端是两个变量的二次型. 选取适当的旋转变换,可将它化为标准形:

$$d_1x'^2 + d_2y'^2 = 1.$$

二次型不仅在几何中出现,而且在数学的其他分支以及物理、力学中也常常涉及. 因而二次型的理论有着广泛的应用.

本章主要讨论两个问题:

1. 化二次型为标准形;
2. 正定二次型和正定矩阵的一些基本性质.

7.1　配方法化二次型为标准形

定义 7.1.1　一个系数取自数域 P 含有 n 个变量 $x_1,x_2,\cdots,x_n$ 的二次齐次多项式

$$\begin{aligned}f(x_1,x_2,\cdots,x_n) = a_{11}x_1^2 &+ 2a_{12}x_1x_2 + \cdots + 2a_{1n}x_1x_n \\ &+ a_{22}x_2^2 + \cdots + 2a_{2n}x_2x_n \\ &+ \cdots \\ &+ a_{nn}x_n^2 ,\end{aligned} \tag{7.1.1}$$

称为**数域 P 上的一个 n 元二次型**,简称为**二次型**. 并称 x_i^2 为**平方项**,$x_ix_j(i\neq j)$ 为**混合项**(或**交叉项**),其中 $i,j=1,2,\cdots,n$. 特别地当 $P=\mathbf{R}$ 时称为**实二次型**.

注记　二次型混合项 $x_ix_j(i\neq j)$ 的系数记为 $2a_{ij}$ 形式,主要是为了后面用矩阵来表示二次型将带来方便.

定义 7.1.2　设 $x_1,x_2,\cdots,x_n;y_1,y_2,\cdots,y_n$ 是两组变量,系数在数域 P 中的一组关系式

$$\begin{cases}x_1=c_{11}y_1+c_{12}y_2+\cdots+c_{1n}y_n,\\ x_2=c_{21}y_1+c_{22}y_2+\cdots+c_{2n}y_n,\\ \cdots\cdots\cdots\cdots\\ x_n=c_{n1}y_1+c_{n2}y_2+\cdots+c_{nn}y_n\end{cases}\tag{7.1.2}$$

称为**由 $x_1,x_2,\cdots,x_n$ 到 $y_1,y_2,\cdots,y_n$ 的一个线性替换**,简称为**线性替换**(或**线性变换**). 特别地当 $P=\mathbf{R}$ 时称为**实线性替换**(或**实线性变换**). 若系数行列式

$$\begin{vmatrix}c_{11}&c_{12}&\cdots&c_{1n}\\ c_{21}&c_{22}&\cdots&c_{2n}\\ \vdots&\vdots&&\vdots\\ c_{n1}&c_{n2}&\cdots&c_{nn}\end{vmatrix}\neq 0,$$

则线性替换(7.1.2)称为**非退化的**(或**满秩的**).

如无特殊说明本章所讨论的二次型均是实二次型,线性替换均是实线性替换.

容易看出把(7.1.2)式代入二次型 $f(x_1,x_2,\cdots,x_n)$ 得到的关于 $y_1,y_2,\cdots,y_n$ 的多项式仍然是齐二次的,故线性替换把二次型变为二次型. 我们将研究如何通过非退化的线性替换(7.1.2)将二次型 $f(x_1,x_2,\cdots,x_n)$ 化为只含平方项:

$$d_1y_1^2+d_2y_2^2+\cdots+d_ny_n^2\tag{7.1.3}$$

并称(7.1.3)为二次型 $f(x_1,x_2,\cdots,x_n)$ 的**标准形.**

用非退化线性变换化二次型为标准形是本章主旨之一,本节将介绍配方法.

配方法是应用中学代数配平方的方法来达到逐次消去混合项,最后只剩下平方项,从而化为标准形的.

例 7.1.1　化二次型

$$f(x_1,x_2,x_3)=x_1^2+2x_1x_2+2x_1x_3+x_2^2-2x_2x_3-x_3^2$$

为标准形,并写出所用的非退化的线性替换.

解　先对 x_1 配方消去所有含 x_1 的项 x_1^2,x_1x_2,x_1x_3:

$$f(x_1,x_2,x_3)=(x_1+x_2+x_3)^2-4x_2x_3-2x_3^2.$$

再对 x_3 配方消去所有含 x_3 的项 x_3^2,x_2x_3:

$$f(x_1,x_2,x_3)=(x_1+x_2+x_3)^2-2(x_2+x_3)^2+2x_2^2.$$

作线性替换

$$\begin{cases} y_1 = x_1 + x_2 + x_3, \\ y_2 = x_2 + x_3, \\ y_3 = x_2 \end{cases} \quad 或 \quad \begin{cases} x_1 = y_1 - y_2, \\ x_2 = y_3, \\ x_3 = y_2 - y_3. \end{cases}$$

因 $\begin{vmatrix} 1 & -1 & 0 \\ 0 & 0 & 1 \\ 0 & 1 & -1 \end{vmatrix} = -1 \neq 0$，故所作的线性替换是非退化的．该线性替换把二次型化为标准形 $f(x_1, x_2, x_3) = y_1^2 - 2y_2^2 + 2y_3^2$.

注记 用配方法所化得标准形不惟一，如若作线性替换为

$$\begin{cases} y_1 = x_1 + x_2 + x_3, \\ y_2 = x_2, \\ y_3 = x_2 + x_3 \end{cases} \quad 或 \quad \begin{cases} x_1 = y_1 - y_3, \\ x_2 = y_2, \\ x_3 = - y_2 + y_3. \end{cases}$$

因 $\begin{vmatrix} 1 & 0 & -1 \\ 0 & 1 & 0 \\ 0 & -1 & 1 \end{vmatrix} = 1 \neq 0$，故所作的线性替换是非退化的．该线性替换把二次型化得的标准形是 $y_1^2 + 2y_2^2 - 2y_3^2$.

例 7.1.2 化二次型

$$f(x_1, x_2, x_3) = 2x_1x_2 + 2x_1x_3 - 6x_2x_3$$

为标准形，并写出所用的非退化的线性替换．

解 为了在二次型中出现平方项，要先作一个非退化线性替换

$$\begin{cases} x_1 = y_1 + y_2, \\ x_2 = y_1 - y_2, \\ x_3 = y_3, \end{cases} \tag{7.1.4}$$

则

$$\begin{aligned} f(x_1, x_2, x_3) &= 2(y_1 + y_2)(y_1 - y_2) + 2(y_1 + y_2)y_3 - 6(y_1 - y_2)y_3 \\ &= 2y_1^2 - 2y_2^2 - 4y_1y_3 + 8y_2y_3. \end{aligned}$$

至此又可用例 7.1.1 的方法，先对 y_1 配方，再对 y_2 配方，即

$$\begin{aligned} f(x_1, x_2, x_3) &= 2(y_1 - y_3)^2 - 2y_2^2 + 8y_2y_3 - 2y_3^2 \\ &= 2(y_1 - y_3)^2 - 2(y_2 - 2y_3)^2 + 6y_3^2. \end{aligned}$$

作线性替换

$$\begin{cases} z_1 = y_1 - y_3, \\ z_2 = y_2 - 2y_3, \\ z_3 = y_3 \end{cases} \quad 或 \quad \begin{cases} y_1 = z_1 + z_3, \\ y_2 = z_2 + 2z_3, \\ y_3 = z_3 \end{cases} \tag{7.1.5}$$

把(7.1.5)式代入(7.1.4)式得

$$\begin{cases} x_1 = z_1 + z_2 + 3z_3, \\ x_2 = z_1 - z_2 - z_3, \\ x_3 = z_3. \end{cases} \tag{7.1.6}$$

由 $\begin{vmatrix} 1 & 1 & 3 \\ 1 & -1 & -1 \\ 0 & 0 & 1 \end{vmatrix} = -2 \neq 0$ 知，所作的线性替换是非退化的．该线性替换把二次型化为标准形 $f(x_1, x_2, x_3) = 2z_1^2 - 2z_2^2 + 6z_3^2$.

上述两例是有代表性的，所使用的方法适用于一般的二次型．令 $a_{ij} = a_{ji}$，(7.1.1)式可表示为 $f(x_1, x_2, \cdots, x_n) = \sum\limits_{i=1}^{n}\sum\limits_{j=1}^{n} a_{ij} x_i x_j$.

(1) 若 $a_{11} \neq 0$，对 x_1 配方：

$$f(x_1, x_2, \cdots, x_n) = a_{11}^{-1}(a_{11}x_1 + a_{12}x_2 + \cdots + a_{1n}x_n)^2 + \sum_{i=2}^{n}\sum_{j=2}^{n} b_{ij} x_i x_j,$$

其中 $b_{ij} = a_{ij} - a_{11}^{-1} a_{1i} a_{1j}$. 因 $a_{ij} = a_{ji}$，所以 $b_{ij} = b_{ji}$. 这样 $\sum\limits_{i=2}^{n}\sum\limits_{j=2}^{n} b_{ij} x_i x_j$ 就是一个 $n-1$ 元二次型．若 $b_{22} \neq 0$，重复上述讨论，对 x_2 配方．如此重复若干次就可用非退化线性替换将二次型化为标准形.

(2) 若 $a_{11} = a_{22} = \cdots a_{nn} = 0$，则混合项系数不能全为零，比如说 $a_{12} \neq 0$，则可如例 7.1.2 先作非退化的线性替换 $\begin{cases} x_1 = y_1 + y_2, \\ x_2 = y_1 - y_2, \\ x_3 = y_3, \\ \cdots\cdots\cdots\cdots \\ x_n = y_n, \end{cases}$ 得到

$$f(x_1, x_2, \cdots, x_n) = 2a_{12} y_1^2 + \cdots$$

再用(1)的方法逐个对 $y_1, y_2, \cdots, y_n$ 配方，就可用非退化线性替换将二次型化为标准形.

综上所述可有下列定理.

定理 7.1.1　数域 P 上任意一个二次型 $f(x_1, x_2, \cdots, x_n)$ 都可经 P 上的非退化的线性替换化为标准形 $d_1 y_1^2 + d_2 y_2^2 + \cdots + d_n y_n^2$.

该定理详细证明可参见文献[2]，第 215 页．

习　题　7.1

1. 用配方法化下列二次型为标准形，并写出非退化的线性替换：

(1) $f(x_1, x_2, x_3) = x_1^2 + 2x_1x_2 + 2x_2^2 + 4x_2x_3 + 5x_3^2$;

(2) $f(x_1, x_2, x_3) = x_1^2 + 2x_1x_2 - 2x_1x_3 + 2x_2^2$;

(3) $f(x_1, x_2, x_3) = 2x_1^2 - 4x_1x_2 + x_2^2 - 4x_2x_3$;

(4) $f(x_1,x_2,x_3)=x_1x_2+x_2x_3+x_1x_3$.

2. 用配方法化二次型为标准形时，应如何配方才能保证使用的是非退化的线性替换？下述两小题中所用的配方合适吗？正确的配方应如何做？

(1) $f(x_1,x_2,x_3)=4x_1^2-4x_1x_2+6x_2^2=2x_1^2+2(x_1-x_2)^2+4x_2^2$
$=2y_1^2+2y_2^2+4y_3^2$,

其中线性替换为

$$\begin{cases} y_1 = x_1, \\ y_2 = x_1 - x_2, \\ y_3 = x_2. \end{cases}$$

(2) $f(x_1,x_2,x_3)=(x_1+x_2)^2+(x_2-x_3)^2+(x_3+x_1)^2=y_1^2+y_2^2+y_3^2$，其中线性替换为

$$\begin{cases} y_1=x_1+x_2, \\ y_2=x_2-x_3, \\ y_3=x_1+x_3. \end{cases}$$

7.2 矩阵理论化二次型为标准形

本节将讨论用矩阵理论化二次型为标准形，为此要建立二次型和矩阵的联系.

令 $a_{ij}=a_{ji}$，则二次型 $f(x_1,x_2,\cdots,x_n)$的(7.1.1)式可表示为

$$\sum_{i=1}^{n}\sum_{j=1}^{n}a_{ij}x_ix_j=[x_1,x_2,\cdots,x_n]\begin{bmatrix} a_{11} & a_{12} & \cdots & a_{1n} \\ a_{21} & a_{22} & \cdots & a_{2n} \\ \vdots & \vdots & & \vdots \\ a_{n1} & a_{n2} & \cdots & a_{nn} \end{bmatrix}\begin{bmatrix} x_1 \\ x_2 \\ \vdots \\ x_n \end{bmatrix}.$$

记 $\boldsymbol{A}=[a_{ij}]_{n\times n}$，因 $a_{ij}=a_{ji}$，故 $\boldsymbol{A}$ 为对称矩阵．再记 $\boldsymbol{X}=[x_1,x_2,\cdots,x_n]^{\mathrm{T}}$，则二次型可表示为 $f(x_1,x_2,\cdots,x_n)=\boldsymbol{X}^{\mathrm{T}}\boldsymbol{A}\boldsymbol{X}$，上式称为二次型的**矩阵表示**，其中对称矩阵 $\boldsymbol{A}$ 称为**二次型 $f(x_1,x_2,\cdots,x_n)$的矩阵**．

注意到二次型 $f(x_1,x_2,\cdots,x_n)=\boldsymbol{X}^{\mathrm{T}}\boldsymbol{A}\boldsymbol{X}$ 的矩阵 $\boldsymbol{A}$ 中主对角线上元素为二次型平方项的系数，非主对角线上元素为交叉项的系数，故有

性质 7.2.1 二次型 $f(x_1,x_2,\cdots,x_n)=\boldsymbol{X}^{\mathrm{T}}\boldsymbol{A}\boldsymbol{X}$ 为标准形的充分必要条件为 $\boldsymbol{A}$ 是对角矩阵．

可以证明二次型的矩阵是惟一的，即有下述性质.

性质 7.2.2 若 $f(x_1,x_2,\cdots,x_n)=\boldsymbol{X}^{\mathrm{T}}\boldsymbol{A}\boldsymbol{X}$， $f(x_1,x_2,\cdots,x_n)=\boldsymbol{X}^{\mathrm{T}}\boldsymbol{B}\boldsymbol{X}$，其中 $\boldsymbol{A},\boldsymbol{B}$ 均为对称矩阵，则 $\boldsymbol{A}=\boldsymbol{B}$.

证明留作习题．

反之，任意一个 n 阶对称矩阵 $\boldsymbol{A}=[a_{ij}]_{n\times n}$ 可视作为二次型

$$f(x_1,x_2,\cdots,x_n)=\sum_{i=1}^{n}\sum_{j=1}^{n}a_{ij}x_ix_j$$

的矩阵．

综上所述在 n 元二次型和 n 阶对称矩阵之间建立起 1—1 对应．

例 7.2.1　例 7.1.1所述二次型

$$f(x_1,x_2,x_3)=x_1^2+2x_1x_2+2x_1x_3+x_2^2-2x_2x_3-x_3^2$$

的矩阵应是对称矩阵 $\boldsymbol{A}=\begin{bmatrix}1&1&1\\1&1&-1\\1&-1&-1\end{bmatrix}$. 注意到虽然有

$$f(x_1,x_2,x_3)=[x_1,x_2,x_3]\begin{bmatrix}1&2&2\\0&1&-2\\0&0&-1\end{bmatrix}\begin{bmatrix}x_1\\x_2\\x_3\end{bmatrix},$$

但因 $\boldsymbol{B}=\begin{bmatrix}1&2&2\\0&1&-2\\0&0&-1\end{bmatrix}$不是对称矩阵,所以 $\boldsymbol{B}$ 不是二次型 $f(x_1,x_2,x_3)$的矩阵．这样规定的目的是为了保证二次型的矩阵惟一确定．

同样将线性替换(7.1.2)式改写为矩阵形式

$$\begin{bmatrix}x_1\\x_2\\\vdots\\x_n\end{bmatrix}=\begin{bmatrix}c_{11}&c_{12}&\cdots&c_{1n}\\c_{21}&c_{22}&\cdots&c_{2n}\\\vdots&\vdots&&\vdots\\c_{n1}&c_{n2}&\cdots&c_{nn}\end{bmatrix}\begin{bmatrix}y_1\\y_2\\\vdots\\y_n\end{bmatrix},$$

或 $\boldsymbol{X}=\boldsymbol{CY}$,其中 $\boldsymbol{X}=[x_1,x_2,\cdots,x_n]^{\mathrm{T}}$,$\boldsymbol{Y}=[y_1,y_2,\cdots,y_n]^{\mathrm{T}}$,$\boldsymbol{C}=[c_{ij}]_{n\times n}$. 于是有

$$\begin{aligned}f(x_1,x_2,\cdots,x_n)&=\sum_{i=1}^{n}\sum_{j=1}^{n}a_{ij}\,x_i\,x_j=\boldsymbol{X}^{\mathrm{T}}\boldsymbol{AX}\\&=(\boldsymbol{CY})^{\mathrm{T}}\boldsymbol{ACY}=\boldsymbol{Y}^{\mathrm{T}}(\boldsymbol{C}^{\mathrm{T}}\boldsymbol{AC})\boldsymbol{Y}.\end{aligned}$$

由 $\boldsymbol{A}^{\mathrm{T}}=\boldsymbol{A}$ 知,$\boldsymbol{C}^{\mathrm{T}}\boldsymbol{AC}$ 也是对称矩阵,这样据性质 7.2.1 知

二次型 $f(x_1,x_2,\cdots,x_n)=\boldsymbol{X}^{\mathrm{T}}\boldsymbol{AX}$ 经非退化线性替换 $\boldsymbol{X}=\boldsymbol{CY}$ 化为标准形

$\Leftrightarrow$ $\boldsymbol{C}^{\mathrm{T}}\boldsymbol{AC}$ 为对角矩阵$\Leftrightarrow$ 存在 n 阶可逆矩阵$\boldsymbol{C}$,使 $\boldsymbol{C}^{\mathrm{T}}\boldsymbol{AC}$ 为对角形．

用配方方法我们已经证得了定理 7.1.1,现据定理 7.1.1 有

定理 7.2.1　任意一个 n 阶对称矩阵$\boldsymbol{A}$,存在 n 阶可逆矩阵$\boldsymbol{C}$,使 $\boldsymbol{C}^{\mathrm{T}}\boldsymbol{AC}$ 为对角形．

具体做法是将 n 阶实对称矩阵 $\boldsymbol{A}$ 看作二次型 $f(x_1,x_2,\cdots,x_n)=\boldsymbol{X}^{\mathrm{T}}\boldsymbol{AX}$ 的矩阵,将该二次型用配方法化为标准形,把所作的非退化线性变换改写成矩阵形式$\boldsymbol{X}=\boldsymbol{CY}$,则可逆矩阵 $\boldsymbol{C}$ 就使得 $\boldsymbol{C}^{\mathrm{T}}\boldsymbol{AC}$ 为对角矩阵．例如矩阵 $\boldsymbol{A}=\begin{bmatrix}1&1&1\\1&1&-1\\1&-1&-1\end{bmatrix}$就可看作例 7.1.1 中二次型 $f(x_1,x_2,x_3)=x_1^2+2x_1x_2+2x_2x_3+2x_1x_3+x_2^2-2x_2x_3-x_3^2$ 的矩阵．

由例 7.1.1 知,用配方法作非退化线性替换$\begin{cases}x_1=y_1-y_2,\\x_2=y_3,\\x_3=y_2-y_3.\end{cases}$ (7.1.5)可将二次型

$f(x_1,x_2,x_3)$化为标准形:$y_1^2-2y_2^2+2y_3^2$,将(7.1.5)改写成矩阵形式$\boldsymbol{X}=\boldsymbol{CY}$,其中,

$\boldsymbol{C}=\begin{bmatrix}1&-1&0\\0&0&1\\0&1&-1\end{bmatrix}$,则$\boldsymbol{C}$是可逆矩阵,且有$\boldsymbol{C}^{\mathrm{T}}\boldsymbol{AC}=\mathrm{diag}[1,-2,2]$为对角矩阵.

利用 6.4 节的矩阵理论可得到化实二次型为标准形的另一种方法.

现在我们讨论的二次型$f(x_1,x_2,\cdots,x_n)=\boldsymbol{X}^{\mathrm{T}}\boldsymbol{AX}$均是实二次型,所以它的矩阵$\boldsymbol{A}$是实对称矩阵. 利用定理 6.4.1 知,存在正交矩阵$\boldsymbol{U}$,使得

$$\boldsymbol{U}^{-1}\boldsymbol{AU}=\boldsymbol{U}^{\mathrm{T}}\boldsymbol{AU}=\mathrm{diag}[\lambda_1,\lambda_2,\cdots,\lambda_n],$$

其中$\lambda_1,\lambda_2,\cdots,\lambda_n$为$\boldsymbol{A}$的全部特征值. 据此可有

定理 7.2.2 任意一个实二次型$f(x_1,x_2,\cdots,x_n)=\boldsymbol{X}^{\mathrm{T}}\boldsymbol{AX}$都可经非退化的实线性替换$\boldsymbol{X}=\boldsymbol{UY}$化为$\lambda_1y_1^2+\lambda_2y_2^2+\cdots+\lambda_ny_n^2$,其中$\lambda_1,\lambda_2,\cdots,\lambda_n$为$\boldsymbol{A}$的全部特征值,$\boldsymbol{U}$为正交矩阵,并称线性替换$\boldsymbol{X}=\boldsymbol{UY}$为**正交线性替换(或正交线性变换)**.

因在 6.4 节中已具体给出求正交矩阵$\boldsymbol{U}$的方法,所以在此可照样做.

例 7.2.2 用正交线性替换化实二次型

$$f(x_1,x_2,x_3)=x_1^2+4x_1x_2+4x_1x_3+x_2^2+4x_2x_3+x_3^2$$

为标准形,并写出正交线性替换.

解 二次型的矩阵为$\boldsymbol{A}=\begin{bmatrix}1&2&2\\2&1&2\\2&2&1\end{bmatrix}$. 由例 6.4.2 知,存在正交矩阵

$\boldsymbol{U}=\begin{bmatrix}\frac{1}{\sqrt{3}}&\frac{1}{\sqrt{2}}&\frac{-1}{\sqrt{6}}\\\frac{1}{\sqrt{3}}&0&\frac{2}{\sqrt{6}}\\\frac{1}{\sqrt{3}}&\frac{-1}{\sqrt{2}}&\frac{-1}{\sqrt{6}}\end{bmatrix}$,使得$\boldsymbol{U}^{-1}\boldsymbol{AU}=\boldsymbol{U}^{\mathrm{T}}\boldsymbol{AU}=\mathrm{diag}[5,-1,-1]$. 利用此结果,作正交线性替换为$\boldsymbol{X}=\boldsymbol{UY}$,二次型化为标准形$5y_1^2-y_2^2-y_3^2$.

例 7.2.3 用正交线性替换化实二次型$f(x,y)=x^2+6xy+y^2$为标准形,并写出正交线性替换.

解 二次型的矩阵为$\boldsymbol{A}=\begin{bmatrix}1&3\\3&1\end{bmatrix}$. $\boldsymbol{A}$的特征多项式为

$$|\lambda\boldsymbol{E}-\boldsymbol{A}|=\begin{vmatrix}\lambda-1&-3\\-3&\lambda-1\end{vmatrix}=(\lambda+2)(\lambda-4).$$

$\boldsymbol{A}$ 的特征值为 $\lambda_1=-2,\lambda_2=4$.

以 $\lambda_1=-2$ 代入 $(\lambda_1\boldsymbol{E}-\boldsymbol{A})\boldsymbol{X}=\boldsymbol{O}$,解得一个基础解系为 $[1,-1]^{\mathrm{T}}$,单位化得 $\boldsymbol{\eta}_1=\frac{1}{\sqrt{2}}[1,-1]^{\mathrm{T}}$.

以 $\lambda_2=4$ 代入 $(\lambda_2\boldsymbol{E}-\boldsymbol{A})\boldsymbol{X}=\boldsymbol{O}$,解得一个基础解系为 $[1,1]^{\mathrm{T}}$,单位化得 $\boldsymbol{\eta}_2=\frac{1}{\sqrt{2}}[1,1]^{\mathrm{T}}$.

记 $\boldsymbol{U}=[\boldsymbol{\eta}_1\quad\boldsymbol{\eta}_2]=\frac{1}{\sqrt{2}}\begin{bmatrix}1&1\\-1&1\end{bmatrix}$,则 $\boldsymbol{U}$ 为正交矩阵,且

$$\boldsymbol{U}^{\mathrm{T}}\boldsymbol{A}\boldsymbol{U}=\frac{1}{2}\begin{bmatrix}1&-1\\1&1\end{bmatrix}\begin{bmatrix}1&3\\3&1\end{bmatrix}\begin{bmatrix}1&1\\-1&1\end{bmatrix}=\begin{bmatrix}-2&0\\0&4\end{bmatrix}.$$

所做的正交线性替换为 $\begin{bmatrix}x\\y\end{bmatrix}=\frac{1}{\sqrt{2}}\begin{bmatrix}1&1\\-1&1\end{bmatrix}\begin{bmatrix}x'\\y'\end{bmatrix}$. 所得标准形为

$$-2x'^2+4y'^2. \tag{7.2.1}$$

我们来看一下这道题的几何背景．设(欧氏)平面上一条有心二次曲线的方程为

$$4=x^2+6xy+y^2=[x,y]\begin{bmatrix}1&3\\3&1\end{bmatrix}\begin{bmatrix}x\\y\end{bmatrix}.$$

在作正交线性替换

$$\begin{bmatrix}x\\y\end{bmatrix}=\frac{1}{\sqrt{2}}\begin{bmatrix}1&1\\-1&1\end{bmatrix}\begin{bmatrix}x'\\y'\end{bmatrix}=\begin{bmatrix}\cos\frac{-\pi}{4}&-\sin\frac{-\pi}{4}\\ \sin\frac{-\pi}{4}&\cos\frac{-\pi}{4}\end{bmatrix}\begin{bmatrix}x'\\y'\end{bmatrix}$$

后得到标准形 $-2x'^2+4y'^2=4$. 这表明把平面围绕坐标原点按顺时针方向旋转 $\frac{\pi}{4}$,在新的坐标系下该二次曲线方程为 $-\frac{x'^2}{2}+y'^2=1$. 此为双曲线标准方程．

这就是本章开始所说以坐标原点为中心的二次有心曲线经过适当旋转变换化为标准形的一例．

注记　例 7.2.3 要求用正交线性替换化实二次型 $f(x,y)$ 为标准形,如果只要求非退化的线性替换化 $f(x,y)$ 为标准形,那么就可用配方法来解．

$$f(x,y)=x^2+6xy+y^2=(x+3y)^2-8y^2.$$

作非退化的线性替换

$$\begin{cases}x''=x+3y,\\y''=y\end{cases}\quad\text{或}\quad\begin{cases}x=x''-3y'',\\y=y'',\end{cases}$$

化得标准形

$$x''^2-8y''^2. \tag{7.2.2}$$

(7.2.2)式和(7.2.1)式是不同的．这表明同一个二次型通过不同的非退化的

线性替换化得的标准形可以不同．即二次型的标准形不是惟一的，与所作的非退化的线性替换有关．

我们希望能得到有惟一性的特殊形式的标准形，下一节将讨论这问题．

习　题　7.2

1. 二次型 $f(x_1,x_2,x_3)=2x_1^2+x_1x_2-2x_1x_3+3x_2^2+4x_2x_3$ 的矩阵为(　　).

(A) $\begin{bmatrix}2&1&-2\\0&3&4\\0&0&0\end{bmatrix}$.　　(B) $\begin{bmatrix}2&\frac{3}{2}&-1\\\frac{1}{2}&3&2\\-1&2&1\end{bmatrix}$.

(C) $\begin{bmatrix}2&\frac{1}{2}&-1\\\frac{1}{2}&3&2\\-1&2&0\end{bmatrix}$.　　(D) $\begin{bmatrix}2&1&-1\\0&3&2\\-1&2&0\end{bmatrix}$.

2. 写出下列二次型的矩阵表示和二次型的矩阵：

(1) $f(x_1,x_2,x_3)=x_1^2+x_1x_2-2x_1x_3+2x_2^2+3x_2x_3-3x_3^2$；

(2) $f(x_1,x_2,x_3)=x_1^2+\sqrt{2}x_1x_2+4x_1x_3-5x_2^2$；

(3) $f(x_1,x_2,x_3)=(a_1x_1+a_2x_2+a_3x_3)^2$；

(4) $f(x_1,x_2,\cdots,x_n)=x_1x_2+x_2x_3+\cdots+x_{n-1}x_n=\sum\limits_{i=1}^{n-1}x_ix_{i+1}$.

3. 设二次型 $f(x_1,x_2,x_3)$ 的矩阵 $\boldsymbol{A}=\begin{bmatrix}0&0&1\\0&1&0\\1&0&0\end{bmatrix}$，则 $f(x_1,x_2,x_3)=$______.

4. 用正交线性替换化下列实二次型为标准形，并写出正交线性替换：

(1) $f(x_1,x_2,x_3)=2x_1^2+3x_2^2+4x_2x_3+3x_3^2$；

(2) $f(x_1,x_2,x_3)=x_1^2-4x_1x_2+4x_1x_3-2x_2^2+8x_2x_3-2x_3^2$；

(3) $f(x_1,x_2,x_3,x_4)=2x_1x_2-2x_3x_4$；

(4) $f(x_1,x_2,x_3,x_4)=2x_1x_2+2x_1x_3-2x_1x_4-2x_2x_3+2x_2x_4+2x_3x_4$.

5. 在习题 7.1 第 1 题(3)中已用配方法化二次型

$$f(x_1,x_2,x_3)=2x_1^2-4x_1x_2+x_2^2-4x_2x_3$$

为标准形．现要求用正交线性替换化该二次型为标准形，并写出正交线性替换．请对比一下两种方法所得的标准形是否相同．

6. (1) 设 $\boldsymbol{A}$ 是一个 n 阶对称矩阵，若对任意的 $\boldsymbol{X}=[x_1,x_2,\cdots,x_n]^{\mathrm{T}}$，有 $\boldsymbol{X}^{\mathrm{T}}\boldsymbol{A}\boldsymbol{X}=\boldsymbol{O}$，求证：$\boldsymbol{A}=\boldsymbol{O}$.

(2) 利用(1)证明性质 7.2.2.

7.3 二次型的规范形和矩阵的合同

虽然二次型的标准形不惟一,但这些不同的标准形有其共性.

定理 7.3.1 二次型 $f(x_1,x_2,\cdots,x_n)$的标准形中,系数不为零的平方项个数等于该二次型的矩阵的秩.

证 设二次型 $f(x_1,x_2,\cdots,x_n)$的矩阵为 $\boldsymbol{A}$,经过非退化的线性替换 $\boldsymbol{X}=\boldsymbol{CY}$ 化为标准形,即

$$\begin{aligned} f(x_1,x_2,\cdots,x_n) &= \boldsymbol{X}^{\mathrm{T}}\boldsymbol{AX} = \boldsymbol{Y}^{\mathrm{T}}(\boldsymbol{C}^{\mathrm{T}}\boldsymbol{AC})\boldsymbol{Y} \\ &= d_1y_1^2+d_2y_2^2+\cdots+d_ry_r^2, \end{aligned}$$

其中 $d_i\neq0(i=1,2,\cdots,r)$. 显然 $r=$秩$(\boldsymbol{C}^{\mathrm{T}}\boldsymbol{AC})$. 因 $\boldsymbol{C}$ 可逆,故

$$r=\text{秩}(\boldsymbol{C}^{\mathrm{T}}\boldsymbol{AC})=\text{秩}(\boldsymbol{A}).$$

这定理表明虽二次型 $f(x_1,x_2,\cdots,x_n)=\boldsymbol{X}^{\mathrm{T}}\boldsymbol{AX}$ 可化为不同的标准形,但这些标准形中不为零的平方项个数均为秩$(\boldsymbol{A})$,与所作的非退化的线性替换无关,是二次型自身的一个特性. 据此将二次型 $f(x_1,x_2,\cdots,x_n)=\boldsymbol{X}^{\mathrm{T}}\boldsymbol{AX}$ 的矩阵 $\boldsymbol{A}$ 的秩称为**二次型 $\boldsymbol{f(x_1,x_2,\cdots,x_n)}$的秩**.

下面来讨论实二次型标准形的惟一性问题.

设 $f(x_1,x_2,\cdots,x_n)$是秩为 r 的实二次型,则经过适当的非退化实线性替换可化为标准形. 在标准形中不为零的 r 个平方项系数可正可负,再适当排列变量的次序可得到

$$f(x_1,x_2,\cdots,x_n)=d_1y_1^2+\cdots+d_py_p^2-d_{p+1}y_{p+1}^2-\cdots-d_ry_r^2,$$

其中 $0<d_i\in\mathbf{R}(i=1,2,\cdots,r)$.

再作一个非退化的实线性替换

$$\begin{cases} y_1=\dfrac{1}{\sqrt{d_1}}z_1, \\ \cdots\cdots\cdots\cdots \\ y_r=\dfrac{1}{\sqrt{d_r}}z_r, \\ y_{r+1}=z_{r+1}, \\ \cdots\cdots\cdots\cdots \\ y_n=z_n. \end{cases}$$

则得

$$f(x_1,x_2,\cdots,x_n)=z_1^2+\cdots+z_p^2-z_{p+1}^2-\cdots-z_r^2. \tag{7.3.1}$$

我们将(7.3.1)式称为**实二次型 $\boldsymbol{f(x_1,x_2,\cdots,x_n)}$的规范形**.

定理 7.3.2(惯性定理) 任意一个秩为 r 的实二次型 $f(x_1,x_2,\cdots,x_n)$均可化

为规范型，且不论用何种非退化的实线性替换化得的规范形是惟一的．

证 参见文献[3]，第 242 页．

如同据定理 7.1.1 可得定理 7.2.1，据惯性定理可得：

任意秩为 r 的 n 阶实对称矩阵 $\boldsymbol{A}$，均存在 n 阶可逆实矩阵 $\boldsymbol{C}$ 使得 $\boldsymbol{C}^{\mathrm{T}}\boldsymbol{A}\boldsymbol{C}=\begin{bmatrix}\boldsymbol{E}_p & \boldsymbol{O} & \boldsymbol{O}\\ \boldsymbol{O} & -\boldsymbol{E}_{r-p} & \boldsymbol{O}\\ \boldsymbol{O} & \boldsymbol{O} & \boldsymbol{O}\end{bmatrix}_{n\times n}$，其中 p 是由 $\boldsymbol{A}$ 惟一确定的．

定义 7.3.1 在秩为 r 实二次型的标准形或规范形中，正平方项的个数 p 称为**正惯性指数**，负平方项的个数 $r-p$ 称为**负惯性指数**.

借用定义 7.3.1 可给出实对称矩阵正(负)惯性指数的定义．

定义 7.3.2 实对称矩阵 $\boldsymbol{A}$ 可看作二次型 $\boldsymbol{X}^{\mathrm{T}}\boldsymbol{A}\boldsymbol{X}=f(x_1,x_2,\cdots,x_n)$ 的矩阵，此时将二次型的正(负)惯性指数称为 $\boldsymbol{A}$ 的**正(负)惯性指数**．

按上述两定义惯性定理可叙述如下.

定理 7.3.2′ (1) 任意实二次型经过非退化的实线性替换化为标准形或规范形，它的秩(不为零的平方项个数)，正惯性指数(正平方项的个数)及负惯性指数(负平方项的个数)都是惟一的．

(2) 任意 n 阶实对称矩阵 $\boldsymbol{A}$ 均存在可逆实矩阵 $\boldsymbol{C}$ 使得 $\boldsymbol{C}^{\mathrm{T}}\boldsymbol{A}\boldsymbol{C}$ 为对角矩阵 $\mathrm{diag}[a_1,a_2,\cdots,a_n]$，且 $a_i(1\leqslant i\leqslant n)$ 中不为零的个数(即秩($\boldsymbol{A}$))，正数的个数(即 $\boldsymbol{A}$ 的正惯性指数)及负数的个数(即 $\boldsymbol{A}$ 的负惯性指数)都是惟一的．

注意到 $\boldsymbol{A}$ 是实对称矩阵，据定理 6.4.1 知，存在正交矩阵 $\boldsymbol{U}$ 使

$$\boldsymbol{U}^{-1}\boldsymbol{A}\boldsymbol{U}=\boldsymbol{U}^{\mathrm{T}}\boldsymbol{A}\boldsymbol{U}=\mathrm{diag}[\lambda_1,\lambda_2,\cdots,\lambda_n],$$

其中 $\lambda_1,\lambda_2,\cdots,\lambda_n$ 为 $\boldsymbol{A}$ 的全部特征值．据此有

$\boldsymbol{A}$ 的秩即为 $\boldsymbol{A}$ 的不为零的特征值的个数，

$\boldsymbol{A}$ 的正惯性指数为 $\boldsymbol{A}$ 的特征值中正数的个数，

$\boldsymbol{A}$ 的负惯性指数为 $\boldsymbol{A}$ 的特征值中负数的个数．

据惯性定理这 3 个数都是由 $\boldsymbol{A}$ 惟一确定的．

在上面讨论中多次涉及一个二次型经非退化线性替换所得二次型的矩阵与原来二次型矩阵之间的关系，这也是矩阵间的一个重要的基本关系，为此引入相应定义．

定义 7.3.3 设 $\boldsymbol{A},\boldsymbol{B}$ 均为 n 阶方阵，若存在 n 阶可逆矩阵 $\boldsymbol{C}$ 使得 $\boldsymbol{C}^{\mathrm{T}}\boldsymbol{A}\boldsymbol{C}=\boldsymbol{B}$，则称 $\boldsymbol{A}$ 与 $\boldsymbol{B}$ 合同．

据此经过非退化线性替换二次型的矩阵与原来二次型的矩阵是合同的．

因二次型的矩阵是对称矩阵，所以本章所讨论的合同常限定为对称矩阵之间的合同．利用合同概念，惯性定理可叙述为

性质 7.3.1　任意秩为 r 的 n 阶实对称矩阵 $\boldsymbol{A}$ 均与对角矩阵 $\boldsymbol{\Lambda}=\begin{bmatrix}\boldsymbol{E}_p & \boldsymbol{O} & \boldsymbol{O}\\ \boldsymbol{O} & -\boldsymbol{E}_{r-p} & \boldsymbol{O}\\ \boldsymbol{O} & \boldsymbol{O} & \boldsymbol{O}\end{bmatrix}$合同，其中 p 由 $\boldsymbol{A}$ 惟一确定，$\boldsymbol{\Lambda}$ 称为 $\boldsymbol{A}$ 的**合同标准形**．

利用惯性定理可得出实对称矩阵合同的判别法．

定理 7.3.3　$\boldsymbol{A},\boldsymbol{B}$ 均为 n 阶实对称矩阵，则

$\boldsymbol{A}$ 与 $\boldsymbol{B}$ 在实数域上合同 $\Leftrightarrow$ $\boldsymbol{A},\boldsymbol{B}$ 有相同的秩和相同的正惯性指数．

证　参见文献[3]，第 245 页．

例 7.3.1　设

$$\boldsymbol{A}=\begin{bmatrix}1 & 0 & 0\\ 0 & -1 & 0\\ 0 & 0 & 2\end{bmatrix},\quad \boldsymbol{B}=\begin{bmatrix}1 & -1 & 0\\ -1 & 2 & 0\\ 0 & 0 & 2\end{bmatrix},$$

$$\boldsymbol{C}=\begin{bmatrix}1 & 0 & 0\\ 0 & 1 & 1\\ 0 & 1 & -1\end{bmatrix},\quad \boldsymbol{D}=\begin{bmatrix}1 & -1 & 0\\ -1 & 1 & 0\\ 0 & 0 & 2\end{bmatrix},$$

则与 $\boldsymbol{A}$ 合同矩阵为________．

解　注意到秩$(\boldsymbol{A})=3$，$\boldsymbol{A}$ 的正惯性指数为 2，而秩$(\boldsymbol{B})=$秩$(\boldsymbol{C})=3$，秩$(\boldsymbol{D})=2$，所以 $\boldsymbol{A}$ 与 $\boldsymbol{D}$ 不合同．矩阵 $\boldsymbol{B}$ 可看作二次型

$$f(x_1,x_2,x_3)=x_1^2-2x_1x_2+2x_2^2+2x_3^2=(x_1-x_2)^2+x_2^2+2x_3^2$$

的矩阵，所以 $\boldsymbol{B}$ 的正惯性指数为 3，据此 $\boldsymbol{A}$ 与 $\boldsymbol{B}$ 不合同．矩阵 $\boldsymbol{C}$ 可看作二次型

$$f(x_1,x_2,x_3)=x_1^2+x_2^2+2x_2x_3-x_3^2=x_1^2+(x_1+x_3)^2-2x_3^2$$

的矩阵，所以 $\boldsymbol{C}$ 的正惯性指数为 2，据此 $\boldsymbol{A}$ 与 $\boldsymbol{C}$ 合同．这样本例应填 $\boldsymbol{C}$.

注记　求实对称矩阵的正(负)惯性指数也可从矩阵的特征值求得，例如由

$$|\lambda\boldsymbol{E}-\boldsymbol{B}|=\begin{vmatrix}\lambda-1 & 1 & 0\\ 1 & \lambda-2 & 0\\ 0 & 0 & \lambda-2\end{vmatrix}=(\lambda-2)\left(\lambda-\frac{3+\sqrt{5}}{2}\right)\left(\lambda-\frac{3-\sqrt{5}}{2}\right)$$

知，$\boldsymbol{B}$ 的特征值为 $2,\frac{3+\sqrt{5}}{2},\frac{3-\sqrt{5}}{2}$均为正数．故 $\boldsymbol{B}$ 的秩为 3，正惯性指数为 3，从而 $\boldsymbol{A}$ 与 $\boldsymbol{B}$ 不合同．

由

$$|\lambda\boldsymbol{E}-\boldsymbol{C}|=\begin{vmatrix}\lambda-1 & 0 & 0\\ 0 & \lambda-1 & -1\\ 0 & -1 & \lambda+1\end{vmatrix}=(\lambda-2)(\lambda+\sqrt{2})(\lambda-\sqrt{2})$$

知，$\boldsymbol{C}$ 的特征值为 $1,\sqrt{2},-\sqrt{2}$，故 $\boldsymbol{C}$ 的秩为 3，正惯性指数 2，从而 $\boldsymbol{A}$ 与 $\boldsymbol{C}$ 合同.

习 题 7.3

1. 求出习题 7.1 第 1 题中的二次型的秩、正惯性指数和规范形.

2. 设 $f(x_1,x_2,x_3)=2x_1^2+8x_1x_2-12x_1x_3+2x_2^2-12x_2x_3-15x_3^2$.

(1) 用配方法将该二次型化为标准形,求出其秩、正惯性指数和规范形.

(2) 用正交线性替换将该二次型化为标准形,求出其秩、正惯性指数和规范形.

(3) 比较两种方法所得标准形是否相同? 规范形是否相同?

(4) 若要求该二次型的秩和正惯性指数用哪种方法简便.

3. 任何一个 n 阶对称的可逆实矩阵必定与 n 阶单位矩阵(　　),且说明理由.

(A) 合同. (B) 相似. (C) 等价. (D) 以上都不对.

4. 设 $\boldsymbol{A},\boldsymbol{B}$ 均为 n 阶实对称矩阵. 则 $\boldsymbol{A},\boldsymbol{B}$ 合同的充要条件是(　　),且说明理由.

(A) $\boldsymbol{A},\boldsymbol{B}$ 均为可逆矩阵.

(B) $\boldsymbol{A},\boldsymbol{B}$ 有相同的秩.

(C) $\boldsymbol{A},\boldsymbol{B}$ 有相同的正惯性指数,相同的负惯性指数.

(D) $\boldsymbol{A},\boldsymbol{B}$ 有相同的特征多项式.

5. 设 $\boldsymbol{A}=\begin{bmatrix}1&2&0\\2&2&0\\0&0&-1\end{bmatrix}$,则下列矩阵中与 $\boldsymbol{A}$ 合同的是(　　),且说明理由.

(A) $\begin{bmatrix}1&0&0\\0&1&0\\0&0&1\end{bmatrix}$. (B) $\begin{bmatrix}1&0&0\\0&1&0\\0&0&-1\end{bmatrix}$. (C) $\begin{bmatrix}1&0&0\\0&-1&0\\0&0&-1\end{bmatrix}$. (D) $\begin{bmatrix}-1&0&0\\0&-1&0\\0&0&-1\end{bmatrix}$.

6*. 如果把 n 阶实对称矩阵按合同分类,即两个 n 阶实对称矩阵属于同一类当且仅当它们在实数域上合同,问共有几类? 每一类中最简单的矩阵是什么?

7*. 设 $\boldsymbol{A},\boldsymbol{B},\boldsymbol{C},\boldsymbol{D}$ 均为 n 阶实对称矩阵,在实数域上 $\boldsymbol{A}$ 与 $\boldsymbol{B}$ 合同,$\boldsymbol{C}$ 与 $\boldsymbol{D}$ 合同. 问下述结论是否正确,为什么?

(1) $\boldsymbol{A}+\boldsymbol{C}$ 与 $\boldsymbol{B}+\boldsymbol{D}$ 合同;　　(2) $\begin{bmatrix}\boldsymbol{A}&\boldsymbol{O}\\\boldsymbol{O}&\boldsymbol{C}\end{bmatrix}$ 与 $\begin{bmatrix}\boldsymbol{B}&\boldsymbol{O}\\\boldsymbol{O}&\boldsymbol{D}\end{bmatrix}$

8. 设

$$\boldsymbol{A}=\begin{bmatrix}a_1&0&0\\0&a_2&0\\0&0&a_3\end{bmatrix},\quad \boldsymbol{B}=\begin{bmatrix}a_3&0&0\\0&a_2&0\\0&0&a_1\end{bmatrix},$$

则取 $\boldsymbol{C}=$______,就有 $\boldsymbol{C}^{\mathrm{T}}\boldsymbol{A}\boldsymbol{C}=\boldsymbol{B}$. 从而 $\boldsymbol{A}$ 与 $\boldsymbol{B}$ 合同.

9. 证明:矩阵 $\mathrm{diag}[\lambda_1,\lambda_2,\cdots,\lambda_n]$ 与 $\mathrm{diag}[\lambda_{i_1},\lambda_{i_2},\cdots,\lambda_{i_n}]$ 合同,其中 $i_1,i_2,\cdots,i_n$ 是 $1,2,\cdots,n$ 的一个排列.

7.4 正定二次型

本节将讨论一类在数学其他分支以及物理、力学领域中都有广泛应用的实二次型:正定二次型.

定义 7.4.1　设实二次型 $f(x_1,x_2,\cdots,x_n)=\boldsymbol{X}^{\mathrm{T}}\boldsymbol{A}\boldsymbol{X}$. 如果对任意的 $\boldsymbol{X}=[x_1,x_2,\cdots,x_n]^{\mathrm{T}}\neq\boldsymbol{O}$,恒有 $f=\boldsymbol{X}^{\mathrm{T}}\boldsymbol{A}\boldsymbol{X}>0$,则称 f 为**正定的**.

下面介绍判断二次型为正定二次型的几个充分必要条件. 为此引入概念:

定义 7.4.2　在 n 阶矩阵 $\boldsymbol{A}$ 中由第 1 行,第 2 行,…,第 k 行和第 1 列,第 2 列,…,第 k 列组成的 k 阶子式,称为 **k 阶顺序主子式**,记为 Δ_k.

易见 n 阶矩阵有且仅有 n 个顺序主子式 $\Delta_1,\Delta_2,\cdots,\Delta_n$.

例 7.4.1　设 $\boldsymbol{A}=\begin{bmatrix}1&-1&0&1\\-1&2&0&-1\\0&0&3&1\\1&-1&1&4\end{bmatrix}$,则 $\boldsymbol{A}$ 有 4 个顺序主子式,分别为

$$\Delta_1=1,\quad \Delta_2=\begin{vmatrix}1&-1\\-1&2\end{vmatrix}=1,\quad \Delta_3=\begin{vmatrix}1&-1&0\\-1&2&0\\0&0&3\end{vmatrix}=3,\Delta_4=|\boldsymbol{A}|=8.$$

定理 7.4.1　设实二次型 $f(x_1,x_2,\cdots,x_n)=\boldsymbol{X}^{\mathrm{T}}\boldsymbol{A}\boldsymbol{X}$,则下列陈述等价:

(1) $f(x_1,x_2,\cdots,x_n)$是正定的.

(2) $f(x_1,x_2,\cdots,x_n)$的正惯性指数为 n.

(3) $\boldsymbol{A}$ 的特征值均大于零.

(4) $\boldsymbol{A}$ 的所有顺序主子式全大于零.

证　参阅文献[3],第 248 页及 250 页.

推论　正定二次型 $f(x_1,x_2,\cdots,x_n)$的规范形为:$y_1^2+y_2^2+\cdots+y_n^2$.

例 7.4.2　判断实二次型

$$f(x_1,x_2,\cdots,x_n)=x_1^2+2x_1x_2+x_2^2+x_3^2+\cdots+x_n^2$$

是否正定.

解　$$f(x_1,x_2,\cdots,x_n)=(x_1+x_2)^2+x_3^2+\cdots+x_n^2.$$

方法 1　取 $x_1^0=1,x_2^0=-1,x_3^0=\cdots=x_n^0=0$,则

$$\boldsymbol{X}^0=[1,-1,0,\cdots,0]^{\mathrm{T}}\neq\boldsymbol{O},$$

但 $f(x_1^0,x_2^0,\cdots,x_n^0)=0$,故 $f(x_1,x_2,\cdots,x_n)$不正定.

方法 2　设 $y_1=x_1+x_2$, $y_k=x_k,k=3,\cdots,n$,则

$$f(x_1,x_2,\cdots,x_n)=y_1^2+y_3^2+\cdots+y_n^2.$$

故 $f(x_1,x_2,\cdots,x_n)$的正惯性指数为 $n-1$,所以 $f(x_1,x_2,\cdots,x_n)$不正定.

方法 3　$f(x_1,x_2,\cdots,x_n)$的矩阵为

$$A=\begin{bmatrix}1&1&0&\cdots&0&0\\1&1&0&\cdots&0&0\\0&0&1&\cdots&0&0\\\vdots&\vdots&\vdots&&\vdots&\vdots\\0&0&0&\cdots&1&0\\0&0&0&\cdots&0&1\end{bmatrix}_{n\times n}.$$

计算可得 $|\lambda E-A|=\lambda(\lambda-2)(\lambda-1)^{n-2}$，这表明 A 的特征值不全大于零，故 $f(x_1,x_2,\cdots,x_n)$ 不正定.

方法 4 A 的 2 阶顺序主子式为 $\begin{vmatrix}1&1\\1&1\end{vmatrix}=0$. 故 $f(x_1,x_2,\cdots,x_n)$ 不正定.

例 7.4.3 t 取何值时二次型

$$f(x_1,x_2,x_3)=x_1^2+2tx_1x_2+2x_1x_3+4x_2^2+2x_3^2$$

是正定的?

解 此类题应用定理 7.4.1 中的(4)来解. 写出该二次型的矩阵

$$A=\begin{bmatrix}1&t&1\\t&4&0\\1&0&2\end{bmatrix},$$

计算得 A 的顺序主子式为

$$\Delta_1=1>0;\quad \Delta_2=\begin{vmatrix}1&t\\t&4\end{vmatrix}=4-t^2;\quad \Delta_3=|A|=-2t^2+4.$$

这样二次型正定的充要条件为

$$\begin{cases}4-t^2>0\\-2t^2+4>0\end{cases}\Leftrightarrow -\sqrt{2}<t<\sqrt{2}.$$

所以当 $-\sqrt{2}<t<\sqrt{2}$ 时二次型正定.

定义 7.4.3 若实二次型 $f(x_1,x_2,\cdots,x_n)=X^TAX$ 为正定的，则实对称矩阵 A 称为**正定矩阵**.

注记 按此定义正定矩阵一定是实对称矩阵.

按此定义，由定理 7.4.1 可推出

定理 7.4.2 设 A 为实对称矩阵，则下列陈述等价：

(1) A 是正定矩阵.

(2) A 的特征值全大于零.

(3) A 的所有顺序主子式全大于零.

推论 正定矩阵 A 的行列式 $|A|>0$.

性质 7.4.1 设 A 是正定矩阵，则

(1) kA 为正定矩阵，其中 k 为任意正实数.

(2) $\boldsymbol{A}^{-1}$ 为正定矩阵.

(3) $\boldsymbol{A}$ 的伴随矩阵 $\boldsymbol{A}^*$ 为正定矩阵.

(4) $\boldsymbol{A}^k$ 为正定矩阵,其中 k 为任意整数.

(5) $\boldsymbol{C}^{\mathrm{T}}\boldsymbol{AC}$ 为正定矩阵,其中 $\boldsymbol{C}$ 为可逆实矩阵.

注记　(1) 用二次型语言(5)可表叙为:

非退化的实线性替换保持二次型的正定性不变.

(2) 证明该性质的第一步要证:当 $\boldsymbol{A}$ 为实对称矩阵时,$k\boldsymbol{A}$(k 为正实数),$\boldsymbol{A}^{-1}$,$\boldsymbol{A}^*$,$\boldsymbol{A}^k$,$\boldsymbol{C}^{\mathrm{T}}\boldsymbol{AC}$($\boldsymbol{C}$ 为可逆实矩阵)均为实对称矩阵.因正定矩阵必须首先是实对称矩阵.然后再运用定理 7.4.2 的适当结论来证明.比如说(1)就可用定理 7.4.2 的(1),(2),(3),(4)中任意一个均可证明.

性质 7.4.2　设 $\boldsymbol{A},\boldsymbol{B}$ 为同阶的正定矩阵,则 $\boldsymbol{A}+\boldsymbol{B}$ 为正定矩阵.

证　由题设知,$\boldsymbol{A}^{\mathrm{T}}=\boldsymbol{A},\boldsymbol{B}^{\mathrm{T}}=\boldsymbol{B}$,且对任意的 $\boldsymbol{X}\neq\boldsymbol{O}$,均有 $\boldsymbol{X}^{\mathrm{T}}\boldsymbol{AX}>0,\boldsymbol{X}^{\mathrm{T}}\boldsymbol{BX}>0$.据此 $(\boldsymbol{A}+\boldsymbol{B})^{\mathrm{T}}=\boldsymbol{A}^{\mathrm{T}}+\boldsymbol{B}^{\mathrm{T}}=\boldsymbol{A}+\boldsymbol{B}$,故 $\boldsymbol{A}+\boldsymbol{B}$ 为实对称矩阵,且 $\boldsymbol{X}^{\mathrm{T}}(\boldsymbol{A}+\boldsymbol{B})\boldsymbol{X}=\boldsymbol{X}^{\mathrm{T}}\boldsymbol{AX}+\boldsymbol{X}^{\mathrm{T}}\boldsymbol{BX}>0$,从而 $\boldsymbol{A}+\boldsymbol{B}$ 为正定矩阵.

习　题　7.4

1. 下列矩阵中,正定矩阵是(　　),且说明理由.

(A) $\begin{bmatrix}1&2&1\\2&5&3\\1&3&0\end{bmatrix}$. (B) $\begin{bmatrix}1&2&1\\0&5&3\\0&0&3\end{bmatrix}$. (C) $\begin{bmatrix}1&2&3\\2&5&7\\3&7&10\end{bmatrix}$. (D) $\begin{bmatrix}1&2&-1\\2&5&-2\\-1&-2&6\end{bmatrix}$.

2. 若矩阵 $\boldsymbol{A}=\begin{bmatrix}1&0&0\\0&m&n+2\\0&m-1&m\end{bmatrix}$ 为正定矩阵,则 m 必定满足(　　),且说明理由.

(A) $m>\dfrac{1}{2}$.　(B) $m<\dfrac{3}{2}$.　(C) $m>-2$.　(D) 与 n 有关,不能确定.

3. 使实二次型 $f(x_1,x_2,x_3)=[x_1,x_2,x_3]\begin{bmatrix}k&k&1\\k&k&0\\1&0&k^2\end{bmatrix}\begin{bmatrix}x_1\\x_2\\x_3\end{bmatrix}$ 正定的 k 存在吗?为什么?

4. 用定理 7.4.1(3)来判断下列二次型是否正定:

(1) $f(x_1,x_2,x_3)=2x_1^2+4x_1x_2-4x_1x_3+5x_2^2-8x_2x_3+5x_3^2$;

(2) $f(x_1,x_2,x_3)=2x_1^2-4x_1x_2+x_2^2-4x_2x_3$;

(3) $f(x_1,x_2,x_3)=3x_1^2+2x_1x_2+2x_1x_3+3x_2^2+2x_2x_3+3x_3^2$.

5. 判断下列二次型是否正定:

(1) $f(x_1,x_2,x_3)=5x_1^2+4x_1x_2-4x_1x_3+5x_2^2-2x_2x_3+5x_3^2$;

(2) $f(x_1,x_2,x_3)=x_1^2+2x_1x_3+x_2^2+2x_2x_3+2x_3^2$;

(3) $f(x_1,x_2,\cdots,x_n)=\sum\limits_{i=1}^{n}x_i^2+\sum\limits_{i=1}^{n-1}x_i\,x_{i+1}$.

6. t 取何值时下列二次型是正定的：

(1) $f(x_1,x_2,x_3)=x_1^2+2t\,x_1x_2-2x_1x_3+x_2^2+4x_2x_3+5x_3^2$；

(2) $f(x_1,x_2,x_3,x_4)=t(x_1^2+x_2^2+x_3^2)+x_4^2+2x_1x_2+2x_1x_3-2x_2x_3$.

7. 已知 $\boldsymbol{A}=[a_{ij}]_{n\times n}$是正定矩阵，求证：$a_{ii}>0,\quad i=1,2,\cdots,n$.

8*. 已知 $\boldsymbol{A}$ 为 $m\times n$ 实矩阵，求证：$\boldsymbol{A}^{\mathrm{T}}\boldsymbol{A}$ 为正定矩阵 $\Leftrightarrow$ 秩$(\boldsymbol{A})=n$.

9*. 设 $\boldsymbol{A}$ 为 n 阶正定矩阵，$\boldsymbol{P}$ 为 $n\times m$ 实矩阵，求证：

$$\boldsymbol{P}^{\mathrm{T}}\boldsymbol{AP} \text{ 为正定矩阵} \Leftrightarrow \text{秩}(\boldsymbol{P})=m.$$

10. 设 $\boldsymbol{A},\boldsymbol{B}$ 为正定矩阵，证明$\begin{bmatrix}\boldsymbol{A} & \boldsymbol{O}\\ \boldsymbol{O} & \boldsymbol{B}\end{bmatrix}$为正定矩阵.

7.5 概要及小结

概要：二次型及标准形（矩阵的合同）；正定二次型（正定矩阵）.

7.5.1 二次型及标准形，矩阵的合同

1. 二次型及标准形

二次型是指二次齐次多项式

$$f(x_1,x_2,\cdots,x_n)=\sum_{i=1}^{n}\sum_{j=1}^{n}a_{ij}\,x_i\,x_j,\quad \text{其中 } a_{ij}=a_{ji}.$$

本章主要研究通过非退化的线性替换 $\boldsymbol{X}=\boldsymbol{CY}$ 化二次型为标准形

$$d_1y_1^2+d_2y_2^2+\cdots+d_ny_n^2.$$

数域 P 上任何一个二次型都可通过配方法找到一个数域 P 上的非退化线性替换，经过这个线性替换二次型化为标准形.

2. 利用矩阵理论研究二次型

为把二次型和矩阵联系起来作如下变形（称为二次型的矩阵表示）：

$$f(x_1,x_2,\cdots,x_n)=\sum_{i=1}^{n}\sum_{j=1}^{n}a_{ij}\,x_i\,x_j=\boldsymbol{X}^{\mathrm{T}}\boldsymbol{AX},$$

其中 $\boldsymbol{A}=[a_{ij}]_{n\times n}$，$\boldsymbol{X}=[x_1,x_2,\cdots,x_n]^{\mathrm{T}}$. 若限定 $\boldsymbol{A}^{\mathrm{T}}=\boldsymbol{A}$，则对称矩阵 $\boldsymbol{A}$ 和二次型 $f(x_1,x_2,\cdots,x_n)$可互相惟一确定，故称对称矩阵 $\boldsymbol{A}$ 为二次型

$$f(x_1,x_2,\cdots,x_n)=\boldsymbol{X}^{\mathrm{T}}\boldsymbol{AX}$$

的矩阵. 这样二次型 $f(x_1,x_2,\cdots,x_n)=\boldsymbol{X}^{\mathrm{T}}\boldsymbol{AX}$ 化标准形可转化为找一个可逆矩阵 $\boldsymbol{C}$ 使 $\boldsymbol{C}^{\mathrm{T}}\boldsymbol{AC}$ 为对角矩阵. 于是上述用配方法关于二次型的结果，用矩阵语言来说就是：

任意一个 n 阶对称矩阵 $\boldsymbol{A}$，存在 n 阶可逆矩阵 $\boldsymbol{C}$，使得 $\boldsymbol{C}^{\mathrm{T}}\boldsymbol{AC}$ 为对角矩阵.

实二次型 $f(x_1,x_2,\cdots,x_n)=\boldsymbol{X}^{\mathrm{T}}\boldsymbol{AX}$ 的矩阵 $\boldsymbol{A}$ 是实对称矩阵，故可用 6.4 节矩阵理论知，存在正交矩阵 $\boldsymbol{U}$ 使 $\boldsymbol{U}^{-1}\boldsymbol{AU}=\boldsymbol{U}^{\mathrm{T}}\boldsymbol{AU}=\mathrm{diag}[\lambda_1,\lambda_2,\cdots,\lambda_n]$，其中 $\lambda_1,\lambda_2,\cdots,\lambda_n$ 为 $\boldsymbol{A}$ 的全部特征值.

上述矩阵结果用二次型语言来说就是：

实二次型 $f(x_1,x_2,\cdots,x_n)=\boldsymbol{X}^{\mathrm{T}}\boldsymbol{A}\boldsymbol{X}$ 经过正交线性替换 $\boldsymbol{X}=\boldsymbol{U}\boldsymbol{Y}$ 化为标准形：$\lambda_1 y_1^2+\lambda_2 y_2^2+\cdots+\lambda_n y_n^2$，其中 $\lambda_1,\lambda_2,\cdots,\lambda_n$ 为 $\boldsymbol{A}$ 的全部特征值．

本章所讨论的二次型均是实二次型．

3. 规范形

鉴于二次型的标准形不惟一，借助惯性定理，引入二次型的规范形，规范形是惟一确定的．

二次型语言：任意一个实二次型经过适当的非退化的实线性替换可化为规范形 $z_1^2+\cdots+z_p^2-z_{p+1}^2-\cdots-z_r^2$，其中 r 为二次型的秩，p 为二次型的正惯性指数，规范形是惟一的．

矩阵语言：任意秩为 r 的 n 阶实对称矩阵 $\boldsymbol{A}$，存在 n 阶实的可逆矩阵 $\boldsymbol{C}$，使得

$$\boldsymbol{C}^{\mathrm{T}}\boldsymbol{A}\boldsymbol{C}=\begin{bmatrix}\boldsymbol{E}_r & \boldsymbol{O} & \boldsymbol{O}\\ \boldsymbol{O} & -\boldsymbol{E}_{r-p} & \boldsymbol{O}\\ \boldsymbol{O} & \boldsymbol{O} & \boldsymbol{O}\end{bmatrix},$$

其中 p 是 $\boldsymbol{A}$ 所惟一确定的，通常也称 p 为 $\boldsymbol{A}$ 的正惯性指数．

4. 矩阵的合同

矩阵的合同是两个矩阵之间的关系（二元关系），故与矩阵的等价、矩阵的相似一样可将矩阵按合同分类，在合同类中找出最简单矩阵（标准形），利用合同标准形来解问题．

矩阵是否合同的主要判别法是：设 $\boldsymbol{A},\boldsymbol{B}$ 均为实数域上 n 阶对称矩阵，则

$\boldsymbol{A}$ 与 $\boldsymbol{B}$ 在实数域上合同 $\Leftrightarrow$ $\boldsymbol{A},\boldsymbol{B}$ 有相同的秩和相同的正惯性指数．

5. 矩阵的等价，相似和合同

等价，相似，合同都是两个矩阵间的关系，根据定义我们有

$$\boldsymbol{A}\text{ 与 }\boldsymbol{B}\text{ 相似}\Rightarrow\boldsymbol{A}\text{ 与 }\boldsymbol{B}\text{ 等价}.$$

$$\boldsymbol{A}\text{ 与 }\boldsymbol{B}\text{ 合同}\Rightarrow\boldsymbol{A}\text{ 与 }\boldsymbol{B}\text{ 等价}.$$

反之，则未必然．

这表明对矩阵 $\boldsymbol{A}$ 而言，$\boldsymbol{A}$ 所在的等价类既比 $\boldsymbol{A}$ 所在的相似类大，也不会比 $\boldsymbol{A}$ 所在的合同类小．另一方面 $\boldsymbol{A}$ 所在等价类中的矩阵彼此相同的仅为秩，而 $\boldsymbol{A}$ 所在的相似类中的矩阵不仅秩相同，而且有相同的特征多项式，相同的迹．同样 $\boldsymbol{A}$ 在实数域上的合同类中矩阵不仅有相同的秩，而且有相同的正惯性指数．

对实对称矩阵 $\boldsymbol{A}$ 而言，存在正交矩阵 $\boldsymbol{U}$，使得

$$\boldsymbol{U}^{-1}\boldsymbol{A}\boldsymbol{U}=\boldsymbol{U}^{\mathrm{T}}\boldsymbol{A}\boldsymbol{U}=\mathrm{diag}[\lambda_1,\lambda_2,\cdots,\lambda_n].$$

这表明 $\boldsymbol{A}$ 与 $\mathrm{diag}[\lambda_1,\lambda_2,\cdots,\lambda_n]$ 既相似，也合同（当然也是等价的）．正因为实对称矩阵有此结果，使得它有下述好性质．

性质 7.5.1　设 $\boldsymbol{A},\boldsymbol{B}$ 均为 n 阶实对称矩阵．若 $\boldsymbol{A}$ 与 $\boldsymbol{B}$ 相似，则 $\boldsymbol{A}$ 与 $\boldsymbol{B}$ 必合同．

证 因 $\boldsymbol{A}$ 与 $\boldsymbol{B}$ 相似，所以 $\boldsymbol{A}$ 与 $\boldsymbol{B}$ 有相同的特征多项式，即 $\boldsymbol{A}$ 与 $\boldsymbol{B}$ 有相同的特征值 $\lambda_1,\lambda_2,\cdots,\lambda_n$. 从而 $\boldsymbol{A},\boldsymbol{B}$ 有相同的秩与相同的正惯性指数，所以 $\boldsymbol{A}$ 与 $\boldsymbol{B}$ 合同.

矩阵的等价，相似和合同均体现了这样的一种想法：把一个数学问题经过允许的限制条件不同的变换（等价变换、相似变换、合同变换），化为不同的标准形（在不同限制条件下的最简单形式），借助标准形解决原先的数学问题.

例 7.5.1 设 $\boldsymbol{A}$ 是 n 阶正定矩阵，证明：$|\boldsymbol{A}+\boldsymbol{E}|>1$.

证法 1 $\boldsymbol{A}$ 是正定矩阵，故 $\boldsymbol{A}$ 是实对称的，从而有正交矩阵 $\boldsymbol{U}$ 使得 $\boldsymbol{U}^{\mathrm{T}}\boldsymbol{A}\boldsymbol{U}=\boldsymbol{U}^{-1}\boldsymbol{A}\boldsymbol{U}=\mathrm{diag}[\lambda_1,\lambda_2,\cdots,\lambda_n]$，其中 $\lambda_i(i=1,2,\cdots,n)$ 是 $\boldsymbol{A}$ 的全部特征值. 现 $\boldsymbol{A}$ 正定，所以 $\lambda_i>0(i=1,2,\cdots,n)$. 注意到一方面

$$|\boldsymbol{U}^{-1}(\boldsymbol{A}+\boldsymbol{E})\boldsymbol{U}|=|\boldsymbol{U}^{-1}||\boldsymbol{A}+\boldsymbol{E}||\boldsymbol{U}|=|\boldsymbol{A}+\boldsymbol{E}|.$$

另一方面

$$\begin{aligned}|\boldsymbol{U}^{-1}(\boldsymbol{A}+\boldsymbol{E})\boldsymbol{U}|&=|\boldsymbol{U}^{-1}\boldsymbol{A}\boldsymbol{U}+\boldsymbol{U}^{-1}\boldsymbol{E}\boldsymbol{U}|=|\boldsymbol{U}^{-1}\boldsymbol{A}\boldsymbol{U}+\boldsymbol{E}|\\&=|\mathrm{diag}[1+\lambda_1,1+\lambda_2,\cdots,1+\lambda_n]|\\&=(1+\lambda_1)(1+\lambda_2)\cdots(1+\lambda_n)>1.\end{aligned}$$

综上得：$|\boldsymbol{A}+\boldsymbol{E}|>1$.

证法 2 因 $\boldsymbol{A}$ 正定，所以 $\boldsymbol{A}$ 的特征值 $\lambda_1,\lambda_2,\cdots,\lambda_n$ 全大于零，从而 $\boldsymbol{A}+\boldsymbol{E}$ 的全部特征值为 $\lambda_1+1,\lambda_2+1,\cdots,\lambda_n+1$ 全大于 1，所以

$$|\boldsymbol{A}+\boldsymbol{E}|=(\lambda_1+1)(\lambda_2+1)\cdots(\lambda_n+1)>1.$$

为了进一步阐明矩阵的等价，相似和合同，我们将三者的定义和性质列表如下，表中 $\boldsymbol{P},\boldsymbol{Q},\boldsymbol{C}$ 为可逆矩阵.

	定义	标准形	判别法	性质
$\boldsymbol{A}_{m\times n}$ 与 $\boldsymbol{B}_{m\times n}$ 等价	$\boldsymbol{PAQ}=\boldsymbol{B}$	$\begin{bmatrix}\boldsymbol{E}_r & \boldsymbol{O}\\ \boldsymbol{O} & \boldsymbol{O}\end{bmatrix}$，其中 $r=$秩$(\boldsymbol{A})$.	秩$(\boldsymbol{A})=$秩$(\boldsymbol{B})$	秩$(\boldsymbol{A})=$秩$(\boldsymbol{B})$
$\boldsymbol{A}_{n\times n}$ 与 $\boldsymbol{B}_{n\times n}$ 相似	$\boldsymbol{P}^{-1}\boldsymbol{AP}=\boldsymbol{B}$			秩$(\boldsymbol{A})=$秩$(\boldsymbol{B})$，$\lvert\boldsymbol{A}\rvert=\lvert\boldsymbol{B}\rvert$，$\lvert\lambda\boldsymbol{E}-\boldsymbol{A}\rvert=\lvert\lambda\boldsymbol{E}-\boldsymbol{B}\rvert$，$\mathrm{tr}\boldsymbol{A}=\mathrm{tr}\boldsymbol{B}$
同阶实对称矩阵 $\boldsymbol{A}$ 与 $\boldsymbol{B}$ 合同	$\boldsymbol{C}^{\mathrm{T}}\boldsymbol{AC}=\boldsymbol{B}$	$\begin{bmatrix}\boldsymbol{E}_p & \boldsymbol{O} & \boldsymbol{O}\\ \boldsymbol{O} & -\boldsymbol{E}_q & \boldsymbol{O}\\ \boldsymbol{O} & \boldsymbol{O} & \boldsymbol{O}\end{bmatrix}$，其中 $p+q=$秩$(\boldsymbol{A})$，p 为正惯性指数，q 为负惯性指数.	秩$(\boldsymbol{A})=$秩$(\boldsymbol{B})$，且 $\boldsymbol{A}$ 与 $\boldsymbol{B}$ 有相同的正惯性指数.	秩$(\boldsymbol{A})=$秩$(\boldsymbol{B})$，且 $\boldsymbol{A}$ 与 $\boldsymbol{B}$ 有相同的正（负）惯性指数

从上表中可看出

(1) $\boldsymbol{A}$ 与 $\boldsymbol{B}$ 相似的判别法和相似标准形空缺，这是因为现有的线性代数教学大纲不作要求，所以本书不涉及，我们要掌握的是 $\boldsymbol{A}$ 与对角矩阵相似（即 $\boldsymbol{A}$ 可对角化）的判别法和标准形．对此我们有：

① (判别法) $\boldsymbol{A}$ 与对角矩阵相似 $\Leftrightarrow$ $\boldsymbol{A}$ 有 n 个线性无关的特征向量．

② $\boldsymbol{A}$ 能对角化，则相似标准形为 $\mathrm{diag}[\lambda_1,\lambda_2,\cdots,\lambda_n]$，其中 $\lambda_1,\lambda_2,\cdots,\lambda_n$ 为 $\boldsymbol{A}$ 的全部特征值．

③ 实对称矩阵 $\boldsymbol{A}$ 一定能与对角矩阵相似，且存在正交矩阵 $\boldsymbol{U}$ 使 $\boldsymbol{U}^{\mathrm{T}}\boldsymbol{A}\boldsymbol{U}=\mathrm{diag}[\lambda_1,\lambda_2,\cdots,\lambda_n]$，其中 $\lambda_1,\lambda_2,\cdots,\lambda_n$ 为 $\boldsymbol{A}$ 的全部特征值．

④ 当 $\boldsymbol{A}$ 与 $\boldsymbol{B}$ 为同阶方阵，且均能对角化，则有

$$\boldsymbol{A} \text{ 与 } \boldsymbol{B} \text{ 相似} \Leftrightarrow |\lambda\boldsymbol{E}-\boldsymbol{A}|=|\lambda\boldsymbol{E}-\boldsymbol{B}| \text{（有相同的特征多项式）}.$$

据此，利用③可有：当 $\boldsymbol{A}$ 与 $\boldsymbol{B}$ 均为同阶的实对称矩阵时有

$$\boldsymbol{A} \text{ 与 } \boldsymbol{B} \text{ 相似} \Leftrightarrow |\lambda\boldsymbol{E}-\boldsymbol{A}|=|\lambda\boldsymbol{E}-\boldsymbol{B}| \text{（有相同的特征多项式）}.$$

(2) 表中矩阵等价，合同的判别法和性质是相同的．这表明这些性质是等价，合同的充分必要条件．而表中相似的性质一般只是矩阵相似的必要条件而不是充分的，所以不能据此来判断两个矩阵相似，而常用来判断两个矩阵不相似，如由 $\mathrm{tr}\boldsymbol{A}\neq\mathrm{tr}\boldsymbol{B}$（或 $|\boldsymbol{A}|\neq|\boldsymbol{B}|$ 等）就可推出 $\boldsymbol{A}$ 与 $\boldsymbol{B}$ 不相似．

(3) 我们只讨论实对称矩阵的合同，是因为这时可把矩阵看成实二次型的矩阵，从而利用实二次型的某些概念，如正(负)惯性指数是指与该矩阵合同的对角矩阵主对角线上正(负)数的个数．

(4) 由 n 阶实对称矩阵 $\boldsymbol{A}$ 为正定矩阵 $\Leftrightarrow$ 秩$(\boldsymbol{A})=n$，且正惯性指数为 n，所以两个同阶正定矩阵必合同，反之和正定矩阵合同的矩阵必是正定矩阵，所以将实对称矩阵按合同分类，所有同阶的正定矩阵分在一类，该类的标准形是单位矩阵 $\boldsymbol{E}$.

例 7.5.2 设

$$\boldsymbol{A}=\begin{bmatrix}1&1&0\\1&1&0\\0&0&3\end{bmatrix},\quad \boldsymbol{B}=\begin{bmatrix}1&0&0\\0&1&1\\0&1&3\end{bmatrix},\quad \boldsymbol{C}=\begin{bmatrix}1&0&0\\0&1&0\\0&0&0\end{bmatrix},\quad \boldsymbol{D}=\begin{bmatrix}0&0&0\\0&2&0\\0&0&3\end{bmatrix},$$

① $\boldsymbol{B},\boldsymbol{C},\boldsymbol{D}$ 中与 $\boldsymbol{A}$ 等价的矩阵是________．

② $\boldsymbol{B},\boldsymbol{C},\boldsymbol{D}$ 中与 $\boldsymbol{A}$ 相似的矩阵是________．

③ $\boldsymbol{B},\boldsymbol{C},\boldsymbol{D}$ 中与 $\boldsymbol{A}$ 合同的矩阵是________．

解 ① 由题设易知：秩$(\boldsymbol{A})=2$，秩$(\boldsymbol{B})=3$，秩$(\boldsymbol{C})=$秩$(\boldsymbol{D})=2$，从而 $\boldsymbol{B}$ 与 $\boldsymbol{A}$ 不等价，$\boldsymbol{C}$ 与 $\boldsymbol{A}$ 等价，$\boldsymbol{D}$ 与 $\boldsymbol{A}$ 等价，所以应填：$\boldsymbol{C},\boldsymbol{D}$.

② 由题设得 $|\lambda\boldsymbol{E}-\boldsymbol{A}|=\lambda(\lambda-2)(\lambda-3)$，即 $\boldsymbol{A}$ 有 3 个相异的根，所以 $\boldsymbol{A}$ 能对角化．注意到 $\boldsymbol{D}$ 是对角矩阵，且 $|\lambda\boldsymbol{E}-\boldsymbol{A}|=|\lambda\boldsymbol{E}-\boldsymbol{D}|$，所以 $\boldsymbol{A}$ 与 $\boldsymbol{D}$ 相似．由

$$\text{秩}(\boldsymbol{A})\neq\text{秩}(\boldsymbol{B}),\quad \mathrm{tr}\boldsymbol{A}\neq\mathrm{tr}\boldsymbol{C},$$

可推得 $\boldsymbol{A}$ 与 $\boldsymbol{B}$ 不相似，$\boldsymbol{A}$ 与 $\boldsymbol{C}$ 不相似，所以应填：$\boldsymbol{D}$.

③ $\boldsymbol{A}$ 可视为二次型

$$f(x_1,x_2,x_3)=x_1^2+2x_1x_2+x_2^2+3x_3^2=(x_1+x_2)^2+3x_3^2$$

的矩阵，所以 $\boldsymbol{A}$ 的秩为 2，正惯性指数为 2，注意到 $\boldsymbol{C},\boldsymbol{D}$ 的秩均为 2，正惯性均为 2，所以 $\boldsymbol{C}$ 与 $\boldsymbol{A}$，$\boldsymbol{D}$ 与 $\boldsymbol{A}$ 均合同．由秩($\boldsymbol{A}$)≠秩($\boldsymbol{B}$)知 $\boldsymbol{A},\boldsymbol{B}$ 不合同，所以应填：$\boldsymbol{C},\boldsymbol{D}$.

注记 第③小题，也可从 $|\lambda\boldsymbol{E}-\boldsymbol{A}|=\lambda(\lambda-2)(\lambda-3)$ 知，$\boldsymbol{A}$ 的特征值为 0,2,3，故 $\boldsymbol{A}$ 的秩为 2，正惯性指数为 2.

(5) 凡相似矩阵必等价，凡合同矩阵必等价，反之则未必然．所以矩阵相似、合同的条件均比等价严，而凡相似、合同的矩阵比等价的矩阵有更多的共同性质（见表中“性质”一栏），这样对于矩阵 $\boldsymbol{A}$ 而言，与 $\boldsymbol{A}$ 相似或与 $\boldsymbol{A}$ 合同的矩阵一般说来就要比与 $\boldsymbol{A}$ 等价的矩阵少．

例 7.5.3 对所有的秩为 $r(r\leqslant n)$ 的 n 阶实对称矩阵按等价分类（即把彼此等价的矩阵看成一类）可分成几类？按实数域上合同分类可分成几类？

解 按等价分可分成 1 类，因此时彼此秩均为 r. 按合同分可分成 $r+1$ 类，即按正惯性指数为 $0,1,2,\cdots,r$ 分类．

(6) 一般情况矩阵相似和合同关系较难比较，即相似矩阵未必合同，合同的矩阵未必相似，这一点从两者的定义容易看出的．然而在 $\boldsymbol{A},\boldsymbol{B}$ 均为实对称矩阵时，若 $\boldsymbol{A}$ 与 $\boldsymbol{B}$ 相似，则 $\boldsymbol{A}$ 与 $\boldsymbol{B}$ 必合同（参见性质 7.5.1）.

反之，若 $\boldsymbol{A}$ 与 $\boldsymbol{B}$ 合同就未必有 $\boldsymbol{A}$ 与 $\boldsymbol{B}$ 相似，比如：$\boldsymbol{A}=\begin{bmatrix}1&0\\0&2\end{bmatrix}$，$\boldsymbol{B}=\begin{bmatrix}3&0\\0&4\end{bmatrix}$，则 $\boldsymbol{A}$ 与 $\boldsymbol{B}$ 均为正定矩阵，所以合同．由 $\mathrm{tr}\boldsymbol{A}\neq\mathrm{tr}\boldsymbol{B}$（或 $|\boldsymbol{A}|\neq|\boldsymbol{B}|$）知，$\boldsymbol{A}$ 与 $\boldsymbol{B}$ 不相似．

(7) 对实对称矩阵 $\boldsymbol{A}$ 来说，存在正交矩阵 $\boldsymbol{U}$ 使

$$\boldsymbol{U}^{\mathrm{T}}\boldsymbol{A}\boldsymbol{U}=\boldsymbol{U}^{-1}\boldsymbol{A}\boldsymbol{U}=\mathrm{diag}[\lambda_1,\lambda_2,\cdots,\lambda_n],$$

其中 $\lambda_i(i=1,2,\cdots,n)$ 为 $\boldsymbol{A}$ 的全部特征值．这表明 $\boldsymbol{A}$ 与 $\mathrm{diag}[\lambda_1,\lambda_2,\cdots,\lambda_n]$ 既相似，又合同．当然也等价．从而两者有许多共同之处，如秩相同，特征多项式相同（特别地，行列式相同，迹相同）、正（负）惯性指数相同等．这也是我们强调对实对称矩阵确定正交矩阵 $\boldsymbol{U}$ 使 $\boldsymbol{U}^{\mathrm{T}}\boldsymbol{A}\boldsymbol{U}$ 为对角矩阵方法重要性的原因之一，另一个原因是这问题可源于矩阵对角化和实二次型化标准形两种不同的背景．

7.5.2 正定二次型和正定矩阵

1. 在实二次型中引入正定的概念是用分类的方法来研究实二次型．
2. 正定二次型的矩阵定义为正定矩阵，故正定矩阵一定是实对称的．
3. **判别法**

设实二次型 $f(x_1,x_2,\cdots,x_n)=\boldsymbol{X}^{\mathrm{T}}\boldsymbol{A}\boldsymbol{X}$，则下述陈述等价：

(1) $f(x_1,x_2,\cdots,x_n)$ 是正定的．

(2) $f(x_1,x_2,\cdots,x_n)$ 的正惯性指数为 n.

(3) $f(x_1,x_2,\cdots,x_n)$的规范形为：$y_1^2+y_2^2+\cdots+y_n^2$.

(4) $\boldsymbol{A}$ 是正定矩阵.

(5) $\boldsymbol{A}$ 的全部特征值均大于零.

(6) $\boldsymbol{A}$ 与 n 阶单位矩阵 $\boldsymbol{E}$ 合同.

(7) $\boldsymbol{A}$ 的所有顺序主子式全大于零.

例 7.5.4 设 $\boldsymbol{A},\boldsymbol{B}$ 均为 n 阶实对称矩阵，且 $\boldsymbol{B}$ 为正定矩阵. 证明：存在一个 n 阶可逆矩阵 $\boldsymbol{P}$，使得 $\boldsymbol{P}^{\mathrm{T}}\boldsymbol{AP}$ 与 $\boldsymbol{P}^{\mathrm{T}}\boldsymbol{BP}$ 同时化为对角形.

证 因 $\boldsymbol{B}$ 为正定矩阵，故存在 n 阶可逆实矩阵 $\boldsymbol{Q}$，使得 $\boldsymbol{Q}^{\mathrm{T}}\boldsymbol{BQ}=\boldsymbol{E}$. 因 $\boldsymbol{Q}^{\mathrm{T}}\boldsymbol{AQ}$ 仍为实对称矩阵，故存在 n 阶正交矩阵 $\boldsymbol{U}$，使得 $\boldsymbol{U}^{\mathrm{T}}(\boldsymbol{Q}^{\mathrm{T}}\boldsymbol{AQ})\boldsymbol{U}$ 为对角形. 同时

$$\boldsymbol{U}^{\mathrm{T}}(\boldsymbol{Q}^{\mathrm{T}}\boldsymbol{BQ})\boldsymbol{U}=\boldsymbol{U}^{\mathrm{T}}\boldsymbol{EU}=\boldsymbol{E}.$$

记 $\boldsymbol{P}=\boldsymbol{QU}$，则 n 阶可逆矩阵 $\boldsymbol{P}$ 就使 $\boldsymbol{P}^{\mathrm{T}}\boldsymbol{AP}$ 与 $\boldsymbol{P}^{\mathrm{T}}\boldsymbol{BP}$ 同时化为对角形.

7.5.3 联系

本章开始曾指出二次型的研究源于解析几何中化二次曲线和二次曲面的方程为标准形问题，所以二次型的理论可用来解决平面二次曲线，空间二次曲面的分类问题. 有兴趣的读者可参阅：孟道骥. 高等代数与解析几何(第二版). 北京：科学出版社. 2007

习　题　7.5

1. 写出二次型 $f(x_1,x_2,x_3)=x_1x_2+6x_2^2$ 的矩阵.

2. 已知二次型 $x_1^2+4x_1x_2+x_2^2+6x_2x_3+ax_3^2$ 的秩为 2，则 $a=$______，为什么？

3. 设 $\boldsymbol{A}=\begin{bmatrix}2-a & 1 & 0\\ 1 & 1 & 0\\ 0 & 0 & a+3\end{bmatrix}$是正定矩阵，则 a 的取值是______，且说明理由.

4. 设 $f(x_1,x_2,x_3)=\boldsymbol{X}^{\mathrm{T}}\boldsymbol{AX}$ 经正交替换化为标准形 $3y_1^2+5y_2^2$，求 $\boldsymbol{A}$ 的特征值及 $|\boldsymbol{A}|$.

5. 若实对称矩阵 $\boldsymbol{A}$ 与矩阵 $\boldsymbol{B}=\begin{bmatrix}1 & 0 & 0\\ 0 & 0 & 2\\ 0 & 2 & 0\end{bmatrix}$ 合同，求二次型 $f(x_1,x_2,x_3)=\boldsymbol{X}^{\mathrm{T}}\boldsymbol{AX}$ 的规范形.

6. 设

$$\boldsymbol{A}=\begin{bmatrix}1 & 0 & 0 & 0\\ 0 & 1 & 0 & 0\\ 0 & 0 & 1 & 0\\ 0 & 0 & 0 & 1\end{bmatrix},\quad \boldsymbol{B}=\begin{bmatrix}0 & 0 & 0 & 1\\ 0 & 0 & 1 & 0\\ 0 & 1 & 0 & 0\\ 1 & 0 & 0 & 0\end{bmatrix}.$$

(1) $\boldsymbol{A}$ 与 $\boldsymbol{B}$ 是否等价？为什么？

(2) $\boldsymbol{A}$ 与 $\boldsymbol{B}$ 是否相似？为什么？

(3) $\boldsymbol{A}$ 与 $\boldsymbol{B}$ 是否在实数域上合同？为什么？

7*. 设 $\boldsymbol{A}$ 是 n 阶正定矩阵，$\boldsymbol{\alpha}_1,\boldsymbol{\alpha}_2,\cdots,\boldsymbol{\alpha}_n$ 均为 n 元非零的实的列向量，且满足 $\boldsymbol{\alpha}_i^{\mathrm{T}}\boldsymbol{A}\boldsymbol{\alpha}_j=0$ $(i\neq j;i,j=1,2,\cdots,n)$. 证明：$\boldsymbol{\alpha}_1,\boldsymbol{\alpha}_2,\cdots,\boldsymbol{\alpha}_n$ 线性无关.

8*. 已知

$$\boldsymbol{A}=\begin{bmatrix}2&1&0\\1&2&0\\0&0&t\end{bmatrix},\quad \boldsymbol{B}=\begin{bmatrix}1&2&3\\4&5&6\\3&3&3\end{bmatrix},\quad \boldsymbol{C}=\begin{bmatrix}1&2&3\\0&3&5\\0&0&5\end{bmatrix},\quad \boldsymbol{D}=\begin{bmatrix}2&0&0\\0&2&1\\0&1&0\end{bmatrix}.$$

问：

(1) t 取值在什么范围时，$\boldsymbol{A}$ 为正定矩阵？为什么？

(2) t 取何值时，$\boldsymbol{A}$ 与 $\boldsymbol{B}$ 等价？为什么？

(3) t 取何值时，$\boldsymbol{A}$ 与 $\boldsymbol{C}$ 相似？为什么？

(4) t 取何值时，$\boldsymbol{A}$ 与 $\boldsymbol{D}$ 合同？为什么？

参 考 文 献

［1］ 张禾瑞，郝炳新. 高等代数(第四版). 北京：高等教育出版社，1999

［2］ 北京大学数学系几何与代数教研室 . 高等代数(第三版). 北京：高等教育出版社，2003

［3］ 陈维新 . 线性代数(第二版). 北京：科学出版社 . 2007

［4］ 胡金德，王飞燕 . 线性代数辅导(第三版). 北京：清华大学出版社，2003

［5］ 孙兰芬，陈一巾 . 线性代数 . 杭州：浙江大学出版社，1994

［6］ 王萼芳 . 线性代数 . 北京：清华大学出版社，2000

［7］ COMAP. Principles and Practice of Mathematics. New York：Springer-Verlag. 1997(中译本：申大维等译 . 数学的原理与实践 . 北京：高等教育出版社・施普林格出版社，1998)

［8］ Anton H and Rorres R. Elementary Linear Algebra Applications Versin (Sixth Edition). New York：Johen Wiley & Sons. 1991

［9］ Lay D C. Linear Algebra and Its Application (Second Edition). New York：Addison Wesley Longman. 2000

［10］ Nicholson W K. Linear Algebra with Application (Third Edition). Boston：PWS Publishing Company，1995

［11］ 卢刚. 线性代数. 北京：高等教育出版社，2000

［12］ 陈治中 . 线性代数 . 北京：科学出版社，2001

［13］ 丘维声. 简明线性代数. 北京：北京大学出版社，2002

附录一　连加号$\sum$与连乘号$\prod$

在数学中经常采用一些约定的符号，以使行文简洁明白，连加号"$\sum$"与连乘号"$\prod$"就是常常用到的两种符号．这里将介绍它们的含义和性质，首先介绍连加号．

n个数$a_1,a_2,\cdots,a_n$的和$a_1+a_2+\cdots+a_n$可简记作$\sum_{i=1}^{n}a_i$，即

$$\sum_{i=1}^{n}a_i=a_1+a_2+\cdots+a_n,$$

其中符号"$\sum$"称为**连加号**，a_i表示一般项，$\sum$上、下的数字n和1表示i的取值范围，i称为**求和指标**．例如

$$1+3+5+\cdots+(2n-1)=\sum_{i=1}^{n}(2i-1).$$

需要指出的是，求和指标用什么字母表示是无关紧要的．因为将连加号的和展开时，求和指标就不再出现．例如

$$\sum_{i=1}^{n}a_i=\sum_{j=1}^{n}a_j=\sum_{k=1}^{n}a_k=a_1+a_2+\cdots+a_n.$$

容易看出，连加号$\sum$具有以下简单性质：

性质1　$\sum_{i=1}^{n}(a_i\pm b_i)=\sum_{i=1}^{n}a_i\pm\sum_{i=1}^{n}b_i.$

性质2　$\sum_{i=1}^{n}(ta_i)=t\sum_{i=1}^{n}a_i$，其中$t$是与$i$无关的常数．

例1.1　n次一元多项式

$$f(x)=a_nx^n+a_{n-1}x^{n-1}+\cdots+a_1x+a_0$$

使用连加号可表示为$f(x)=\sum_{i=0}^{n}a_ix^i$.

例1.2　二项式定理

$$(a+b)^n=a^n+C_n^1a^{n-1}b+C_n^2a^{n-2}b^2+\cdots+C_n^{n-1}ab^{n-1}+b^n$$

使用连加号可表示为

$$(a+b)^n=\sum_{i=0}^{n}C_n^ia^{n-i}b^i.$$

例1.3　展开$\sum_{j=1}^{n}(a-b_j)$.

解　$$\begin{aligned}\sum_{j=1}^{n}(a-b_j)&=(a-b_1)+(a-b_2)+\cdots+(a-b_n)\\&=na-(b_1+b_2+\cdots+b_n)\\&\left(=na-\sum_{j=1}^{n}b_j\right).\end{aligned}$$

现在,设 a_{ij} $(i=1,2,\cdots,m;j=1,2,\cdots,n)$是 $m\times n$ 个数. 把它们排成下表

$$\begin{matrix} a_{11} & a_{12} & \cdots & a_{1n} \\ a_{21} & a_{22} & \cdots & a_{2n} \\ \vdots & \vdots & & \vdots \\ a_{m1} & a_{m2} & \cdots & a_{mn} \end{matrix} \qquad (*)$$

设 S 是它们的总和. 我们可按以下两种方式得到 S:

先把(*)式中各行的 n 个数加起来,它们分别是

$$a_{11}+a_{12}+\cdots+a_{1n}=\sum_{j=1}^{n}a_{1j}\xlongequal{\text{记为}}b_1,$$

$$a_{21}+a_{22}+\cdots+a_{2n}=\sum_{j=1}^{n}a_{2j}\xlongequal{\text{记为}}b_2,$$

…………

$$a_{m1}+a_{m2}+\cdots+a_{mn}=\sum_{j=1}^{n}a_{mj}\xlongequal{\text{记为}}b_m.$$

于是

$$S=b_1+b_2+\cdots+b_m=\sum_{i=1}^{m}b_i=\sum_{i=1}^{m}\Big(\sum_{j=1}^{n}a_{ij}\Big).$$

双重连加号 $\sum\limits_{i=1}^{m}\Big(\sum\limits_{j=1}^{n}a_{ij}\Big)$简记作$\sum\limits_{i=1}^{m}\sum\limits_{j=1}^{n}a_{ij}$,即 $S=\sum\limits_{i=1}^{m}\sum\limits_{j=1}^{n}a_{ij}$,这里括号被省略了.

如果先把(*)中各列的 m 个数先加起来,那么就有

$$a_{11}+a_{21}+\cdots+a_{m1}=\sum_{i=1}^{m}a_{i1}\xlongequal{\text{记为}}c_1,$$

$$a_{21}+a_{22}+\cdots+a_{m2}=\sum_{i=1}^{m}a_{i2}\xlongequal{\text{记为}}c_2,$$

…………

$$a_{1n}+a_{2n}+\cdots+a_{mn}=\sum_{i=1}^{m}a_{in}\xlongequal{\text{记为}}c_n.$$

于是

$$S=c_1+c_2+\cdots+c_n=\sum_{j=1}^{n}c_j=\sum_{j=1}^{n}\sum_{i=1}^{m}a_{ij}.$$

因此有下述性质.

性质 3　$\sum\limits_{i=1}^{m}\sum\limits_{j=1}^{n}a_{ij}=\sum\limits_{j=1}^{n}\sum\limits_{i=1}^{m}a_{ij}$. 左式表明:**双重连加号可以交换次序**.

注记　在使用连加号时,求和指标不能与式子中出现的其他字母相混淆. 例如为了用连加号来表示 $a_{i1}+a_{i2}+\cdots+a_{ik}$,可取求和指标为 j,表示为

$$\sum_{j=1}^{n}a_{ij}=a_{i1}+a_{i2}+\cdots+a_{in}.$$

求和指标也可取与 i 无关的 k,t 之类,因为

$$\sum_{k=1}^{n}a_{ik}=\sum_{j=1}^{n}a_{ij}=\sum_{t=1}^{n}a_{it}.$$

但求和指标不能取作 i，因为

$$\sum_{i=1}^{n} a_{ii} = a_{11} + a_{22} + \cdots + a_{nn} \neq \sum_{j=1}^{n} a_{ij}.$$

如果只对 $a_{ij}(i=1,2,\cdots,n;j=1,2,\cdots,n)$ 中部分数求和，则要注明求和指标应满足的条件．例如连加号 $\sum\limits_{1\leqslant i<j\leqslant n}^{n} a_{ij}$ 是指 n^2 个数 a_{ij} 中满足 $1\leqslant i<j\leqslant n$ 的部分数求和，即

$$\begin{aligned}\sum_{1\leqslant i<j\leqslant n}^{n} a_{ij} = &(a_{12}+a_{13}+\cdots+a_{1n})\\ &+(a_{23}+\cdots+a_{2n})\\ &+\cdots\\ &+a_{n-1,n}.\end{aligned}$$

下面介绍连乘号．

n 个数 $a_1,a_2,\cdots,a_n$ 连乘 $a_1\times a_2\times\cdots\times a_n$ 可简记为 $\prod\limits_{i=1}^{n} a_i$，即

$$\prod_{i=1}^{n} a_i = a_1 \times a_2 \times \cdots \times a_n.$$

在不会引起误解的前提下，可略去乘号"×"记为 $\prod\limits_{i=1}^{n} a_i = a_1 a_2 \cdots a_n$.

称符号"$\prod$"为**连乘号**，a_i 表示一般项，$\prod$ 上下的数字 n 和 1 表示 i 的取值范围，i 称为**求积指标**．据此

$$\prod_{k=1}^{n} k = 1\times 2\times\cdots\times n = n!.$$

连乘号有些性质和连加号是一样的，如求积指标用什么字母同样是无关紧要的，例如

$$\prod_{i=1}^{n} a_i = \prod_{j=1}^{n} a_j = \prod_{k=1}^{n} a_k.$$

连乘号 $\prod\limits_{i=1}^{n}(a_i+b_i)$ 的含义是清楚的，即

$$\prod_{i=1}^{n}(a_i+b_i) = (a_1+b_1)(a_2+b_2)\cdots(a_n+b_n).$$

连乘号 $\prod\limits_{1\leqslant i<j\leqslant n}(a_j-a_i)$ 的含义是指 n 个数 $a_1,a_2,\cdots,a_n$ 在条件 $1\leqslant i<j\leqslant n$ 下所有可能的差 (a_j-a_i) 的连乘积，即

$$\begin{aligned}\prod_{1\leqslant i<j\leqslant n}(a_j-a_i) = &(a_2-a_1)(a_3-a_1)\cdots(a_n-a_1)\\ &\cdot(a_3-a_2)\cdots(a_n-a_2)\\ &\cdots\\ &\cdot(a_n-a_{n-1}).\end{aligned}$$

容易得出 $\prod\limits_{1\leqslant i<j\leqslant n}(a_j-a_i)$ 中连乘的项数为

$$(n-1)+(n-2)+\cdots+2+1=\frac{n(n-1)}{2}\text{项}.$$

附录二　一元多项式的一些概念和结论

一元多项式是代数学的一个基本内容，它的许多结果在本书第 6 章讨论矩阵对角化以及计算矩阵的特征值时常要用到．现将有关的概念和结论作一简介．

定义 2.1　设 x 是一个变量，n 是一个非负整数，表示式

$$f(x) = a_n x^n + a_{n-1} x^{n-1} + \cdots + a_1 x + a_0, \tag{2.1}$$

其中 $a_i \in$ 数域 $P(i=1,2,\cdots,n)$，称为数域 P 上的**一元多项式**．数域 P 称为**系数域**．

当 P 是复数域时，$f(x)$称为**复系数多项式**；当 P 是实数域时，$f(x)$称为**实系数多项式**；当 P 是有理数域时，$f(x)$称为**有理系数多项式**．当(2.1)式中 $a_n, a_{n-1}, \cdots, a_1, a_0$ 均为整数时，$f(x)$称为**整系数多项式**．

在(2.1)式中，若 $a_n \neq 0$，则 $a_n x^n$ 称为多项式 $f(x)$的**首项**(或**最高次项**)，a_n 称为**首项系数**，n 称为多项式 $f(x)$的**次数**．同时称 a_{n-1} 为**次高次项系数**，a_0 为**常数项**．若(2.1)式中，$a_n=0, a_{n-1}=0, \cdots, a_1=0, a_0=0$，则称 $f(x)$为**零多项式**．零多项式是惟一不定义次数的多项式．

例 2.1　$-5x^7+x^2-1$ 是 7 次多项式；$\sqrt{2}x+1$ 是 1 次多项式；5 是零次多项式．

我们规定，在一个多项式中，可以任意添上或者去掉一些系数为零的项．并定义两个一元多项式 $f(x)$和 $g(x)$有完全相同的项，或者只差一些系数为零的项．就称 $f(x)$和$g(x)$**相等**，记为 $f(x)=g(x)$.

多项式可引入“根”的概念．设 $f(x)$如(2.1)式，并设 c 是数域 P 中的一个数，用 $f(c)$表示取 $x=c$ 时多项式 $f(x)$的值，即 $f(c) = a_n c^n + a_{n-1} c^{n-1} + \cdots + a_1 c + a_0 \in P$. 若 $f(c)=0$，则称 c 是 $f(x)$的一个**根**．因此多项式 $f(x)$的根也就是方程式$f(x)=0$的解．

定理 2.1　数域 P 上数c 为数域P 上多项式 $f(x)$的一个根的充要条件为 $x-c$ 是$f(x)$的因式，即 $f(x)$可表示成 $f(x) = (x-c)q(x)$，其中 $q(x)$是数域 P 上的一个多项式．

例 2.2　设 $f(x)=x^3+x^2-2x-2$，因 $f(-1)=0$，所以-1 是 $f(x)$的一个根．

据定理 2.1 知，$x+1$ 是 $f(x)$的因式．要证实这一点可如数的除法一样列式计算(称**带余除法**)．具体做法是将被除式 x^3+x^2-2x-2 写在中间，除式$x+1$写在左边，右边留着准备写商式. 先对照被除式的最高次项 x^3 与除式的最高次项 x，得出商式的最高次项为 x^2. 将 x^2 写在右边商式的首位，并将 x^2 与除式 x^2+1 相乘所得 x^3+x^2 写在被除式x^3+x^2-2x-2对应项的下面．然后两者相减得余式$-2x-2$. 再对照余式和除式的最高次项，得出商式的第 2 项为-2. 重复上述做法，得到余式为 0. 整个过程可用竖式表示如下：

$$
\begin{array}{r|r|l}
x+1 & x^3+x^2-2x-2 & x^2-2 \\
 & x^3+x^2 \qquad\quad & \\
\hline
 & -2x-2 & \\
 & -2x-2 & \\
\hline
 & 0 &
\end{array}
$$

所以

$$x^3+x-2x-2=(x+1)(x^2-2).$$
$$=(x+1)(x-\sqrt{2})(x+\sqrt{2}).$$

从而 $f(x)$的根为$-1,\sqrt{2},-\sqrt{2}$.

定义 2.2 设 $f(x)$是数域 P 上的一个多项式,c 是 P 中一个数,k 是正整数,若

$$f(x)=(x-c)^k q(x),$$

其中 $q(x)$是数域 P 上多项式,且 $q(c)\neq 0$,则称 c 是 $f(x)$的 k **重根**.当$k=1$时,称为**单根**;当$k>1$时,称为**重根**.

例 2.3 设 $f(x)=x^3+x^2-5x+3$,则 $f(x)=(x-1)^2(x+3)$. 所以-3是$f(x)$的单根,1 是 $f(x)$的 2 重根.

需要特别注意的是,同一个多项式的根是与所讨论的数域有关的.

例 2.4

$$\begin{aligned} f(x) &= x^5-x^4-2x+2=(x-1)(x^4-2) \\ &= (x-1)(x^2-\sqrt{2})(x^2+\sqrt{2}) \\ &= (x-1)(x-\sqrt[4]{2})(x+\sqrt[4]{2})(x-\sqrt[4]{2}i)(x+\sqrt[4]{2}i) \end{aligned}$$

所以 $f(x)$在复数域中有 5 个根:1,$\pm\sqrt[4]{2}$和$\pm\sqrt[4]{2}i$;在实数域有 3 个根:1 和$\pm\sqrt[4]{2}$;在有理数域只有 1 个根:1.

一元多项式的求根是经典代数的核心问题,多项式根的计算也是一个很复杂的问题.下面所介绍的是一些最基本的结论.

定理 2.2(代数基本定理) 每个次数$\geqslant 1$的复系数多项式在复数域中有一个根.

推论 1 每个 $n(n\geqslant 1)$次的复系数多项式在复数域中恰有 n 个根(重根按重数计算).

推论 2 设 $f(x)$为 n 次多项式,首项系数为 a_n. 若 $f(x)$的 n 个根为 $\lambda_1,\lambda_2,\cdots,\lambda_n$,则 $f(x)=a_n(x-\lambda_1)(x-\lambda_2)\cdots(x-\lambda_n)$.

定理 2.2 和推论 1 都是从理论上说明多项式根的存在,而没有给出具体确定这些根的方法.下面两个定理就有助于帮助我们确定多项式的根.

定理 2.3 设 $f(x)=a_nx^n+a_{n-1}x^{n-1}+\cdots+a_1x+a_0$.

(1) 若 $a_0=0$,则 0 是 $f(x)$的一个根;

(2) 若 $a_n+a_{n-1}+\cdots+a_1+a_0=0$,则 1 是 $f(x)$的一个根;

(3) 若奇次项系数之和与偶次项系数之和相等,则-1是 $f(x)$的一个根.

证 在(1)的条件下,有 $f(0)=0$;在(2)的条件下,有 $f(1)=0$;在(3)的条件下,有 $f(-1)=0$.

注记 正是用本定理的(3)判定例 2.2 的 $f(x)$有一个根为-1,同样也是用本定理的(2)判定出例 2.3 的 $f(x)$有一个根为 1.

定理 2.4 设 $f(x)=a_nx^n+a_{n-1}x^{n-1}+\cdots+a_1x+a_0$ 是一个整系数多项式,若 $f(x)$有一个有理根$\frac{r}{s}$,其中 r,s 是互素整数(即 r,s 的公因数只有± 1),则 s 是 a_n 的一个因数,而 r 是 a_0 的一个因数.特别地,若 $f(x)$的首项系数$a_n=1$,则 $f(x)$的有理根都是整数,且均是 a_0 的因数.

例 2.5 求 $f(x)=x^5-x^4-2x+2$ 的有理根.

解 据定理 2.4 知,$f(x)$的有理根都是整数,且是-2的因数,所以只可能是:$\pm 1,\pm 2$.

计算得

$$f(1)=0;f(-1)=2\neq 0;f(2)=14\neq 0;f(-2)=-42\neq 0.$$

所以 $f(x)$ 只有 1 个有理根 1.

进而可确定 $f(x)$ 的其他根．利用定理 2.1 知，$(x-1)$ 是 $f(x)$ 的一个因式．作带余除法

$$\begin{array}{r|r|l}
x-1 & x^5-x^4-2x+2 & x^4-2 \\
 & x^5-x^4 & \\
\hline
 & -2x+2 & \\
 & -2x+2 & \\
\hline
 & 0 &
\end{array}$$

所以

$$\begin{aligned}f(x)&=(x-1)(x^4-2)=(x-1)(x^2-\sqrt{2})(x^2+\sqrt{2})\\&=(x-1)(x-\sqrt[4]{2})(x+\sqrt[4]{2})(x-\sqrt[4]{2}i)(x+\sqrt[4]{2}i).\end{aligned}$$

这就得出 $f(x)$ 在复数域上的全部根．

利用定理 2.4 还可以确定有理系数多项式的全部有理根．这是因为若 $f(x)$ 是有理系数多项式，则将 $f(x)$ 乘上一个适当的整数 c（其实就是 $f(x)$ 所有系数的分母的公倍数），就可使 $cf(x)=g(x)$ 是一个整系数多项式，由于 $f(x)$ 与 $g(x)$ 只相差一个非零的常数因子，所以 $f(x)$ 与 $g(x)$ 有相同的根，而 $g(x)$ 的全部有理根可由定理 2.4 确定，从而也就确定了 $f(x)$ 的全部有理根．

例 2.6　求 $f(x)=\frac{1}{2}x^3-2x^2+\frac{3}{2}x+1$ 的有理根．

解　因 $f(x)=\frac{1}{2}(x^3-4x^2+3x+2)$，所以 $f(x)$ 与整系数多项式 $g(x)=x^3-4x^2+3x+2$ 有相同的根. 据定理2.4知，$g(x)$ 的有理根只可能是 $\pm 1,\pm 2$.

计算得 $g(1)=2\neq 0$；$g(-1)=-6\neq 0$；$g(2)=0$；$g(-2)=-28\neq 0$. 所以 $g(x)$ 的有理根只有 1 个：2.

进而可确定 $g(x)$ 的其他根．利用定理 2.1 知，$(x-2)$ 是 $g(x)$ 的一个因式，作带余除法

$$\begin{array}{r|r|l}
x-2 & x^3-4x^2+3x+2 & x^2-2x-1 \\
 & x^3-2x^2 & \\
\hline
 & -2x^2+3x & \\
 & -2x^2+4x & \\
\hline
 & -x+2 & \\
 & -x+2 & \\
\hline
 & 0 &
\end{array}$$

所以 $g(x)=(x-2)(x^2-2x-1)$. 再对 2 次多项式 x^2-2x-1 用求根公式得出两个根为：$1+\sqrt{2}$ 和 $1-\sqrt{2}$. 这样 $g(x)=(x-2)[x-(1+\sqrt{2})][x-(1-\sqrt{2})]$. 所以 $g(x)$，也就是 $f(x)$ 在实数域中全部根为：　$2,1\pm\sqrt{2}$.

最后要指出的是定理 2.4 和例 2.6 所介绍的方法在第 6 章矩阵对角化理论中，也是十分有用的．

例 2.7　设实矩阵 $\boldsymbol{A}=\begin{bmatrix}\frac{5}{2} & 3 & -5\\ -3 & \frac{1}{2} & 3\\ -1 & \frac{3}{2} & 0\end{bmatrix}$,求 $\boldsymbol{A}$ 的全部特征值,且判别 $\boldsymbol{A}$ 能否对角化.

解

$$f(\lambda)=|\lambda\boldsymbol{E}-\boldsymbol{A}|=\begin{vmatrix}\lambda-\frac{5}{2} & -3 & 5\\ 3 & \lambda-\frac{1}{2} & -3\\ 1 & -\frac{3}{2} & \lambda\end{vmatrix}=\lambda^3-3\lambda^2+\frac{3}{4}\lambda+\frac{1}{4}.$$

因 $f(\lambda)=\frac{1}{4}(4\lambda^3-12\lambda^2+3\lambda+1)$,所以 $f(\lambda)$ 可能的有理根为:$\pm1,\pm\frac{1}{2},\pm\frac{1}{4}$. 经计算知,$f\left(\frac{1}{2}\right)=0$,当 c 取 ±1,或 $-\frac{1}{2}$,或 $\pm\frac{1}{4}$ 均有 $f(c)\neq0$. 所以 $f(\lambda)$ 的有理根为 $\frac{1}{2}$. 进而 $\left(x-\frac{1}{2}\right)$ 是 $f(\lambda)$ 的一个因式,用带余除法可得 $f(\lambda)=\left(\lambda-\frac{1}{2}\right)\left(\lambda^2-\frac{5}{2}\lambda-\frac{1}{2}\right)$. 对 2 次多项式 $\lambda^2-\frac{5}{2}\lambda-\frac{1}{2}$ 用求根公式可得两个根为:$\frac{5}{4}+\frac{1}{4}\sqrt{33}$ 和 $\frac{5}{4}-\frac{1}{4}\sqrt{33}$. 所以 $\boldsymbol{A}$ 的全部特征值为 $\frac{1}{2}$,$\frac{5}{4}+\frac{1}{4}\sqrt{33}$,$\frac{5}{4}-\frac{1}{4}\sqrt{33}$. 因 $\boldsymbol{A}$ 有 3 个互异的特征值,所以 $\boldsymbol{A}$ 能对角化. 即 $\boldsymbol{A}$ 可与对角矩阵 $\mathrm{diag}\left[\frac{1}{2},\frac{5}{4}+\frac{1}{4}\sqrt{33},\frac{5}{4}-\frac{1}{4}\sqrt{33}\right]$ 相似.

附录三　分块矩阵的初等变换

在 3.3 节中说若将矩阵适当分块，则在矩阵运算（特别是乘法）中可把子矩阵作为“数”，像普通以数为元素的矩阵一样运算．如同数为元素的矩阵有初等变换，本附录介绍分块矩阵的初等变换和相应的初等矩阵．

性质 3.1　设 $\boldsymbol{A},\boldsymbol{B}$ 均为 $m\times n$ 矩阵，则秩$(\boldsymbol{A}+\boldsymbol{B})\leqslant$秩$(\boldsymbol{A})+$秩$(\boldsymbol{B})$.

证法 1　作 $\boldsymbol{G}=\begin{bmatrix}\boldsymbol{A} & \boldsymbol{O}\\ \boldsymbol{O} & \boldsymbol{B}\end{bmatrix}$，由例 3.5.1 知，秩$(\boldsymbol{G})=$秩$(\boldsymbol{A})+$秩$(\boldsymbol{B})$. 另一方面，

$$\boldsymbol{G}=\begin{bmatrix}\boldsymbol{A} & \boldsymbol{O}\\ \boldsymbol{O} & \boldsymbol{B}\end{bmatrix}\xrightarrow[\substack{\vdots\\ R_m+R_{2m}}]{\substack{R_1+R_{m+1}\\ R_2+R_{m+2}}}\begin{bmatrix}\boldsymbol{A} & \boldsymbol{B}\\ \boldsymbol{O} & \boldsymbol{B}\end{bmatrix}\xrightarrow[\substack{\vdots\\ C_{2n}+C_n}]{\substack{C_{n+1}+C_1\\ C_{n+2}+C_2}}\begin{bmatrix}\boldsymbol{A} & \boldsymbol{A}+\boldsymbol{B}\\ \boldsymbol{O} & \boldsymbol{B}\end{bmatrix}\overset{\text{记为}}{=\!=}\boldsymbol{H},$$

有秩$(\boldsymbol{G})=$秩$(\boldsymbol{H})$. 而 $\boldsymbol{H}$ 是由 $\boldsymbol{A}+\boldsymbol{B}$ 添加若干行、列构成，故秩$(\boldsymbol{H})\geqslant$秩$(\boldsymbol{A}+\boldsymbol{B})$.

综上得秩$(\boldsymbol{A}+\boldsymbol{B})\leqslant$秩$(\boldsymbol{A})+$秩$(\boldsymbol{B})$.

证法 2　如将 $\boldsymbol{G}$ 视作分块矩阵，则是两“行”两“列”构成．证法 1 的变换可看作将第 2“行”加到第 1“行”上，再将第 1“列”加到第 2“列”上得到．这就称为**分块矩阵的初等变换**中的**倍加**．当然还类似地有**互换**和**倍乘**．它们所对应的**初等矩阵**就是单位矩阵

$$\begin{bmatrix}\boldsymbol{E}_m & \boldsymbol{O}\\ \boldsymbol{O} & \boldsymbol{E}_m\end{bmatrix}\quad\left(\text{或}\begin{bmatrix}\boldsymbol{E}_n & \boldsymbol{O}\\ \boldsymbol{O} & \boldsymbol{E}_n\end{bmatrix}\right)$$

作相应的初等行（列）变换所得到的矩阵

$$\begin{bmatrix}\boldsymbol{O} & \boldsymbol{E}_m\\ \boldsymbol{E}_m & \boldsymbol{O}\end{bmatrix},\begin{bmatrix}\boldsymbol{P} & \boldsymbol{O}\\ \boldsymbol{O} & \boldsymbol{E}_m\end{bmatrix},\begin{bmatrix}\boldsymbol{E}_m & \boldsymbol{O}\\ \boldsymbol{O} & \boldsymbol{P}\end{bmatrix},\begin{bmatrix}\boldsymbol{E}_m & \boldsymbol{Q}\\ \boldsymbol{O} & \boldsymbol{E}_m\end{bmatrix},\begin{bmatrix}\boldsymbol{E}_m & \boldsymbol{O}\\ \boldsymbol{Q} & \boldsymbol{E}_m\end{bmatrix},$$

其中 $\boldsymbol{P}$ 是可逆矩阵．于是证法一的变换可表示为

$$\begin{bmatrix}\boldsymbol{E}_m & \boldsymbol{E}_m\\ \boldsymbol{O} & \boldsymbol{E}_m\end{bmatrix}\begin{bmatrix}\boldsymbol{A} & \boldsymbol{O}\\ \boldsymbol{O} & \boldsymbol{B}\end{bmatrix}\begin{bmatrix}\boldsymbol{E}_n & \boldsymbol{E}_n\\ \boldsymbol{O} & \boldsymbol{E}_n\end{bmatrix}=\begin{bmatrix}\boldsymbol{A} & \boldsymbol{A}+\boldsymbol{B}\\ \boldsymbol{O} & \boldsymbol{B}\end{bmatrix}=\boldsymbol{H}.$$

因 $\begin{bmatrix}\boldsymbol{E}_m & \boldsymbol{E}_m\\ \boldsymbol{O} & \boldsymbol{E}_m\end{bmatrix}$，$\begin{bmatrix}\boldsymbol{E}_n & \boldsymbol{E}_n\\ \boldsymbol{O} & \boldsymbol{E}_n\end{bmatrix}$均可逆，故秩$(\boldsymbol{G})=$秩$(\boldsymbol{H})$. 同样可导出：秩$(\boldsymbol{A}+\boldsymbol{B})\leqslant$秩$(\boldsymbol{A})+$秩$(\boldsymbol{B})$.

性质 3.2（Sylvester 不等式）　设 $\boldsymbol{A}$ 为 $m\times n$，$\boldsymbol{B}$ 为 $n\times t$ 矩阵，则

$$\text{秩}(\boldsymbol{AB})\geqslant\text{秩}(\boldsymbol{A})+\text{秩}(\boldsymbol{B})-n.$$

证　作 $\boldsymbol{G}=\begin{bmatrix}\boldsymbol{E}_n & \boldsymbol{O}\\ \boldsymbol{O} & \boldsymbol{AB}\end{bmatrix}$. 据例 3.5.1 知，秩$(\boldsymbol{G})=$秩$(\boldsymbol{E}_n)+$秩$(\boldsymbol{AB})=n+$秩$(\boldsymbol{AB})$. 现把 $\boldsymbol{G}$ 看成 2“行”2“列”的分块矩阵，按分块矩阵作初等变换

$$\boldsymbol{G}=\begin{bmatrix}\boldsymbol{E}_n & \boldsymbol{O}\\ \boldsymbol{O} & \boldsymbol{AB}\end{bmatrix}\xrightarrow{R_2+\boldsymbol{A}\times R_1}\begin{bmatrix}\boldsymbol{E}_n & \boldsymbol{O}\\ \boldsymbol{A} & \boldsymbol{AB}\end{bmatrix}\xrightarrow{C_2+C_1\times(-\boldsymbol{B})}\begin{bmatrix}\boldsymbol{E}_n & -\boldsymbol{B}\\ \boldsymbol{A} & \boldsymbol{O}\end{bmatrix}\overset{\text{记为}}{=\!=}\boldsymbol{H}.$$

容易看出 $\boldsymbol{H}$ 中有一个秩$(\boldsymbol{A})+$秩$(\boldsymbol{B})$阶子式不为零，故秩$(\boldsymbol{H})\geqslant$秩$(\boldsymbol{A})+$秩$(\boldsymbol{B})$.

另一方面秩$(\boldsymbol{H})=$秩$(\boldsymbol{G})=n+$秩$(\boldsymbol{AB})$. 从而秩$(\boldsymbol{AB})\geqslant$秩$(\boldsymbol{A})+$秩$(\boldsymbol{B})-n$.

用初等矩阵来表示初等变换，上述变换过程可表示为

$$\begin{bmatrix} E_n & O \\ A & E_m \end{bmatrix}\begin{bmatrix} E_n & O \\ O & AB \end{bmatrix}\begin{bmatrix} E_n & -B \\ O & E_t \end{bmatrix}=\begin{bmatrix} E_n & -B \\ A & O \end{bmatrix}=H.$$

因$\begin{bmatrix} E_n & O \\ A & E_m \end{bmatrix}$，$\begin{bmatrix} E_n & -B \\ O & E_t \end{bmatrix}$可逆，故有秩($G$)=秩($H$)．同样导出结论．

推论 设 A 为 $m\times n$，B 为 $n\times t$ 矩阵．若 $AB=O$，则秩(A)+秩(B)$\leqslant n$.

本节的观点还可用以计算行列式．

例 3.1 设 A,B 分别为 $n\times m$ 和 $m\times n$ 矩阵，证明：

(1) $\begin{vmatrix} E_m & B \\ A & E_n \end{vmatrix}=|E_n-AB|=|E_m-BA|$.

(2) 若 $\lambda\neq 0$，则 $|\lambda E_n-AB|=\lambda^{n-m}|\lambda E_m-BA|$.

证 (1) 按分块矩阵的初等行变换有

$$\begin{bmatrix} E_m & B \\ A & E_n \end{bmatrix}\xrightarrow{R_2-AR_1}\begin{bmatrix} E_m & B \\ O & E_n-AB \end{bmatrix}.$$

用初等矩阵来实施这初等行变换，即有

$$\begin{bmatrix} E_m & O \\ -A & E_n \end{bmatrix}\begin{bmatrix} E_m & B \\ A & E_n \end{bmatrix}=\begin{bmatrix} E_m & B \\ O & E_n-AB \end{bmatrix},$$

两边取行列式得

$$\begin{vmatrix} E_m & B \\ A & E_n \end{vmatrix}=|E_n-AB|.$$

同样按分块矩阵的初等行变换有

$$\begin{bmatrix} E_m & B \\ A & E_n \end{bmatrix}\xrightarrow{R_1-BR_2}\begin{bmatrix} E_m-BA & O \\ A & E_n \end{bmatrix}.$$

用初等矩阵来实施这初等行变换，即有

$$\begin{bmatrix} E_m & -B \\ O & E_n \end{bmatrix}\begin{bmatrix} E_m & B \\ A & E_n \end{bmatrix}=\begin{bmatrix} E_m-BA & O \\ A & E_n \end{bmatrix},$$

两边取行列式得

$$\begin{vmatrix} E_m & B \\ A & E_n \end{vmatrix}=|E_m-BA|.$$

综上所述

$$\begin{vmatrix} E_m & B \\ A & E_n \end{vmatrix}=|E_n-AB|=|E_m-BA|.$$

(2) 当 $\lambda\neq 0$ 时，以$\frac{1}{\lambda}A$ 代替(1)中的 A 即得

$$\left|E_n-\left(\frac{1}{\lambda}A\right)B\right|=\left|E_m-B\left(\frac{1}{\lambda}A\right)\right|$$

而

$$\left|E_n-\left(\frac{1}{\lambda}A\right)B\right|=\left|E_n-\frac{1}{\lambda}(AB)\right|=\left(\frac{1}{\lambda}\right)^n|\lambda E_n-AB|,$$

$$\left|\boldsymbol{E}_m-\boldsymbol{B}\left(\frac{1}{\lambda}\boldsymbol{A}\right)\right|=\left|\boldsymbol{E}_m-\frac{1}{\lambda}(\boldsymbol{BA})\right|=\left(\frac{1}{\lambda}\right)^m|\lambda\boldsymbol{E}_m-\boldsymbol{BA}|,$$

从而

$$\left(\frac{1}{\lambda}\right)^n|\lambda\boldsymbol{E}_n-\boldsymbol{AB}|=\left(\frac{1}{\lambda}\right)^m|\lambda\boldsymbol{E}_m-\boldsymbol{BA}|$$

即

$$|\lambda\boldsymbol{E}_n-\boldsymbol{AB}|=\lambda^{n-m}|\lambda\boldsymbol{E}_m-\boldsymbol{BA}|.$$

注记　此例在第 6 章中有重要含义(参见习题 6.5 的第 10 题).

练习题 3

利用本节方法解题:

1. (Frobenius 不等式)$\boldsymbol{A},\boldsymbol{B},\boldsymbol{C}$ 均为同阶方阵,求证:

$$\text{秩}(\boldsymbol{AB})+\text{秩}(\boldsymbol{BC})\leqslant\text{秩}(\boldsymbol{B})+\text{秩}(\boldsymbol{ABC}).$$

2. $\boldsymbol{A},\boldsymbol{B}$ 分别为 m 阶,n 阶可逆方阵,

$$\boldsymbol{G}_1=\begin{bmatrix}\boldsymbol{A}&\boldsymbol{O}\\\boldsymbol{C}&\boldsymbol{B}\end{bmatrix},\boldsymbol{G}_2=\begin{bmatrix}\boldsymbol{A}&\boldsymbol{C}\\\boldsymbol{O}&\boldsymbol{B}\end{bmatrix},\boldsymbol{G}_3=\begin{bmatrix}\boldsymbol{O}&\boldsymbol{A}\\\boldsymbol{B}&\boldsymbol{C}\end{bmatrix},\boldsymbol{G}_4=\begin{bmatrix}\boldsymbol{C}&\boldsymbol{A}\\\boldsymbol{B}&\boldsymbol{O}\end{bmatrix}.$$

求证:$\boldsymbol{G}_1,\boldsymbol{G}_2,\boldsymbol{G}_3,\boldsymbol{G}_4$ 均可逆,且写出 $\boldsymbol{G}_1^{-1},\boldsymbol{G}_2^{-1},\boldsymbol{G}_3^{-1},\boldsymbol{G}_4^{-1}$.

3. 证明:

$$\begin{vmatrix}\boldsymbol{A}_n&\boldsymbol{B}\\\boldsymbol{C}&\boldsymbol{D}_m\end{vmatrix}=\begin{cases}|\boldsymbol{A}||\boldsymbol{D}-\boldsymbol{CA}^{-1}\boldsymbol{B}|,\text{当 }\boldsymbol{A}\text{ 可逆时};\\|\boldsymbol{D}||\boldsymbol{A}-\boldsymbol{BD}^{-1}\boldsymbol{C}|,\text{当 }\boldsymbol{D}\text{ 可逆时}.\end{cases}$$

利用本节结论解题:

4. 设 $\boldsymbol{A}$ 为 n 阶方阵,$\boldsymbol{B}$ 为 $n\times t$ 矩阵,且秩$(\boldsymbol{B})=n$,证明:

(1) 若 $\boldsymbol{AB}=\boldsymbol{O}$,则 $\boldsymbol{A}=\boldsymbol{O}$;　　(2) 若 $\boldsymbol{AB}=\boldsymbol{B}$,则 $\boldsymbol{A}=\boldsymbol{E}$.

5. 设 $\boldsymbol{A}$ 为 $n(n\geqslant2)$阶方阵,则

(1) 当秩$(\boldsymbol{A})=n$ 时,秩$(\boldsymbol{A}^*)=n$;

(2) 当秩$(\boldsymbol{A})<n-1$ 时,秩$(\boldsymbol{A}^*)=0$;

(3) 当秩$(\boldsymbol{A})=n-1$ 时,秩$(\boldsymbol{A}^*)=1$.

6. $\boldsymbol{A}$ 为 n 阶方阵,且 $\boldsymbol{A}^2=\boldsymbol{A}$(这类矩阵称为**幂等矩阵**),求证:秩$(\boldsymbol{A})+$秩$(\boldsymbol{A}-\boldsymbol{E})=n$.

7. $\boldsymbol{A}$ 为 n 阶方阵,且 $\boldsymbol{A}^2=\boldsymbol{E}$(这类矩阵称为**对合矩阵**),求证:秩$(\boldsymbol{A}+\boldsymbol{E})+$秩$(\boldsymbol{A}-\boldsymbol{E})=n$.

附录四　向量的极大线性无关组与向量组的秩(续)

在 4.3 节中已介绍过向量的极大线性无关组和向量组的秩的概念及一些性质，并指出了

$$\text{向量组 } \boldsymbol{\alpha}_1,\boldsymbol{\alpha}_2,\cdots,\boldsymbol{\alpha}_s \text{ 的秩}=\text{矩阵}[\boldsymbol{\alpha}_1 \quad \boldsymbol{\alpha}_2 \quad \cdots \quad \boldsymbol{\alpha}_s]\text{的秩}.$$

本附录将进一步从理论上来阐明，为此要介绍几个定理．

定理 4.1　设向量组 $\boldsymbol{\alpha}_1,\boldsymbol{\alpha}_2,\cdots,\boldsymbol{\alpha}_r$ 中每一个向量都可经向量组 $\boldsymbol{\beta}_1,\boldsymbol{\beta}_2,\cdots,\boldsymbol{\beta}_s$ 线性表示，若 $\boldsymbol{\alpha}_1,\boldsymbol{\alpha}_2,\cdots,\boldsymbol{\alpha}_r$ 线性无关，则 $r\leqslant s$.

证　由题设有 $\boldsymbol{\alpha}_j=a_{1j}\boldsymbol{\beta}_1+a_{2j}\boldsymbol{\beta}_2+\cdots+a_{sj}\boldsymbol{\beta}_s$

$$\xlongequal{\text{记为}}[\boldsymbol{\beta}_1 \quad \boldsymbol{\beta}_2 \quad \cdots \quad \boldsymbol{\beta}_s]\begin{bmatrix} a_{1j} \\ a_{2j} \\ \vdots \\ a_{sj} \end{bmatrix} \qquad (j=1,2,\cdots,r). \tag{5.1}$$

将(5.1)式中的 r 个等式合在一起，用矩阵形式表示

$$[\boldsymbol{\alpha}_1 \quad \boldsymbol{\alpha}_2 \quad \cdots \quad \boldsymbol{\alpha}_r]=[\boldsymbol{\beta}_1 \quad \boldsymbol{\beta}_2 \quad \cdots \quad \boldsymbol{\beta}_s]\begin{bmatrix} a_{11} & a_{12} & \cdots & a_{1r} \\ a_{21} & a_{22} & \cdots & a_{2r} \\ \vdots & \vdots & & \vdots \\ a_{s1} & a_{s2} & \cdots & a_{sr} \end{bmatrix}$$

$$\xlongequal{\text{记为}}[\boldsymbol{\beta}_1 \quad \boldsymbol{\beta}_2 \quad \cdots \quad \boldsymbol{\beta}_s]\boldsymbol{A}_{s\times r}.$$

因 $\boldsymbol{\alpha}_1,\boldsymbol{\alpha}_2,\cdots,\boldsymbol{\alpha}_r$ 线性无关，据性质 4.2.3 之(2)知，秩$([\boldsymbol{\alpha}_1 \quad \boldsymbol{\alpha}_2 \quad \cdots \quad \boldsymbol{\alpha}_r])=r$. 从而有

$$\begin{aligned} r &= \text{秩}([\boldsymbol{\alpha}_1 \quad \boldsymbol{\alpha}_2 \quad \cdots \quad \boldsymbol{\alpha}_r]) = \text{秩}([\boldsymbol{\beta}_1 \quad \boldsymbol{\beta}_2 \quad \cdots \quad \boldsymbol{\beta}_s]\boldsymbol{A}) \\ &\leqslant \text{秩}([\boldsymbol{\beta}_1 \quad \boldsymbol{\beta}_2 \quad \cdots \quad \boldsymbol{\beta}_s]) \leqslant s. \end{aligned}$$

此定理的逆否命题如下.

定理 4.2　设向量组 $\boldsymbol{\alpha}_1,\boldsymbol{\alpha}_2,\cdots,\boldsymbol{\alpha}_r$ 中每一个向量都可经向量组 $\boldsymbol{\beta}_1,\boldsymbol{\beta}_2,\cdots,\boldsymbol{\beta}_s$ 线性表示，若 $r>s$，则 $\boldsymbol{\alpha}_1,\boldsymbol{\alpha}_2,\cdots,\boldsymbol{\alpha}_r$ 线性相关．

在 4.2 节中已阐明了向量空间 P^n 中任意向量 $\boldsymbol{\alpha}$ 均可经

$$\boldsymbol{\varepsilon}_1=[1,0,\cdots,0,0]^{\mathrm{T}},\quad \boldsymbol{\varepsilon}_2=[0,1,\cdots,0,0]^{\mathrm{T}},\cdots,\boldsymbol{\varepsilon}_{n-1}=[0,0,\cdots,1,0]^{\mathrm{T}},\boldsymbol{\varepsilon}_n=[0,0,\cdots,0,1]^{\mathrm{T}}$$

线性表示，所以 P^n 中任意一组向量 $\boldsymbol{\alpha}_1,\boldsymbol{\alpha}_2,\cdots,\boldsymbol{\alpha}_r$ 中每一个向量均可经向量组 $\boldsymbol{\varepsilon}_1,\boldsymbol{\varepsilon}_2,\cdots,\boldsymbol{\varepsilon}_{n-1},\boldsymbol{\varepsilon}_n$ 线性表示．当 $r>n$ 时，利用定理 4.2 即得 $\boldsymbol{\alpha}_1,\boldsymbol{\alpha}_2,\cdots,\boldsymbol{\alpha}_r$ 线性相关．这样又一次推出当$r>n$时，任意 r 个 n 元向量必线性相关，特别地，$n+1$个 n 元向量必线性相关．

定义 4.1　若向量组 $\boldsymbol{\alpha}_1,\boldsymbol{\alpha}_2,\cdots,\boldsymbol{\alpha}_r$ 中每一个向量都可经向量组 $\boldsymbol{\beta}_1,\boldsymbol{\beta}_2,\cdots,\boldsymbol{\beta}_s$ 线性表示，则称**向量组 $\boldsymbol{\alpha}_1,\boldsymbol{\alpha}_2,\cdots,\boldsymbol{\alpha}_r$ 可由向量组 $\boldsymbol{\beta}_1,\boldsymbol{\beta}_2,\cdots,\boldsymbol{\beta}_s$ 线性表示**．若两个向量组可以互相线性表示，则称这两个**向量组等价**．

定理 4.3　任意两个等价的线性无关向量组它们所含的向量个数相等．

证　设线性无关向量组(Ⅰ)与线性无关向量组(Ⅱ)等价，且它们所含向量个数分别为 r,s. 因(Ⅰ)可经(Ⅱ)线性表示，由定理 4.1 知$r\leqslant s$. 同样由(Ⅱ)可经(Ⅰ)线性表示可推出 $s\leqslant r$. 综合即得$r=s$.

若 $\boldsymbol{\alpha}_1,\boldsymbol{\alpha}_2,\cdots,\boldsymbol{\alpha}_r$ 是向量组 $\boldsymbol{\alpha}_1,\boldsymbol{\alpha}_2,\cdots,\boldsymbol{\alpha}_r,\cdots,\boldsymbol{\alpha}_m$ 的一个极大线性无关组,易知 $\boldsymbol{\alpha}_1,\boldsymbol{\alpha}_2,\cdots,\boldsymbol{\alpha}_r$ 中每个向量都可经 $\boldsymbol{\alpha}_1,\boldsymbol{\alpha}_2,\cdots,\boldsymbol{\alpha}_r,\cdots,\boldsymbol{\alpha}_m$ 线性表示. 反之,据极大线性无关组定义第(2)条的等价条件(2)′可推出 $\boldsymbol{\alpha}_1,\boldsymbol{\alpha}_2,\cdots,\boldsymbol{\alpha}_r,\cdots,\boldsymbol{\alpha}_m$ 中每个向量都可经 $\boldsymbol{\alpha}_1,\boldsymbol{\alpha}_2,\cdots,\boldsymbol{\alpha}_r$ 线性表示,所以有

性质 4.1　向量组与其极大线性无关组等价.

性质 4.2　向量组的任意两个极大线性无关组必等价,从而它们所含的向量个数相等.

证　因向量组的任意两个极大线性无关组均与该向量组等价,据此可推出向量组的任意两个极大线性无关组必等价. 据定理 4.3 知,两者所含向量个数相等.

据此性质我们可将向量组的极大线性无关组所含向量的个数,称为该向量组的**秩**. 它是由向量组惟一确定的. 同时规定全为零向量组成的向量组的秩为零.

注意到 4.3 节中介绍的求向量组 $\boldsymbol{\alpha}_1,\boldsymbol{\alpha}_2,\cdots,\boldsymbol{\alpha}_m$ 的极大线性无关组的方法即为求矩阵 $[\boldsymbol{\alpha}_1\ \ \boldsymbol{\alpha}_2\ \ \cdots\ \ \boldsymbol{\alpha}_m]$ 的秩的方法,故借此可以证明下述性质.

性质 4.3　向量组 $\boldsymbol{\alpha}_1,\boldsymbol{\alpha}_2,\cdots,\boldsymbol{\alpha}_m$ 的秩即为矩阵 $\boldsymbol{A}=[\boldsymbol{\alpha}_1\ \ \boldsymbol{\alpha}_2\ \ \cdots\ \ \boldsymbol{\alpha}_m]$ 的秩.

证　设秩$(\boldsymbol{A})=r$,则 $\boldsymbol{A}$ 可经初等行变换化为前 r 行不全为零,后 $n-r$ 行全为零的阶梯形矩阵 $\boldsymbol{B}=[\boldsymbol{\alpha}_1'\ \ \boldsymbol{\alpha}_2'\ \ \cdots\ \ \boldsymbol{\alpha}_m']$. 此时 $\boldsymbol{B}$ 的阶梯头所在的列向量 $\boldsymbol{\alpha}_{i_1}',\boldsymbol{\alpha}_{i_2}',\cdots,\boldsymbol{\alpha}_{i_r}'$ 是 $\boldsymbol{\alpha}_1',\boldsymbol{\alpha}_2',\cdots,\boldsymbol{\alpha}_m'$ 的一个极大线性无关组,从而 $\boldsymbol{\alpha}_{i_1},\boldsymbol{\alpha}_{i_2},\cdots,\boldsymbol{\alpha}_{i_r}$ 是 $\boldsymbol{\alpha}_1,\boldsymbol{\alpha}_2,\cdots,\boldsymbol{\alpha}_m$ 的一个极大线性无关组,所以 $\boldsymbol{\alpha}_1,\boldsymbol{\alpha}_2,\cdots,\boldsymbol{\alpha}_m$ 的秩为 r,即为秩$(\boldsymbol{A})$,从而性质得证.

性质 4.4　设向量组(Ⅰ):$\boldsymbol{\alpha}_1,\boldsymbol{\alpha}_2,\cdots,\boldsymbol{\alpha}_m$ 的秩为 r,则向量组中任意 $r+1$ 个向量(如果有)必线性相关.

证　据性质 4.3 知,矩阵 $\boldsymbol{A}=[\boldsymbol{\alpha}_1\ \ \boldsymbol{\alpha}_2\ \ \cdots\ \ \boldsymbol{\alpha}_m]$ 的秩为 r,将(Ⅰ)中任意 $r+1$ 个向量 $\boldsymbol{\alpha}_{i_1},\boldsymbol{\alpha}_{i_2},\cdots,\boldsymbol{\alpha}_{i_r},\boldsymbol{\alpha}_{i_{r+1}}$ 作为列向量组成矩阵记为 $\boldsymbol{B}$,则 $\boldsymbol{A}$ 是 $\boldsymbol{B}$ 添加一些列得到的,据性质 2.3.1 有:秩$(\boldsymbol{B})\leqslant$秩$(\boldsymbol{A})=r$,故 秩$(\boldsymbol{B})<r+1$. 据此由性质 4.2.3 知,$\boldsymbol{\alpha}_{i_1},\boldsymbol{\alpha}_{i_2},\cdots,\boldsymbol{\alpha}_{i_r},\boldsymbol{\alpha}_{i_{r+1}}$ 线性相关.

推论　秩为 r 的向量组中任意 r 个线性无关的向量均可作为该向量组的一个极大线性无关组.

至此,4.3 节中述而未证的结论都已给出了证明.

下面将讨论等价向量组的秩.

性质 4.5　设向量组(Ⅰ):$\boldsymbol{\alpha}_1,\boldsymbol{\alpha}_2,\cdots,\boldsymbol{\alpha}_m$;向量组(Ⅱ):$\boldsymbol{\beta}_1,\boldsymbol{\beta}_2,\cdots,\boldsymbol{\beta}_s$. 若向量组(Ⅰ)可经向量组(Ⅱ)线性表示,则秩(Ⅰ)$\leqslant$秩(Ⅱ).

证法 1　设(Ⅰ)的秩为 r_1,不妨设(Ⅰ)的一个极大线性无关组为 $\boldsymbol{\alpha}_1,\boldsymbol{\alpha}_2,\cdots,\boldsymbol{\alpha}_{r_1}$;(Ⅱ)的秩为 r_2,不妨设(Ⅱ)的一个极大线性无关组为 $\boldsymbol{\beta}_1,\boldsymbol{\beta}_2,\cdots,\boldsymbol{\beta}_{r_2}$. 据题设 $\boldsymbol{\alpha}_1,\boldsymbol{\alpha}_2,\cdots,\boldsymbol{\alpha}_{r_1}$,可经向量组(Ⅱ)线性表示,再利用向量组与其极大线性无关组等价,可推出 $\boldsymbol{\alpha}_1,\boldsymbol{\alpha}_2,\cdots,\boldsymbol{\alpha}_{r_1}$ 可经 $\boldsymbol{\beta}_1,\boldsymbol{\beta}_2,\cdots,\boldsymbol{\beta}_{r_2}$ 线性表示. 因 $\boldsymbol{\alpha}_1,\boldsymbol{\alpha}_2,\cdots,\boldsymbol{\alpha}_{r_1}$ 线性无关,据定理 4.1 知,$r_1\leqslant r_2$,即证得秩(Ⅰ)$\leqslant$秩(Ⅱ).

证法 2　据题设有

$\boldsymbol{\alpha}_1=a_{11}\boldsymbol{\beta}_1+a_{21}\boldsymbol{\beta}_2+\cdots+a_{s1}\boldsymbol{\beta}_s,\boldsymbol{\alpha}_2=a_{12}\boldsymbol{\beta}_1+a_{22}\boldsymbol{\beta}_2+\cdots+a_{s2}\boldsymbol{\beta}_s,\cdots\cdots\boldsymbol{\alpha}_m=a_{1m}\boldsymbol{\beta}_1+a_{2m}\boldsymbol{\beta}_2+\cdots+a_{sm}\boldsymbol{\beta}_s$,

将上式改写为矩阵形式有

$$[\boldsymbol{\alpha}_1\ \ \boldsymbol{\alpha}_2\ \ \cdots\ \ \boldsymbol{\alpha}_m]=[\boldsymbol{\beta}_1\ \ \boldsymbol{\beta}_2\ \ \cdots\ \ \boldsymbol{\beta}_s]\begin{bmatrix}a_{11}&a_{12}&\cdots&a_{1m}\\a_{21}&a_{22}&\cdots&a_{2m}\\\vdots&\vdots&&\vdots\\a_{s1}&a_{s2}&\cdots&a_{sm}\end{bmatrix},$$

记 $\boldsymbol{A}=[a_{ij}]_{s\times m}$，则有$[\boldsymbol{\alpha}_1\ \ \boldsymbol{\alpha}_2\ \ \cdots\ \ \boldsymbol{\alpha}_m]=[\boldsymbol{\beta}_1\ \ \boldsymbol{\beta}_2\ \ \cdots\ \ \boldsymbol{\beta}_s]\boldsymbol{A}$. 故

$$\begin{aligned}秩([\boldsymbol{\alpha}_1\ \ \boldsymbol{\alpha}_2\ \ \cdots\ \ \boldsymbol{\alpha}_m])&=秩([\boldsymbol{\beta}_1\ \ \boldsymbol{\beta}_2\ \ \cdots\ \ \boldsymbol{\beta}_s]\boldsymbol{A})\\&\leqslant秩([\boldsymbol{\beta}_1\ \ \boldsymbol{\beta}_2\ \ \cdots\ \ \boldsymbol{\beta}_s]).\end{aligned}$$

利用秩$([\boldsymbol{\alpha}_1\ \ \boldsymbol{\alpha}_2\ \ \cdots\ \ \boldsymbol{\alpha}_m])$=秩(Ⅰ)，秩$([\boldsymbol{\beta}_1\ \ \boldsymbol{\beta}_2\ \ \cdots\ \ \boldsymbol{\beta}_s])$=秩(Ⅱ)，即证得秩(Ⅰ)≤秩(Ⅱ).

推论 若向量组(Ⅰ)与向量组(Ⅱ)等价，则秩(Ⅰ)=秩(Ⅱ).

上述推论的逆命题不成立，即由秩(Ⅰ)=秩(Ⅱ)，不能推出必有向量组(Ⅰ)与向量组(Ⅱ)等价.

例 4.1 设向量组(Ⅰ)：$\boldsymbol{\alpha}_1=[1,0,0]^{\mathrm{T}}$，$\boldsymbol{\alpha}_2=[0,1,0]^{\mathrm{T}}$；向量组(Ⅱ)：$\boldsymbol{\beta}_1=[0,0,1]^{\mathrm{T}}$，$\boldsymbol{\beta}_1=[0,1,1]^{\mathrm{T}}$. 因 $\boldsymbol{\alpha}_1,\boldsymbol{\alpha}_2$ 线性无关，故秩(Ⅰ)=2. 同样由 $\boldsymbol{\beta}_1,\boldsymbol{\beta}_2$ 线性无关知，秩(Ⅱ)=2. 从而有秩(Ⅰ)=秩(Ⅱ). 因线性方程组$[\boldsymbol{\alpha}_1\ \ \boldsymbol{\alpha}_2]\begin{bmatrix}x_1\\x_2\end{bmatrix}=\boldsymbol{\beta}_1$ 无解. 所以 $\boldsymbol{\beta}_1$ 不能经 $\boldsymbol{\alpha}_1,\boldsymbol{\alpha}_2$ 线性表示，故向量组(Ⅰ)与向量组(Ⅱ)不等价.

注记 向量组(Ⅰ)与向量组(Ⅱ)的秩相等是(Ⅰ)与(Ⅱ)等价的必要条件，但不是充分条件.

练习题 4

1. 已知向量 $\boldsymbol{\alpha}_1,\boldsymbol{\alpha}_2$ 经向量 $\boldsymbol{\beta}_1,\boldsymbol{\beta}_2,\boldsymbol{\beta}_3$ 线性表示的表示式为

$$\boldsymbol{\alpha}_1=\boldsymbol{\beta}_1-\boldsymbol{\beta}_2-\boldsymbol{\beta}_3;\quad \boldsymbol{\alpha}_2=\boldsymbol{\beta}_1+2\boldsymbol{\beta}_2+3\boldsymbol{\beta}_3.$$

向量 $\boldsymbol{\beta}_1,\boldsymbol{\beta}_2,\boldsymbol{\beta}_3$ 经向量 $\boldsymbol{\gamma}_1,\boldsymbol{\gamma}_2,\boldsymbol{\gamma}_3$ 的线性表示的表示式为

$$\boldsymbol{\beta}_1=2\boldsymbol{\gamma}_1+\boldsymbol{\gamma}_2+3\boldsymbol{\gamma}_3;\quad \boldsymbol{\beta}_2=\boldsymbol{\gamma}_1+3\boldsymbol{\gamma}_2+\boldsymbol{\gamma}_3;\quad \boldsymbol{\beta}_3=-\boldsymbol{\gamma}_1-2\boldsymbol{\gamma}_2-3\boldsymbol{\gamma}_3.$$

求向量 $\boldsymbol{\alpha}_1,\boldsymbol{\alpha}_2$ 经向量 $\boldsymbol{\gamma}_1,\boldsymbol{\gamma}_2,\boldsymbol{\gamma}_3$ 的线性表示的表示式.

2. 已知向量组(Ⅰ)：$\boldsymbol{\alpha}_1,\boldsymbol{\alpha}_2,\boldsymbol{\alpha}_3$ 可经向量组(Ⅱ)：$\boldsymbol{\beta}_1,\boldsymbol{\beta}_2,\boldsymbol{\beta}_3$ 线性表示，表示式为

$$\boldsymbol{\alpha}_1=\boldsymbol{\beta}_1-\boldsymbol{\beta}_2+\boldsymbol{\beta}_3;\quad \boldsymbol{\alpha}_2=\boldsymbol{\beta}_1+\boldsymbol{\beta}_2-\boldsymbol{\beta}_3;\quad \boldsymbol{\alpha}_3=-\boldsymbol{\beta}_1+\boldsymbol{\beta}_2+\boldsymbol{\beta}_3.$$

问(Ⅱ)能否经(Ⅰ)线性表示？如能请写出线性表示式.

3. 设(Ⅰ)，(Ⅱ)，(Ⅲ)为 3 个 n 元向量组，若(Ⅰ)可经(Ⅱ)线性表示，(Ⅱ)可经(Ⅲ)线性表示，则(Ⅰ)可经(Ⅲ)线性表示.

4. 已知向量组(Ⅰ)：$\boldsymbol{\alpha}_1,\boldsymbol{\alpha}_2,\cdots,\boldsymbol{\alpha}_s$ 的秩为 r_1，向量组(Ⅱ)：$\boldsymbol{\beta}_1,\boldsymbol{\beta}_2,\cdots,\boldsymbol{\beta}_t$ 的秩为 r_2，则下述论断成立的是(　)，且说明理由.

(A) 当 $r_1=r_2$ 时，向量组(Ⅰ)与向量组(Ⅱ)等价.

(B) 当 $r_1=r_2$ 时，矩阵$[\boldsymbol{\alpha}_1\ \ \boldsymbol{\alpha}_2\ \ \cdots\ \ \boldsymbol{\alpha}_s]$与矩阵$[\boldsymbol{\beta}_1\ \ \boldsymbol{\beta}_2\ \ \cdots\ \ \boldsymbol{\beta}_t]$等价.

(C) 向量组 $\boldsymbol{\alpha}_1,\boldsymbol{\alpha}_2,\cdots,\boldsymbol{\alpha}_s,\boldsymbol{\beta}_1,\boldsymbol{\beta}_2,\cdots,\boldsymbol{\beta}_t$ 的秩$\geqslant\max\{r_1,r_2\}$.

(D) 若向量组(Ⅰ)与向量组(Ⅱ)等价，则矩阵$[\boldsymbol{\alpha}_1\ \ \boldsymbol{\alpha}_2\ \ \cdots\ \ \boldsymbol{\alpha}_s]$与矩阵$[\boldsymbol{\beta}_1\ \ \boldsymbol{\beta}_2\ \ \cdots\ \ \boldsymbol{\beta}_t]$等价.

习题及练习题答案

习题 1.1

1. 有理数.

2. 1234,1243,1324,1342,1423,1432,2134,2143,2314,2341,2413,2431,3124,3142,3214,3241,3412,3421,4123,4132,4213,4231,4312,4321.

3. A.　4. (1) 4,偶排列;(2) 4,偶排列;(3) 15,奇排列;(4) 36,偶排列;

(5) 10,偶排列;　(6) $\frac{n}{2}(n-1)$,当 $n=4k,4k+1$ 时为偶排列,当 $n=4k+2,4k+3$ 时为奇排列.

5. (1) $i=3,j=6$;(2) $i=7,j=3$;(3) $i=8,j=3$;(4) $i=9,j=5$.　6. $(n-k)!$.

习题 1.2

1. (1) $ab(b-a)$;　(2) 0;　(3) 0;　(4) 0;　(5) 4;　(6) $abe-acd$.

2. (1) 正;　(2) 负;　(3) 负;　(4) 正.

3. $i=4,k=1$.　4. $k=2,i=3$ 时为正;$k=3,i=2$ 时为负.

5. $a_{11}a_{23}a_{34}a_{42}$, $-a_{14}a_{23}a_{31}a_{42}$.　6. $a_{11}a_{23}a_{32}a_{44}$, $a_{14}a_{23}a_{31}a_{42}$, $a_{12}a_{23}a_{34}a_{41}$.

7. (1) $ab-6$;　(2) $-abcd$;　(3) 0;　(4) $(-1)^{\frac{n(n-1)}{2}}a_{1n}a_{2,n-1}\cdots a_{n-1,2}a_{n1}$.

8. 错. 正确答案为:$a_{11}a_{22}a_{33}a_{44}+a_{14}a_{23}a_{32}a_{41}-a_{11}a_{23}a_{32}a_{44}-a_{14}a_{22}a_{33}a_{41}$.

9. 对,因整数经加、减、乘后仍为整数.　10. $(-1)^{\frac{n(n+1)}{2}}$.

习题 1.3

1. (1) $6a$;(2) $-3a$.

2. (1) 0;　(2) 0;　(3) 0;　(4) 96;　(5) 1;　(6) -3;　(7) -18;　(8) $(a+b+c)^3$.

3. (1) $b_1b_2\cdots b_{n-1}$;　(2) $(-1)^{n-1}n(a_1a_2\cdots a_{n-1})$.

5. (1) $-1,1,-2,2$;　(2) $0,1,2,\cdots,n-2$.

习题 1.4

1. (1) $uvxyz$;　(2) 16;　(3) a^2-e^2;　(4) $a_2a_3\cdots a_{n-1}(a_1a_n-1)$;

   (5) $-(x_2-x_1)^2(x_3-x_1)^2(x_3-x_2)^2$;　(6) $12(x-1)(x^2-4)$;

   (7) $(a+b+c)(b-a)(c-a)(c-b)$.

2. (1) $x^n+(-1)^{n+1}y^n$;　(2) $n=1$ 时为 $1+x_1y_1$,$n=2$ 时为 $(x_2-x_1)(y_2-y_1)$,$n>2$ 时为 0.

3. (1) 0,4,9;　(2) 5,-1,-1.　4. (1) 4;　(2) 9;　(3) $(ad-4)(bc-6)$.

习题 1.5

1. (1) $x_1=1,x_2=2,x_3=3$;　(2) $x_1=-a,x_2=b,x_3=c$;　(3) $x_1=x_2=x_3=x_4=1$;

   (4) $x_1=3,x_2=-1,x_3=-4,x_4=1$;　(5) $x=0,y=1,z=0$.

2. $\lambda\neq\frac{1}{4}$.　3. 提示:证明系数行列式不为零.

习题 1.6

1. (1) $a+b+d$； (2) $x^2(x-1)$. 2. 参照例 1.3.5 和例 1.6.1. 3. $3\cdot 5^4$.

习题 2.1

1. (1) $\boldsymbol{A}=\begin{bmatrix}1&-1&0&0\\0&1&-1&0\\0&0&1&-1\\-1&0&0&1\end{bmatrix}$， $\bar{\boldsymbol{A}}=\left[\begin{array}{cccc:c}1&-1&0&0&1\\0&1&-1&0&1\\0&0&1&-1&1\\-1&0&0&1&-1\end{array}\right]$.

(2) $\boldsymbol{A}=\begin{bmatrix}0&0&0&1&2\\1&0&0&-3&0\\1&2&3&0&0\\0&-2&4&-3&1\end{bmatrix}$， $\bar{\boldsymbol{A}}=\left[\begin{array}{ccccc:c}0&0&0&1&2&1\\1&0&0&-3&0&2\\1&2&3&0&0&2\\0&-2&4&-3&1&1\end{array}\right]$.

2. (1) $\begin{cases}x_1-x_3+x_4=40,\\x_1+x_2=50,\\x_2+x_3+x_5=60,\\x_4+x_5=50;\end{cases}$ (2) $\begin{cases}x_1+x_3+x_5=50,\\x_1-x_2=25,\\x_2+x_4+x_7=60,\\x_5+x_6-x_7=40,\\-x_3+x_4+x_6=75.\end{cases}$

3. (1) $\begin{bmatrix}1&0&0&-\frac{11}{5}\\0&1&0&\frac{3}{5}\\0&0&1&3\end{bmatrix}$； (2) $\begin{bmatrix}1&0&0\\0&1&0\\0&0&1\\0&0&0\end{bmatrix}$； (3) $\begin{bmatrix}1&0&-4&5\\0&1&-7&6\\0&0&0&0\\0&0&0&0\end{bmatrix}$.

习题 2.2

1. $\boldsymbol{A}$ 中一定存在不为零的 $r-1$ 阶子式，可以存在为零的 r 阶子式，一定不存在不为零的 $r+1$ 阶子式.

2. (1) 2； (2) 4； (3) 5； (4) 3. 3. 3. 4. $\boldsymbol{D}$. 5. 1.

6. 当 $k\neq 1$，且 $k\neq -3$ 时，秩 $\boldsymbol{A}=4$；当 $k=1$ 时，秩$(\boldsymbol{A})=1$，当 $k=-3$ 时，秩$(\boldsymbol{A})=3$.

习题 2.3

1. (1) 无解； (2) $x_1=-8, x_2=3, x_3=6, x_4=0$；

(3) $\begin{cases}x_1=2t_1-t_2,\\x_2=t_1,\\x_3=t_2,\\x_4=1,\end{cases}$ 其中 t_1, t_2 为任意常数； (4) $\begin{cases}x_1=3-2t_1-2t_2,\\x_2=-2+3t_1+3t_2,\\x_3=t_1,\\x_4=t_2,\end{cases}$ 其中 t_1, t_2 为任意常数；

(5) $\begin{cases}x_1=0,\\x_2=t,\\x_3=2t,\\x_4=t,\end{cases}$ 其中 t 为任意常数； (6) $\begin{cases}x_1=t_1-t_2,\\x_2=t_1-t_3,\\x_3=t_1,\\x_4=t_1,\\x_5=t_2,\\x_6=t_3,\end{cases}$ 其中 t_1, t_2, t_3 为任意常数.

2. 对．因此类齐次线性方程组系数矩阵的行数为方程个数，列数为未知量个数，故系数矩阵的秩一定小于未知量个数．据此(1)、(2)均有无穷多个解．

3. $\lambda\neq-1$，且 $\lambda\neq4$.　4. 1

5. (1) $\begin{cases}x_1=t_1+t_2-10,\\x_2=60-t_1-t_2,\\x_3=t_1,\\x_4=50-t_2,\\x_5=t_2,\end{cases}$ 其中 $t_1\geqslant0, 0\leqslant t_2\leqslant50, 10\leqslant t_1+t_2\leqslant60$.

(2) $\begin{cases}x_1=85-t_1-t_3,\\x_2=60-t_1-t_3,\\x_3=-75+t_1+t_2,\\x_4=t_1,\\x_5=40-t_2+t_3,\\x_6=t_2,\\x_7=t_3,\end{cases}$ 其中 $\begin{cases}75\leqslant t_1+t_2\leqslant100,\\t_1+t_3\leqslant60,\\t_2-t_3\leqslant40.\end{cases}$

习题 2.4

1. $\lambda=1$ 时无解；$\lambda\neq1$ 时有无穷多解，且含有 1 个自由未知量．

2. (1) $\lambda\neq3$ 时，有惟一解；$\lambda=3$ 时，有无穷多解，通解为

$$\begin{cases}x_1=5-10t,\\x_2=-3+7t,\\x_3=t,\end{cases}\quad \text{其中 } t \text{ 为任意常数；}$$

(2) $\lambda=0$ 时，无解；$\lambda\neq0$ 且 $\lambda\neq1$ 时，有惟一解；$\lambda=1$ 时，有无穷多解，通解为

$$\begin{cases}x_1=1-t,\\x_2=-3+2t,\\x_3=t,\end{cases}\quad \text{其中 } t \text{ 为任意常数；}$$

(3) $\lambda\neq1$，且 $\lambda\neq-2$ 时，有惟一解；$\lambda=-2$ 时，无解；$\lambda=1$ 时，有无穷多解，通解为

$$\begin{cases}x_1=1-t_1-t_2,\\x_2=t_1,\\x_3=t_2,\end{cases}\quad \text{其中 } t_1, t_2 \text{ 为任意常数．}$$

3. $a=0, b=2$ 时有解．通解为

$$\begin{cases}x_1=-2+t_1+t_2+5t_3,\\x_2=3-2t_1-2t_2-6t_3,\\x_3=t_1,\\x_4=t_2,\\x_5=t_3,\end{cases}\quad \text{其中 } t_1, t_2, t_3 \text{ 为任意常数．}$$

4. 无．

6. 有解充要条件为 $\sum\limits_{i=1}^{n}b_i=0$. 有解时通解为

$$\begin{cases} x_i = \sum_{j=i}^{n-1} b_j + t(i=1,2,\cdots,n-1), \\ x_n = t, \end{cases}$$ 其中 t 为任意常数.

8. (1) $\begin{cases} x_1=100+t_1, \\ x_2=600+t_1-t_2, \\ x_3=900-t_2, \\ x_4=300+t_1 \\ x_5=-200+t_2, \\ x_6=t_1, \\ x_7=t_2, \end{cases}$ 其中 $\begin{cases} 200\leqslant t_2\leqslant 900, \\ t_2-t_1\leqslant 600. \end{cases}$ (2) $\begin{cases} x_1=100, \\ x_2=600-t_2, \\ x_3=900-t_2, \\ x_4=300, \\ x_5=-200+t_2, \\ x_6=0, \\ x_7=t_2, \end{cases}$ 其中 $200\leqslant t_2\leqslant 600$.

EF 街道车流量控制在[400,500]间所有街道车流量不超过 500.

9. 安排第一车间 100 匹布,第二车间 200 匹布,第三车间 100 匹布.

10. 有可能,且有无穷多种配方. 设 A_1,A_2,A_3,A_4,A_5 分别为 x_1,x_2,x_3,x_4,x_5. 则配方可选择为

$$\begin{cases} x_1 = 10t-1000, \\ x_2 = 2000-7t, \\ x_3 = 1000-5t, \\ x_4 = t, \\ x_5 = t, \end{cases}$$ 其中 $100\leqslant t\leqslant 200$.

习题 3.1

1. D

2. $\begin{bmatrix} -10 & -1 & -1 \\ -1 & -13 & 3 \end{bmatrix}$, $\begin{bmatrix} -5 & -9 & 6 \\ 5 & 2 & 4 \end{bmatrix}$,

3. $\begin{bmatrix} 1 & 5 & -3 & 1 \\ -4 & -2 & 5 & -2 \\ 1 & -2 & 1 & 1 \end{bmatrix}$. 4. $\begin{bmatrix} 1 & -2 & 1 \\ 2 & -4 & 2 \\ 3 & -6 & 3 \end{bmatrix}$, $[0]$, $\begin{bmatrix} -1 \\ -1 \\ -1 \end{bmatrix}$, $[0]$.

5. (1) $\begin{bmatrix} \lambda_1 a_{11} & \lambda_1 a_{12} & \cdots & \lambda_1 a_{1n} \\ \lambda_2 a_{21} & \lambda_2 a_{22} & \cdots & \lambda_2 a_{2n} \\ \vdots & \vdots & & \vdots \\ \lambda_n a_{n1} & \lambda_n a_{n2} & \cdots & \lambda_n a_{nn} \end{bmatrix}$, $\begin{bmatrix} \lambda_1 a_{11} & \lambda_2 a_{12} & \cdots & \lambda_n a_{1n} \\ \lambda_1 a_{21} & \lambda_2 a_{22} & \cdots & \lambda_n a_{2n} \\ \vdots & \vdots & & \vdots \\ \lambda_1 a_{n1} & \lambda_2 a_{n2} & \cdots & \lambda_n a_{nn} \end{bmatrix}$.

7. (1) $\boldsymbol{E}_3$ (2) $a_{11}x^2+2a_{12}xy+a_{22}y^2+2b_1x+2b_2y+c$; (3) $4\boldsymbol{E}_4$; (4) $\begin{bmatrix} \frac{1}{2} & -\frac{1}{2} \\ -\frac{1}{2} & \frac{1}{2} \end{bmatrix}$.

8. $\begin{bmatrix} 0 & \cdots & 0 & a_{1i} & 0 & \cdots & 0 \\ 0 & \cdots & 0 & a_{2i} & 0 & \cdots & 0 \\ \vdots & & \vdots & \vdots & \vdots & & \vdots \\ 0 & \cdots & 0 & a_{ni} & 0 & \cdots & 0 \end{bmatrix}$ (第 j 列), $\begin{bmatrix} 0 & 0 & \cdots & 0 \\ \vdots & \vdots & & \vdots \\ 0 & 0 & \cdots & 0 \\ a_{j1} & a_{j2} & \cdots & a_{jn} \\ 0 & 0 & \cdots & 0 \\ \vdots & \vdots & & \vdots \\ 0 & 0 & \cdots & 0 \end{bmatrix} i$, $\boldsymbol{E}_{ik}\boldsymbol{E}_{kj}=\boldsymbol{E}_{ij}$.

13. $\begin{bmatrix} 21 & -23 & 15 \\ -13 & 34 & 10 \\ -9 & 22 & 25 \end{bmatrix}$.　　14. (3) $k\boldsymbol{\alpha}$.　　15. $\left[\sum_{i=1}^{n} a_i^2\right]$, $\begin{bmatrix} a_1^2 & a_1a_2 & a_1a_3 & \cdots & a_1a_n \\ a_2a_1 & a_2^2 & a_2a_3 & \cdots & a_2a_n \\ a_3a_1 & a_3a_2 & a_3^2 & \cdots & a_3a_n \\ \vdots & \vdots & \vdots & & \vdots \\ a_na_1 & a_na_2 & a_na_3 & \cdots & a_n^2 \end{bmatrix}$.

18. $3^{n-1}\begin{bmatrix} 1 & \frac{1}{2} & \frac{1}{3} \\ 2 & 1 & \frac{2}{3} \\ 3 & \frac{3}{2} & 1 \end{bmatrix}$.　　19. (1) 0；　(2) 0.

20. (1) $\boldsymbol{A}=\begin{bmatrix} 94 & 90 & 97 \\ 85 & 85 & 76 \\ 98 & 95 & 97 \\ 60 & 70 & 72 \end{bmatrix}$，$\boldsymbol{B}=\begin{bmatrix} 90 & 86 & 95 \\ 78 & 80 & 70 \\ 92 & 93 & 96 \\ 66 & 74 & 75 \end{bmatrix}$，$\boldsymbol{C}=\begin{bmatrix} 90 & 80 & 90 \\ 80 & 80 & 70 \\ 90 & 90 & 100 \\ 70 & 80 & 80 \end{bmatrix}$.

(2) $\boldsymbol{D}=0.2\boldsymbol{A}+0.7\boldsymbol{B}+0.1\boldsymbol{C}=\begin{bmatrix} 91 & 86 & 95 \\ 80 & 81 & 71 \\ 93 & 93 & 97 \\ 65 & 74 & 75 \end{bmatrix}$.

21. (1) $\boldsymbol{A}=\begin{bmatrix} 2000 & 1200 \\ 1200 & 1400 \\ 800 & 600 \end{bmatrix}$，$\boldsymbol{B}=\begin{bmatrix} 0.2 & 0.02 & 0.12 \\ 0.35 & 0.05 & 0.5 \end{bmatrix}$；　(2) $\boldsymbol{C}=\boldsymbol{AB}=\begin{bmatrix} 820 & 100 & 840 \\ 730 & 94 & 844 \\ 370 & 46 & 396 \end{bmatrix}$.

习题 3.2

1. D.　2. D.　3. $\begin{bmatrix} 2 & \frac{5}{2} \\ -1 & \frac{-3}{2} \end{bmatrix}$.　4. (1) $\begin{bmatrix} 1 & -2 & 7 \\ 0 & 1 & -2 \\ 0 & 0 & 1 \end{bmatrix}$；　(2) $\frac{1}{9}\begin{bmatrix} 1 & 2 & 2 \\ 2 & 1 & -2 \\ 2 & -2 & 1 \end{bmatrix}$.

5. (1) $\begin{bmatrix} -1 & -1 \\ 2 & 3 \end{bmatrix}$；　(2) $\begin{bmatrix} 2 & 2 \\ 2 & 2 \\ 1 & 2 \end{bmatrix}$；　(3) $\begin{bmatrix} 1 & 1 \\ \frac{1}{4} & 0 \end{bmatrix}$.

6. (1) $\frac{1}{11}\begin{bmatrix} 4 & 3 \\ -1 & 2 \end{bmatrix}$；(2) $\begin{bmatrix} 3 & 0 & 0 \\ 0 & 2 & 0 \\ 0 & 0 & 1 \end{bmatrix}$；(3) $\begin{bmatrix} -2 & 0 & -2 \\ 0 & 2 & 0 \\ -1 & 0 & -1 \end{bmatrix}$.

9. $\boldsymbol{A}^{-1}=\frac{-a_m}{a_0}\boldsymbol{A}^{m-1}+\frac{-a_{m-1}}{a_0}\boldsymbol{A}^{m-2}+\cdots+\frac{-a_1}{a_0}\boldsymbol{E}$.

10. (1) $\frac{1}{3}$；　(2) 9；　(3) -24；　(4) $\frac{1}{81}$；　(5) -9；　(6) $\frac{1}{3}\boldsymbol{A}$.

14. $\boldsymbol{A}^{-1}=\frac{1}{4}\boldsymbol{A}+\frac{1}{4}\boldsymbol{E}$；　$(\boldsymbol{A}-\boldsymbol{E})^{-1}=\frac{1}{2}\boldsymbol{A}+\boldsymbol{E}$.

习题 3.3

1. (1) $\begin{bmatrix} 7 & -5 & 0 & 0 \\ 7 & 8 & 0 & 0 \\ 0 & 0 & 8 & 9 \\ 0 & 0 & -1 & 2 \end{bmatrix}$； (2) $\begin{bmatrix} 2 & 3 & 2 \\ 2 & 2 & 3 \\ 2 & 4 & 1 \\ 0 & 1 & 4 \\ 0 & 0 & 1 \end{bmatrix}$.

2. (1) $[\boldsymbol{E} \quad \boldsymbol{A}^{-1}]$； (2) $\begin{bmatrix} \boldsymbol{E} \\ \boldsymbol{A}^{-1} \end{bmatrix}$； (3) $\begin{bmatrix} \boldsymbol{A}^{\mathrm{T}}\boldsymbol{A} & \boldsymbol{A}^{\mathrm{T}} \\ \boldsymbol{A} & \boldsymbol{E} \end{bmatrix}$； (4) $[\boldsymbol{A}\boldsymbol{A}^{\mathrm{T}}+\boldsymbol{E}]$； (5) $\begin{bmatrix} \boldsymbol{E} & \boldsymbol{A}^{-1} \\ \boldsymbol{A} & \boldsymbol{E} \end{bmatrix}$.

3. C　4. $\boldsymbol{Q}^{-1}=\begin{bmatrix} \boldsymbol{O} & \boldsymbol{B}^{-1} \\ \boldsymbol{A}^{-1} & \boldsymbol{O} \end{bmatrix}$.

5. (1) $\begin{bmatrix} 1 & -1 & 0 & 0 \\ -1 & 2 & 0 & 0 \\ 0 & 0 & -3 & 7 \\ 0 & 0 & 1 & -2 \end{bmatrix}$； (2) $\begin{bmatrix} 0 & 0 & -1 & 4 \\ 0 & 0 & 1 & -3 \\ -3 & 2 & 0 & 0 \\ -5 & 3 & 0 & 0 \end{bmatrix}$；

(3) $\begin{bmatrix} 0 & 0 & 1 & -1 & 1 \\ 0 & 0 & 0 & 1 & -1 \\ 0 & 0 & 0 & 0 & 1 \\ -3 & 2 & 0 & 0 & 0 \\ 2 & -1 & 0 & 0 & 0 \end{bmatrix}$； (4) $\begin{bmatrix} 0 & 0 & \cdots & 0 & a_n^{-1} \\ a_1^{-1} & 0 & \cdots & 0 & 0 \\ 0 & a_2^{-1} & \cdots & 0 & 0 \\ \vdots & \vdots & & \vdots & \vdots \\ 0 & 0 & \cdots & a_{n-1}^{-1} & 0 \end{bmatrix}$.

6. $\boldsymbol{M}_1^{-1}=\begin{bmatrix} \boldsymbol{A}^{-1} & -\boldsymbol{A}^{-1}\boldsymbol{C}\boldsymbol{B}^{-1} \\ \boldsymbol{O} & \boldsymbol{B}^{-1} \end{bmatrix}$, $\boldsymbol{M}_2^{-1}=\begin{bmatrix} \boldsymbol{O} & \boldsymbol{B}^{-1} \\ \boldsymbol{A}^{-1} & -\boldsymbol{A}^{-1}\boldsymbol{C}\boldsymbol{B}^{-1} \end{bmatrix}$, $\boldsymbol{M}_3^{-1}=\begin{bmatrix} -\boldsymbol{B}^{-1}\boldsymbol{C}\boldsymbol{A}^{-1} & \boldsymbol{B}^{-1} \\ \boldsymbol{A}^{-1} & \boldsymbol{O} \end{bmatrix}$.

习题 3.4

1. C

2. (1) $\begin{bmatrix} 1 & -4 & -3 \\ 1 & -5 & -3 \\ -1 & 6 & 4 \end{bmatrix}$； (2) $\dfrac{1}{4}\begin{bmatrix} 1 & 1 & 1 & 1 \\ 1 & 1 & -1 & -1 \\ 1 & -1 & 1 & -1 \\ 1 & -1 & -1 & 1 \end{bmatrix}$；

(3) $\dfrac{1}{32}\begin{bmatrix} 16 & -8 & 4 & -2 & 1 \\ 0 & 16 & -8 & 4 & -2 \\ 0 & 0 & 16 & -8 & 4 \\ 0 & 0 & 0 & 16 & -8 \\ 0 & 0 & 0 & 0 & 16 \end{bmatrix}$； (4) $\begin{bmatrix} 1 & -a & 0 & \cdots & 0 & 0 \\ 0 & 1 & -a & \cdots & 0 & 0 \\ 0 & 0 & 1 & \cdots & 0 & 0 \\ \vdots & \vdots & \vdots & & \vdots & \vdots \\ 0 & 0 & 0 & \cdots & 1 & -a \\ 0 & 0 & 0 & \cdots & 0 & 1 \end{bmatrix}$；

(5) $\dfrac{1}{n-1}\begin{bmatrix} 2-n & 1 & \cdots & 1 \\ 1 & 2-n & \cdots & 1 \\ \vdots & \vdots & & \vdots \\ 1 & 1 & \cdots & 2-n \end{bmatrix}$.

3. (1) $\begin{bmatrix}5&3&1\\-3&-3&0\\-7&-4&-1\end{bmatrix}$；(2) $\begin{bmatrix}1&0&0\\0&2&0\\0&0&1\end{bmatrix}$；(3) $\begin{bmatrix}1&-1&-1&0&\cdots&0&0\\1&1&-1&-1&\cdots&0&0\\0&1&1&-1&\cdots&0&0\\\vdots&\vdots&\vdots&\vdots&&\vdots&\vdots\\0&0&0&0&\cdots&1&-1\\0&0&0&0&\cdots&1&2\end{bmatrix}$.

4. (1) $(\boldsymbol{E}(i,j)\boldsymbol{A})^{-1}=\boldsymbol{A}^{-1}\boldsymbol{E}(i,j)$；(2) $(\boldsymbol{E}(i(k))\boldsymbol{A})^{-1}=\boldsymbol{A}^{-1}\boldsymbol{E}\left(i\left(\frac{1}{k}\right)\right)$；

(3) $(\boldsymbol{E}(i+j(k),j)\boldsymbol{A})^{-1}=\boldsymbol{A}^{-1}\boldsymbol{E}(i+j(-k),j)$.

5. $\begin{bmatrix}1&0&0&0\\-2&1&0&0\\1&-2&1&0\\0&1&-2&1\end{bmatrix}$.　6. B.

习题 3.5

1. C.　2. C.　3. $a=4$.

6. 可分成 $n+1$ 个等价类．标准形为 $\begin{bmatrix}\boldsymbol{E}_r&\boldsymbol{O}\\\boldsymbol{O}&\boldsymbol{O}\end{bmatrix}$，$r=0,1,2,\cdots,n$.

9.　1.　10. (1) $\leqslant 3$　，0；(2) C.

习题 3.6

1. (5)，(6)，(7).　2. (6).　3. (1) $8a^3$；(2) $\frac{1}{8a^3}\boldsymbol{G}$.　4. (2) $\boldsymbol{E}(i,j)$

7. 反例之一如下：取

$$\boldsymbol{A}=\begin{bmatrix}1&0&0\\0&1&0\\0&0&0\end{bmatrix},\quad \boldsymbol{B}=\begin{bmatrix}0&0&0\\0&1&0\\0&0&0\end{bmatrix},\quad \boldsymbol{C}=\begin{bmatrix}1&0&0\\0&0&1\\0&1&0\end{bmatrix},$$

则 $\boldsymbol{C}$ 为可逆矩阵，但秩$(\boldsymbol{AB})=1$，秩$(\boldsymbol{ACB})=0$.

习题 4.1

1. (1) $[7,-3,14,9]^{\mathrm{T}}$，$[-4,-2,-21,19]^{\mathrm{T}}$；(2) $[1,5,21,-34]^{\mathrm{T}}$；

(3) $[1,3,14,-21]^{\mathrm{T}}$.

2. $[10,-5,-9,2]^{\mathrm{T}}$，$[-7,4,7,-1]^{\mathrm{T}}$.　3. $[a_1,a_2,\cdots,a_{n-1},a_n]^{\mathrm{T}}$.

习题 4.2

1. D.

2. (1) $\boldsymbol{\beta}=\frac{1}{4}(5\boldsymbol{\alpha}_1+\boldsymbol{\alpha}_2-\boldsymbol{\alpha}_3-\boldsymbol{\alpha}_4)$；(2) $\boldsymbol{\beta}=-\boldsymbol{\alpha}_1+\boldsymbol{\alpha}_2+2\boldsymbol{\alpha}_3-2\boldsymbol{\alpha}_4$.

3. $a=15$ 时 $\boldsymbol{\beta}$ 可经 $\boldsymbol{\alpha}_1,\boldsymbol{\alpha}_2,\boldsymbol{\alpha}_3$ 线性表示；$a\neq 15$ 时 $\boldsymbol{\beta}$ 不能经 $\boldsymbol{\alpha}_1,\boldsymbol{\alpha}_2,\boldsymbol{\alpha}_3$ 线性表示．

4. (1) $a=-1,b\neq 0$ 时，$\boldsymbol{\beta}$ 不能经 $\boldsymbol{\alpha}_1,\boldsymbol{\alpha}_2,\boldsymbol{\alpha}_3,\boldsymbol{\alpha}_4$ 线性表示；

(2) $a\neq -1$ 时，$\boldsymbol{\beta}=\frac{-2b}{a+1}\boldsymbol{\alpha}_1+\frac{a+b+1}{a+1}\boldsymbol{\alpha}_2+\frac{b}{a+1}\boldsymbol{\alpha}_3$.

$a=-1,b=0$ 时，$\boldsymbol{\beta}=(-2t_1+t_2)\boldsymbol{\alpha}_1+(1+t_1-2t_2)\boldsymbol{\alpha}_2+t_1\boldsymbol{\alpha}_3+t_2\boldsymbol{\alpha}_4$，其中 t_1,t_2 为任意常数.

5.(1) 线性无关；(2) 线性相关．

6. $a=9$ 时，$\boldsymbol{\alpha}_1,\boldsymbol{\alpha}_2,\boldsymbol{\alpha}_3$ 线性相关；$a\neq 9$ 时，$\boldsymbol{\alpha}_1,\boldsymbol{\alpha}_2,\boldsymbol{\alpha}_3$ 线性无关．

7. B. 8.(1) 线性相关；(2) 线性相关．(3) $t\neq 1$ 时，线性无关；$t=1$ 时，线性相关．

9. 线性无关．

习题 4.3

1.(1) 秩为 2，极大线性无关组可取 $\boldsymbol{\alpha}_1,\boldsymbol{\alpha}_2$，且 $\boldsymbol{\alpha}_3=2\boldsymbol{\alpha}_1-\boldsymbol{\alpha}_2$，$\boldsymbol{\alpha}_4=-\boldsymbol{\alpha}_1+2\boldsymbol{\alpha}_2$；

(2) 秩为 4，向量组本身为极大线性无关组．

(3) 秩为 3，极大线性无关组可取 $\boldsymbol{\alpha}_1,\boldsymbol{\alpha}_2,\boldsymbol{\alpha}_4$，且 $\boldsymbol{\alpha}_3=3\boldsymbol{\alpha}_1+\boldsymbol{\alpha}_2$.

2.(1) 秩为 2，线性相关；(2) 秩为 3，线性相关．

3.(1) $\lambda\neq 2$，且 $\lambda\neq -2$ 时，$\boldsymbol{\alpha}_1,\boldsymbol{\alpha}_2,\boldsymbol{\alpha}_3$ 线性无关；$\lambda=2$ 或 $\lambda=-2$ 时，$\boldsymbol{\alpha}_1,\boldsymbol{\alpha}_2,\boldsymbol{\alpha}_3$ 线性相关．

(2) $\lambda=2$ 时，$\boldsymbol{\alpha}_3$ 能经 $\boldsymbol{\alpha}_1,\boldsymbol{\alpha}_2$ 线性表示，表示式为 $\boldsymbol{\alpha}_3=\frac{1}{2}\boldsymbol{\alpha}_2$.

4. D.

习题 4.4

1. C. 2.(2) $[x_1,x_2,x_3,x_4]^{\mathrm{T}}=[-8,3,6,0]^{\mathrm{T}}$；

(3) $\begin{bmatrix}x_1\\x_2\\x_3\\x_4\end{bmatrix}=\begin{bmatrix}0\\0\\0\\1\end{bmatrix}+t_1\begin{bmatrix}2\\1\\0\\0\end{bmatrix}+t_2\begin{bmatrix}-1\\0\\1\\0\end{bmatrix}$，其中 t_1,t_2 为任意常数；

(4) $\begin{bmatrix}x_1\\x_2\\x_3\\x_4\end{bmatrix}=\begin{bmatrix}3\\-2\\0\\0\end{bmatrix}+t_1\begin{bmatrix}-2\\3\\1\\0\end{bmatrix}+t_2\begin{bmatrix}-2\\3\\0\\1\end{bmatrix}$，其中 t_1,t_2 为任意常数；

(5) $\begin{bmatrix}x_1\\x_2\\x_3\\x_4\end{bmatrix}=t\begin{bmatrix}0\\1\\2\\1\end{bmatrix}$，其中 t 为任意常数；

(6) $\begin{bmatrix}x_1\\x_2\\x_3\\x_4\\x_5\\x_6\end{bmatrix}=t_1\begin{bmatrix}1\\1\\1\\1\\0\\0\end{bmatrix}+t_2\begin{bmatrix}-1\\0\\0\\0\\1\\0\end{bmatrix}+t_3\begin{bmatrix}0\\-1\\0\\0\\0\\1\end{bmatrix}$，其中 t_1,t_2,t_3 为任意常数．

4. A. 5. $[1,2,3,4]^{\mathrm{T}}+t[0,-1,-2,-3]^{\mathrm{T}}$，其中 t 为任意常数(答案不惟一).

习题 4.5

1. (1) $a\neq 1$ 时秩$(\bar{A})=4$； $a=1$，且 $b\neq -3$ 时秩$(\bar{A})=4$； $a=1$，且 $b=-3$ 时秩$(\bar{A})=3$.

(2)$a=1$，且 $b\neq -3$ 时方程组无解；$a\neq 1$ 时方程组有惟一解：

$$\left[-4b-20, b+6+\frac{2(b+3)}{1-a}, b+5, \frac{-b-3}{1-a}\right]^{T};$$

$a=1$，且 $b=-3$ 时方程组有无穷多解，通解为

$$[-8,3,2,0]^{T}+t[0,-2,0,1]^{T}, t \text{ 为任意常数}.$$

(3)$a=1$，且 $b\neq -3$ 时 $\boldsymbol{\beta}$ 不能经 $\boldsymbol{\alpha}_1,\boldsymbol{\alpha}_2,\boldsymbol{\alpha}_3,\boldsymbol{\alpha}_4$ 线性表示.

当 $a\neq 1$ 时 $\boldsymbol{\beta}$ 能经 $\boldsymbol{\alpha}_1,\boldsymbol{\alpha}_2,\boldsymbol{\alpha}_3,\boldsymbol{\alpha}_4$ 线性表示，且表示式惟一：

$$\boldsymbol{\beta}=(-4b-20)\boldsymbol{\alpha}_1+\left[(b+6)+\frac{2(b+3)}{1-a}\right]\boldsymbol{\alpha}_2+(b+5)\boldsymbol{\alpha}_3+\frac{-b-3}{1-a}\boldsymbol{\alpha}_4;$$

当 $a=1$，且 $b=-3$ 时，$\boldsymbol{\beta}$ 能经 $\boldsymbol{\alpha}_1,\boldsymbol{\alpha}_2,\boldsymbol{\alpha}_3,\boldsymbol{\alpha}_4$ 线性表示，且有无穷多个表达式：

$$\boldsymbol{\beta}=-8\boldsymbol{\alpha}_1+(3-2t)\boldsymbol{\alpha}_2+2\boldsymbol{\alpha}_3+t\boldsymbol{\alpha}_4, \text{其中 } t \text{ 为任意常数}.$$

(4)$a\neq 1$ 时，秩为 4，$\boldsymbol{\alpha}_1,\boldsymbol{\alpha}_2,\boldsymbol{\alpha}_3,\boldsymbol{\alpha}_4$ 是一组极大线性无关组；

$a=1$，且 $b\neq -3$ 时，秩为 4，$\boldsymbol{\alpha}_1,\boldsymbol{\alpha}_2,\boldsymbol{\alpha}_3,\boldsymbol{\beta}$ 是一组极大线性无关组；

$a=1$，且 $b=-3$ 时，秩为 3，$\boldsymbol{\alpha}_1,\boldsymbol{\alpha}_2,\boldsymbol{\alpha}_3$ 是一组极大线性无关组.

习题 5.2

1. A.　2. $k\neq 9$.　3. C.　4. $k\neq -1$ 线性无关，$k=-1$ 线性相关.

5. $\boldsymbol{\alpha}=6\boldsymbol{\alpha}_1-\boldsymbol{\alpha}_2-\boldsymbol{\alpha}_3+4\boldsymbol{\alpha}_4$.

6. (1) $\begin{bmatrix} 2 & 1 & 1 \\ -1 & 1 & -2 \\ 1 & 1 & 3 \end{bmatrix}$；

(2)$\boldsymbol{\alpha}$ 在(Ⅱ)下的坐标 $\boldsymbol{Y}=\left[-\frac{2}{3},\frac{5}{3},\frac{2}{3}\right]^{T}$.

7. $\begin{bmatrix} 0 & 0 & \cdots & 0 & 1 \\ 1 & 0 & \cdots & 0 & 0 \\ 0 & 1 & \cdots & 0 & 0 \\ \vdots & \vdots & & \vdots & \vdots \\ 0 & 0 & \cdots & 1 & 0 \end{bmatrix}$.　8. $k[1,1,1,-1]^{T}$，　$k\neq 0$.

习题 5.3

1. B.　2. 否．因加法不封闭，或数乘不封闭.

3. (1) 维数为 1，一组基可取$[-2,0,1,0]^{T}$.

(2) 维数为 1，一组基可取$[0,0,0,1,1]^{T}$.

(3) 维数为 2，一组基可取$[1,-2,1,0]^{T}$，$[1,-2,0,1]^{T}$.

习题 5.4

1. $(\boldsymbol{\alpha},\boldsymbol{\beta})=-29$；　$(3\boldsymbol{\alpha}+2\boldsymbol{\beta},3\boldsymbol{\alpha}-2\boldsymbol{\beta})=102$；　$\|\boldsymbol{\alpha}\|=\sqrt{30}$；　$\|\boldsymbol{\alpha}+\boldsymbol{\beta}\|=\sqrt{14}$；

$\|\boldsymbol{\alpha}-\boldsymbol{\beta}\|=\sqrt{130}$.

2. 9.　4. $\pm\frac{1}{\sqrt{26}}[4,0,1,-3]^{T}$.

5.（1）是；（2）$\|\boldsymbol{\alpha}\|=\sqrt{30}$，$(\boldsymbol{\alpha},\boldsymbol{\beta})=3\sqrt{2}$.

6. $\boldsymbol{\eta}_1=\frac{1}{\sqrt{6}}[1,2,1]^{\mathrm{T}},\boldsymbol{\eta}_2=\frac{1}{\sqrt{66}}[1,-4,7]^{\mathrm{T}},\boldsymbol{\eta}_3=\frac{1}{\sqrt{11}}[3,-1,-1]^{\mathrm{T}}$.

7. $\boldsymbol{\eta}_1=\frac{1}{\sqrt{2}}[1,1,0,0]^{\mathrm{T}}$，$\boldsymbol{\eta}_2=\frac{1}{\sqrt{6}}[1,-1,2,0]^{\mathrm{T}}$，$\boldsymbol{\eta}_3=\frac{1}{2\sqrt{3}}[-1,1,1,3]^{\mathrm{T}}$.

习题 6.1

1. B.　2. $\boldsymbol{\xi}_1,\boldsymbol{\xi}_2$ 是 $\boldsymbol{A}$ 的属于特征值 0 的特征向量.

5. 由 $\boldsymbol{A\xi}=\boldsymbol{\xi}(\boldsymbol{\eta}^{\mathrm{T}}\boldsymbol{\xi})=(\boldsymbol{\eta}^{\mathrm{T}}\boldsymbol{\xi})\boldsymbol{\xi}$ 知，$\boldsymbol{\xi}$ 为 $\boldsymbol{A}$ 的属于 $\sum_{i=1}^{n}x_iy_i$ 的特征向量.

习题 6.2

1. 0.

2. 对. 因此时 $|\boldsymbol{E}-2\boldsymbol{A}|\neq 0$，否则由 $|\boldsymbol{E}-2\boldsymbol{A}|=0\Rightarrow\left|\frac{1}{2}\boldsymbol{E}-\boldsymbol{A}\right|=0$，即 $\frac{1}{2}$ 是 $\boldsymbol{A}$ 的特征值，此为矛盾.

3.（1）$\lambda_1=\lambda_2=1,\lambda_3=3$. 属于 1 的特征向量为 $k_1[2,1,0]^{\mathrm{T}}+k_2[-1,0,1]^{\mathrm{T}}$，$k_1,k_2$ 不同时为零. 属于 3 的特征向量为 $k_3[0,1,1]^{\mathrm{T}},k_3\neq 0$；

（2）$\lambda_1=1,\lambda_2=\lambda_3=0$. 属于 1 的全部特征向量为 $k_1[1,1,1]^{\mathrm{T}}$，$k_1\neq 0$，
属于 0 的全部特征向量为 $k_2[1,2,3]^{\mathrm{T}}$，$k_2\neq 0$；

（3）$\lambda_1=3,\lambda_2=\lambda_3=-1$. 属于 3 的全部特征向量为 $k_1[1,2,2]^{\mathrm{T}}$，$k_1\neq 0$，
属于 -1 的全部特征向量的坐标为 $k_2[1,2,1]^{\mathrm{T}}$，$k_2\neq 0$；

（4）$\lambda_1=1,\lambda_2=\lambda_3=2$，属于 1 的全部特征向量为 $k_1[1,1,1]^{\mathrm{T}}$，$k_1\neq 0$，
属于 2 的全部特征向量为 $k_1[1,1,0]^{\mathrm{T}}+k_3[1,0,-3]^{\mathrm{T}}$，$k_2,k_3$ 不同时为零；

（5）$\lambda_1=1,\lambda_2=\lambda_3=\lambda_4=2$，属于 1 的全部特征向量为 $k_1[7,-9,1,-2]^{\mathrm{T}}$，$k_1\neq 0$，
属于 2 的全部特征向量为 $k_2[-1,0,0,3]^{\mathrm{T}}+k_3[-1,1,0,0]^{\mathrm{T}}$，$k_2,k_3$ 不同时为零；

（6）$\lambda_1=\lambda_2=1,\lambda_2=\lambda_3=-1$，属于 1 的全部特征向量为

$$k_1[1,0,0,1]^{\mathrm{T}}+k_2[0,1,1,0]^{\mathrm{T}},\quad k_1,k_2\text{ 不同时为零；}$$

属于 -1 的全部特征向量为 $k_3[0,-1,1,0]^{\mathrm{T}}+k_4[-1,0,0,1]^{\mathrm{T}}$，$k_3,k_4$ 不同时为零；

4.（1）能，$\boldsymbol{P}=\begin{bmatrix}2&-1&0\\1&0&1\\0&1&1\end{bmatrix}$，$\boldsymbol{P}^{-1}\boldsymbol{AP}=\begin{bmatrix}1&0&0\\0&1&0\\0&0&3\end{bmatrix}$.（2）不能.（3）不能.

（4）能，$\boldsymbol{P}=\begin{bmatrix}1&1&1\\1&1&0\\1&0&-3\end{bmatrix}$，$\boldsymbol{P}^{-1}\boldsymbol{AP}=\begin{bmatrix}1&0&0\\0&2&0\\0&0&2\end{bmatrix}$.（5）不能.

（6）能，$\boldsymbol{P}=\begin{bmatrix}1&0&0&-1\\0&1&-1&0\\0&1&1&0\\1&0&0&1\end{bmatrix}$，$\boldsymbol{P}^{-1}\boldsymbol{AP}=\begin{bmatrix}1&0&0&0\\0&1&0&0\\0&0&-1&0\\0&0&0&-1\end{bmatrix}$.

5. C.　9.　2,2.　10.　1.

习题 6.3

1. $x=0$, $y=1$. 2. B. 3. (1) $-2,0,4$; (2) 0.

4. $-3,-\frac{1}{3},-33,-\frac{2}{9}$; -14.

5. (1) $\frac{1}{9}\begin{bmatrix} 2^{k+3}+(-7)^k & -2^{k+1}+2(-7)^k & 2^{k+1}-2(-7)^k \\ -2^{k+1}+2(-7)^k & 5\cdot 2^k+4(-7)^k & 2^{k+2}-4(-7)^k \\ 2^{k+1}-2(-7)^k & 2^{k+2}-4(-7)^k & 5\cdot 2^k+4(-7)^k \end{bmatrix}$; (2) $\boldsymbol{O}$.

6. $(n+1)!$. 7. (1) $\begin{bmatrix} 2^k & 1-2^k & -1 \\ 0 & 1 & -1 \\ 0 & 0 & 0 \end{bmatrix}$; (2) 0; (3) $\begin{bmatrix} 6 & -6 & 2 \\ 0 & 0 & 2 \\ 0 & 0 & 2 \end{bmatrix}$.

8. $a=2,b=-3,c=2,\lambda_0=1$.

习题 6.4

1. 充分条件,但不必要.

2. (1) $\boldsymbol{P}=\begin{bmatrix} -1 & 1 & 1 \\ 1 & 1 & -1 \\ 2 & 0 & 1 \end{bmatrix}$, $\boldsymbol{P}^{-1}\boldsymbol{AP}=\begin{bmatrix} 0 & 0 & 0 \\ 0 & 4 & 0 \\ 0 & 0 & 9 \end{bmatrix}$;

(2) $\boldsymbol{P}=\begin{bmatrix} 1 & 0 & 1 & 1 \\ 0 & 1 & 1 & -1 \\ 1 & 0 & -1 & -1 \\ 0 & 1 & -1 & 1 \end{bmatrix}$, $\boldsymbol{P}^{-1}\boldsymbol{AP}=\begin{bmatrix} 3 & 0 & 0 & 0 \\ 0 & 3 & 0 & 0 \\ 0 & 0 & 5 & 0 \\ 0 & 0 & 0 & 1 \end{bmatrix}$;

(3) $\boldsymbol{P}=\begin{bmatrix} 1 & 1 & 1 & 1 \\ 1 & 0 & 0 & -1 \\ 0 & 1 & 0 & -1 \\ 0 & 0 & -1 & 1 \end{bmatrix}$, $\boldsymbol{P}^{-1}\boldsymbol{AP}=\begin{bmatrix} 1 & 0 & 0 & 0 \\ 0 & 1 & 0 & 0 \\ 0 & 0 & 1 & 0 \\ 0 & 0 & 0 & 5 \end{bmatrix}$,

3. (1) $\boldsymbol{U}=\begin{bmatrix} \frac{-1}{\sqrt{6}} & \frac{1}{\sqrt{2}} & \frac{1}{\sqrt{3}} \\ \frac{1}{\sqrt{6}} & \frac{1}{\sqrt{2}} & \frac{-1}{\sqrt{3}} \\ \frac{2}{\sqrt{6}} & 0 & \frac{1}{\sqrt{3}} \end{bmatrix}$, $\boldsymbol{U}^{-1}\boldsymbol{AU}=\begin{bmatrix} 0 & 0 & 0 \\ 0 & 4 & 0 \\ 0 & 0 & 9 \end{bmatrix}$;

(2) $\boldsymbol{U}=\frac{1}{2}\begin{bmatrix} \sqrt{2} & 0 & 1 & 1 \\ 0 & \sqrt{2} & 1 & -1 \\ \sqrt{2} & 0 & -1 & -1 \\ 0 & \sqrt{2} & -1 & 1 \end{bmatrix}$, $\boldsymbol{U}^{-1}\boldsymbol{AU}=\begin{bmatrix} 3 & 0 & 0 & 0 \\ 0 & 3 & 0 & 0 \\ 0 & 0 & 5 & 0 \\ 0 & 0 & 0 & 1 \end{bmatrix}$;

(3) $\boldsymbol{U}=\begin{bmatrix} \frac{1}{\sqrt{2}} & \frac{1}{\sqrt{6}} & \frac{\sqrt{3}}{6} & \frac{1}{2} \\ \frac{1}{\sqrt{2}} & \frac{-1}{\sqrt{6}} & \frac{-\sqrt{3}}{6} & \frac{-1}{2} \\ 0 & \frac{2}{\sqrt{6}} & \frac{-\sqrt{3}}{6} & \frac{-1}{2} \\ 0 & 0 & \frac{-\sqrt{3}}{2} & \frac{1}{2} \end{bmatrix}$, $\quad \boldsymbol{U}^{-1}\boldsymbol{A}\boldsymbol{U}=\begin{bmatrix} 1 & 0 & 0 & 0 \\ 0 & 1 & 0 & 0 \\ 0 & 0 & 1 & 0 \\ 0 & 0 & 0 & 5 \end{bmatrix}$.

5. (1) $k[-1,1,0]^{\mathrm{T}}$, $k\neq 0$; (2) $\boldsymbol{A}=\begin{bmatrix} 0 & 1 & 0 \\ 1 & 0 & 0 \\ 0 & 0 & 1 \end{bmatrix}$. 6. $\boldsymbol{G}=\begin{bmatrix} (k+2)^2 & 0 & 0 \\ 0 & (k+2)^2 & 0 \\ 0 & 0 & k^2 \end{bmatrix}$.

习题 6.5

1. B 2. D 3. D 4. A 利用定理 6.2.4′.

5. $\boldsymbol{A}$ 能对角化,因 $\boldsymbol{A}$ 为实对称矩阵,与 $\boldsymbol{A}$ 相似的对角矩阵为

$$\mathrm{diag}[(n-1)b, -b-b, \cdots, -b].$$

7. (1) $a=5, b=6$; (2) $\boldsymbol{P}=\begin{bmatrix} 1 & 1 & 1 \\ -1 & 0 & -2 \\ 0 & 1 & 3 \end{bmatrix}$. 8. $a=0$,且 $c=0$.

9. $a=0, \boldsymbol{P}=\begin{bmatrix} 0 & 1 & 1 \\ 0 & 2 & -2 \\ 1 & 0 & 0 \end{bmatrix}$(不惟一).

习题 7.1

1. (1) $f=y_1^2+y_2^2+y_3^2$,
$$\begin{cases} x_1=y_1-y_2+2y_3, \\ x_2=y_2-2y_3, \\ x_3=y_3; \end{cases}$$

(2) $f=y_1^2+y_2^2-2y_3^2$,
$$\begin{cases} x_1=y_1-y_2+2y_3, \\ x_2=y_2-y_3, \\ x_3=y_3; \end{cases}$$

(3) $f=2y_1^2-y_2^2+4y_3^2$,
$$\begin{cases} x_1=y_1+y_2-2y_3, \\ x_2=y_2-2y_3, \\ x_3=y_3; \end{cases}$$

(4) $f=z_1^2-z_2^2-z_3^2$,
$$\begin{cases} x_1=z_1+z_2-z_3, \\ x_2=z_1-z_2-z_3, \\ x_3=z_3. \end{cases}$$

2. (1)错. 正确的配方法应是

$$f(x_1,x_2,x_3)=4x_1^2-4x_1x_2+6x_2^2=4\left(x_1-\frac{x_2}{2}\right)^2+5x_2^2=4y_1^2+5y_2^2.$$

所作的非退化线性替换为

$$\begin{cases} x_1=y_1+\frac{1}{2}y_2, \\ x_2=\qquad y_2, \\ x_3=\qquad\qquad y_3. \end{cases}$$

(2)错．正确的配方法应是

$$f(x_1,x_2,x_3)=2x_1^2+2x_1x_2+2x_1x_3+2x_2^2-2x_2x_3+2x_3^2$$
$$=2\left(x_1+\frac{1}{2}x_2+\frac{1}{2}x_3\right)^2+\frac{3}{2}(x_2-x_3)^2=2y_1^2+\frac{3}{2}y_2^2.$$

所作非退化线性替换为

$$\begin{cases}x_1=y_1-\frac{1}{2}y_2-y_3,\\ x_2=\quad\quad y_2+y_3,\\ x_3=\quad\quad\quad y_3.\end{cases}$$

习题 7.2

1. C.

2. (1) $f=[x_1,x_2,x_3]\begin{bmatrix}1&\frac{1}{2}&-1\\ \frac{1}{2}&2&\frac{3}{2}\\ -1&\frac{3}{2}&-3\end{bmatrix}\begin{bmatrix}x_1\\x_2\\x_3\end{bmatrix}$，矩阵为$\begin{bmatrix}1&\frac{1}{2}&-1\\ \frac{1}{2}&2&\frac{3}{2}\\ -1&\frac{3}{2}&-3\end{bmatrix}$；

(2) $f=[x_1,x_2,x_3]\begin{bmatrix}1&\frac{\sqrt{2}}{2}&2\\ \frac{\sqrt{2}}{2}&-5&0\\ 2&0&0\end{bmatrix}\begin{bmatrix}x_1\\x_2\\x_3\end{bmatrix}$，矩阵为$\begin{bmatrix}1&\frac{\sqrt{2}}{2}&2\\ \frac{\sqrt{2}}{2}&-5&0\\ 2&0&0\end{bmatrix}$；

(3) $f=[x_1,x_2,x_3]\begin{bmatrix}a_1^2&a_1a_2&a_1a_3\\ a_1a_2&a_2^2&a_2a_3\\ a_1a_3&a_2a_3&a_3^2\end{bmatrix}\begin{bmatrix}x_1\\x_2\\x_3\end{bmatrix}$，矩阵为$\begin{bmatrix}a_1^2&a_1a_2&a_1a_3\\ a_1a_2&a_2^2&a_2a_3\\ a_1a_3&a_2a_3&a_3^2\end{bmatrix}$；

(4) $f=[x_1,x_2,\cdots,x_n]\frac{1}{2}\begin{bmatrix}0&1&0&\cdots&0&0&0\\ 1&0&1&\cdots&0&0&0\\ 0&1&0&\cdots&0&0&0\\ \vdots&\vdots&\vdots&&\vdots&\vdots&\vdots\\ 0&0&0&\cdots&0&1&0\\ 0&0&0&\cdots&1&0&1\\ 0&0&0&\cdots&0&1&0\end{bmatrix}\begin{bmatrix}x_1\\x_2\\ \vdots\\x_n\end{bmatrix}$，

矩阵为$\frac{1}{2}\begin{bmatrix}0&1&0&\cdots&0&0&0\\ 1&0&1&\cdots&0&0&0\\ 0&1&0&\cdots&0&0&0\\ \vdots&\vdots&\vdots&&\vdots&\vdots&\vdots\\ 0&0&0&\cdots&0&1&0\\ 0&0&0&\cdots&1&0&1\\ 0&0&0&\cdots&0&1&0\end{bmatrix}$.　　3. $x_2^2+2x_1x_3$.

4. (1) $f=2y_1^2+y_2^2+5y_3^2$,

$$\begin{cases} x_1=y_1, \\ x_2=\frac{1}{\sqrt{2}}(y_2+y_3), \\ x_3=\frac{1}{\sqrt{2}}(-y_2+y_3); \end{cases}$$

(2) $f=-7y_1^2+2y_2^2+2y_3^2$,

$$\begin{cases} x_1=\frac{1}{3}y_1+\frac{2\sqrt{2}}{3}y_3, \\ x_2=\frac{2}{3}y_1+\frac{1}{\sqrt{2}}y_2-\frac{1}{3\sqrt{2}}y_3, \\ x_3=-\frac{2}{3}y_1+\frac{1}{\sqrt{2}}y_2+\frac{1}{3\sqrt{2}}y_3; \end{cases}$$

(3) $f=y_1^2+y_2^2-y_3^2-y_4^2$,

$$\begin{cases} x_1=\frac{\sqrt{2}}{2}(y_1+y_3), \\ x_2=\frac{\sqrt{2}}{2}(y_1-y_3), \\ x_3=\frac{\sqrt{2}}{2}(y_2+y_4), \\ x_4=\frac{\sqrt{2}}{2}(-y_2+y_4); \end{cases}$$

(4) $f=-3y_1^2+y_2^2+y_3^2+y_4^2$,

$$\begin{cases} x_1=\frac{1}{2}y_1+\frac{1}{\sqrt{2}}y_2+\frac{1}{\sqrt{6}}y_3-\frac{1}{2\sqrt{3}}y_4, \\ x_2=-\frac{1}{2}y_1+\frac{1}{\sqrt{2}}y_2-\frac{1}{\sqrt{6}}y_3+\frac{1}{2\sqrt{3}}y_4, \\ x_3=-\frac{1}{2}y_1+\frac{2}{\sqrt{6}}y_3+\frac{1}{2\sqrt{3}}y_4, \\ x_4=\frac{1}{2}y_1+\frac{\sqrt{3}}{2}y_4. \end{cases}$$

5. $f=y_1^2+4y_2^2-2y_3^2$,

$$\begin{cases} x_1=\frac{1}{3}(-2y_1+2y_2+y_3), \\ x_2=\frac{1}{3}(-y_1-2y_2+2y_3), \\ x_3=\frac{1}{3}(2y_1+y_2+2y_3). \end{cases}$$

两者所得的标准形是不同的．

习题 7.3

1. (1) 秩为 3,正惯性指数为 3,规范形为 $z_1^2+z_2^2+z_3^2$;
   (2) 秩为 3,正惯性指数为 2,规范形为 $z_1^2+z_2^2-z_3^2$;
   (3) 秩为 3,正惯性指数为 2,规范形为 $z_1^2+z_2^2-z_3^2$;
   (4) 秩为 3,正惯性指数为 1,规范形为 $z_1^2-z_2^2-z_3^2$.
2. (1) $f=2y_1^2-6y_2^2-27y_3^2$. 秩为 3,正惯性指数为 1,规范形为 $z_1^2-z_2^2-z_3^2$.
   (2) $f=-2y_1^2-18y_2^2+9y_3^2$. 秩为 3,正惯性指数为 1,规范形为 $z_1^2-z_2^2-z_3^2$.
   (3)标准形不同,规范形相同．(4) 配方法．
3. C.　4. C.　5. C.
6. 共有$\frac{1}{2}(n+1)(n+2)$类,最简单矩阵为每类的规范形:

$$\begin{bmatrix} \boldsymbol{E}_p & \boldsymbol{O} & \boldsymbol{O} \\ \boldsymbol{O} & -\boldsymbol{E}_{r-p} & \boldsymbol{O} \\ \boldsymbol{O} & \boldsymbol{O} & \boldsymbol{O} \end{bmatrix}_{n\times n},$$

其中 $r=0,1,2,\cdots,n$. $p\leqslant r$,且 $p=0,1,2,\cdots,n$.

7. (1)不正确; (2)正确．　8. $\begin{pmatrix} 0 & 0 & 1 \\ 0 & 1 & 0 \\ 1 & 0 & 0 \end{pmatrix}$.

习题 7.4

1. D. 2. A. 3. 不存在. 因使 $\boldsymbol{A}$ 的 3 个顺序主子式均大于零的 k 不存在.

4. (1) 是; (2) 否; (3) 是. 5. (1) 是; (2) 否; (3) 是.

6. (1) 当 $-\frac{4}{5}<t<0$ 时, f 正定; (2) 当 $t>2$ 时, f 正定.

习题 7.5

1. $\begin{bmatrix} 0 & \frac{1}{2} & 0 \\ \frac{1}{2} & 6 & 0 \\ 0 & 0 & 0 \end{bmatrix}$. 2. -3. 3. $-3<a<1$. 4. 3,5,0;0. 5. $y_1^2+y_2^2-y_3^2$.

6. (1) $\boldsymbol{A}$ 与 $\boldsymbol{B}$ 等价, 因秩($\boldsymbol{A}$)=秩($\boldsymbol{B}$);

(2) $\boldsymbol{A}$ 与 $\boldsymbol{B}$ 不相似, 因 $\mathrm{tr}\boldsymbol{A}\neq\mathrm{tr}\boldsymbol{B}$, 或特征根不完全相同.

(3) $\boldsymbol{A}$ 与 $\boldsymbol{B}$ 不合同, 因 $\boldsymbol{A}$ 正定, 而 $\boldsymbol{B}$ 不正定.

8. (1) $t>0$; (2) $t=0$; (3) $t=5$; (4) $t<0$.

练习题 3

2. $\boldsymbol{G}_1^{-1}=\begin{bmatrix} \boldsymbol{A}^{-1} & \boldsymbol{O} \\ -\boldsymbol{B}^{-1}\boldsymbol{C}\boldsymbol{A}^{-1} & \boldsymbol{B}^{-1} \end{bmatrix}$, $\boldsymbol{G}_2^{-1}=\begin{bmatrix} \boldsymbol{A}^{-1} & -\boldsymbol{A}^{-1}\boldsymbol{C}\boldsymbol{B}^{-1} \\ \boldsymbol{O} & \boldsymbol{B}^{-1} \end{bmatrix}$,

$\boldsymbol{G}_3^{-1}=\begin{bmatrix} -\boldsymbol{B}^{-1}\boldsymbol{C}\boldsymbol{A}^{-1} & \boldsymbol{B}^{-1} \\ \boldsymbol{A}^{-1} & \boldsymbol{O} \end{bmatrix}$, $\boldsymbol{G}_4^{-1}=\begin{bmatrix} \boldsymbol{O} & \boldsymbol{B}^{-1} \\ \boldsymbol{A}^{-1} & -\boldsymbol{A}^{-1}\boldsymbol{C}\boldsymbol{B}^{-1} \end{bmatrix}$.

练习题 4

1. $\boldsymbol{\alpha}_1=2\boldsymbol{\gamma}_1+5\boldsymbol{\gamma}_3$; $\boldsymbol{\alpha}_2=\boldsymbol{\gamma}_1+\boldsymbol{\gamma}_2-4\boldsymbol{\gamma}_3$.

2. (Ⅱ)能经(Ⅰ)线性表示, 表示式如下:

$$\boldsymbol{\beta}_1=\frac{1}{2}(\boldsymbol{\alpha}_1+\boldsymbol{\alpha}_2),\quad \boldsymbol{\beta}_2=\frac{1}{2}(\boldsymbol{\alpha}_2+\boldsymbol{\alpha}_3),\quad \boldsymbol{\beta}_3=\frac{1}{2}(\boldsymbol{\alpha}_1+\boldsymbol{\alpha}_3).$$

4. C.

结 束 语

全书将终，掩卷回顾，读者一定会感到线性代数的各章内容都涉及到运算，而其中行列式和矩阵的运算尤为重要(请注意这是线性代数中最基本的问题，解线性方程组也是通过矩阵的运算来实施的). 本书中所介绍的那些相关的例题和习题，是为了读者了解和熟悉行列式和矩阵的运算规则，阐明思路，介绍方法来编写的，所以行列式的阶数，矩阵的行数和列数都比较小，数字也比较简单．然而在来源于实际问题的那些代数形式的数学模型中，情况就完全不同了，它们所涉及的行列式的阶数，矩阵的行数和列数可能很大．其中的数字也可能相当大，甚至出现多位小数．在这种情况下仅用笔和纸的手工计算无疑太费时费力了，而且有时几乎是不可能实现的．21 世纪世界已处于信息时代，计算机科学日新月异的发展，计算机日益普遍使用．把这些繁杂的计算用计算机和数学软件来完成自然成为首选．国外近几年通用的线性代数教材，如文献[9]就附有数学软件(光盘). 下面介绍一本有中译本的这类教材：

Deeba E and Gunawardena A. Interactive Linear Algebra with MAPLE V. New York: Spriager-Verlag. 1998(中译本：丘维声译．用 MAPLE V 学习线性代数．北京：高等教育出版社，施普林格出版社．2001)

国内也有介绍用数学软件来实现线性代数运算的教材(不附光盘)，如

上海交通大学数学系编. 线性代数(第二版). 北京：科学出版社，2007

国内还出版了一些英文影印版的数学书，下面一本是附有数学软件(光盘)的线性代数教材：

Jain S K and Gunawardena A D. Linear Algebra: An Interactive Approach(线性代数(英文版). 北京：机械工业出版社，2003)

建议有兴趣的读者参阅．

掌握了线性代数的基本知识，又会利用恰当的数学软件，如虎添翼，相得益彰，相信这是读者乐意做的．

与本书配套的学生辅导用书《线性代数学习指导和习题剖析》已出版发行(参见封四). 该辅导用书不仅有本书的全部习题解答，而且将习题归结为若干题型，以题型为纲，剖析并概括解题的思想方法，所以更是一本学习线性代数的指导用书. 该书的附录提高篇是为有志继续深造的读者精心选取的考研真题或模拟题，每题都给出分析和详解，为读者深入学习线性代数所用.